Introduction to Machine Learning: Concept and Practice

머신러닝 입문

개념과 연습

백천현 · 정용주 · 김영진

AI

Business & Management Books
비앤엠북스

머리말

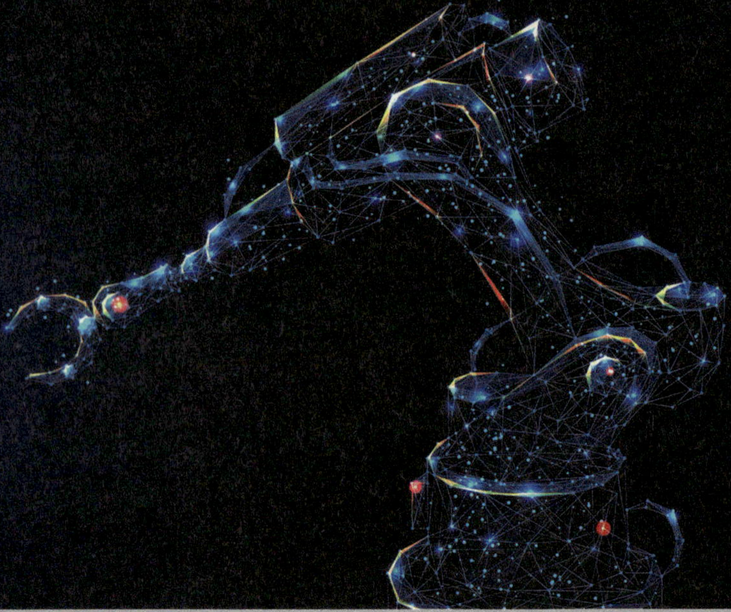

인공지능(AI)은 현대 산업 및 생활을 획기적으로 변화시킬 최근에 가장 주목을 받는 기술 분야 중 하나이다. 이미지와 동영상 인식, 음성 처리, 자율주행 등의 기술과 서비스가 선도적으로 개발되고 있으며, 이제 인공지능(머신러닝) 기술 적용 분야의 경계는 경제/산업 전반에 걸쳐 급속히 확장되고 있다. 머신러닝은 수학, 통계/확률, 최적화, 컴퓨터공학 등 매우 다양한 다학제 지식이 아우러진 분야이다. 따라서 머신러닝에 관한 교육과 연구도 여러 가지 학문영역이 융합하는 방식으로 이루어지고 있다. 머신러닝에 관한 이 같은 융합적 이론 지식에 적용되는 영역(도메인)에 대한 지식이 더해지면 가장 최적화된 인공지능 서비스가 만들어질 수 있다.

머신러닝 방법론은 데이터와 계산시간과 관련된 현실적인 제약으로 인해서 과거에는 부차적인 것으로 치부되었으나, 방대한 데이터(빅데이터)의 축적과 처리를 가능하게 하는 컴퓨터/통신, 데이터 저장 및 처리 기술의 발달로 그 한계를 극복하고 현실적이고 핵심적인 방법론으로서 새로이 주목을 받고 있다.

본서는 머신러닝에 관한 기본적인 이론의 습득과 활용을 목적으로 한다. 머신러닝에 속한 다양한 대표적인 방법론들의 이론적인 내용을 기본적인 다학제 지식을 이용해 제공함으로써 각 방법론을 올바르게 이해하고 활용할 수 있게 한다. 단순한 사용을 위해 함수(모듈) 및 절차를 기계적으로 소개하는 것을 지양하고 방법론들의 이론적인 배경과 도출 과정의 이해를 통해 특징과 한계를 명확히 한다. 또한 데이터의 입력과 정제, 모형의 실행 그리고 결과의 해석에 이르기까지 앞서 소개한 이론적인 내용을 연계하여 연습할 수 있도록 관련 파이썬 코드를 제공한다.

1장에서는 머신러닝의 기본 개념과 용어 그리고 본서에서 다루는 범위를 소개한다. 머신러닝방법론의 적용과 연습을 위한 프로그래밍 언어인 파이썬의 구조와 실행 환경을 설명한다. 본서의 머신러닝 방법론은 크게 지도학습(2장~7장)과 비지도학습(8장)으로 구분되며, 각 장에서는 이론적 내용이 먼저 소개되고 관련 파이썬 예제가 뒤따른다. 비교적 친숙한 회귀분석 모형을 대상으로 머신러닝 방법론의 이해를 위해 필요한 주요 개념과 용어 그리고 절차를 2장에서 다룬다. 본서의 각 장은 독립적으로 학습할 수 있으나 기본 개념과 용어의 숙지를 위해 1장~2장을 먼저 학습할 것을 추천한다. 3장에서는 선형적으로 분류가 가능한 데이터의 구조를 가진 자료를 분석하는 여러 가지 머신러닝 방법론을 설명한다. 확률 및 통계에 기반하는 3장에서 소개한 방법론과는 달리 최적화 이론에 근거하는 SVM 방법론을 4장에서 소개한다. 2장~4장의 방법론들은 특정 모형의 모수를 학습시키는 모수 방법론으로 구분되는데 이와는 다른 비모수 방법론이 5장에서 소개된다. 6장에서는 모형의 신뢰성을 가늠하는 분산과 편향 오류에 대해 심층적으로 알아보고 이 오류를 감소시킬 수 있는 앙상블 모형을 설명한다. 다음으로 7장은 모수뿐만 아니라 모형 자체를 학습하는 신경망에 대해 설명한다. 마지막으로 8장은 비지도학습에 속하는 다양한 방법론을 소개한다.

주어진 모형 인수를 입력하고 실행하는 단순응용 수준에서 벗어나 모형에 관한 기본 지식을 바탕으로 결과를 해석하고 수정하여 개선할 수 있는 능력을 키우는 데 도움이 되는 서적이 되기를 희망한다.

나름대로 심혈을 기울인다고 하였지만, 초판으로서 찾아내어 바로잡지 못한 많은 오류가 예상되기에 독자들의 이해를 미리 구한다. 책이 나오기까지 많은 관심과 노력을 기울여 주신 정광식 사장님과 세심한 편집을 해주신 편집부에 감사의 말씀을 드린다.

2023년 4월

저자 백천현, 정용주, 김영진

머신러닝 입문 개념과 연습

차 례

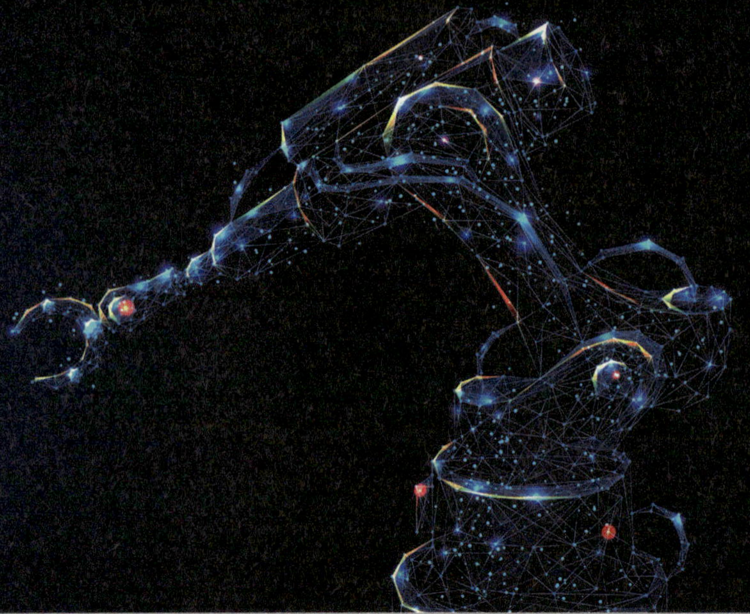

Chapter 01 서론 (introduction)

Chapter 02 회귀분석 (regression analysis)

Chapter 04 서포트벡터 머신 (support vector machine)

Chapter 05 비모수모형 (non-parametric models)

Chapter 06 편향-분산과 앙상블 모형 (bias-variance & ensemble model)

Chapter 07 신경망 (neural networks)

Chapter 08
비지도학습
(unsupervised learning)

Chapter 01

서론

(introduction)

Chapter

01 서론
(introduction)

1. 머신러닝의 개념

머신러닝(Machine Learning)은 (빅)데이터에 숨어(잠재되어) 있는 패턴(또는 특성)을 자동적으로 찾아내고, 찾아낸 특성을 이용하여 새로운 (미래) 자료의 예측에 사용하거나 불확실성이 내재된 의사결정을 수행하는 방법들을 의미한다.

인공지능(AI, Artificial Intelligence), 신경망(Neural Network), 딥러닝(Deep Learning) 등이 머신러닝과 연관된 개념으로 자주 논의되는데 이러한 방법론들은 대상 문제의 유형이나 범위에 따라 구분된다. 인공지능, 머신러닝, 신경망, 딥러닝 간의 관계는 그림 1-1 과 같이 러시아의 전통 인형인 마트료시카에 비유될 수 있다. 개략적으로 머신러닝은 인공지능의 하위분야로, 신경망은 머신러닝의 하위분야로, 그리고 딥러닝은 신경망의 하위분야로 이해될 수 있다. 먼저, 인공지능은 수학이나 생물학과 같이 과학의 한 분야로서 인간이 전통적으로 수행한 일을 예측, 자동화, 최적화하여 인간의 전유물로 여겨진 창의적인 문제 해결을 할 수 있는 능력을 가진 지능적인 기계 또는 프로그램을 구축하는 방법을 연구하는 분야이다. 인간의 능력을 모사할 수 있는 기술이 발전함에 따라 인공지능의 활용 범위는 지속적으로 확장되고 있다.

그림 1-1 인공지능, 머신러닝, 신경망, 딥러닝 간의 관계

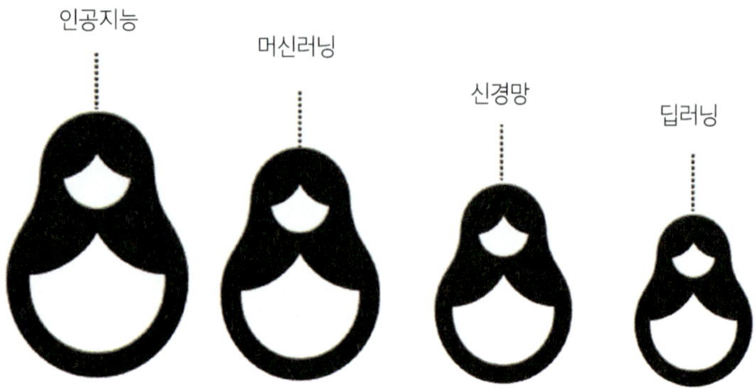

머신러닝의 개념이 등장하기 이전의 인공지능시스템에서는 컴퓨터가 내려야 하는 모든 결정에 대한 규칙이 명시적으로 주어져야 하는 규칙기반(rule-based) 방법론이 주로 적용되었다. 이는 인간의 지식과 과업의 처리와 관련된 로직(logic)을 일일이 규정하고 체계화하여 도출된 규칙들을 프로그래밍 언어로 코딩하고, 요구 성능에 부합된 컴퓨터 자원에서 실행하여 의사결정을 내리는 것을 의미한다. 하지만 얼굴인식과 같이 설정해야 할 규칙이 너무 많고 복잡하거나 심지어는 규칙을 정할 수 없는 경우에는 이 같은 규칙기반 방법론을 적용하기 힘들다. 머신러닝은 규칙기반 방법론과는 달리 시스템에 명시적으로 프로그래밍하지 않고도 경험을 통해 자동으로 학습하고 개선할 수 있는 기능을 제공하고, 여기에 수집된 방대한 양의 데이터(빅데이터)를 이용함으로써 인공지능분야의 발전에 새로운 전기를 마련하였다. 데이터의 저장, 전달, 처리를 위한 H/W의 획기적인 발전으로 인해 인간이 생성하였던 규칙을 빅데이터를 통해 학습된 모형(model) 또는 그 모형의 모수(parameter)로 대체함으로써 컴퓨팅 자원(GPU, CPU, Cloud 등)을 활용하여 보다 효과적인 의사결정이 가능하게 되었다. 전통적인 프로그래밍을 활용한 규칙기반 방법론과 머신러닝을 비교하여 도식화하면 그림 1-2 와 같다.

그림 1-2 전통적인 프로그래밍과 머신러닝 비교

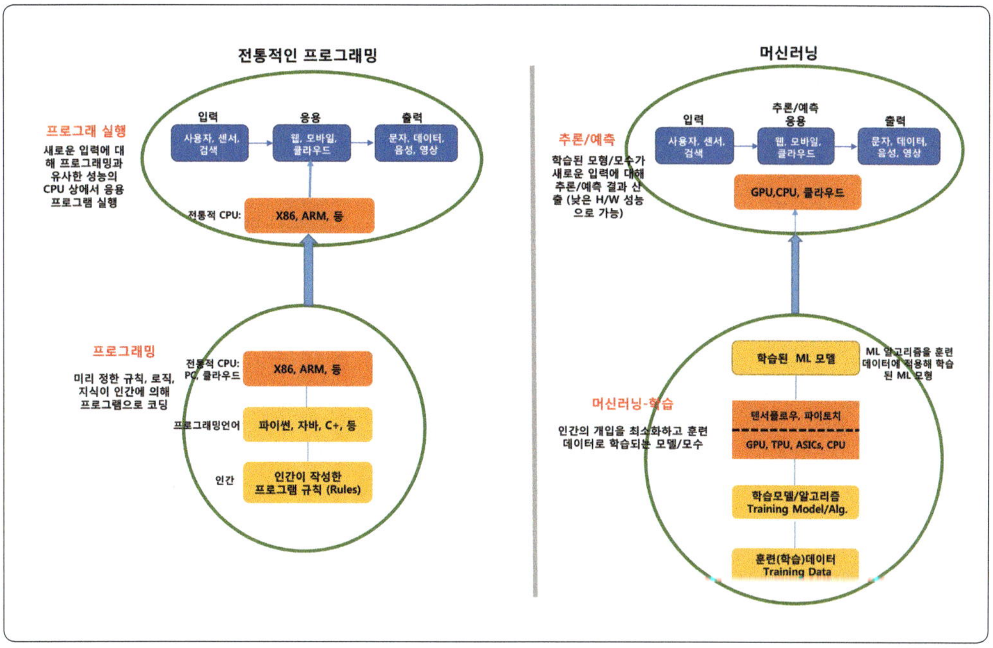

머신러닝의 하위분야인 딥러닝은 머신러닝을 위한 다양한 알고리즘 중 하나인 신경망에 대한 이해를 바탕으로 개발되었다. 신경망은 생물학의 신경망을 모사하는 통계학적 학습 알고리즘으로서 시냅스(synapse)의 결합으로 네트워크를 형성한 뉴런(neuron)이 학습을 통해 시냅스의 결합 세기를 변화시켜, 문제 해결 능력을 가지는 모델 전반을 가리킨다. 기능적인 측면에서 머신러닝과 딥러닝은 학습을 위한 인간의 개입 정도에 따라 구분되어 설명될 수 있다. 딥러닝이 아닌 전통적인 머신러닝에서는 학습을 위해 요구되는 데이터 구조화에 인간의 개입이 요구되는 것이 일반적이다. 예를 들어, 이미지 구분을 위해 필요한 특성들을 인간이 미리 규정하는 경우가 이에 해당된다. 하지만 딥러닝에서는 이 같은 특성조차도 학습과정을 통해 추출될 수 있다. 또한 신경망의 구조면에서 보면 노드(뉴론) 계층(layer)의 수가 3계층 이상인, 비교적 복잡하고 규모가 큰 구조를 가진 신경망이 적용되는 것을 딥러닝으로 부르기도 한다. 이와 같은 딥러닝 관련 기술은 컴퓨팅 성능의 대폭적인 향상과 알고리즘의 발전으로 최근 들어 다양한 응용 분야에서 주목받고 있다. 머신러닝과 신경망/딥러닝에 대한 개략적인 구분은 그림 1-3 과 같이 나타낼 수 있다.

그림 1-3 머신러닝과 신경망/딥러닝의 구분

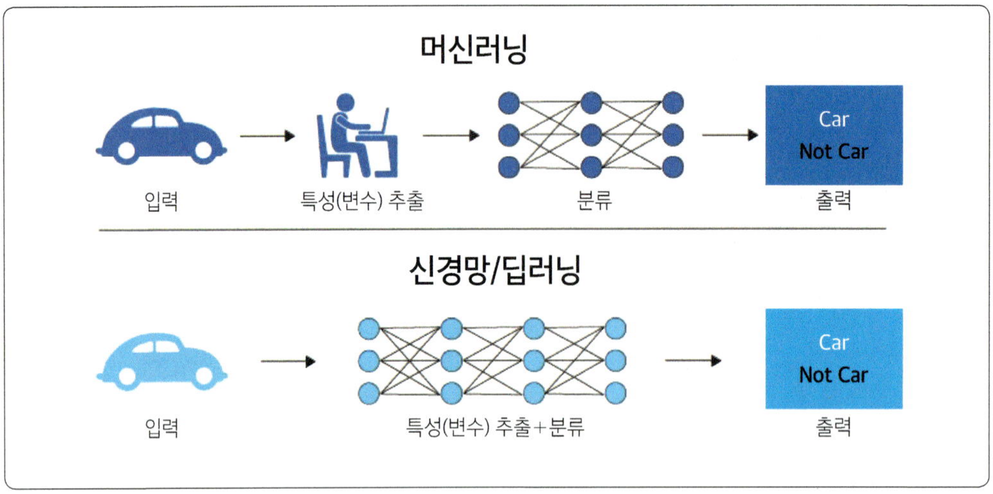

머신러닝을 이해하고 활용하기 위해 기본적으로 요구되는 학문지식은 그림 1-4 와 같이 수학과 컴퓨터공학으로 구분된다. 프로그래밍 언어(파이썬[python], C++ 등)와 이미지 및 영상 정보처리 등에 관한 기본지식이 컴퓨터공학 분야의 지식에 포함된다. 그리고 확률통계, 선형대수학, 미적분 그리고 최적화 등 비교적 넓은 분야에 걸친 수학적 지식이 요구되는데, 사실 이 점이 머신러닝의 이론적 내용에 접근하는 데 큰 장애요인으로 인식된다. 하지만 다행스럽게도 머신러닝에 대한 개략적인 이해와 실용적인 활용을 위해 요구되는 지식수준은 깊지 않은 편이다. 이

그림 1-4 머신러닝을 위한 배경지식

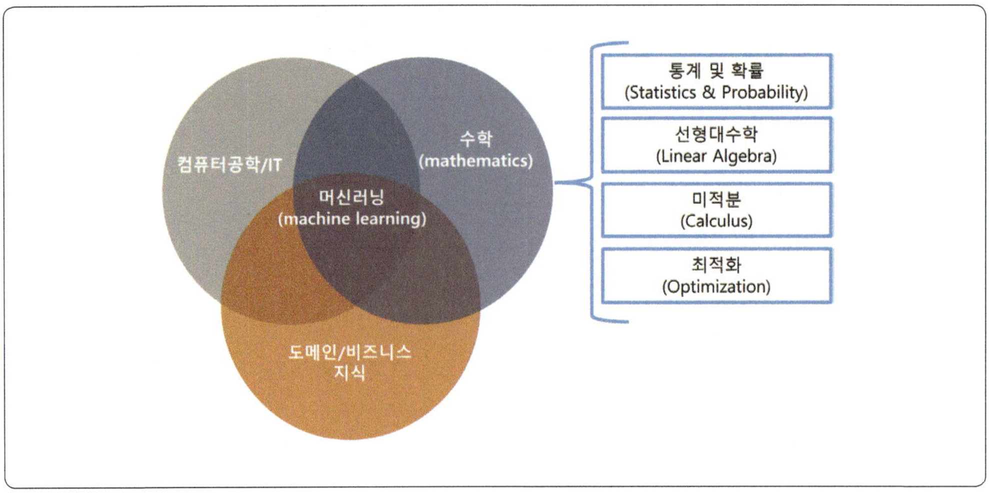

론적으로 접근하는 것과는 별개로 머신러닝과 관련된 다양한 모형과 기법들을 적합하게 활용하고, 그 결과를 적극적으로 활용하기 위해서는 학습에 이용되는 데이터의 특성과 응용분야에 대한 충분한 이해(도메인/비즈니스 지식)가 필요하다.

2. 머신러닝의 구성요소

이메일(e-mail)에서[1] 스팸메일을 찾아내는 과업(task)을 통해 머신러닝의 학습과정과 구성요소를 알아본다. 스팸어쌔신(SpamAssassin)은 스팸메일 필터링을 위해 사용되는 공개된 컴퓨터 프로그램으로서, 설정된 규칙(또는 테스트)을 이용해서 이메일 내용을 평가하고 평가항목별로 일정한 점수를 부여하여 결정된 점수를 바탕으로 이메일의 스팸 여부를 판단한다. 간단한 예로 표 1-1 은 4개의 이메일에 대해 두 가지 특성요소별 테스트 결과(x_1과 x_2)와 이메일의 스팸 여부를 보여준다. 예컨대 x_1과 x_2 값은 특정 문자열이 이메일에 등장하면 1, 그렇지 않으면 0의 값을 가진다. 만약 두 요소의 점수의 가중합 (예를 들어, $4x_1+4x_2$)이 5 이상이면 스팸메일로, 그렇지 않으면 (스팸메일이 아닌) 햄메일로 판단하는 기준을 세웠다고 하자. 여기서 함수 ($4x_1+4x_2$)을 스팸과 햄을 구분하는 일종의 분류자(classifier)라고 한다(표의 마지막열). 물론, ($4x_1+4x_2$) 이외에도 부여하는 가중치를 달리 하는 무수히 많은 분류자가 있을 수 있는데, 가중치를 부여하는 방식에 따라 메일을 분류하였을 때 잘못 분류된 메일의 수를 기준으로 가장 좋은 가중치를 결정하는 것이 머신러닝을 통해 이루어질 수 있다.

표 1-1 스팸메일 분류의 예

이메일	x_1	x_2	스팸 여부 (1:스팸, 0:햄)	분류기준 ($4x_1+4x_2$)
1	1	1	1	8
2	0	0	0	0
3	1	0	0	4
4	0	1	0	4

1) P. Flach (2012). *Machine learning: The art and science of algorithms that make sense of data*. Cambridge University Press.

위 예제에서 머신러닝의 수행과정과 관계된 구성요소는 그림 1-5 에 나타난 바와 같다. 과업(task)은 개체(원시데이터, 여기서는 이메일)로부터 추출된 특성(데이터, x_1과 x_2)을 이용해 개체를 클래스(class, 스팸 또 햄)로 구분하는 것으로 정의할 수 있으며, 특성치와 클래스를 연계하는 수단(또는 체계)을 모형(model, 여기서는 선형함수)이라고 한다. 위 예제에서 구분자로 사용된 함수식($a_1x_2+a_2x_2$)이 모형에 해당한다. 한편, 학습문제(learning problem)는 훈련데이터(training data)를 입력으로 하는 학습 알고리즘을 이용해 모형의 계수(가중치, 즉 a_1, a_2) 또는 경우에 따라서 모형 자체를 구하게 된다. 동일한 모형에 대해 여러 가지 학습 알고리즘이 있을 수 있기 때문에 학습의 성능 향상을 위해서 알고리즘의 신중한 선택이 필요하다. 또한 동일한 과업에 대해 적용될 수 있는 대안 모델 역시 다양할 수 있기 때문에 성공적인 과업에는 올바른 특성 추출과 선택, 올바른 모델의 선정, 그리고 모델에 적합한 학습 알고리즘의 적용 등이 통합적으로 연계되어야 한다.

그림 1-5 머신러닝의 구성요소

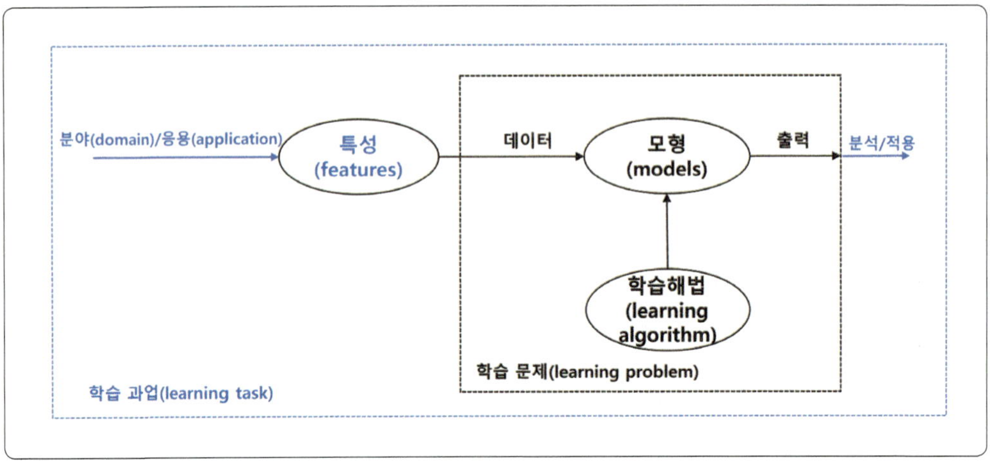

3. 머신러닝의 분류

머신러닝은 일반적으로 지도학습(supervised learning), 비지도학습(unsupervised learning), 강화학습(reinforcement learning)의 3가지 종류로 구분된다. 입력(input) $x^{(i)}$와 출력(output) $y^{(i)}$의 쌍(pair) ($x^{(i)}$, $y^{(i)}$) 각각을 개별 훈련데이터(training data)라고 하는데, 각 입력에 대응되는 출

력이 존재하기 때문에 지도학습에서는 출력을 일종의 라벨(label)이라고 부르기도 한다. 학습에 사용되는 일련의 훈련데이터 모임(집합) $\{(x^{(i)}, y^{(i)})\}_{i=1}^{N}$을 이용해서 입력을 출력에 대응시키는 규칙의 학습을 지도학습이라고 한다. 즉, 지도학습은 주어진 훈련데이터를 이용하여 y에 대한 우수한 예측치를 제공하는 함수 $h(x)$, $h: X \rightarrow Y$을 찾는 것이다. 여기서 X와 Y는 각각 입력과 출력들의 집합(또는 공간)을 나타낸다. 그리고 함수 h를 가정(hypothesis)이라고도 하는데, 함수의 모수(parameter)는 학습을 통해 결정되지만 함수의 형태(종류)는 학습 설계자가 여러 대안 중에서 가정(선택)할 수 있기 때문이다.

입력 $x^{(i)}$는 차원(dimension)이 d이 벡터(vector) $x^{(i)}=(x_j^{(i)})_{j=1}^{d}$로 일반적으로 벡터의 개별요소(element)는 숫자가 많이 사용되며 특성(feature)변수라고 부른다. 예를 들어, 사람의 키와 몸무게 두 가지를 특성으로 정하면 차원이 $d=2$인 입력이 된다. 하지만 입력 $x^{(i)}$는 숫자뿐만 아니라 이미지, 문장, 이메일 등 다양한 형태가 될 수 있다. 한편 출력 $y^{(i)}$가 취할 수 있는 값이 이산형(discrete)인지 연속형(continuous)인지에 따라 지도학습이 적용되는 문제는 분류(classification)와 회귀(regression)로 각각 구분된다. 분류 문제에서 출력 $y^{(i)}$는 일종의 범주형(categorical) 변수로서 가질 수 있는 값이 유한한 이산형 형태가 된다. 즉 분류되는 종류가 C개일 때, $y^{(i)} \in \{1, 2, \cdots, C\}$이다. 특히, 분류의 종류가 두 가지인 경우(즉, $C=2$)를 이진분류(binary classification) 문제라고 부른다. 한편, 회귀 문제는 출력 $y^{(i)}$가 연속적인 실수값을 가지는 경우이다.

머신러닝의 두 번째 종류로 비지도학습이 있다. 비지도학습의 훈련데이터는 입력 $\{x^{(i)}\}_{i=1}^{N}$으로만 구성되며, 그 목적은 입력에 숨어있는 미지의 패턴을 찾아내는 데 있다. 즉, 비지도학습은 라벨이 주어져 있지 않은 입력데이터를 이용해서 숨겨져 있는 특성(패턴)을 찾아 개체를 군집화하거나 지도학습에 앞서 데이터의 복잡성을 줄이기 위한 차원축소(dimension reduction)의 목적으로 널리 이용된다.

머신러닝의 세 번째 종류로 특정 상태(state)에서 취할 행동(action)을 학습하는 강화학습이 있다. 이 방법에서는 과거 행동(action)에 근거해서 현 상태에서 취할 행동을 학습하는 것으로, 행동의 결과로 주어지는 보상(reward)이 최대화되는 방향으로 학습이 이루어진다. 강화학습은 라벨이 없어 비지도학습과 유사한 것 같지만 매우 다른 학문적 배경과 지식이 필요하고 지도학습과도 그 활용분야가 뚜렷이 구분된다. 본서는 지도학습과 비지도학습과 관련된 내용만 다룬다.

그림 1-6 머신러닝의 분류와 본서의 범위

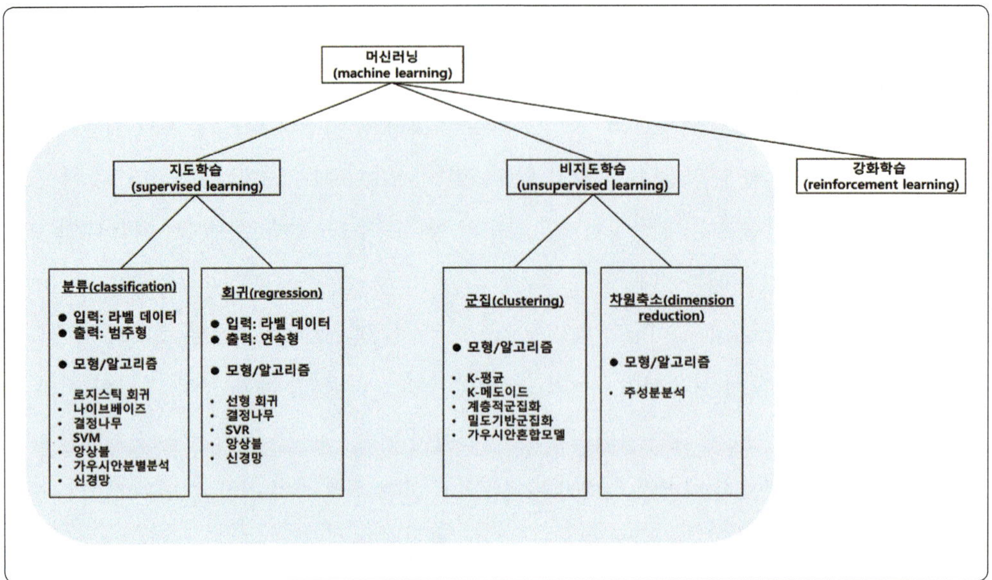

4. 파이썬(Python) 소개

파이썬(Python)은 네덜란드 출신의 프로그래머인 귀도 반 로섬(Guido van Rossum)이 1989년에 개발한 프로그래밍 언어이다. 파이썬은 플랫폼에 독립적인 고급 프로그래밍 언어로서 인터프리터(interpreter) 기반의 스크립트(script), 객체지향적(object-oriented), 동적 타이핑(dynamically typed) 대화형 언어이다. 또한, C, C++, 자바(Java) 같은 범용 프로그래밍 언어보다 문법이 간단하여 상대적으로 배우기 쉬운 것으로 알려져 있다. 파이썬이라는 이름은 귀도 반 로섬이 좋아하는 코미디 프로그램인 "Monty Python's Flying Circus"에서 따온 것이라고 한다. 하지만 파이썬이라는 이름의 뱀도 있어서 실제로 파이썬 프로그래밍 관련된 책이나 아이콘에 뱀이 자주 등장하는 것을 볼 수 있다.

가. 파이썬의 특징

파이썬은 프로그래밍 언어로서 다음과 같은 특징을 가지고 있다.

첫째, 파이썬은 스크립트 언어로 컴파일 과정 없이 인터프리터에 의해 실행 결과를 바로 확인하고 수정하면서 코드를 작성할 수 있다.

둘째, 파이썬은 윈도우, 리눅스, 맥 등 대부분의 운영체제에서 모두 동작하는 플랫폼에 독립적인 언어로서, 소스코드를 운영체제에 따라 따로 컴파일하지 않고 소스코드만 다른 운영체제로 이동하여 바로 실행할 수 있다.

셋째, 파이썬은 인간의 사고체계와 유사한 직관적인 문법체계를 지니고 있어 프로그래밍을 모르는 비전공자도 상대적으로 쉽게 배울 수 있다. 또한, 파이썬은 C, C++, 자바 등의 기존 프로그래밍 언어보다 약 1/3~1/5 정도의 코드만으로도 같은 기능을 수행할 수 있어 개발 생산성이 매우 높은 것으로 알려져 있다.

넷째, 파이썬은 대표적인 글루(glue) 언어(혹은 접착제 언어)로서 다른 언어나 라이브러리와 쉽게 연동할 수 있다. 즉, 빠른 처리성능이 필요할 경우 고성능 개발언어인 C/C++와 쉽게 결합함으로써 속도가 느린 파이썬의 단점을 보완할 수 있다.

다섯째, 파이썬으로 작성된 수많은 표준 라이브러리가 제공되고 있기 때문에 프로그래머는 모든 코드를 일일이 작성할 필요 없이 다른 개발자가 작성한 프로그램을 가져다 재사용할 수 있다. 예를 들어, 인공지능과 관련된 데이터 처리와 분석 기능이 필요할 경우 기존에 작성된 파이썬 표준 라이브러리를 활용할 수 있다. 또한 폭넓은 생태계와 활발한 커뮤니티 활동으로 인해 빠르게 문제를 공유하고 해결할 수 있다.

마지막으로, 파이썬은 동적 타입 언어로서 변수의 자료형을 지정하지 않고 선언하는 것만으로 값을 지정할 수 있으며, 이렇게 선언한 변수의 자료형은 코드가 실행되는 시점에 결정된다.

나. 파이썬 프로그램의 구조

여기서는 파이썬의 자세한 문법에 대한 설명은 최소화하고 파이썬 프로그램의 전체적인 구조와 특징에 대하여 기술하고자 한다. 아래는 간단한 파이썬 프로그램의 예이다.

표 1-2 파이썬 프로그램의 예

```
import lib_1

class SampleClass :
        def _init_(self):
                self.ret = 0
        def method_1(self, a, b):
                print('Print method 1')
                return self.ret
        def method_2(self, a, b, c):
                print('Print method 2')
                return self.ret
def main():
        obj_1 = SampleClass()
        obj_1.method_1(1,2)
        obj_1.method_2(1,2,3)

if _name_ == '_main_':
        main()
```

일반적으로 파이썬 프로그램의 가장 상단에는 라이브러리를 로드하는 코드가 들어간다. 예제에서는 'lib_1'이란 이름의 라이브러리를 로드하여, 해당 라이브러리에 정의된 모듈과 함수에 접근할 수 있음을 의미한다. 다음에 나오는 class SampleClass 코드는 SampleClass라는 클래스를 선언하는 부분이다. SampleClass()라는 생성자에 의하여 객체가 생성되고 이때 __init()__함수가 자동으로 실행된다. 생성된 객체를 통해서 실행할 수 있는 함수는 method_1()과 method_2()가 정의되어 있다. 클래스 내에 정의되는 함수의 인수에는 반드시 self가 포함되어야 하지만 실제로 함수를 호출할 때에는 이를 제외한 인수만 입력으로 주면 된다. def main() 코드는 클래스와는 독립적인 파이썬 함수를 정의하는 부분이다. 이 함수를 호출하면 SampleClass 클래스의 생성자를 호출하여 객체를 만들고 이 객체의 이름을 obj_1로 설정한다. 다음에는 이 객체의 method_1() 함수와 method_2() 함수를 호출하여 실행한다. 마지막 문단은 C에서 main() 함수가 실제 프로그램에서 가장 먼저 호출이 되듯이 파이썬에서 main 함수와 같은 역할을 하는 구문으로서, 다른 프로그램에서 호출한 것이 아니라 직접 실행한 경우에만 main() 함수를 실행되도록 한다. main() 함수를 실행하게 되면 당연히 SampleClass() 생성자를 호출하고, 다음으로 method_1(), method_2() 클래스 함수들을 차례대로 호출한다. 참고로 변수나 함수 이름의 앞뒤에 __ 가 붙어 있으면 이는 파이썬에서 사용하는 예약 변수나 함수를 의미한다.

파이썬에서 모듈(module)은 변수, 함수, 클래스 등을 모아 놓은 .py 확장자를 가진 파일이다. 아래 그림에서 module01.py 모듈에는 변수 2개와 함수 1개가 정의되어 있다. test.py라는 다른 파이썬 파일에서 module1 모듈을 import하게 되면 module1.py 모듈에서 정의한 변수, 함수, 클래스를 'module1.'를 접두어로 붙여서 접근할 수 있다.

그림 1-7 모듈의 예

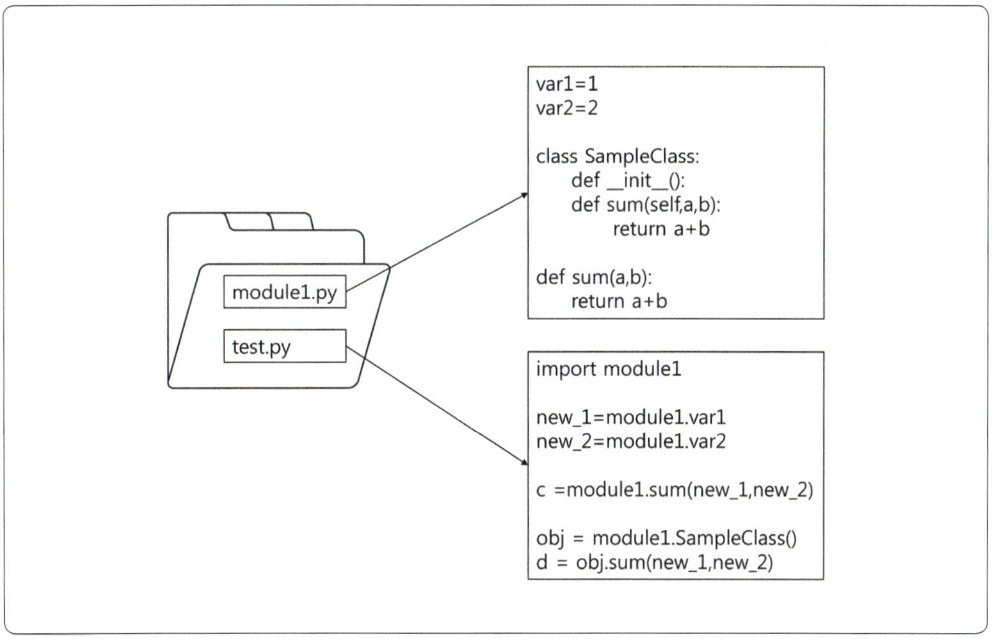

패키지(package)는 모듈을 모아놓은 폴더라고 할 수 있으며, 라이브러리는 패키지의 집합으로 패키지보다 포괄적인 개념이지만 혼용되기도 한다. 패키지를 사용하면 폴더 안에 폴더를 사용해 파일들을 구분하는 방식과 동일하게 모듈의 이름공간(namespace)을 계층적인 구조로 구성할 수 있다. 아래 그림은 super 패키지를 만들고 그 안에 3개의 패키지를 구현한 것이다.

그림 1-8 패키지의 예

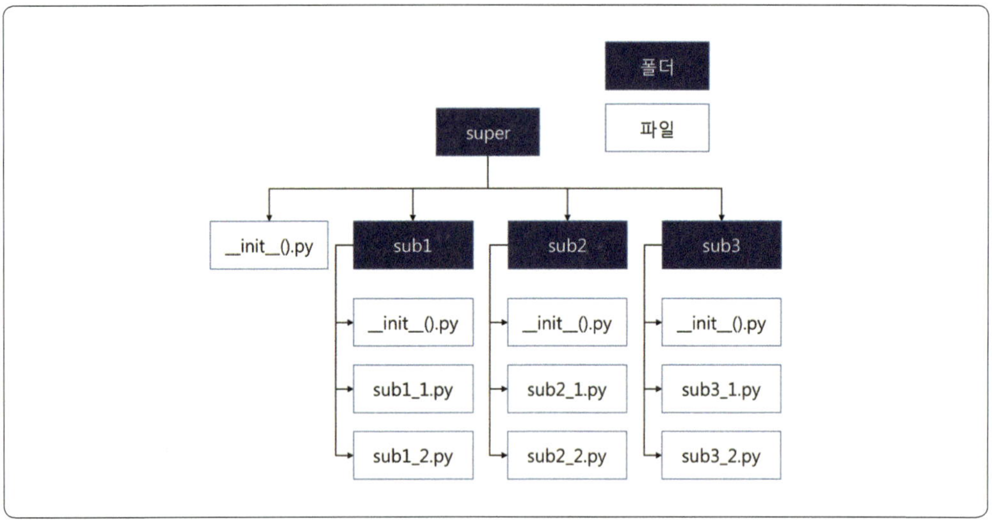

만약 sub1_1.py 모듈에 test() 함수가 정의되어 있다고 가정할 때 이 함수를 불러오는 방법은 다음과 같다.

```
import super.sub1.sub1_1
sub1_1.test()
```

또는

```
from super.sub1.sub1_1 import test
test()
```

다. 파이썬의 설치와 사용법

인공지능 예제들을 파이썬으로 실행하고 분석하기 위하여 파이썬 프로그램을 설치하여야 한다. 파이썬을 설치하고 프로그램을 작성할 수 있는 파이썬 개발환경은 다양하지만, 본서에서는 보편적으로 많이 사용되고 있는 윈도우 기반의 아나콘다(Anaconda)와 구글의 코랩(Colab)을 사용하고자 한다. 먼저 파이썬과 관련된 각종 자료들은 파이썬 공식 홈페이지(www.python.org)에서 제공하고 있으며, 여기서 파이썬 관련 공식 자료와 패키지를 비롯한 각종 파이썬 설치 파일들을 다운로드할 수 있다. 파이썬은 기본적으로 파이썬 인터프리터와 특별한 기능들의 묶음인 패키지로 구성되어 있다. 파이썬을 처음 설치하면 인터프리터와 주요 패키지들이 설치되며 패키지 관리 프로그램인 pip를 통하여 필요한 패키지를 추가로 설치할 수 있고, 설치된 패키지는 파이썬 스크립트가 접근하여 사용할 수 있다. 파이썬 인터프리터는 여러 가지 버전이 있고 다양한 패키지들이 제공되고 있는데, 패키지에도 여러 가지 버전이 존재하기 때문에 버전에 따른 충돌을 방지하기 위하여 가상환경(virtual environment) 개념이 도입되었다. 예를 들어, 넘파이(Numpy)라는 패키지의 새로운 2.0 버전이 출시되면서 기존의 1.0 버전에 있던 어떤 기능이 사라졌는데 프로젝트 A는 이 기능이 필요하다고 한다면 Numpy 1.0 버전을 가상환경 A에 포함시키고 프로젝트 A는 가상환경 A에서 실행되도록 할 수 있다.

그림 1-9 가상환경의 예

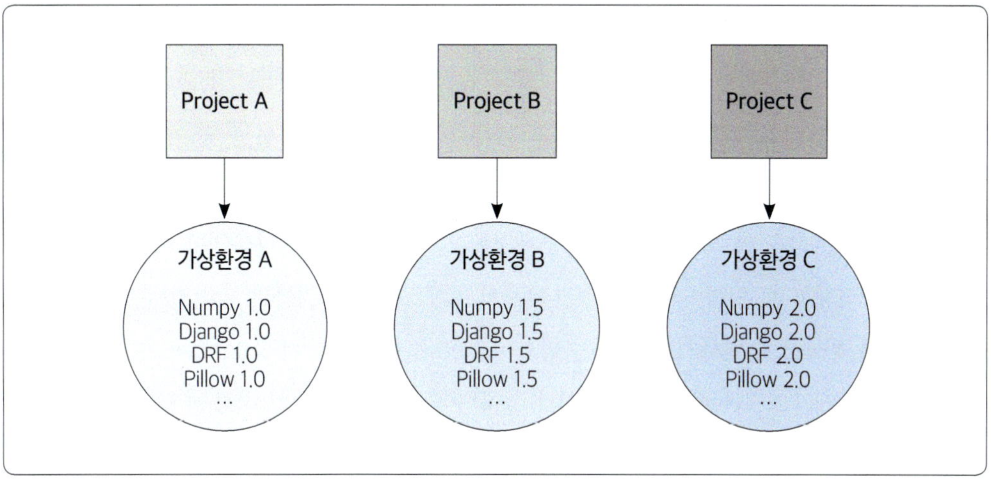

파이썬 프로그램 파일은 대화형으로 한 줄씩 실행하는 대화형 모드와 .py 확장자를 가진 파일로 저장하여 한꺼번에 실행하는 배치 모드(batch mode)가 있다. 대화형 모드에서는 작업의 중간결과를 실시간으로 확인하면서 프로젝트를 수행할 수 있기 때문에 주피터 노트북(jupyter notebook), VS code, 파이참(PyCharm) 등 대부분 개발환경에서는 대화형 모드를 채택하고 있다. 일반적으로 널리 활용되고 있는 개발환경인 아나콘다는 그림 1-10 과 같은 그래픽 인터페이스로서 패키지와 가상환경을 쉽게 관리할 수 있도록 한다. 아나콘다 무료 버전은 아나콘다의 공식 홈페이지인 https://www.anaconda.com/products/individual에서 다운로드하여 설치할 수 있다.

그림 1-10 아나콘다 실행화면

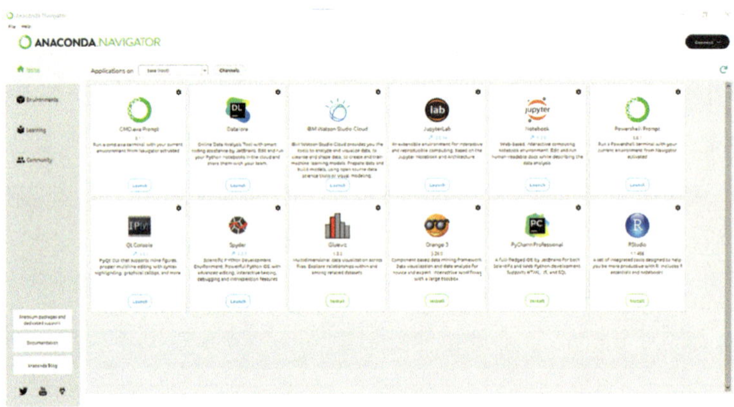

아나콘다 홈 화면에서는 구동하고자 하는 가상환경을 선택할 수 있고, '환경(Environment)' 화면에서는 가상환경에 대한 설정을 변경할 수 있다. 아래 화면에는 세 개의 가상환경이 설치되어 있으며, 화면의 오른쪽에는 해당 가상환경에 설치된 패키지를 나타내고 여기서 패키지를 추가하거나 삭제할 수 있다. 예를 들어 본서에서 소개하는 인공지능과 관련된 분류 또는 회귀 등의 데이터 분석을 수행하기 위해서는 넘파이(Numpy), 사이킷런(Scikit-Learn), 텐서플로우(Tensorflow), 케라스(Keras) 등의 패키지가 설치되어 있어야 한다. 그리고 화면 하단에는 가상환경을 추가하거나 삭제할 수 있는 가상환경 관리 메뉴를 제공하고 있다.

그림 1-11 아나콘다에서 가상환경 관리

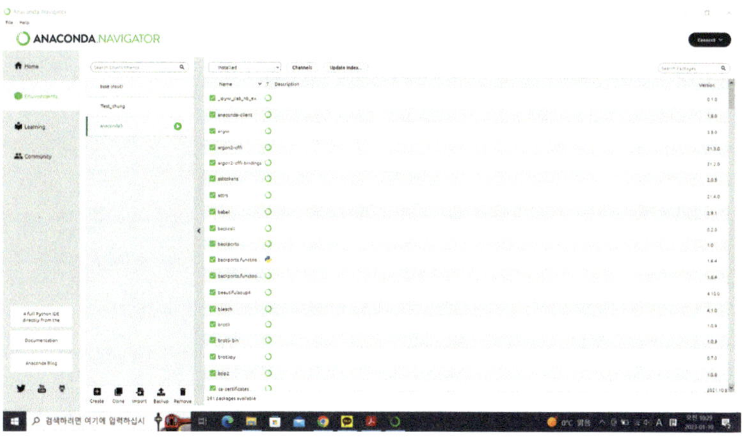

라. 주피터 노트북(jupyter notebook) 사용법

주피터 노트북은 웹 기반의 개발환경을 제공하는데, 이를 실행하면 웹브라우저가 실행되고 파이썬이 설치되어 있는 서버로 접속한다. 로컬호스트가 서버가 될 수도 있고 원격 컴퓨터를 서버로 접속할 수도 있다. 서버에 접속되면 웹페이지 화면에서 대화형으로 파이썬 코드를 실행할 수도 있고 배치 모드로 한 번에 실행할 수도 있다. 아나콘다를 실행한 후 화면에 있는 주피터 노트북 패키지의 launch 부분을 클릭한다. 이때 프로젝트가 실행될 가상환경을 선택할 수 있으며, 명령을 실행하면 웹브라우저에 주피터 노트북이 그림과 같이 표시된다. 오른쪽 New 버튼을 클릭한 뒤 Python 3을 선택한다.

그림 1-12 주피터 노트북 실행화면

셀(Cell)이라 불리는 작업 공간에 파이썬 코드를 입력할 수 있으며, 입력완료 후 실행하기 버튼(▶Run)을 누르거나 shift+엔터(enter)를 누르면 입력한 셀의 코드가 실행된다. 셀 내에서의 엔터 키는 단순한 줄바꾸기를 의미한다.

그림 1-13 주피터 노트북에서 셀 입력 및 실행화면

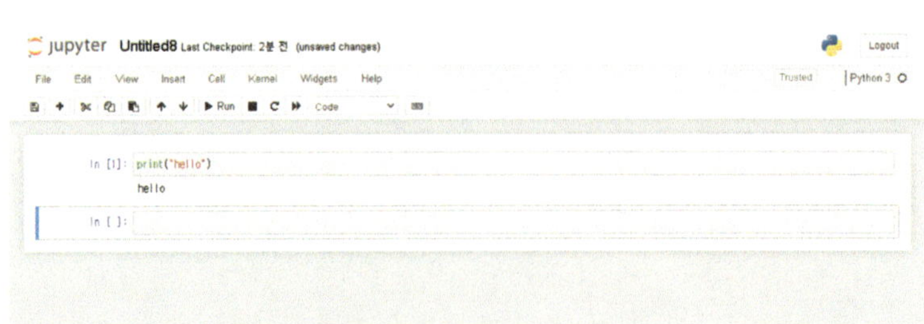

주피터 노트북은 특별하게 주석을 html 문서로 저장할 수 있는 마크다운(Markdown) 기능을 제공한다. 툴바에서 코드(Code)를 마크다운(Markdown)으로 변경하고 #을 이용하여 주석을 달거나 html 태그를 직접 입력하면 된다. #의 개수가 많아질수록 글자의 크기는 줄어든다. 입력 후

실행하기 버튼(▶Run)을 누르거나 shift+엔터를 누르면 마크다운 코드는 웹브라우저 실행모드로 변환된다. 또한 마크다운에서는 아래 그림과 같이 시작과 끝에 $$ 표시를 붙여 그 중간에 레이텍(Latex) 수식을 작성할 수 있는 기능을 제공한다. 레이텍 문서 작성 후 실행하면 아래 그림과 같이 수식이 완성된다.

그림 1-14 주피터 노트북에서 마크다운 입력

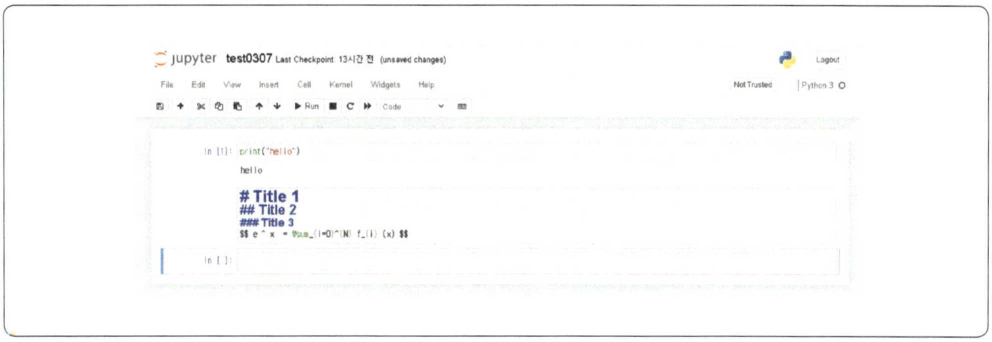

그림 1-15 주피터 노트북에서 마크다운 실행

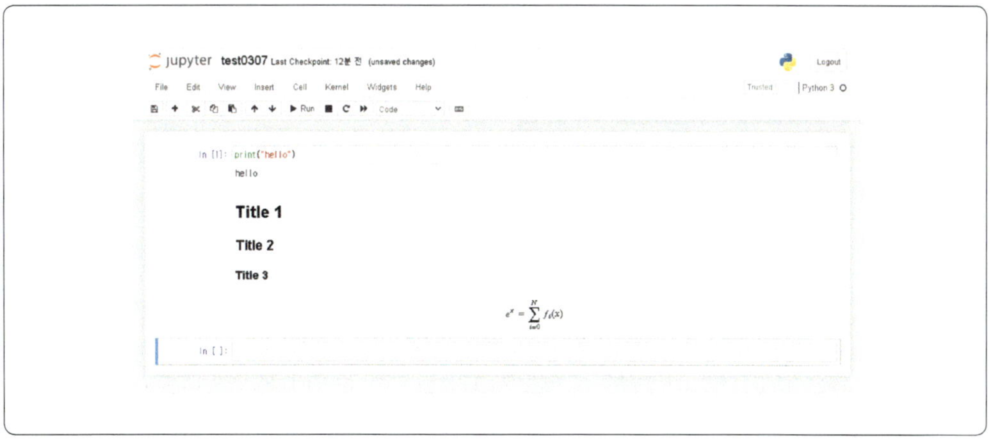

그리고 아래 그림과 같이 맷플롯립(matplotlib) 등의 도식화 패키지를 활용하여 차트나 그래프를 그리는 것도 가능하다.

그림 1-16 차트 그리기

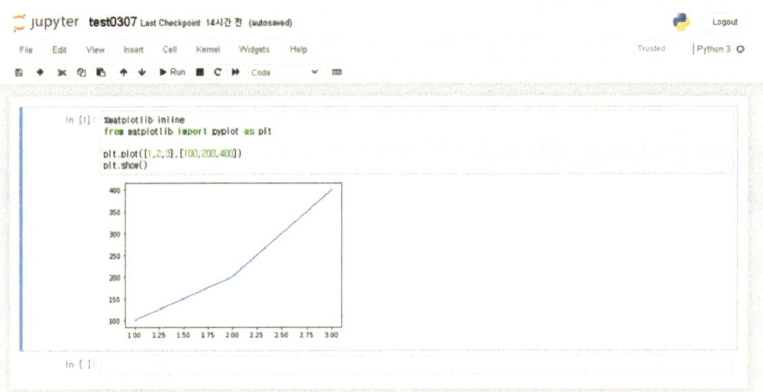

주피터 노트북으로 코드셀이나 마크다운셀에서 진행된 프로젝트는 파일로 저장할 수 있고 확장자는 .ipynb가 붙게 되며, 해당 파일들은 주피터 노트북으로 다시 열 수 있다. 한편, jupyter notebook 파일을 파이썬 인터프리터로 실행 가능한 실행파일로 변환하기 위해서는 File → Download as → Python(.py) 메뉴에서 파이썬 파일 이름을 설정해 주면 된다.

마. 구글 코랩(Google Colab)의 사용법

구글 코랩(Google Colab)은 Google Colaboratory 서비스의 줄임말로서 클라우드 기반의 주피터 노트북 개발환경을 제공한다. 즉, 주피터 노트북과 같이 웹브라우저에서 파이썬 프로그램을 작성하고 실행할 수 있도록 하지만 로컬 컴퓨터가 아닌 구글 드라이브에 저장하고 클라우드 컴퓨터(가상머신)가 실행한다. 실행기로 클라우드 컴퓨터를 사용하기 때문에 개인용 컴퓨터의 성능이 떨어지거나 가상머신 실행기로 많이 사용되는 GPU가 설치되어 있지 않은 경우에 좋은 선택이 될 수 있다. 실행 환경 및 설정에 걸리는 시간이 적고 인터넷 접속이 가능한 환경에서는 어디서나 사용할 수 있다. 또한 정해진 비용을 지불하면 GPU를 사용하여 고속으로 실행할 수 있다는 장점이 있다. 그러나 세션 유지 시간을 12시간으로 제한하고 있으며 세션이 끊어지면 저장된 데이터가 삭제된다는 점에 유의하도록 한다. 아래 그림과 같이 구글 드라이브에 접속하여 새로만들기>더보기>Google Colaboratary 를 선택하면 새로운 노트북을 생성할 수 있으며, 이후에는 주피터 노트북과 거의 유사한 방법으로 사용할 수 있다.

그림 1-17 구글 코랩의 실행화면

바. 머신러닝과 관련된 주요 패키지 소개

여기서는 파이썬을 이용한 머신러닝 작업에서 많이 사용되는 주요 패키지인 넘파이(Numpy), 판다스(Pandas), 사이킷런(Scikit-learn), 텐서플로우(Tensorflow)와 케라스(Keras), 맷플롯립(Matplotlib) 등을 소개하고자 한다.

넘파이(Numpy)

넘파이(Numpy)는 'Numerical Python'의 줄임말로 고성능의 수치계산을 위해 C로 구현된 패키지로서 공식 사이트(https://www.numpy.org)에서 다운로드받을 수 있다. 넘파이는 수치연산, 선형대수학 등 수리적 연산을 위한 다양한 기능들을 제공하고 있기 때문에 데이터분석, 머신러닝에 핵심적인 패키지로 인식되고 있다. 특히, 넘파이는 벡터 및 행렬 연산에 있어 매우 편리한 기능을 제공하고 있으며, C/C++ 등의 다른 프로그램과 쉽게 데이터를 주고받을 수 있고 다른 프로그램으로 작성된 프로그램(API)을 쉽게 호출할 수 있는 기능을 제공한다. 즉, 파이썬 언어 자체의 처리 성능은 떨어지지만 고성능이 요구되는 기능은 C/C++로 작성하고 이를 넘파이에서 호출하는 방식으로 파이썬의 단점을 극복할 수 있다.

클래스 ndarray는 넘파이의 핵심인 다차원 행렬 자료구조 클래스로서 파이썬이 제공하는 List

와 유사하다. 차이점으로 List는 여러 타입의 원소를 가질 수 있지만 ndarray는 단일 타입의 원소만 가질 수 있다는 것이다. 여러 타입의 원소를 가지기 때문에 List는 벡터연산이 불가능하여 속도가 느린 반면, ndarray는 벡터 연산이 가능하게 하여 매우 빠른 속도로 연산이 이루어진다는 장점이 있다. 넘파이에서 제공하는 주요 함수 또는 속성은 다음과 같다.

표 1-3 넘파이의 주요 함수/속성

함수/속성 이름	설명
np.array()	List를 비롯한 다양한 타입의 데이터를 입력으로 하여 ndarray 객체를 생성하는 함수
np.dot()	행렬 곱을 계산
np.random.seed()	시드 지정함수로 랜덤이 들어간 함수에서 항상 같은 결과를 내기 위해 사용
ndarray.dim	ndarray 객체의 차원의 수를 출력
ndarray.shape	행렬의 형태(행의 수, 열의 수)를 출력
ndarray.reshape()	행렬의 형태를 변경

판다스(Pandas)

넘파이 패키지와 더불어 데이터 처리 및 분석을 위해 기본적으로 사용되는 패키지로서 공식 사이트(https://pandas.pydata.org)에서 다운로드할 수 있다. 판다스는 인덱스(index)와 값(values)으로 구성된 1차원 배열 구조인 시리즈(Series), 인덱스와 값에 열(columns)이 추가된 2차원 배열구조의 데이터프레임(DataFrame) 등의 데이터 구조를 제공한다. 특히, 데이터프레임은 딕셔너리, ndarray, List 등 다양한 형태의 데이터구조와 호환된다. 또한, CSV, 텍스트, Excel, SQL, HTML, JSON 등 다양한 데이터 파일을 읽어 들여서 데이터프레임 객체를 생성할 수 있다. 데이터프레임은 폭넓은 데이터구조 호환과 더불어 데이터 처리와 분석에 매우 유용한 기능들을 제공하기 때문에 가장 보편적으로 사용되는 데이터구조이다. 판다스 패키지 및 데이터프레임 클래스에서 제공하는 함수는 다음과 같다.

표 1-4 판다스의 주요 함수/속성

함수/속성 이름	설명
pd.DataFrame()	List, ndarray 등을 비롯한 다양한 타입의 데이터를 입력으로 하여 데이터프레임 객체를 생성하는 함수
pd.read_csv() df.to_csv() pd.read_EXCEL() df.to_EXCEL()	CSV 파일을 읽어 들이는 판다스 함수 데이터프레임 객체 df를 CSV 포맷으로 쓰기 엑셀 파일을 읽어 들이는 판다스 함수 데이터프레임 객체 df를 엑셀 포맷으로 쓰기
df.info() df.describe() df.shape	데이터프레임 객체 df에 대한 종합 정보 데이터프레임 객체 df에 대한 구체적인 정보 데이터프레임 객체 df의 행과 열의 개수
df.head(n) df.tail(n) df['열이름']	데이터프레임 객체 df의 앞부분을 n개만 보기 데이터프레임 객체 df의 뒷부분을 n개만 보기 데이터프레임 객체 df의 해당되는 열을 확인
df[열이름].value_counts() df.sort_values() df.drop(행/열이름) df.loc() df.iloc() df.열이름, df[열이름]	해당하는 열의 빈도를 구할 때 사용 객체의 값에 따라 정렬, 정렬기준 행/열의 이름은 리스트로 입력 행 또는 열을 삭제(행 삭제 시 axis=0, 열 삭제 시 axis=1) 인덱스 이름을 기준으로 행을 선택 정수형 위치 인덱스를 기준으로 행을 선택 열이름으로 열 선택하기

사이킷런(Scikit-Learn)

사이킷런 패키지는 머신러닝 구현을 위한 데이터셋, 전처리 및 각종 머신러닝 모형을 포함하는 머신러닝 종합 패키지로서 공식 사이트(https://scikit-learn.org/stable/)에서 다운로드할 수 있다. 본서에서도 사이킷런 패키지를 이용하여 각종 모형에 대한 실습 예제를 다루고 있다.

표 1-5 사이킷런의 주요 모듈

모듈	설명
데이터세트 (datasets)	자체적으로 제공하는 데이터세트 및 활용함수 • 회귀분석, 분류, 군집화 등 가상 데이터세트 제공 • 각종 벤치마크 데이터세트
전처리 (preprocessing)	머신러닝 전에 수행하는 기본적인 데이터 처리를 위한 함수 • 스케일링 • 누락데이터 처리 • 텍스트 토큰화

모듈	설명
모형선택 (model_selection)	모형선택을 위한 클래스 및 함수들로 구성 • 데이터세트를 학습과 테스트용 데이터로 분할 • 초모수 최적화 • 모형 검증
선형 (linear_model)	선형 회귀 및 분류 모형 • 로지스틱 회귀 • 퍼셉트론 • 리지 회귀 • 선형 회귀
앙상블 (ensemble)	앙상블 모형(회귀와 분류로 구분) • 배깅 • 아다부스트 • 경사부스팅 • 랜덤포리스트
서포트벡터 머신 (svm)	서포트벡터 머신 모형을 이용한 분류 및 회귀
트리 (tree)	결정나무를 위한 모형 및 함수 • 결정나무 회귀 • 결정나무 분류 • 결정나무 플라팅 함수
클러스트 (cluster)	군집화를 위한 모형 • KMeans • DBSCAN • 계층적 군집화(agglomerative clustering)
메트릭스 (metrics)	분류 및 회귀 모형의 성능 측정과 관련된 클래스/함수
기타	LDA/GDA PCA KNN 등

사이킷런 패키지를 이용한 머신러닝의 기본적인 절차는 다음과 같다. 먼저, 분석에 사용될 데이터를 로드하여 train_test_split() 함수를 사용하여 학습과 테스트에 사용될 데이터로 구분하고, 필요하면 preprocessing 모듈에 있는 기능을 사용하여 정규화 등의 데이터 전처리 작업을 수행한다. 다음은 각종 분석모형을 제공하는 모듈에서 사용하고자 하는 머신러닝 알고리즘을 수행할 모형을 선택하고, 이 모형의 객체생성자를 이용하여 객체를 생성한다. 이때 객체생성자는 모형의 이름과 동일한 함수이며 모형의 초모수가 입력으로 주어진다. 학습데이터를 선택된 모형에 적용하여 선택된 모형의 모수들을 추정한다(객체.fit() 함수 사용). 테스트데이터를 모

형에 적용하여 모형의 예측치를 구하고 (객체.predict() 함수 사용) 모형의 성능을 평가한다(객체.score() 함수 사용).

텐서플로우(Tensorflow) 및 케라스(Keras)

텐서플로우 패키지는 구글에서 개발한 머신러닝용 오픈소스 프레임워크로서 공식 사이트(https://github.com/tensorflow)에서 다운로드할 수 있다. 텐서플로우는 딥러닝(deep learning)을 위한 신경망(neural network) 모형을 쉽게 구현할 수 있고 CPU뿐만 아니라 GPU를 활용할 수 있는 API를 지원한다. 텐서플로우는 아주 세밀하고 강력한 기능을 제공하지만 프로그래밍이나 신경망에 익숙하지 않은 비전문가가 사용하기에는 다소 어려움이 있다. 케라스(keras.io)는 텐서플로우 위에 동작하는 패키지로서 인공지능을 위한 신경망을 보다 쉽게 구현할 수 있도록 하는 단순한 사용자 인터페이스를 제공한다. 즉, 신경망을 활용하여 인공지능 알고리즘을 구현하고자 할 때 케라스는 사용자 인터페이스를 제공하지만 실제로는 모형을 구현하여 학습하고 테스트할 수 있는 기능은 텐서플로우를 사용한다. 따라서 케라스를 프론트엔드(Front End), 텐서플로우를 백엔드(Back End)로 부른다. 아래는 동일한 구조의 신경망을 구성하기 위하여 텐서플로우 및 케라스로 각각 작성했을 때의 소스코드를 비교한 것이다. 텐서플로우보다는 케라스가 구조화되어 있고 가독성이 좋다는 것을 알 수 있다.

표 1-6 텐서플로우 및 케라스로 작성했을 때의 소스코드 비교

텐서플로우	input_tensor = layers.Input(shape=(784,)) x = layers.Dense(32, activation='relu')(input_tensor) output_tensor = layers.Dense(10, activation='softmax')(x) model = models.Model(inputs=input_tensor, outputs=output_tensor)
케라스	from keras import models from keras import layers model = models.Sequential() model.add(layers.Dense(32, activation='relu', input_shape=(784,))) model.add(layers.Dense(10, activation='softmax'))

케라스를 이용하여 신경망을 구성하는 방식은 먼저 Sequential() 함수를 이용하여 순차적으로 계층을 쌓을 수 있는 객체를 생성하고 이 객체의 add() 함수로 계층을 순차적으로 쌓아 가는 구

조이다. 계층을 추가할 때에는 이전 계층과의 연결관계(Dense(), LSTM(), GRU() 등), 노드의 개수, 각 노드에 적용될 활성화 함수(activation function) 등을 add() 함수의 입력모수로 주어야 한다.

맷플롯립(matplotlib)/시본(seaborn)

맷플롯립 패키지는 데이터 시각화와 2D 그래프를 그릴 때 주로 사용한다. matplotlib.pyplot 모듈에 정의된 plot() 함수는 인수로 주어진 *x*, *y*축 값을 이용하여 그래프를 그리고, show() 함수는 그래프를 화면에 보여주는 역할을 한다. 또한, axis() 함수는 *x*축과 *y*축에 나타날 축값의 범위를 지정하고, xlabel(), ylabel(), title() 함수는 축 제목 및 그래프의 제목을 설정할 때 사용한다. subplot()를 사용하여 여러 개의 그래프를 그릴 수도 있다. 시본은 맷플롯립 패키지에 비해서 비교적 손쉽게 그래프를 그리고, 그래프 스타일 설정을 할 수 있다는 장점이 있다. 그래프 스타일은 막대그래프(barplot), 박스그래프(boxplot), 바이올린그래프(violinplot) 등 10여 개 중에서 선택할 수 있다. 정교하게 그래프의 크기를 조절하거나 각 축의 범례값을 조절할 때에는 맷플롯립을 함께 사용해야 하지만, 시본 그 자체로도 매우 훌륭한 도식화 기능을 제공한다.

Chapter 02

회귀분석
(regression analysis)

Chapter

02 회귀분석 (regression analysis)

회귀분석은 독립변수(또는 입력변수)와 종속변수(또는 출력변수) 사이의 함수관계를 추정하는 통계적 분석방법론으로 많은 분야에서 널리 활용되고 있다. 회귀분석은 출력과 입력 변수가 모두 실수인 지도학습(supervised learning) 문제로도 이해될 수 있으며 가장 간단한 학습모형으로 선형 회귀(linear regression)를 들 수 있다.

1. 선형 회귀분석(linear regression analysis)

가. 단순선형 회귀(simple linear regression)

선형 회귀의 가장 간단한 형태인 단순선형 회귀모형에서는 입력(또는 특성, feature)변수 $x(\in R)$와 출력(또는 목표, target)변수 $y(\in R)$ 간의 관계를 선형식 $y=h(x)=wx+b$로 설정한다. 여기서 w는 기울기, 그리고 b는 y축 절편으로, (w, b)은 단순선형 회귀모형의 모수(parameter)가 된다. 변수 x와 y의 선형 관계를 가장 적합하게 설명할 수 있는 모수 (w, b)를 추정하기 위하여 입력 및 출력변수에 대한 측정값(표본의 모임인 훈련데이터[training data]) $\{(x^{(i)}, y^{(i)})\}_{i=1}^{N}$을 이용한다. 훈련데이터를 이용한 학습을 통해 가장 적합한 (w, b)가 추정되면, 새로운 입력변수 x가 주어질 때 출력변수에 대한 예측값 y를 계산할 수 있다.

그림 2-1 주택면적과 판매가격

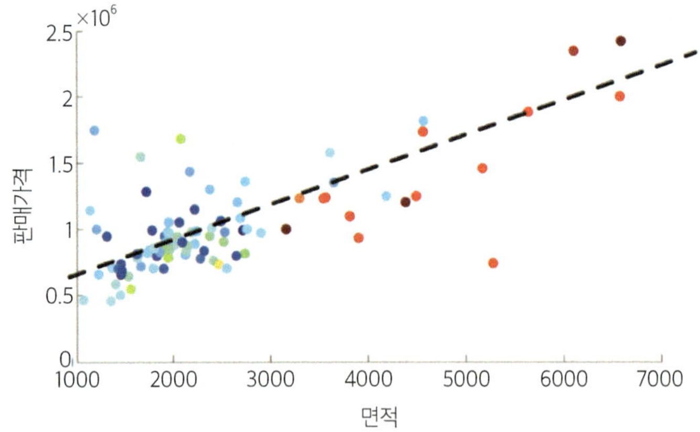

그림 2-1 은 주택의 면적과 매매가격 간의 관계를 보여준다. 만약 면적과 매매가격의 근사적인 관계를 선형(linear) 함수로 가정하면,

$$\text{매매가격}(y) \approx \text{면적당가격}(w) \times \text{면적}(x) + \text{고정비용}(b)$$

예를 들어, 면적이 1,000인 주택의 매매가격이 200,000이고 면적이 2,000인 주택의 매매가격이 350,000이라고 가정하자. 두 표본에 적합한 선형모형 $y=wx+b$의 모수는 다음의 두 식을 모두 만족해야 한다.

(주택 1) $w \times 1{,}000 + b = 200{,}000$

(주택 2) $w \times 2{,}000 + b = 350{,}000$

미지수가 2개이고 방정식이 2개이므로 위 연립방정식은 유일한 해(unique solution)를 가진다. 연립방정식을 행렬(matrix)의 형태로 표현하고, 해를 구하면 다음과 같다.

$$\begin{pmatrix} 1,000 & 1 \\ 2,000 & 1 \end{pmatrix}\begin{pmatrix} w \\ b \end{pmatrix} = \begin{pmatrix} 200,000 \\ 350,000 \end{pmatrix}$$

$$\begin{pmatrix} w \\ b \end{pmatrix} = \begin{pmatrix} 1,000 & 1 \\ 2,000 & 1 \end{pmatrix}^{-1}\begin{pmatrix} 200,000 \\ 350,000 \end{pmatrix} = \begin{pmatrix} 150 \\ 50,000 \end{pmatrix}$$

훈련데이터에 포함된 표본의 수가 위와 같이 2개($N=2$)라면, 두 점을 지나는 유일한 직선의 기울기(w)와 절편(b)을 정확하게 구할 수 있다. 하지만 학습에 사용되는 훈련데이터가 달라지면 예측모형 역시 달라지게 되어 신뢰성에 문제가 발생한다. 더욱이 대개의 경우 주택가격은 면적에 정확하게 비례하지 않고 설명될 수 없는 (또는 알 수 없는) 어떤 요소가 개입되어 결정되는 것이 보통이다. 이러한 요소를 모형에 반영하지 않고 면적만으로 가격을 정하고자 한다면 불가피하게 오류가 발생할 수 있다.

매매가격(y) = 면적당 가격(w) × 면적(x) + 고정비용(b) + 설명되지 않는 요소

훈련데이터에 모수의 수보다 많은 표본($N \geq 3$)이 포함된 경우에는 표본에 대한 선형식 $y^{(i)} = wx^{(i)} + b$ 모두를 만족하는 유일한 모수 (w, b)는 일반적으로 존재하지 않는다. 따라서 최선의 대안은 추정된 선형모형과 훈련데이터의 표본들 사이에 차이를 가급적 최소화하는 모수 (w, b)를 구하는 것이다. 여기서 모형의 추정값과 실제 표본값의 차이인 잔차오류(residual error)를 나타내는 척도로 다음과 같은 절대차이(absolute difference)와 제곱차이(squared difference)가 있으며 일반적으로 미분 연산이 간단한 제곱차이가 많이 사용된다.

절대차이: $|\text{예측}^{(i)} - \text{매매가격}^{(i)}| = |y^{(i)} - (wx^{(i)} + b)|$

제곱차이: $(\text{예측}^{(i)} - \text{매매가격}^{(i)})^2 = (y^{(i)} - (wx^{(i)} + b))^2$

표 2-1 절대차이, 제곱차이

면적(sqrt)	판매가격	예측가격	절대차이	제곱차이
2000	810K	720K	90K	8100M
2100	907K	800K	107K	11449M
1100	312K	350K	38K	1444M
5500	2,600K	2,600K	0	0
…	…	…	…	…

표본값을 가장 잘 적합하는 예측모형을 구하기 위하여 최소자승법(LSM, Least Squares Method)이 주로 활용된다. 추정값과 실제 표본값의 제곱차이의 합을 잔차제곱합(RSS, Residual Sum of Square)이라고 하고 이를 최소로 하는 모수 (w, b)를 찾는 방법을 최소자승법이라고 한다. 잔차제곱합을 $L(w, b)$로 표기하면 다음과 같이 적을 수 있다.

$$L(w, b) = \sum_{i=1}^{N}(y^{(i)} - (wx^{(i)} + b))^2$$

목표변수(y)를 주택가격으로 그리고 면적을 특성변수(x)로 하는 선형 회귀모형으로 다음 표 2-2 에 주어진 세 개의 후보모형을 생각해 보자. 그림 2-2 에는 학습에 사용된 훈련데이터 5개와 세 후보모형을 2차원 평면에 표시하였다. 사실 모수 (w, b)를 달리하면 무수히 많은 관계식이 만들어질 수 있다. 그림 2-2 에 표시된 세 개의 후보모형 중에서 먼저 직선 (1) ($h(x) = 237$)을 보면, $(w, b) = (0, 237)$로 b는 y값(가격)의 표본평균이고 $w=0$은 주택가격에 면적의 영향이 배제된 것을 의미한다. 직선 (1)의 RSS $L(w, b)$은 다음과 같다.

$$L(w, b) = \sum_{i-1}^{3}(y^{(i)} - 237)^2$$
$$= (120-237)^2 + (205-237)^2 + (280-237) + (280-237)^2 + (300-237)^2 = 22,380$$

마찬가지로 식 (2)와 (3)의 $L(w, b)$를 계산하면 각각 20,225와 6,225로 나타나 직선 (3)이 가장 작은 $L(w, b)$값을 가진다. 따라서 3가지 직선만을 비교했을 때, 직선 (3)이 가장 바람직하다고 할 수 있다. 특히, 직선 (1)의 RSS와 비교해 직선 (3)의 RSS는 상당히 작은 값을 가지는데 이로부터 주택가격(y)의 결정에 면적(x)이 중요한 역할을 한다고 해석할 수 있다. 주어진 훈련데이터에 주어진 자료로 두 변수 간의 관계를 가장 잘 설명하는 선형모형의 모수는 $L(w, b)$값이 최소가 되도록 하는 (w, b)값이다.

표 2-2 주택가격과 면적 간 세 가지 후보 선형모형의 예

면적(m^2)	가격(백만 원)	직선(1) $(w, b)=(0, 237)$ $(y^{(i)}-237)^2$	직선(2) $(w, b)=(3, 50)$ $(y^{(i)}-(3x^{(i)}+50))^2$	직선(3) $(w, b)=(2, 100)$ $(y^{(i)}-(2x^{(i)}+100))^2$
40	120	13689	2500	3600
60	205	1024	625	225
80	280	1849	100	400
100	280	1849	4900	400
120	300	3969	12100	1600
$L(w, b)$		22,380	20,225	6,225

그림 2-2 세 가지 후보모형의 비교

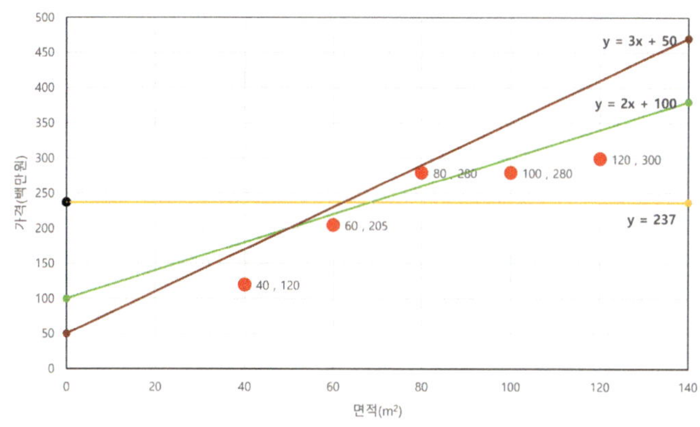

$L(w, b)$를 최소화하는 모수 (w^*, b^*)를 찾는 문제는 목적함수(objective function)가 $L(w, b)$이고 별도의 제약(constraints)이 없는 비선형 최적화 문제(nonlinear optimization problem)로서 의사결정변수(decision variable)는 (w, b)이다. 즉, $\min_{(w, b)} L(w, b)$이다. 이 최적화 문제의 목적함수 $L(w, b)$는 그림 2-3 과 같이 의사결정변수가 두 개인 볼록함수(convex function)가 되어, $L(w, b)$를 최소화하는 모수 (w^*, b^*)는 각 모수에 대한 $L(w, b)$의 일차도함수(first derivative)를 0

으로 하는 식으로부터 구할 수 있다.

그림 2-3 잔차제곱합 볼록함수

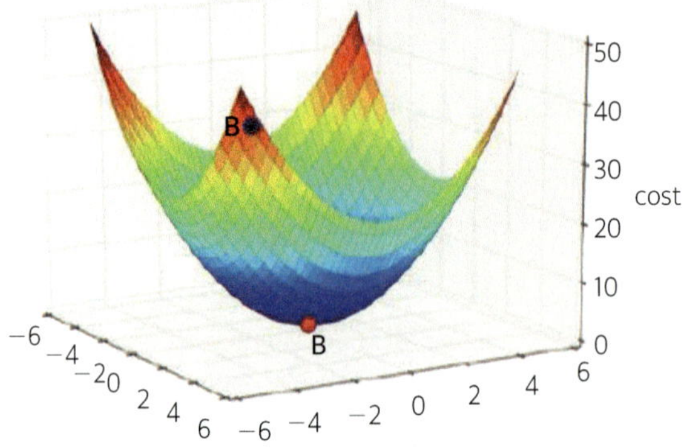

$$\frac{dL(w,b)}{db} = -2\sum_{i=1}^{N}(y^{(i)} - (wx^{(i)} + b)) = 0 \Rightarrow b^* = \frac{\sum_{i=1}^{N} y^{(i)}}{N} - w\frac{\sum_{i=1}^{N} x^{(i)}}{N} = \overline{y} - w\overline{x},$$

여기서 $\overline{x} = \frac{1}{N}\sum_i x^{(i)}$, $\overline{y} = \frac{1}{N}\sum_i y^{(i)}$. 위에서 구한 b^*를 대입하면,

$L(w,b) = \sum_{i=1}^{N}((y^{(i)} - \overline{y}) - w(x^{(i)} - \overline{x}))^2$. 이를 w에 대해 미분하면,

$$\frac{dL(w,b)}{dw} = -2\sum_{i=1}^{N}((y^{(i)} - \overline{y}) - w(x^{(i)} - \overline{x}))(x^{(i)} - \overline{x}) = 0 \Rightarrow w^* = \frac{\sum_{i=1}^{N}(y^{(i)} - \overline{y})(x^{(i)} - \overline{x})}{\sum_{i=1}^{N}(x^{(i)} - \overline{x})^2}$$

위 예제의 최적모수 (w^*, b^*)를 구하면 (2.175, 63)이 되며 이때 $L(w^*, b^*)$은 2557.5이다.

나. 다중선형 회귀(multiple linear regression)

다중회귀분석은 출력변수에 복수의 입력변수가 영향을 미칠 것으로 생각될 때 적용된다. 예를 들어, 주택가격(y)이 면적(x_1)과 함께 방의 수(x_2)에 의해서도 영향을 받는다고 가정하자. 그러면 입력변수는 2차원 벡터 $x=(x_1, x_2) \in R^2$가 되며, 다중선형 회귀모형은 다음과 같다.

$$h(x)=w_1x_1+w_2x_2+b$$

표 2-3 다중선형 회귀의 예

면적(m^2)	가격(백만원)	방의 수
40	120	2
60	235	3
80	270	2
80	300	3
100	320	3
120	350	4
…	…	…

위 식에서 모수는 (w_1, w_2, b)이고 기호의 편의를 위해 $b=w_0$이라고 하면, 위 식은 다음과 같은 행렬로 표현할 수 있으며, 선형 회귀식은 그림 2-4 와 같이 3차원 공간에서 소위 초평면(hyperplane)이 된다.

$$h(x) = \sum_{i=0}^{2} w_i x_i = w^T x, \text{ 여기서 } w = \begin{pmatrix} w_0 \\ w_1 \\ w_2 \end{pmatrix}, x = \begin{pmatrix} 1 \\ x_1 \\ x_2 \end{pmatrix}$$

그림 2-4 3차원 공간에서의 초평면

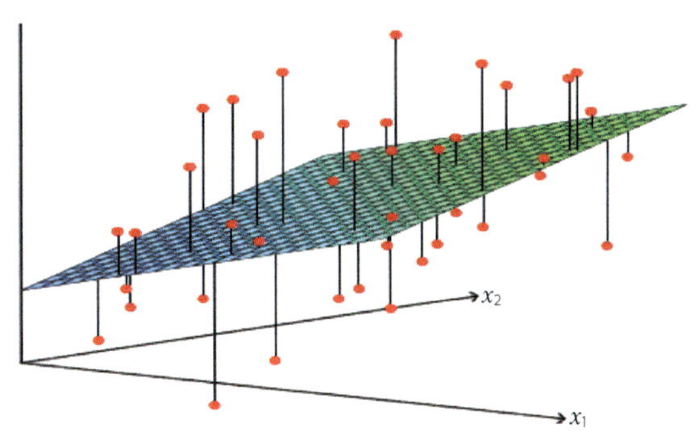

일반적으로 입력변수 x가 d차원인 경우 ($x \in R^d$)다중선형 회귀모형은 다음과 같다.

$$h(x) = \sum_{i=0}^{d} w_i x_i = w^T x, \text{ 여기서 } w = \begin{pmatrix} w_0 \\ w_1 \\ w_2 \\ \cdots \\ w_d \end{pmatrix}, x = \begin{pmatrix} 1 \\ x_1 \\ x_2 \\ \cdots \\ x_d \end{pmatrix}$$

만약, 훈련데이터가 N개의 표본들로 이루어졌다면, RSS($L(w)$)는 다음과 같다.

$$L(w) = \sum_{i=1}^{N} (y^{(i)} - \sum_{j=0}^{d} w_j x_j^{(i)})^2 = \sum_{i=1}^{N} (y^{(i)} - w^T x^{(i)})^2, \text{ 여기서 } y^{(i)} \in R, x^{(i)} = \begin{pmatrix} 1 \\ x_1^{(i)} \\ x_2^{(i)} \\ \cdots \\ x_d^{(i)} \end{pmatrix}$$

그리고 $L(w)$를 행렬로 나타내면,

$$\begin{aligned} L(w) &= \sum_{i=1}^{N} (y^{(i)} - \sum_{j=0}^{d} w_j x_j^{(i)})^2 = \sum_{i=1}^{N} (y^{(i)} - w^T x^{(i)})^2 \\ &= \sum_{i=1}^{N} (y^{(i)} - w^T x^{(i)})(y^{(i)} - (x^{(i)})^T w^T) \\ &= \sum_{i=1}^{N} (w^T x^{(i)} (x^{(i)})^T w - 2y^{(i)} (x^{(i)})^T w) + \text{constant}(\text{상수}) \\ &= \left\{ w^T \left(\sum_{i=1}^{N} x^{(i)} (x^{(i)})^T \right) w - 2 \left(\sum_{i=1}^{N} y^{(i)} (x^{(i)})^T \right) w \right\} + \text{constant} \end{aligned}$$

행렬 $X \in R^{N \times (d+1)}$과 행렬 $y \in R^N$를 다음과 같이 정의하자.

$$X = \begin{pmatrix} 1 & x_1^{(1)} & \cdots & x_d^{(1)} \\ 1 & x_1^{(2)} & \cdots & x_d^{(2)} \\ \cdots & \cdots & \cdots & \cdots \\ 1 & x_1^{(N)} & \cdots & x_d^{(N)} \end{pmatrix} = \begin{pmatrix} (x^{(1)})^T \\ (x^{(2)})^T \\ \cdots \\ (x^{(N)})^T \end{pmatrix} \in R^{N \times (d+1)}, \ y = \begin{pmatrix} y^{(1)} \\ y^{(2)} \\ \cdots \\ y^{(N)} \end{pmatrix} \in R^N$$

위에서 행렬 X를 설계행렬(design matrix)이라고 부른다. 그러면, RSS는 아래와 같이 행렬로 간단히 표현된다.

$$L(w) = \| Xw - y \|^2 = (w^T X^T Xw - 2(X^T y)^T w) + \text{constant},$$
여기서 $\| \cdot \|$은 유클리디안 벡터길이($Norm$) 즉, $\| v \| = \sum_i v_i^2 = \sqrt{v^T v}$

모수 각각에 대해 $L(w)$에 대한 일차도함수가 0이 되는, 즉 $dL(w)/dw_i=0$ 조건을 행렬 형태로 표시하면,

$\nabla_w L(w) = 2X^T Xw - 2X^T y = 0 \Rightarrow X^T Xw = X^T y$ (정규방정식[normal equation])

따라서 정규방정식의 해(w^*)는 $w^* = (X^T X)^{-1} X^T y$이다.

행렬 $X^T X$의 역행렬(inverse matrix)이 존재해야(즉, 가역행렬[invertible matrix]) 정규방정식은 유일해(unique solution)를 가진다. 하지만 표본의 수(N)가 모수의 수(d)보다 작거나 행렬의 열이 서로 독립(independent)이 아닌 경우에는 이러한 조건이 충족되지 못하는 경우가 발생할 수 있음에 유의하도록 한다.

다. 선형 회귀모형의 확률적 해석

선형 회귀모형의 전제는 입력변수 x와 출력변수 y가 알려져 있지 않은 선형 관계($h(x) = w^T x$)에 있다는 것이다. 그런데 훈련데이터 내 표본 $\{(x^{(i)}, y^{(i)})\}_{i=1}^N$은 함수 $h(x)$에 의해 정확하게 구현된 표본 $(x^{(i)}, h(x^{(i)}))$이 아니라, 알려지지 않은 어떤 이유로 오염된 (또는 잡음이 포함된) 표본 즉, $(x^{(i)}, y^{(i)} = h(x^{(i)}) + \varepsilon^{(i)})$이라고 볼 수 있다. 여기서 $\varepsilon^{(i)}$는 출력변수 y값의 관측 변동성(불확실성)을 나타내는 항목으로서, 출력변수의 잡음을 고려한 선형 회귀모형은 다음과 같다.

$$y^{(i)} = w_0 + w_1 x_1^{(i)} + \cdots w_d x_d^{(i)} + \varepsilon^{(i)} = w^T x^{(i)} + \varepsilon^{(i)}, \text{ 여기서 } \varepsilon^{(i)} \sim N(0, \sigma^2)$$

확률변수(random variable) $\varepsilon^{(i)}$은 평균이 0이고 분산이 σ^2인 정규분포를 따르며, 확률밀도함수(probability density function)는 다음과 같다.

$$p(\varepsilon^{(i)}) = \frac{1}{\sqrt{2\pi}\,\sigma} exp\left(\frac{-(\varepsilon^{(i)})^2}{2\sigma^2}\right)$$

$x^{(i)}$가 주어졌을 때 확률변수 $y^{(i)}|x^{(i)};w$은 정규분포를 따른다. 즉, $y^{(i)}|x^{(i)};w \sim N(w^T x^{(i)}, \sigma^2)$.

$$p(y^{(i)} \mid x^{(i)}; w) = \frac{1}{\sqrt{2\pi}\,\sigma} exp\left(\frac{-(y^{(i)} - w^T x^{(i)})^2}{2\sigma^2}\right)$$

모수 w가 주어진 상태에서 출력표본 $y^{(i)}$가 발생할 우도(likelihood)는 $p(y^{(i)}|x^{(i)};w)$이므로 만약 $\varepsilon^{(i)}$가 i.i.d(independent and identically distributed)이면, 모수 w가 주어졌을 때 훈련데이터 $D=\{y^{(i)}\}_{i=1}^{N}$의 우도 함수 $p(D|w)$는 다음과 같다.

$$p(D \mid w) = p(y \mid x; w) = \prod_{i=1}^{N} p(y^{(i)} \mid x^{(i)}; w) = \prod_{i=1}^{N} \frac{1}{\sqrt{2\pi}\,\sigma} exp\left(\frac{-(y^{(i)} - w^T x^{(i)})^2}{2\sigma^2}\right)$$

계산의 편의를 위해 양변에 로그를 취한 로그우도(log likelihood) $l(w)$는

$$\begin{aligned} l(w) &= log\,p(D \mid w) = log\left(\prod_{i=1}^{N} \frac{1}{\sqrt{2\pi}\,\sigma} exp\left(\frac{-(y^{(i)} - w^T x^{(i)})^2}{2\sigma^2}\right)\right) \\ &= \sum_{i=1}^{N}\left[log\left(\frac{1}{\sqrt{2\pi}\,\sigma}\right) + log\left(exp\left(\frac{-(y^{(i)} - w^T x^{(i)})^2}{2\sigma^2}\right)\right)\right] = \sum_{i=1}^{N}\left[\frac{-(y^{(i)} - w^T x^{(i)})^2}{2\sigma^2} - log(\sqrt{2\pi}\,\sigma)\right] \\ &= \underbrace{-\frac{1}{2\sigma^2}\sum_{i=1}^{N}(y^{(i)} - w^T x^{(i)})^2}_{(1)} - \frac{N}{2} log\,\sigma^2 - N\,log\sqrt{2\pi} \\ &= -\frac{1}{2}\left\{\frac{1}{\sigma^2}\sum_{i=1}^{N}(y^{(i)} - w^T x^{(i)})^2 + N\,log\,\sigma^2\right\} + \text{constant} \end{aligned}$$

만약 σ^2이 알려져 있으면 로그우도 $l(w)$를 최대화하는 w는 위 식의 (1) 부분을 최소화하는 것으로 이는 잔차제곱합이 된다. 즉, 로그우도를 최대화하는 추정 방법인 최대우도추정(MLE, Maximum Likelihood Estimation)에 의한 최적모수 w^{MLE}는 RSS를 최소화하는 LSM 추정 방법의 최적모수 w^{LSM}와 동일하다.

만약 σ^2이 알려져 있지 않으면 이 역시 추정해야 한다. 우선, 모수 w의 추정은 σ^2와 무관하게 이루어지므로 LSM(또는 MLE) 방법을 이용해 추정한다. 즉,

$$\frac{\partial l(w)}{\partial s} = -\frac{1}{2}\left\{-\frac{1}{s^2}\sum_{i=1}^{N}(y^{(i)} - w^T x^{(i)})^2 + N\frac{1}{s}\right\} = 0$$

$$\rightarrow \sigma^{*2} = s^* = \frac{1}{N}\sum_{i=1}^{N}(y^{(i)} - w^T x^{(i)})^2$$

2. 모수 추정을 위한 최적화 해법

최소자승법(LSM)에서 잔차제곱합을 최소로 하는 모수는 정규방정식(연립방정식)의 해가 된다. 즉, $w^{LSM}=(X^TX)^{-1}X^Ty$. 해를 구하기 위해서는 행렬곱과 역행렬 연산이 필요한데, 이들의 계산복잡도(computational complexity)는 각각 $O(Nd^2)$과 $O(d^3)$로 알려져 있다. 이는 입력변수의 차원(d) 또는 표본의 수(N)가 큰 학습문제의 경우 계산시간이 크게 증가할 수 있음을 의미한다. 선형 회귀모형의 비선형 최적화 문제 $min_w\ L(w)$의 최적해를 구하는 다른 해법 중 하나로 경사하강법(gradient descent)이 있다. 경사하강법은 선형 회귀모형 이외에도 여러 가지 머신러닝 학습모형에서 사용되는 모수 추정 해법으로 사용되기 때문에 이에 대한 정확한 이해는 매우 중요하다.

경사하강법은 제약식이 없는 비선형 계획 문제의 최적해(optimal) 또는 최적해에 가까운 근사해(approximate solution)를 찾는 해법 중 하나이다. 임의의 값에서 시작하여 목적함수의 값이 감소하는 방향으로 의사결정변수 w을 변화(이동)시키고 이 과정을 반복적으로 수행하여 최종적으로는 목적함수가 최소가 되는 의사결정변수 w^*값을 찾는다.

예를 들어, 이차함수 $f(x)=x^2+1$의 경우를 살펴보자. 이 함수의 최적해는 일차도함수가 0이 되는, 즉, $f'(x)=2x=0$, x값으로 $x^*=0$이다. 그리고 최적 목적함수값은 1이다(즉, $f(0)=1$). 경사하강법에서 변수 x의 특정값(x_0)에서 목적함수가 감소(또는 증가)하는 방향은 그 값에서 평가된 함수의 경사(또는 기울기)의 부호에 달려있다. 부호가 양(음)이면 x값이 증가함에 따라 목적함수가 증가(감소)한다. x_0에서 함수 $f(x)$의 경사는 일차도함수 $f'(x_0)$가 된다. 그림 2-5 에서 $f'(1)=2(>0)$로 양의 값을 가지기 때문에 x가 1에서 증가함에 따라 $f(x)$가 증가한다. 반면 $f'(-1)=-2(<0)$으로 x가 -1에서 증가하면 $f(x)$가 감소한다. 이때 경사의 절대적인 크기는 기울기의 가파른 정도를 의미할 뿐만 아니라 의사결정변수의 현재값과 목적함수를 최소로 하는 (즉, 경사값이 0이 되는) 최적해가 떨어져 있는 정도도 함께 나타낸다.

그림 2-5 2차함수의 경사의 예

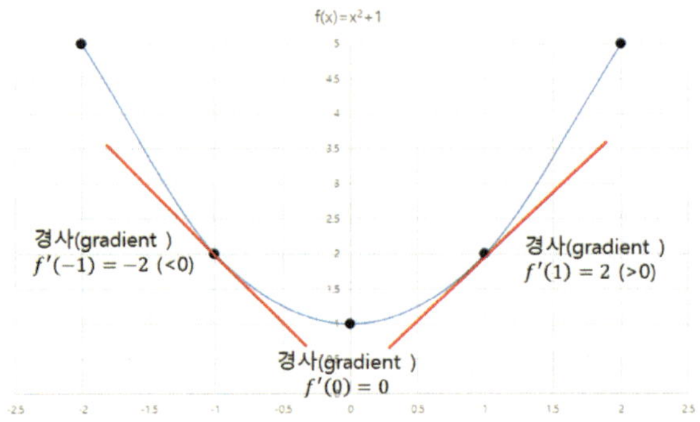

현재 x_t에 있을 때 목적함수 $f(x_t)$값이 감소하는 새로운 x_{t+1}로의 이동거리(∇x_t)는 경사의 부호와 목적함수의 증감 관계를 고려해 다음과 같이 결정된다.

$$x_{t+1}=x_t-\nabla x_t \text{ (=이동거리[moving distance]×경사의 부호)}$$

의사결정변수 x의 경사는 x값에 따라 변할 수 있는데, 경사의 절댓값은 목적함수의 최솟값에 가까울수록 작아진다. 따라서 최솟값에서 먼 경우는 이동거리를 커지도록 하고 그렇지 않은 경우에는 작아지도록 경사의 크기에 비례하여 이동거리가 결정되는 것이 바람직하다. 즉, 이동거리를 경사 $df(x)/dx$에 어떤 상수(α)를 곱한 값으로 정하는데, 여기서 α는 이동거리에 관한 조정값으로 학습률(learning rate)이라고 한다. 즉, 새로운 x_{t+1}은 다음과 같이 결정된다.

$$x_{t+1} = x_t - \alpha\frac{df(x_t)}{dx}$$

그림 2-6 학습률에 따른 수렴 행태

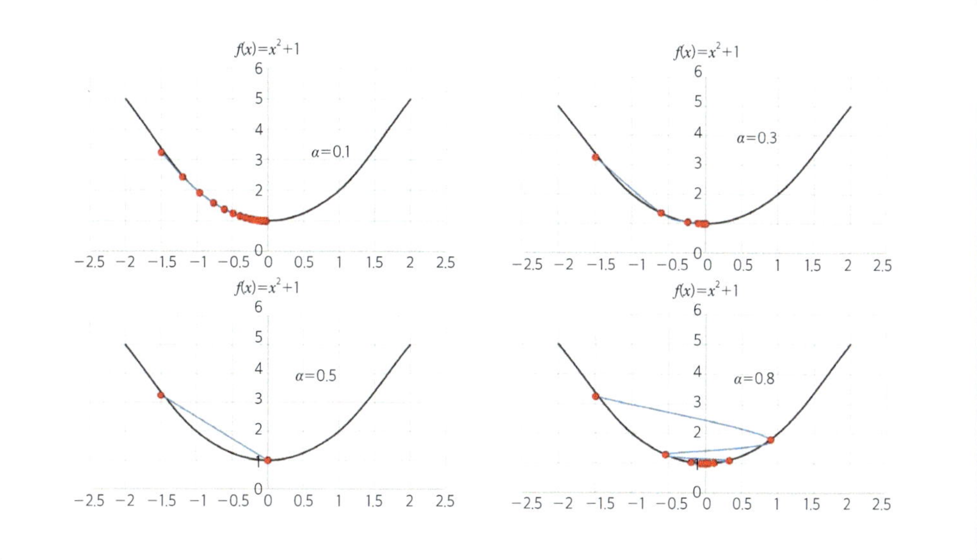

그림 2-6 은 함수 $f(x)=x^2+1$의 최솟값을 찾기 위해 x의 초기값 x_0는 -1.5로 고정하고 학습률 α를 달리하면서 18번째 반복값(x_{18})까지 경사하강법의 반복수행 과정을 보여준다. $\alpha=0.1$인 경우, x_{18}은 최솟값($x^*=0$)에 매우 근사하지만 최솟값에는 도달하지 못하였다. 특히 x의 최솟값에 가까워질수록 목적함수값의 향상(감소) 정도는 매우 작아진다. 한편 $\alpha=0.3$이면, 12번째 반복값(x_{12})에서, 그리고 $\alpha=0.5$이면 한 번의 반복(x_1)으로 최솟값에 도달할 수 있다. 경사하강법의 실행시간은 반복횟수에 따라 결정되므로 $\alpha=0.5$이 보다 우수한 학습률로 평가될 수 있다. 그러면 학습률 α를 보다 큰 값 0.8로 하면 어떻게 될까? $\alpha=0.8$인 경우 오히려 반복횟수가 증가하여 x_{18}까지 최솟값에 도달하지 못하였다. 더구나, 과정 $k(\geq 1)$에서 x_k의 부호가 x_{k-1}의 부호와 달라지는 지그재그 형식으로 x의 이동이 이루어진 점은 $\alpha=0.1$와 대비되는 현상이다. 이렇게 학습률 α는 실행시간과 함께 심지어는 최적해로의 수렴에 결정적인 역할을 하므로 매우 신중하게 결정되어야 한다.

경사하강법을 적용하는 데 있어서 목적함수가 볼록함수(convex function)라는 특정 조건이 만족되고 학습률이 적절히 결정되면 충분히 많은 반복을 거친 후 최적해를 찾을 수 있다. 하지만, 최적해에 도달하기 위해 얼마나 많은 반복을 수행해야 하는지는 사전에 알 수 없다. 따라서 실제 적용에서는 얼마나 많은 반복을 수행할 것인지를 결정하는 소위 정지규칙(stopping rule)

을 사용하는데, 두 연속된 반복 간의 목적함수 향상도(또는 차이)가 지정된 수준 ε 이하일 때 정지하는 방법이 가장 일반적으로 사용되고 있다. 즉,

$$\text{만약 } |f(x_{k+1})-f(x_k)|\leq\varepsilon, \text{ 반복을 정지}$$

표 2-4 학습률에 따른 목적함수의 수렴 과정

t	$\alpha=0.1$		$\alpha=0.3$		$\alpha=0.5$		$\alpha=0.8$	
	x_t	$f(x_t)$	x_t	$f(x_t)$	x_t	$f(x_t)$	x_t	$f(x_t)$
0	−1.5000	3.2500	−1.5000	3.2500	−1.5000	3.2500	−1.5000	3.2500
1	−1.2000	2.4400	−0.6000	1.3600	0.0000	1.0000	0.9000	1.8100
2	−0.9600	1.9216	−0.2400	1.0576	0.0000	1.0000	−0.5400	1.2916
3	−0.7680	1.5898	−0.0960	1.0092	0.0000	1.0000	0.3240	1.1050
4	−0.6144	1.3775	−0.0384	1.0015	0.0000	1.0000	−0.1944	1.0378
5	−0.4915	1.2416	−0.0154	1.0002	0.0000	1.0000	0.1166	1.0136
6	−0.3932	1.1546	−0.0061	1.0000	0.0000	1.0000	−0.0700	1.0049
7	−0.3146	1.0990	−0.0025	1.0000	0.0000	1.0000	0.0420	1.0018
8	−0.2517	1.0633	−0.0010	1.0000	0.0000	1.0000	−0.0252	1.0006
9	−0.2013	1.0405	−0.0004	1.0000	0.0000	1.0000	0.0151	1.0002
10	−0.1611	1.0259	−0.0002	1.0000	0.0000	1.0000	−0.0091	1.0001
11	−0.1288	1.0166	−0.0001	1.0000	0.0000	1.0000	0.0054	1.0000
12	−0.1031	1.0106	0.0000	1.0000	0.0000	1.0000	−0.0033	1.0000
13	−0.0825	1.0068	0.0000	1.0000	0.0000	1.0000	0.0020	1.0000
14	−0.0660	1.0044	0.0000	1.0000	0.0000	1.0000	−0.0012	1.0000
15	−0.0528	1.0028	0.0000	1.0000	0.0000	1.0000	0.0007	1.0000
16	−0.0422	1.0018	0.0000	1.0000	0.0000	1.0000	−0.0004	1.0000
17	−0.0338	1.0011	0.0000	1.0000	0.0000	1.0000	0.0003	1.0000
18	−0.0270	1.0007	0.0000	1.0000	0.0000	1.0000	−0.0002	1.0000

다음으로, 변수의 수가 2개인 $f(x, y)=x^2+2y^2$의 경우를 살펴보자. 변수가 2개인 함수 $f(x, y)$의 도함수 $\nabla f(x, y)=(2x, 4y)$이 되며, 학습률 $\alpha=0.1$으로 했을 때 경사하강법이 3번 반복하는 과정은 아래와 같다. 아래에서 편의상 $X=(x, y)$으로 표시하고 $X_t=(x_t, y_t)$는 t번째 반복값이다. 아래와 같이 경사하강법의 절차를 반복하면 최적해 $(x^*, y^*)=(0, 0)$에 도달한다.

그림 2-7 변수가 2개인 함수의 경사하강법

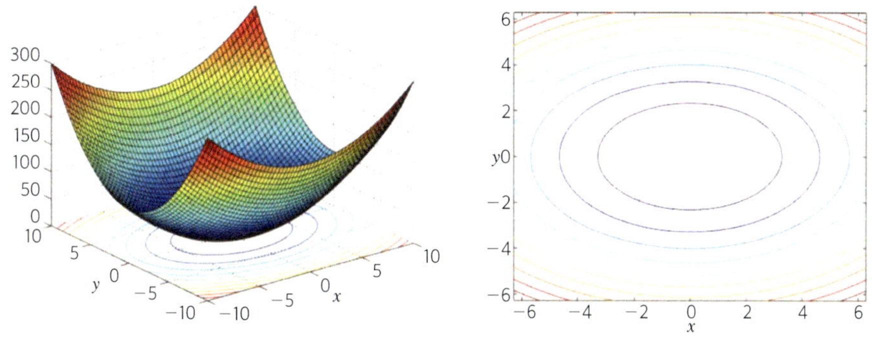

$X_0 = (4, 3)$: 초기값은 임의로 설정 가능

$X_1 = X_0 - \alpha \nabla f(X_0) = (4, 3) - 0.1 \times (8, 12) = (3.2, 1.8)$

$X_2 = X_1 - \alpha \nabla f(X_1) = (3.2, 1.8) - 0.1 \times (6.4, 7.2) = (2.56, 1.08)$

$X_3 = X_2 - \alpha \nabla f(X_2) = (2.56, 1.08) - 0.1 \times (5.12, 4.32) = (2.56, 1.08)$

그림 2-8 경사하강법의 과정 예

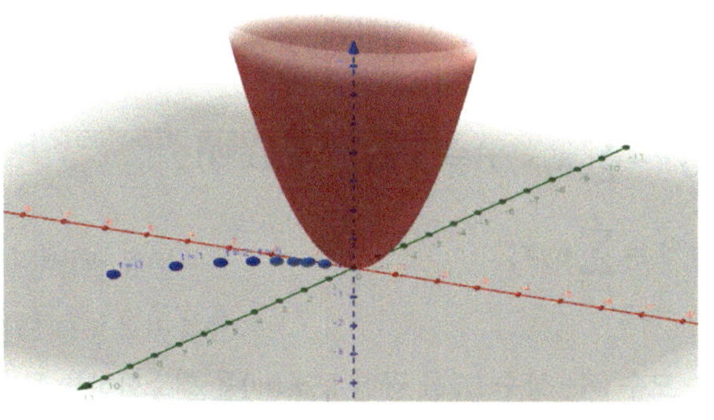

경사하강법의 개념을 적용하여 잔차제곱합을 최소화하는 모수를 찾기 위한 절차를 소개한다. 최적화 절차는 사용되는 표본의 범위에 따라 배치 경사하강법(batch gradient descent), 확률적 경사하강법(stochastic gradient descent), 그리고 미니배치 경사하강법(mini-batch gradient

$$y = h(x) = w^T \phi(x)$$

기본함수로 다항식(polynomial)과 RBF(Radial Basis Function)를 일반적으로 많이 사용하는데, 입력변수 x가 일차원일 때, 다항식 기본함수의 형태는 $\phi_0(x) = 1$, $\phi_1(x) = x$, $\phi_2(x) = x^2$, … 이다. 그리고 기본함수가 RBF인 경우에는 다음과 같다.

$$\phi_k(x) = exp\left(-\frac{(x - c_k)^2}{2\sigma^2}\right)$$

여기서 c_k는 기본함수의 중심(center)을 나타내고 σ_k은 함수의 폭(width)을 나타내는 모형의 초모수이다.

비선형 회귀모형에 대한 기본함수의 일반적인 정의는 다음과 같다. $\phi(x) : x \in R^d \rightarrow z \in R^M$으로 M은 기본함수에 의해 변형된 변수의 차원을 나타낸다. 예를 들어, 원 특성변수의 차원이 2차원인 $x = (x_1, x_2)$의 기본함수가 아래와 같을 때 $M = 4$가 된다.

$$\phi(x) = \phi\begin{pmatrix} x_1 \\ x_2 \end{pmatrix} \rightarrow \begin{pmatrix} x_1 \\ x_2 \\ 3x_1^2 \\ \sqrt{x_2} \end{pmatrix}$$

비선형 회귀모형의 잔차제곱합은 $L(w) = \sum_{i=1}^{N} (w^T \phi(x^{(i)}) - y^{(i)})^2$, $w \in R^M$이며, 최소자승합에 대한 최적해는 $w^* = (\Phi^T \Phi)^{-1} \Phi^T y$이고, 여기서 Φ는 기본함수에 의해 변형된 변수에 의해 정의된 새로운 설계행렬을 나타낸다.

$$\Phi = \begin{pmatrix} (\phi(x^{(1)}))^T \\ (\phi(x^{(2)}))^T \\ \vdots \\ (\phi(x^{(N)}))^T \end{pmatrix} \in R^{N \times M}$$

비선형 회귀모형의 기본함수를 이용해서 특성변수의 설계에 유연성을 확대할 수 있다. 예를 들어, 주택가격과 면적의 관계에 대한 회귀모형으로 $y = w_0 + w_1 x$과 $y = w_0 + w_1 x + w_2 x^2$을 비교하면, 후자가 보다 유연한 모형이라고 할 수 있다. 이렇게 학습모형으로 어떤 것을 가정하느냐에 따라 학습의 성과가 달라질 수 있기 때문에 학습과정에 사용하는 함수를 가정(hypothesis)이라고 하고 가정한 함수를 $h(x)$로 표현하는 것이다. 가정함수의 결정은 모형의 일반화(generalization) 관점에서 아래에서 소개되는 소위 과적합(overfitting) 문제를 함께 고려해서 결정해야 한다.

4. 모형의 실행준비와 분석

가. 데이터 전처리(data preprocessing)

머신러닝 학습과정을 본격적으로 시작하기 전에 입력 및 출력 데이터의 정제를 위해 소위 전처리(preprocessing)라는 과정의 일환으로 변수가 가지는 범위를 일정 수준으로 맞추는 과정을 특성 스케일링(feature scaling)이라 한다. 이에 대한 문제를 살펴보기 위해 아래 표 2-7 에서 주어진 자료의 경우를 살펴본다.

표 2-7 전처리를 위한 예

표본(i)	면적(sqrt) : $x^{(i)}$	판매가격, $y^{(i)}$
1	1,000	200,000
2	2,000	350,000
3	1,500	300,000
4	2,500	450,000

위의 자료를 이용해 얻은 최소자승법의 최적해는 (w_0^*, w_1^*)=(45,000, 160)이다. 배치 경사하강법으로 최적해를 구하기 위해 필요한 경사값 $\nabla L(w)=X^T(Xw(t)-y)$이 매우 큰 값을 가진다. 따라서 경사값에 학습률이 곱해져서 결정되는 해의 이동거리를 적절하게 유지하기 위해서는 매우 작은 학습률을 사용하여 큰 경사의 효과를 완화시켜야 한다. 그림 2-13 은 학습률 $\alpha=0.0000001$인 경우와 $\alpha=0.00001$인 경우를 비교하여 보여주는데, $\alpha=0.0000001$ 경우는 수렴은 하지만 너무 작은 학습률로 인해 수렴속도가 매우 느리다. 반면에 $\alpha=0.00001$인 배치 경사하강법은 수렴하지 않은 모습을 보인다. 아래에서는 이와 같이 변수값의 범위 또는 단위가 달라서 발생할 수

있는 문제를 처리하기 위해 원래의 표본자료 $x_j^{(i)}$을 자료 $x'^{(i)}_j$로 바꾸는 여러 가지 방법을 기술하고 있다.

그림 2-13 학습률에 따른 확률적 경사하강법의 발산

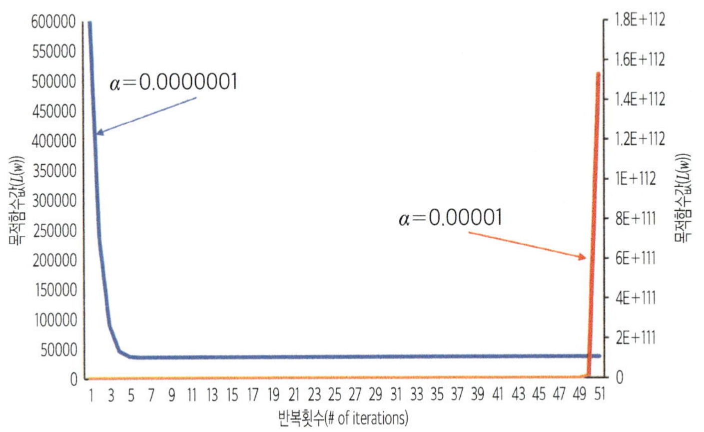

- 최소-최대 정규화(min-max normalization)

$$x'^{(i)}_j = \frac{x_j^{(i)} - min_i(x_j^{(i)})}{max_i(x_j^{(i)}) - min_i(x_j^{(i)})},\ i = 1, \cdots, N,\ j = 1, \cdots, d$$

여기서, $min_i(x_j^{(i)}) = min(x_j^{(1)}, \cdots, x_j^{(N)})$, $max_i(x_j^{(i)}) = max(x_j^{(1)}, \cdots, x^{(N)}{}_j)$이고 최소-최대 정규화를 통해 구한 자료 $x'^{(i)}_j$는 $0 \leq x'^{(i)}_j \leq 1, \forall i, j$.

- 평균 정규화(mean normalization)

$$x'^{(i)}_j = \frac{x_j^{(i)} - avg_i(x_j^{(i)})}{max_i(x_j^{(i)}) - min_i(x_j^{(i)})},\ i = 1, \cdots, N,\ j = 1, \cdots, d.$$

여기서, $avg_i(x_j^{(i)}) = \sum_{i=1}^{N} x_j^{(i)} / N,\ -1 \leq x'^{(i)}_j \leq 1, \forall i, j$.

• 표준화(standardization)

$$x'^{(i)}_j = \frac{x^{(i)}_j - avg_i(x^{(i)}_j)}{std_i(x^{(i)}_j)}, i = 1, \cdots, N, j = 1, \cdots, d.$$

여기서, $std_i(x^{(i)}_j) = \sqrt{\frac{1}{N}\sum_{i=1}^{N}(x^{(i)}_j - avg_i(x^{(i)}_j)^2}$

출력변수 $y^{(i)}$에 대해서도 동일한 특성 스케일링 방법을 적용할 수 있는데, 이와 같이 변수값의 범위 또는 단위의 동질성을 부여하여 머신러닝 모델이 특정 데이터에 의해 왜곡되는 현상을 방지할 수 있다.

나. 과적합(overfitting)과 정규화(regularization)

학습모형이 훈련데이터에는 잘 적합되어 있지만 실제(또는 테스트데이터)에 대해서는 올바른 결과를 낳지 못하는 것을 과적합이라고 한다. 정규화(regularization)는 머신러닝의 다양한 학습모형에서 발생하는 과적합 문제의 완화를 위해 사용되는 대표적인 방법 중 하나이다. 과적합과 정규화의 개념을 이해하기 위해 표 2-8 에 주어진 간단한 예제를 살펴보자. 2개의 표본으로 구성된 훈련데이터에 대한 선형 회귀모형은 $y=0.5+1.3x$으로 그것의 잔차제곱합 $L(w)$는 0이다. 하지만 훈련데이터와 상이한 (테스트)데이터에 대해서는 주어진 회귀식의 적합오류는 증가한다. 그림에서는 6개의 표본으로 구성된 테스트데이터를 보여주는데, 테스트데이터에 대한 잔차제곱합은 5.48이다(그림 2-14 (a)).

표 2-8 과적합의 예

훈련데이터		테스트데이터	
$x^{(i)}$	$y^{(i)}$	$x^{(i)}$	$y^{(i)}$
0.5	1.15	0.8	1.25
1.5	2.45	1.2	2.1
–	–	1.9	2.6
–	–	2.7	2.8
–	–	3	3.1
–	–	3.5	3.6

위 예제에서 테스트데이터에 따라 잔차제곱합의 변화가 큰 것은 모형이 과적합되어 있다고 판단할 수 있는 근거가 된다. 즉, 주어진 모형은 훈련데이터에 대한 적합도는 매우 높아서 편향(bias)은 없지만, 테스트데이터별 적합오류의 편차(즉, 분산)는 크다. 정규화는 편향을 다소 희생하더라도 분산을 낮추는 방향으로 모수를 정하여 모형의 과적합 문제를 해결한다. 그림 2-14 (b)에서 파란색 회귀식의 훈련데이터에 대한 잔차제곱합은 원래의 적색 회귀선의 잔차제곱합(=0)에 비해 증가하지만 테스트데이터에 대한 잔차제곱합은 감소한다. 즉, 편향은 다소 증가하고 분산은 감소했다고 할 수 있다.

그림 2-14 **과적합의 예**

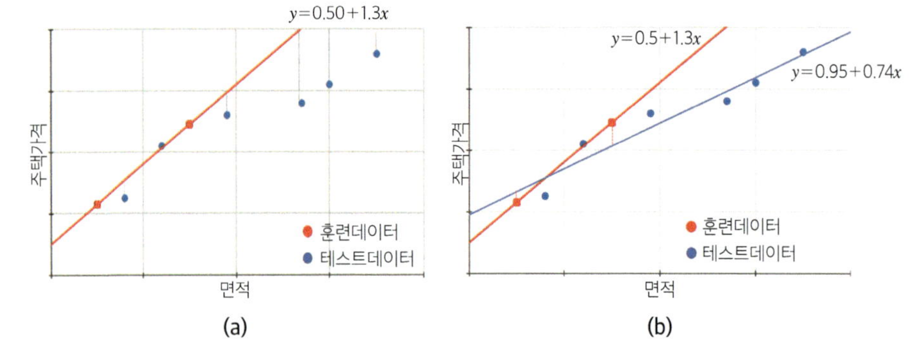

정규화는 원래의 잔차제곱합에 다음과 같은 일종의 패널티 항목을 목적함수 $L(w)$에 추가하여 이루어진다.

$$L(w) = RSS + \lambda \cdot (\text{기울기})^2 = \sum_{i=1}^{N} (y^{(i)} - (w_0 + w_1 x^{(i)}))^2 + \lambda w_1^2$$

위 식에서 $\lambda(\geq 0)$는 기울기(w_1)에 대한 일종의 패널티계수로 잔차제곱합의 값만으로 w_1을 결정하는 것에 대한 벌칙으로 해석할 수 있다. $\lambda=1$일 때, 다음과 같이 주어진 두 회귀식을 새로운 목적함수로 평가하면 아래와 같으며 정규화가 반영된 새로운 목적함수에서는 회귀식 $y=0.95+0.74x$이 보다 적합하다.

$$y = 0.5 + 1.3x \rightarrow L(w) = RSS + 1.3^2 = 0 + 1.69 = 1.69$$
$$y = 0.95 + 0.74x \rightarrow L(w) = RSS + 0.74^2$$
$$= (1.15 - (0.95 + 0.74 \times 0.5)^2 + (2.45 - (0.95 + 0.74 \times 1.5)^2 + 0.74^2 = 0.7286$$

벌칙계수 λ가 0이면 $L(w)=RSS$이 되며 정규화를 고려하지 않은 모형이 되는데, 정규화가 고려된($\lambda>0$) 선형 회귀모형을 릿지 회귀모형(ridge regression model)으로 구분하여 부른다. 모형의 기울기는 특성변수(x)가 한 단위 변화할 때 출력변수(y)의 변화량을 나타낸다. 따라서 기울기가 증가한다는 것은 특성변수에 대한 출력변수의 변화의 민감도가 그만큼 커진다는 것을 의미한다. 이러한 민감도에 대한 패널티계수가 λ이므로, λ가 커질수록 기울기의 민감도에 많은 패널티가 부여되어 $L(w)=RSS+\lambda w^2$을 가장 작게 하기 위해서는 기울기(w_1^2)가 가급적 작은 값을 갖도록 해야 한다. 따라서 λ가 충분히 크면($\lambda=\infty$) 기울기 $w_1=0$이 된다. 아래 그림은 λ값에 따른 선형 회귀모형을 보여준다. 위 예제의 경우 $\lambda=0.7$에 이르면 기울기가 0이 되는 것으로 나타났다(그림 2-15).

위에서는 일차 선형 회귀모형을 가정함수로 정하고 훈련데이터의 표본수 부족으로 발생한 과적합 문제와 정규화에 대한 개념을 간단한 예제를 통해 살펴보았다. 아래에서는 이를 일반화하여 가정함수의 복잡도에 따른 과적합과 정규화에 대한 내용을 살펴본다.

그림 2-15 과접합과 벌칙계수

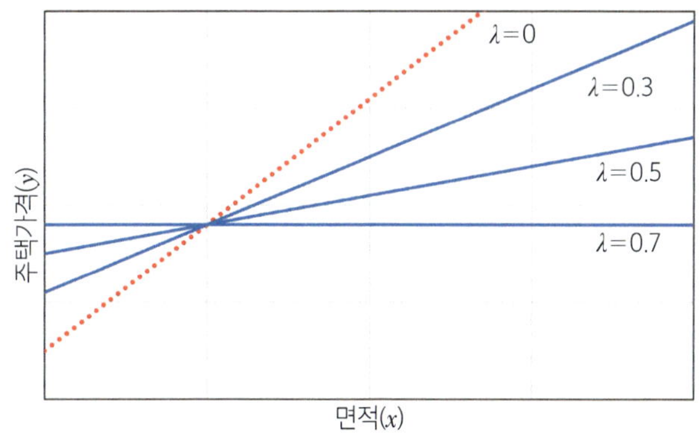

일반적인 과적합 문제를 살펴보기 위해 특성변수가 일차원이고 다항식 기본함수인 다음과 같은 비선형 회귀모형을 생각해 보자.

$$\phi(x) = \begin{pmatrix} 1 \\ x \\ x^2 \\ \cdots \\ x^M \end{pmatrix} \Rightarrow f(x) = w_0 + \sum_{k=1}^{M} w_k x^k$$

그림 2-16 은 사인함수(sine function)에서 추출된 10개의 표본으로 구성된 훈련데이터에 대해 다항식 기본함수의 항목의 수(M)를 달리하면서 적합시킨 결과를 보여준다. $M=0$과 $M=1$인 경우는 표본의 변화 특성을 적절히 적합시키기에는 함수(모형)가 지나치게 단순한 상황으로 보이며, 이를 과소적합(underfitting)이라고 하는데, 예측값과 실제값 간의 차이가 커 모형의 예측능력이 떨어지는 문제를 가지게 된다. 한편, 가장 복잡한 형태의 $M=9$인 경우는 일면 주어진 10개의 표본들을 가장 잘 적합시킨 것으로 보인다. 하지만, 적합이 현재의 훈련데이터에만 너무 충실한 구조로 되어 있어 다른 (테스트)데이터에 대해서는 적합 성능이 현저히 악화될 수 있는 가능성이 크다. 이렇게 과적합 문제는 학습데이터에 차이가 있어도 학습된 모형의 성능차이가 크지 않도록 하는 머신러닝에서 추구하는 모형의 일반화(generalization)를 해치는 중요한 요인 중 하나이다.

모형의 복잡도가 증가하면 훈련데이터를 대상으로 이루어지는 적합오류는 지속적으로 감소할 수 있지만 테스트데이터에 대한 오류는 처음에는 감소하다가 결국에는 증가하는 것이 일반적인 경향이다. 이러한 과적합 문제는 회귀모형뿐만 아니라 머신러닝 학습모형에서 발생할 수 있는 문제이기도 하다.

그림 2-16 모형의 복잡도와 적합오류

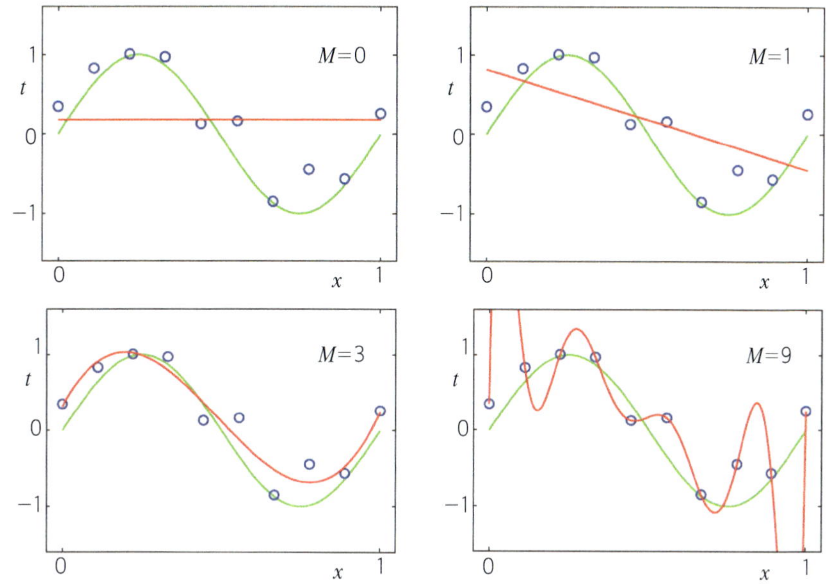

그림 2-17 모형의 복잡도에 따른 훈련과 테스트 오류의 행태

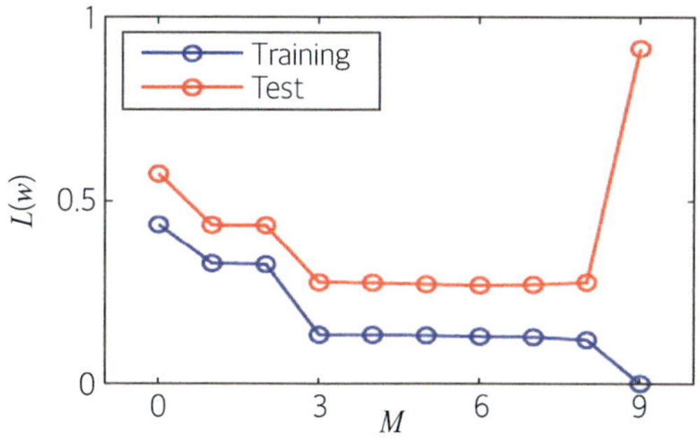

과적합 문제를 완화 또는 제거하는 방법은 매우 다양한데, 여기에서는 이 중에서 가장 기본적인 몇 가지를 소개한다. 먼저 훈련데이터에 포함된 표본의 수를 증가시킴으로써 모집단에 대한 표본의 대표성을 확대하는 것이다. 하지만 방대한 표본으로 구성된 훈련데이터의 확보에는 일

반적으로 많은 비용과 시간이 소요되는 단점이 있다. 다음으로, 특성변수의 수를 감소시키는 방법이 있는데, 어떤 변수를 제거하고 몇 개의 특성변수로 가져가야 할지 결정할 수 있는 정보가 없는 것이 대부분이어서 활용이 제한적이다.

그림 2-18 표본의 수에 따른 적합오류

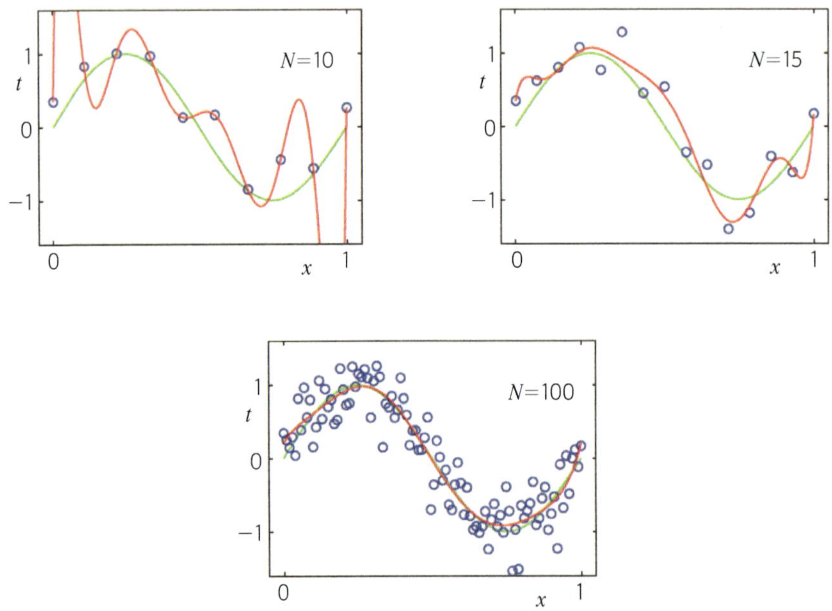

정규화에서는 다음과 같이 모형의 모수를 평가하는 목적함수 $L(w)$에 일종의 패널티 항목이 새로이 추가된다.

$$L(w) = \underbrace{\frac{1}{2}\{w^T X^T X w - 2(X^T y)^T w\}}_{RSS} + \underbrace{\frac{1}{2}\lambda \| w \|^2}_{\text{추가된 항목}}$$

$L(w)$의 최소화를 위해서는 추가된 항목이 목적함수에 갖는 기여를 가능한 작게 해야 하기 때문에 이는 모수의 수와 모수값을 감소시키는 효과가 있다. 또한 학습과정을 통해 모수를 선택할 수 있는 보다 일반적인 가정함수를 사용하여 새로운 데이터에 보다 유연한 적합이 가능하게 되

어 모형의 일반화를 강화시키는 효과도 함께 가진다.

기본함수가 다항식인 위 예제의 경우에서 가정함수로서 $M=9$으로 설정하고 벌칙 항목의 계수 $\lambda=0.001$인 경우의 적합 결과가 아래 그림 2-19 에 주어져 있다. 정규화(regfit)의 경우와 그렇지 않은 경우(polyfit)를 비교해서 보면, 고차항들의 계수값은 매우 작게 결정되는 것을 알 수 있다. 한편, 패널티 항목의 계수 λ가 증가함에 따라 고차항목이 제거되어 모형이 점차 단순화되는데, $\lambda=1$ 경우가 그림에 주어져 있다.

그림 2-19 정규화와 적합오류

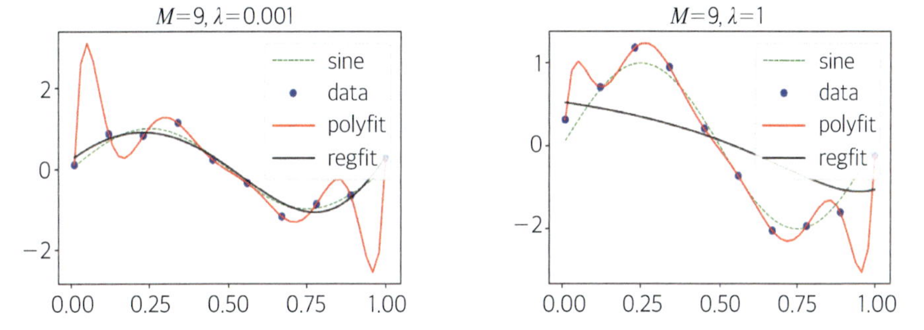

정규화가 고려된 회귀모형의 최적모수는 다음과 같이 확정적 형태(closed form)를 가진다.

$$w^* = (X^T X + \lambda I)^{-1} X^T y$$

여기서, 항등행렬(identity matrix) I는 대각원소(diagonal element)가 1이고 나머지 원소는 모두 0인 정방행렬(square matrix)이다. $(X^T X+\lambda I)$은 행렬구조의 특이성으로 인해 $X^T X$의 가역성(reversibility) 여부와 관계없이 항상 역행렬이 존재한다. 따라서 정규화는 정규방정식의 해를 구하는 수치해석적인 면에서도 나름 의미를 가진다.

다. 정규화의 확률적 의미

정규화를 고려하지 않은 선형 회귀모형의 확률적 해석의 기본 전제는 모형 $y^{(i)}=w^T x^{(i)}+\varepsilon^{(i)}$에서 $\varepsilon^{(i)}$은 정규분포를 따르는 확률변수이고 모형의 모수 w_j, $j=1, \cdots, d$는 알려져 있지 않은 상수라고 가정한다. 이는 $y^{(i)}$는 확률변수로서, $y^{(i)} \sim N(w^T x^{(i)}, \sigma^2)$라고 달리 표현할 수 있다. 최대우도추정(MLE)에서는 모수가 주어진 상태에서 특정 표본(D)이 추출될 확률(우도함수, likelihood function)($p(D|w)$)을 정의하고 이를 최대화하는 모수 w^{MLE}를 선택한다. 이를 간단히 표시하면, $w^{MLE}=argmax_w\{p(D|w)\}$. 즉, 정규화가 고려되지 않는 선형 회귀모형에서

$$p(D \mid w) = p(y \mid x; w) = \prod_{i=1}^{N} p(y^{(i)} \mid x^{(i)}; w) = \prod_{i=1}^{N} \frac{1}{\sqrt{2\pi}\,\sigma} exp\left(\frac{-(y^{(i)} - w^T x^{(i)})^2}{2\sigma^2}\right)$$

이제, 모수 w_j, $j=1, \cdots d$는 더 이상 상수가 아닌 확률변수이며 $w_j \sim N(0, \sigma_0^2)$이라고 가정하자. 이러한 가정이 추가된 모형에서 모수 w_j를 어떻게 추정해야 하는지 살펴본다. 최대사후확률(MAP, Maximum a Posteriori) 추정은 MLE와는 다르게 (또는 반대로) 표본 D가 주어진 상태에서 확률이 가장 큰 모수 w^{MAP}를 찾는 방법이다. 즉, $w^{MAP}=argmax_w\{p(w|D)\}$이다.

베이즈 법칙(Bayes' Rule)에 의해,

$$\underbrace{p(w \mid D)}_{\text{사후확률}(posterior)} = \frac{p(D \mid w)p(w)}{p(D)} \propto \underbrace{p(D \mid w)}_{\text{우도함수}} \cdot \underbrace{p(w)}_{\text{사전확률}(prior)}$$

$p(D)$는 확률값이 1이 되게 하는 역할을 하는 것으로 모수 w와 관계가 없는 항목이기 때문에 위 관계가 성립한다. 즉, MAP 추정에서는 우도함수 $p(D|w)$와 사전확률($p(w)$)의 곱을 최대화하는 모수를 찾는다. 사전확률 $p(w)$는 표본 D를 반영하기 전에 갖는 모수 w에 대한 일종의 추가 정보로서, 예를 들어 고차항에 대응되는 모수가 가질 수 있는 범위를 제한하는 분포를 이용하여 과적합을 예방할 수 있다. 하지만 사전확률분포가 균등분포(uniform distribution)라면 이는 모수에 대해 추가(사전) 정보가 없는 것을 의미하므로 MAP 추정은 MLE와 동일해진다. 만약, $y^{(i)}$, $i=1, \cdots, N$가 $i.i.d$이면,

$$w^{MAP} = argmax_w\{p(w \mid D)\} = argmax_w\{p(D \mid w)p(w)\}$$
$$= argmax_w\left\{\prod_{i=1}^{N} p(y^{(i)} \mid x^{(i)}; w)p(w)\right\}$$

그런데, $argmax_w\{p(A \mid B)\} \equiv argmin_w\{-\log p(A \mid B)\}$이므로,

$$w^{MAP} = argmax_w\left\{\prod_{i=1}^{N} p(y^{(i)} \mid x^{(i)}; w)p(w)\right\}$$
$$= argmin_w\left\{\underbrace{\left[-\sum_{i=1}^{N} log(p(y^{(i)} \mid x^{(i)}; w))\right]}_{loss} - \underbrace{log(p(w))}_{regularizer}\right\}$$

결국, MAP 추정은 MLE 추정에서 사용한 손실함수에 정규화(Regularizer)에 대응되는 항목이 추가된 함수를 대상으로 모수를 찾는 것으로 해석될 수 있다. 이를 좀 더 구체적으로 살펴보자.

$w_j \sim N(0, \sigma_0^2)$, $j=1, \cdots, d$이고 독립이면,

$$p(w) = \prod_{j=1}^{d} p(w_j)$$
$$= \prod_{j=1}^{d} \frac{1}{\sqrt{2\pi\sigma_0^2}} exp\left(-\frac{w_j^2}{2\sigma_0^2}\right) \propto \prod_{j=1}^{d} exp\left(-\frac{w_j^2}{2\sigma_0^2}\right) = exp\left(-\frac{1}{2\sigma_0^2}\sum_{j=1}^{d} w_j^2\right)$$

따라서,

$$-log(p(w)) = -log\left(exp\left(-\frac{1}{2\sigma_0^2}\| w \|^2\right)\right) + (\text{constant})$$
$$= -\frac{1}{2\sigma_0^2}\| w \|^2 + (\text{constant})$$

그러므로

$$
\begin{aligned}
w^{MAP} &= argmin_w \left\{ -\sum_{i=1}^{N} log(p(y^{(i)} \mid x^{(i)}; w)) - log(p(w)) \right\} \\
&= argmin_w \left\{ \frac{1}{2\sigma^2} \sum_{i=1}^{N} (y^{(i)} - w^T x^{(i)})^2 + \frac{1}{2\sigma_0^2} \| w \|^2 \right\} \\
&= argmin_w \left\{ \sum_{i=1}^{N} (y^{(i)} - w^T x^{(i)})^2 + \lambda \| w \|^2 \right\}, \lambda = \sigma^2 / \sigma_0^2
\end{aligned}
$$

만약, $\lambda \rightarrow +\infty$, 노이즈(또는 출력변수)의 분산이 모형의 모수 w로 설명될 수 있는 부분에 비해 매우 크다는 것을 의미하므로 가급적 가장 단순한 모형, 즉 $w^{MAP} \rightarrow 0$이 된다. 반대로 $\lambda \rightarrow 0$이면 주어진 표본이 매우 믿을 만하다는 것을 나타내기 때문에 $w^{MAP} \rightarrow w^{LSM}$가 된다.

라. 초모수 결정(hyperparameter tuning)과 교차검증(cross-validation)

초모수는 하강경사법에서 소개된 학습률과 같이 학습수행을 위해 미리 확정해야 하는 요소로서 학습과정을 통해 얻는 결과물인 모수와는 구분된다. 앞서 소개한 정규화에 관련된 모수 λ 역시 초모수 중 하나로, 이 값이 확정적으로 주어진 상태에서 훈련데이터를 이용한 학습과정이 진행된다. 아래에서 소개되는 초모수 결정 방법은 정규화계수(λ)뿐만 아니라 머신러닝에 관련된 다른 초모수들을 결정할 때에도 유사하게 적용될 수 있다.

머신러닝의 학습데이터는 그 목적에 따라 훈련데이터, 검증데이터, 테스트데이터의 세 가지로 구분된다. 먼저, 훈련데이터 D^{Train}는 모형의 가정함수 $h(\cdot)$의 모수를 최적으로 결정하는 표본들의 집합이다. 그리고 검증데이터 D^{Val}는 모형의 초모수를 결정하기 위한 표본들이고 마지막으로 테스트데이터 D^{Test}는 모형의 예측오류를 확인하는 표본들의 집합이다. 원칙적으로 세 가지 데이터 집합의 표본들은 서로 중복되지 않는 것이 원칙이다. 훈련데이터 및 테스트데이터와 중복되지 않는 충분한 검증데이터가 확보되어 있으면 초모수는 다음과 같은 절차에 따라 결정한다.

- 초모수가 취할 수 있는 값 각각에 대해 D^{Train}을 이용해 모형을 학습시킨다.
- D^{Val}으로 학습된 모형을 성능을 평가하고 가장 좋은 성과를 낸 초모수를 선택한다.
- D^{Test}으로 모형의 최종 예측오류를 평가한다.

그런데, 학습데이터가 부족하여 별도의 검증데이터의 확보가 어려운 경우가 있다. 이때 사용할 수 있는 방법이 교차검증이다. 교차검정에서는 훈련데이터 D^{Train}을 K개의 부분(K-folds)으로 나누고 이 중 한 부분(fold)을 차례대로 검증데이터로 사용하고 나머지 부분을 훈련데이터로 사용한다. 그리고 초모수의 선택을 위한 성능평가 척도는 K개의 교차검증값의 평균(또는 분산)을 이용해 결정한다.

그림 2-20 교차검증

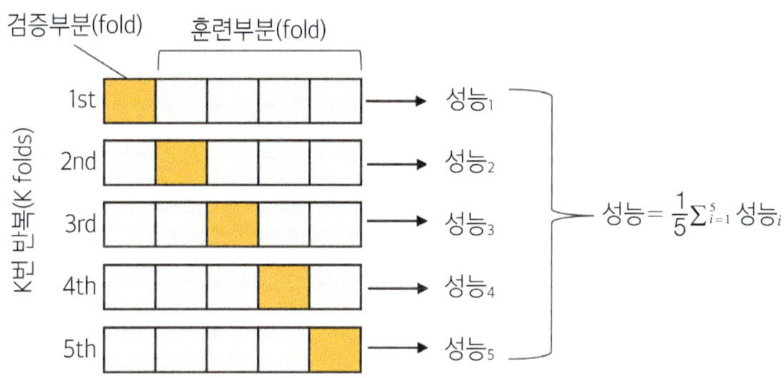

그림 2-21 (a) 는 정규화계수 λ에 따른 훈련데이터와 검증데이터의 목적함수값을 변화 모습을 보여주고 있다. 그림에서 보듯이 λ의 증가가 10^{-4}일 때까지 검증데이터의 목적함수(valLoss)는 지속적으로 감소하고 있지만, 훈련데이터의 목적함수(trainLoss)는 $\lambda=10^{-5}$ 이상에서 증가하여 과소적합 성향이 강화되는 모습을 보인다. 따라서 정규화모수로서 $\lambda=10^{-4}$으로 정하는 것이 가장 바람직하다. 그림 2-21 (b) 는 정규화를 고려하지 않은 다항식 회귀분석모형으로, $M=3$ 또는 $M=4$일 때 검증데이터의 목적함수가 가장 작은 값을 가진다. 이것은 $M=5$ 이상의 고차항이 포함된 모형의 과적합 가능성을 시사한다. 그리고 $M=2$ 이하인 모형이 과소적합의 경우이다.

그림 2-21 정규화계수와 모형의 복잡도에 따른 성능비교의 예

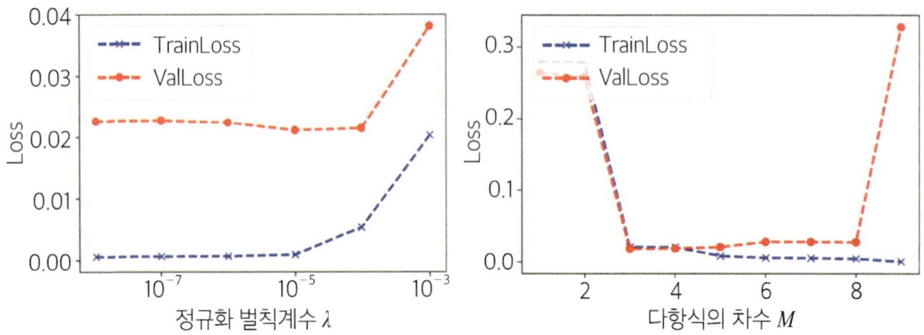

(a) (b)

5. 회귀모형 예제 : 의료보험료 지출

선형 회귀(linear regression)

의료보험료 지출과 관련된 예제 데이터를 파이썬의 선형 회귀 관련 패키지를 활용하여 선형 회귀 모형을 구현하고 분석하는 과정을 설명한다. 의료보험료 지출 예제의 특성변수(feature)에는 나이(age), 성별(sex), bmi 지수(bmi), 자녀수(children), 흡연여부(smoker) 및 지역(region) 등이 포함된다. 선형 회귀모형을 이용하여 이들 특성변수들이 의료보험료에 미치는 영향을 분석한다. 먼저 회귀모형 분석에 필요한 모듈들을 'import' 명령어로 가져와야 한다.

필요한 모듈을 import 명령어로 불러오기 전에 해당 모듈이 포함된 패키지는 미리 설치되어 있어야 한다. import는 두 가지 방법이 있다. 첫 번째는 pandas와 같이 패키지에 포함된 모듈을 통째로 가져 오는 것으로, 아래는 이 패키지의 이름을 pd로 설정하겠다는 의미이다. 두 번째는 패키지에서 필요한 기능만을 가져 오는 방법이 있다. 예제에서 sklearn.linear_model 패키지로부터 LinearRegression 모듈을 가져오고 있다.

```
import pandas as pd
import numpy as np
from sklearn.preprocessing import OneHotEncoder, StandardScaler
from sklearn.model_selection import  train_test_split
from sklearn.metrics import mean_squared_error, r2_score, mean_absolute_error
from sklearn.linear_model import LinearRegression
import matplotlib.pyplot as plt
import seaborn as sns
import warnings
from mpl_toolkits.mplot3d import Axes3D
import statsmodels.api as sm
from scipy import stats
%matplotlib inline

warnings.filterwarnings(action='ignore')
```

코랩에서는 구글드라이브에 파일 형태로 저장된 데이터를 읽어들일 때 먼저 구글드라이브를 마운트하여 구글드라이브를 하나의 폴더로 인식할 수 있도록 해야 한다. csv 형식으로 저장된 파일을 읽어 들이는 pandas의 read_csv()함수를 활용하여 의료보험료 지출 데이터를 읽어 들이고 DataFrame 형식으로 저장하여 이의 이름을 'df'로 한다. head()함수를 사용하여 상위 몇 개의 데이터를 표시하면 다음과 같다. 나이는 정수형 자료이고 성별은 female/male로 구분된다. bmi 자료는 몸무게(kg)를 키(cm)의 제곱값으로 나눈 체질량 지수로서 값이 크면 비만도가 높다고 볼 수 있다. 자녀수는 최대 5명이고 흡연 정보는 yes/no로 구분된다. 지역은 네 개 지역(southwest, southeast, northwest, northeast)으로 구분된다.

```
url="https://drive.google.com/file/d/177ByiZbuSobV-W9gyVFBLUt9mprdhX7z/view?usp=sharing"
path='https://drive.google.com/uc?id='+url.split('/')[-2]
df=pd.read_csv(path)
df.head()
```

	age	sex	bmi	children	smoker	region	charges
0	19	female	27.900	0	yes	southwest	16884.92400
1	18	male	33.770	1	no	southeast	1725.55230
2	28	male	33.000	3	no	southeast	4449.46200
3	33	male	22.705	0	no	northwest	21984.47061
4	32	male	28.880	0	no	northwest	3866.85520

도식화

먼저 DataFrame의 corr()함수를 이용하여 숫자형 특성변수들 간의 상관관계(correlation)를 파악한다. +1, −1에 가까울수록 상관관계가 높다고 볼 수 있는데 그림에서 보는 바와 같이 예제는 특성변수 간의 상관관계가 낮은 것으로 보여진다.

```
corr=df.corr()
sns.heatmap(corr, cmap = 'Wistia', annot= True);
```

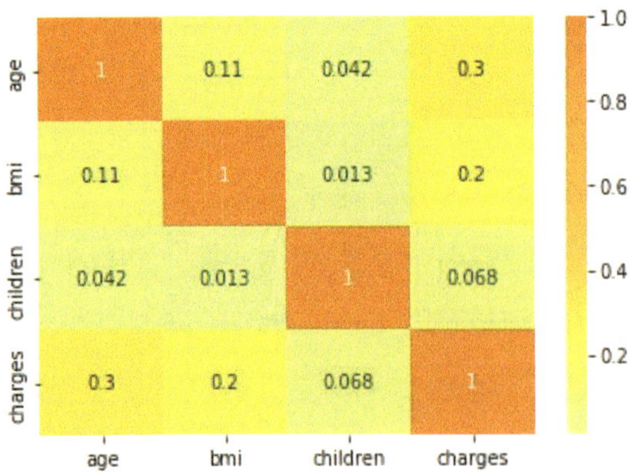

아래 그림(violin plot)은 범주형 특성변수의 값에 따른 의료보험료의 분포와 범위를 보여준다. 먼저 성별에 따른 의료보험료 지출을 비교해 보면 큰 차이가 없는 것으로 보여지고, 반면에 흡연은 의료보험료 지출과 매우 관련이 높은 것으로 보인다. matplotlib 패키지의 figure라는 그림 단위를 사용하여, 이 안에 여러 개의 subplot을 추가할 수 있다. f.add_subplot()으로 subplot을 추가할 때 인수(121)는 subplot을 (1×2)행렬 구조로 배치하고 마지막 숫자 1은 해당 subplot의 위치를 나타낸다. 각 subplot은 seaborn 패키지로 그리게 된다. seaborn 패키지로 그릴 수 있는 그래프의 종류는 histplot, violinplot, heatmap, KDEplot, scatterplot 등을 포함하여 17여 개 정도가 있다.

```
f = plt.figure(figsize=(10,5))
ax1 = f.add_subplot(121)
sns.violinplot(x='sex', y='charges',data=df,palette='Wistia',ax=ax1)
ax1.set_title('Violin plot of Charges vs sex')

ax2 = f.add_subplot(122)
sns.violinplot(x='smoker', y='charges',data=df,palette='magma',ax=ax2)
ax2.set_title('Violin plot of Charges vs smoker');
```

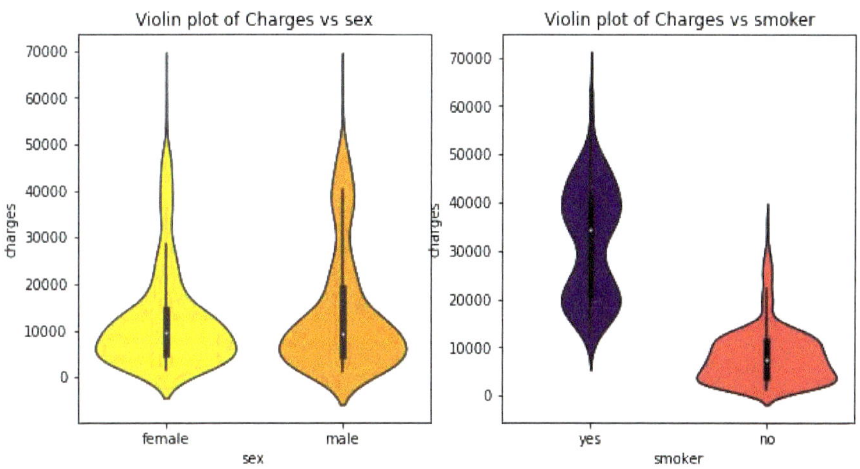

자녀수별 흡연여부에 따른 의료보험료 지출은 아래 그림과 같다. 자녀수가 5명인 표본의 수가 적어 특이한 모양을 보이지만, 자녀수는 의료보험비 지출에 크게 영향을 미치지 않는 것으로 보인다.

```
plt.figure(figsize=(10,5))
sns.violinplot(x='children', y='charges',hue='smoker',data=df,palette='rainbow')
plt.title('Box plot of charges vs children');
```

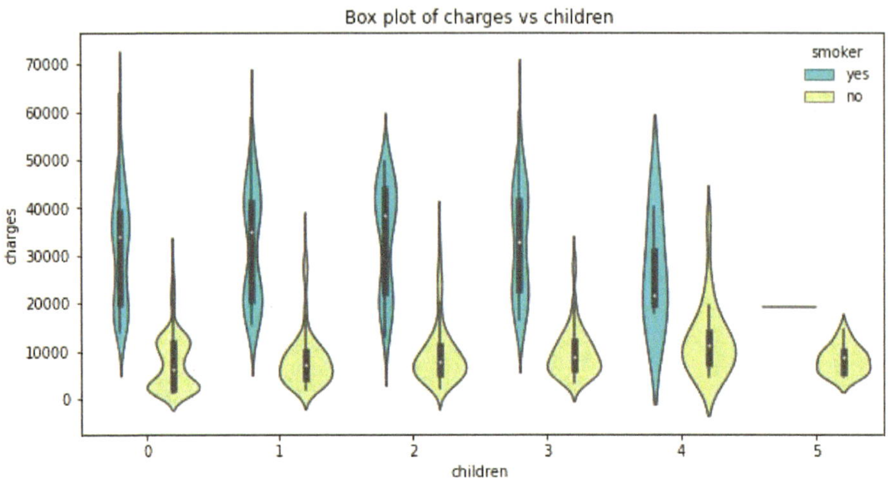


```
df.groupby('children').agg(['mean','min','max'])['charges']
```

children	mean	min	max
0	12365.975602	1121.8739	63770.42801
1	12731.171832	1711.0268	58571.07448
2	15073.563734	2304.0022	49577.66240
3	15355.318367	3443.0640	60021.39897
4	13850.656311	4504.6624	40182.24600
5	8786.035247	4687.7970	19023.26000

아래 그림은 지역별 의료보험료 지출분포를 나타낸다. 지역은 의료보험료 지출에 크게 영향을 미치지 않는 것으로 보인다.

```
plt.figure(figsize=(10,5))
sns.violinplot(x='region', y='charges',hue='sex',data=df,palette='rainbow',split=True)
plt.title('Violin plot of charges vs children');
```

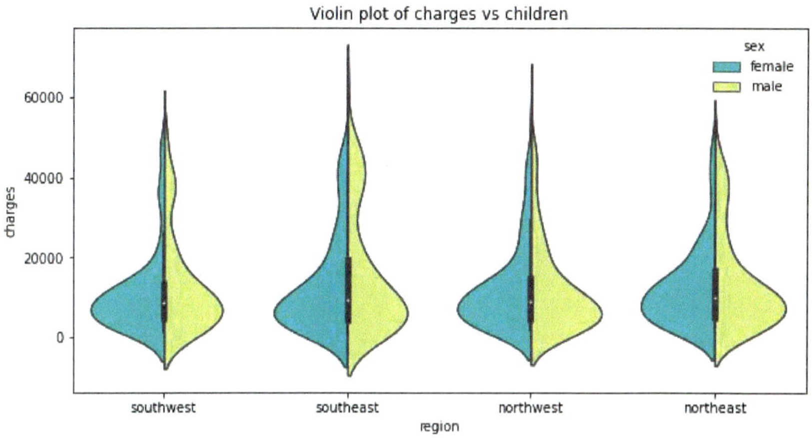

아래 왼쪽 그림은 나이와 흡연여부에 따른 의료보험료 지출의 산포도를 나타낸다. 나이가 많을수록 의료보험료 지출이 많아지며 흡연여부에 따라 의료보험료가 3단계로 나눠지는 것을 확인할 수 있다. 오른쪽 그림은 체질량 지수 및 흡연여부에 따른 의료보험료 지출을 나타낸다. 비흡연자의 경우 체질량 지수에 따른 의료보험료 지출은 큰 변동이 없지만, 흡연자의 경우 체질량 지수가 올라감에 따라 의료보험료 지출이 확대되는 것을 확인할 수 있다. 체질량 지수와 흡연여부가 의료보험료 지출에 복합적으로 영향을 미치고 있다는 것을 알 수 있다. 먼저 이러한 상황을 전혀 고려하지 않은 상태에서 선형 회귀분석을 실행하고 이후 체질량 지수와 흡연여부의 복합적 영향을 반영하기 위한 변수를 추가했을 때의 선형 회귀분석 결과를 비교하고자 한다.

```
f = plt.figure(figsize=(10,5))
ax = f.add_subplot(121)
sns.scatterplot(x='age',y='charges',data=df,palette='magma',hue='smoker',ax=ax)
ax.set_title('Scatter plot of Charges vs age')

ax = f.add_subplot(122)
sns.scatterplot(x='bmi',y='charges',data=df,palette='viridis',hue='smoker')
ax.set_title('Scatter plot of Charges vs bmi')
```

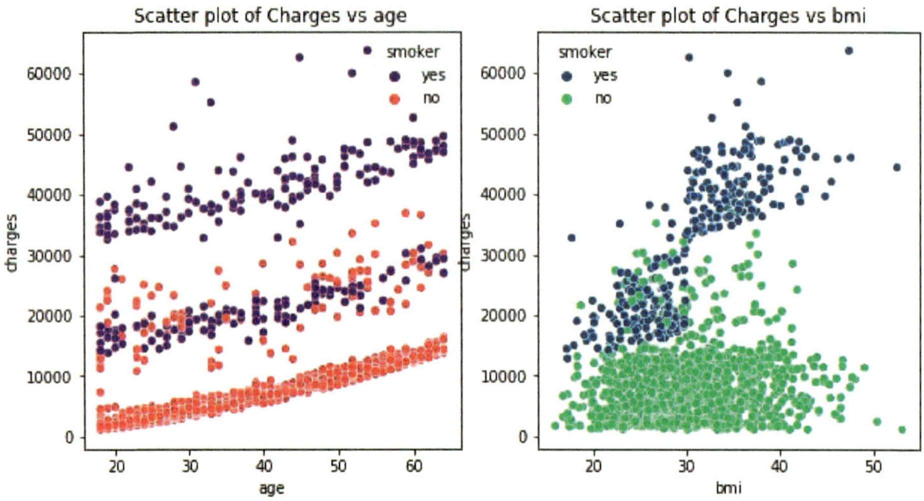

아래 그림은 나이, 체질량 지수 및 흡연여부가 보험료 지출에 미치는 복합적인 영향을 파악하기 위하여 3차원으로 도식화한 것이다. 빨간 점으로 표시된 흡연자들의 보험료지출 산포도와 파란 ×로 표시된 비흡연자들의 보험료지출 산포도를 비교해 보면 흡연여부가 다른 요인들보다 보험료 지출에 절대적인 영향을 주고 있음을 알 수 있다.

```
fig = plt.figure(figsize = (8, 8))
plt.title("Insurance charges")
plt.winter()
ax = Axes3D(fig)
tt = df[df["smoker"]=="yes"]
ax.scatter(tt["age"], tt["bmi"], tt["charges"], alpha=.8,label="yes", c='r', marker='o')
tt = df[df["smoker"]=="no"]
ax.scatter(tt["age"], tt["bmi"], tt["charges"], alpha=.8,label="no", c='b', marker='x')
ax.set_xlabel('Age', fontsize=15)
ax.set_ylabel('BMI', fontsize=15)
ax.set_zlabel('Charges', fontsize=15)
ax.legend(fontsize=15)
plt.show()
```

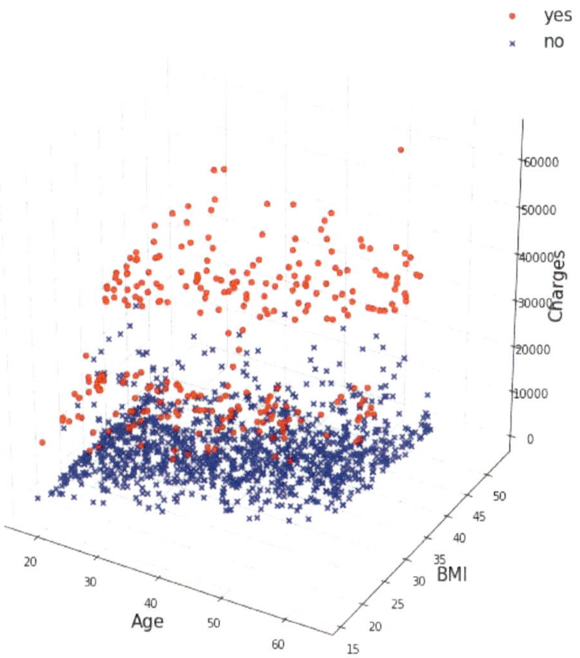

아래 그림은 비흡연자들의 체질량 지수는 0으로 처리했을 때의 보험료 지출을 나타내고 있다. 비흡연자들의 의료보험표 지출은 나이에 비례하는 추세를 보이고 있으며 흡연자들의 의료보험료 지출은 두 그룹으로 나눠지고 있음을 알 수 있다.

```
fig = plt.figure(figsize = (8, 8))
plt.title("Insurance charges")
plt.winter()
ax = Axes3D(fig)
df_test=df.copy()
df_test['s_bmi']=np.where(df_test['smoker']=="yes", df_test['bmi'],0)
tt = df_test[df_test["smoker"]=="yes"]
ax.scatter(tt["age"], tt["s_bmi"], tt["charges"], alpha=.8,label="yes", c='r', marker='o')
tt = df_test[df_test["smoker"]=="no"]
ax.scatter(tt["age"], tt["s_bmi"], tt["charges"], alpha=.8,label="no", c='b', marker='x')
ax.set_xlabel('Age', fontsize=15)
ax.set_ylabel('S_BMI', fontsize=15)
ax.set_zlabel('Charges', fontsize=15)
ax.legend(fontsize=15)
plt.show()
```

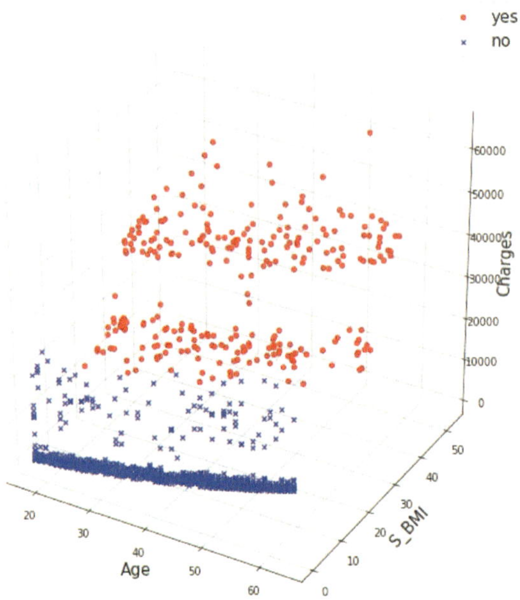

전처리

다음은 전처리(preprocessing) 과정의 일부분으로서, 성별, 자녀수, 흡연여부 및 지역 등 범주형 특성변수의 데이터를 숫자로 변환한다. 예를 들어 성별 변수에서 female은 0, male은 1로 변환되어야 한다. One-Hot-Encoding은 복수의 0과 하나의 1로 데이터를 구분하는 인코딩 방식이다. pandas의 get_dummies() 함수가 이 기능을 제공한다. 자녀수 변수의 데이터는 정수로 숫자이지만 그대로 사용할 경우에는 자녀수를 선형적인 관계로만 반영할 수 있다. 예를 들어 자녀가 3명일 때 의료보험비가 높다고 가정할 때 자녀수를 정수형으로 모형화할 경우 이런 상황을 반영할 수 없게 된다.

```
categorical_columns = ['sex','children', 'smoker', 'region']
df_encode = pd.get_dummies(data = df, prefix = 'OHE', prefix_sep='_',
               columns = categorical_columns,
               drop_first =True,
              dtype='int8')
```

One-Hot-Encoding 변환 과정을 거친 데이터의 형식은 다음과 같다.

```
df_encode.head()
```

	age	bmi	charges	OHE_male	OHE_1	OHE_2	OHE_3	OHE_4	OHE_5	OHE_yes	OHE_northwest	OHE_southeast	OHE_southwest
0	19	27.900	16884.92400	0	0	0	0	0	0	1	0	0	1
1	18	33.770	1725.55230	1	1	0	0	0	0	0	0	1	0
2	28	33.000	4449.46200	1	0	0	1	0	0	0	0	1	0
3	33	22.705	21984.47061	1	0	0	0	0	0	0	1	0	0
4	32	28.880	3866.85520	1	0	0	0	0	0	0	1	0	0

데이터 전처리의 두 번째 과정은 숫자형 변수들에 대하여 특성 스케일링을 수행한다. StandardScaler()는 표준화(standardization)를 담당하는 객체를 생성하고 이 객체는 나이, 체질량 지수 및 의료보험료 지출 등 3개의 숫자형 변수에 대한 특성 스케일링을 수행한다.

전처리 과정을 통하여 모형에 투입될 자료가 준비되었으면 이제는 데이터를 훈련용 데이터와 테스트용 데이터로 구분하여야 한다. 이는 train_test_split이란 함수를 통하여 이루어지며, 이때 전체 데이터의 25%를 테스트용으로 사용하는 것으로 설정하였다.

```
cols = ['age', 'bmi', 'charges']
for col in cols:
    std = StandardScaler()
    std.fit(df_encode[[col]])
    df_encode[col] = std.transform(df_encode[[col]])

X = df_encode.drop(['charges'], axis=1)
y = df_encode['charges']

X_train, X_test, y_train, y_test = train_test_split(X, y, test_size=0.25, shuffle=False)
```

```
X_train.info()
```

```
<class 'pandas.core.frame.DataFrame'>
Int64Index: 1003 entries, 0 to 1002
Data columns (total 12 columns):
 #   Column         Non-Null Count   Dtype
---  ------         --------------   -----
 0   age            1003 non-null    float64
 1   bmi            1003 non-null    float64
 2   OHE_male       1003 non-null    int8
 3   OHE_1          1003 non-null    int8
 4   OHE_2          1003 non-null    int8
 5   OHE_3          1003 non-null    int8
 6   OHE_4          1003 non-null    int8
 7   OHE_5          1003 non-null    int8
```

```
 8    OHE_yes            1003 non-null    int8
 9    OHE_northwest      1003 non-null    int8
10    OHE_southeast      1003 non-null    int8
11    OHE_southwest      1003 non-null    int8
dtypes: float64(2), int8(10)
memory usage: 33.3 KB
```

```
X_train.head()
```

	age	bmi	OHE_male	OHE_1	OHE_2	OHE_3	OHE_4	OHE_5	OHE_yes	OHE_northwest	OHE_southeast	OHE_southwest
0	-1.438764	-0.453320	0	0	0	0	0	0	1	0	0	1
1	-1.509965	0.509621	1	1	0	0	0	0	0	0	1	0
2	-0.797954	0.383307	1	0	0	1	0	0	0	0	1	0
3	-0.441948	-1.305531	1	0	0	0	0	0	0	1	0	0
4	-0.513149	-0.292556	1	0	0	0	0	0	0	1	0	0

선형 회귀모형을 처리하는 객체(여기서는 *lr*)를 생성하고 훈련용 데이터는 이 객체의 입력의 fit()함수의 입력으로 투입되어 학습 과정을 거친다.

```
lr = LinearRegression()
lr.fit(X_train, y_train)
```

```
LinearRegression()
```

학습의 결과물인 계수와 절편값은 .coef_와 .intercept_속성에 저장된다. score()함수는 속성변수와 종속변수를 입력으로 하여 결정계수(R^2) 값을 계산한다.

```
print("Coeff,intercept:",[lr.coef_,lr.intercept_])
print("Train R2:", lr.score(X_train,y_train))
print("Test R2:", lr.score(X_test,y_test))
```

```
Coeff,intercept: [array([ 0.30632257,  0.17232546, -0.02357606,  0.06218098,  0.12894869,
        0.05563346,  0.19538229,  0.10282788,  1.96649483, -0.04498984,
       -0.11021239, -0.10362019]), -0.3869405472687636]
Train R2: 0.757948213803314
Test R2: 0.7320100844657009
```

statsmodel 패키지를 이용하여 R^2뿐만 아니라 다른 통계적 분석 결과를 도출하였다. 각 계수의 유의성을 나타내는 오른쪽에서 세 번째 열을 보면 나이, 체질량 지수 그리고 흡연여부 변수의 p값이 0에 가까워 이들 데이터가 의료보험료 지출에 유의적인 영향을 미치고 있다는 것을 알 수 있다.

```
X2 = sm.add_constant(X_train)
est = sm.OLS(y_train, X2)
est2 = est.fit()
print(est2.summary())
```

```
                            OLS Regression Results
==============================================================================
Dep. Variable:                charges   R-squared:                       0.758
Model:                            OLS   Adj. R-squared:                  0.755
Method:                 Least Squares   F-statistic:                     258.3
Date:                Sat, 03 Sep 2022   Prob (F-statistic):          6.94e-295
Time:                        06:45:21   Log-Likelihood:                -701.90
No. Observations:                1003   AIC:                             1430.
Df Residuals:                     990   BIC:                             1494.
Df Model:                          12
Covariance Type:            nonrobust
=================================================================================
                    coef    std err          t      P>|t|      [0.025      0.975]
---------------------------------------------------------------------------------
const            -0.3869      0.040     -9.710      0.000      -0.465      -0.309
age               0.3063      0.016     19.681      0.000       0.276       0.337
bmi               0.1723      0.016     10.501      0.000       0.140       0.205
OHE_male         -0.0236      0.031     -0.756      0.450      -0.085       0.038
OHE_1             0.0622      0.040      1.573      0.116      -0.015       0.140
OHE_2             0.1289      0.044      2.959      0.003       0.043       0.214
OHE_3             0.0556      0.051      1.094      0.274      -0.044       0.155
OHE_4             0.1954      0.125      1.563      0.118      -0.050       0.441
OHE_5             0.1028      0.139      0.742      0.458      -0.169       0.375
OHE_yes           1.9665      0.039     50.077      0.000       1.889       2.044
OHE_northwest    -0.0450      0.045     -1.000      0.317      -0.133       0.043
OHE_southeast    -0.1102      0.044     -2.491      0.013      -0.197      -0.023
OHE_southwest    -0.1036      0.044     -2.334      0.020      -0.191      -0.016
==============================================================================
Omnibus:                      223.179   Durbin-Watson:                   2.069
Prob(Omnibus):                  0.000   Jarque-Bera (JB):              517.854
Skew:                           1.200   Prob(JB):                    3.54e-113
Kurtosis:                       5.575   Cond. No.                         11.6
==============================================================================
```

새로운 변수 도입

체질량 지수와 흡연여부의 복합적 영향을 반영하기 위하여 's_bmi' 변수를 추가하였다. 이 변수는 흡연자들의 경우 체질량 지수를 가지고 비흡연자들의 경우에는 0의 값을 가지도록 하였다. 아래 그림은 's_bmi' 변수에 따른 의료보험료 지출을 나타내는 산포도이다.

```
categorical_columns = ['sex','children', 'smoker', 'region']
df_encode2 = pd.get_dummies(data = df, prefix = 'OHE', prefix_sep='_',
               columns = categorical_columns,
               drop_first =True,
              dtype='int8')
a=np.min(df_encode2['bmi'])
df_encode2['s_bmi'] = np.where(df_encode2['OHE_yes']==1, df_encode2['bmi']-a,0 )

X = df_encode2.drop(['charges'], axis=1)
y = df_encode2['charges']

X_train, X_test, y_train, y_test = train_test_split(X, y, test_size=0.25, shuffle=False)
```

```
fig=plt.figure(figsize=(6,6))
sns.scatterplot(x=X_train['s_bmi'],y=y_train, palette='magma')
plt.title('Scatter plot of Charges vs s_bmi')
```

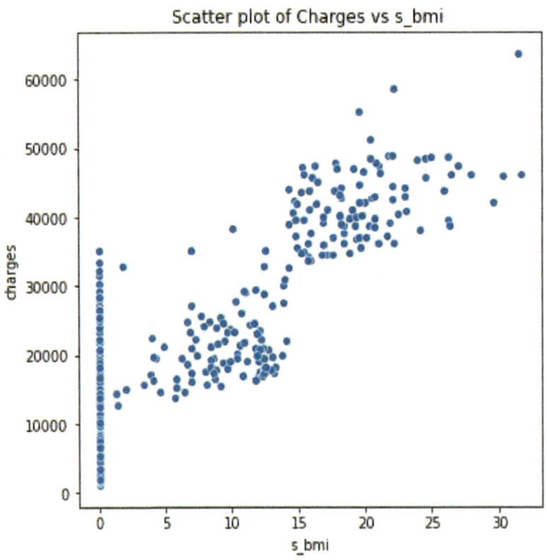

아래는 's_bmi' 변수가 추가된 데이터로 회귀분석모형을 실행한 결과이다. R^2값은 0.851로 증가하여 모형의 정확도가 훨씬 높아진 것을 확인할 수 있다. 또한 새로운 변수('s_bmi')의 도입으로 체질량 지수를 나타내는 기존 변수('bmi')의 p값은 유의적인 수준을 벗어나고 반면에 새로운 변수의 유의성이 높아진 것을 확인할 수 있다. 즉, 새로운 변수가 기존 변수를 대체하고 있다는 것을 의미한다.

```
cols = ['age', 'bmi', 'charges', 's_bmi']
for col in cols:
    std = StandardScaler()
    std.fit(df_encode2[[col]])
    df_encode2[col] = std.transform(df_encode2[[col]])

X = df_encode2.drop(['charges'], axis=1)
y = df_encode2['charges']

X_train, X_test, y_train, y_test = train_test_split(X, y, test_size=0.25,shuffle=False)

lr2 = LinearRegression()
lr2.fit(X_train, y_train)

print("Train R2:", lr2.score(X_train,y_train))
print("Test R2:", lr2.score(X_test,y_test))

X2 = sm.add_constant(X_train)
est = sm.OLS(y_train, X2)
est2 = est.fit()
print(est2.summary())
```

```
Train R2: 0.8508648393833845
Test R2: 0.8134854445068818
```

```
                            OLS Regression Results
==============================================================================
Dep. Variable:                charges   R-squared:                       0.851
Model:                            OLS   Adj. R-squared:                  0.849
Method:                 Least Squares   F-statistic:                     434.0
Date:                Sat, 03 Sep 2022   Prob (F-statistic):               0.00
Time:                        06:45:22   Log-Likelihood:                -459.02
No. Observations:                1003   AIC:                             946.0
Df Residuals:                     989   BIC:                             1015.
Df Model:                          13
Covariance Type:            nonrobust
```

```
==============================================================================
                   coef    std err          t      P>|t|      [0.025      0.975]
------------------------------------------------------------------------------
const            0.0043      0.035      0.123      0.902      -0.064       0.073
age              0.3139      0.012     25.675      0.000       0.290       0.338
bmi              0.0105      0.014      0.724      0.469      -0.018       0.039
OHE_male        -0.0469      0.025     -1.912      0.056      -0.095       0.001
OHE_1            0.0727      0.031      2.341      0.019       0.012       0.134
OHE_2            0.1295      0.034      3.784      0.000       0.062       0.197
OHE_3            0.0780      0.040      1.951      0.051      -0.000       0.156
OHE_4            0.2374      0.098      2.417      0.016       0.045       0.430
OHE_5            0.1348      0.109      1.239      0.216      -0.079       0.348
OHE_yes          0.1733      0.079      2.206      0.028       0.019       0.327
OHE_northwest   -0.0665      0.035     -1.882      0.060      -0.136       0.003
OHE_southeast   -0.1167      0.035     -3.358      0.001      -0.185      -0.048
OHE_southwest   -0.1288      0.035     -3.691      0.000      -0.197      -0.060
s_bmi            0.8026      0.032     24.823      0.000       0.739       0.866
==============================================================================
Omnibus:                      548.748   Durbin-Watson:                   2.043
Prob(Omnibus):                  0.000   Jarque-Bera (JB):             3289.502
Skew:                           2.557   Prob(JB):                         0.00
Kurtosis:                      10.249   Cond. No.                         11.6
==============================================================================
```

실제값과 예측값을 비교

선형 회귀모형의 예측값을 구할 때는 predict()함수를 이용한다. 실제값과 예측값을 비교하기 위하여 보험료 지출의 크기순으로 나열하고 순서 인덱스를 x축으로, 보험료 지출을 y축으로 하는 산포도를 그렸다. 보험료 지출이 적을 때는 실제와 예측치의 차이가 적지만 보험료 지출이 큰 경우에는 편차가 큰 것을 확인할 수 있다.

이는 비흡연자이지만 실제로는 보험표 지출이 높은 경우가 있는데 회귀모형은 보험료 지출이 낮을 것으로 예측하기 때문이다. 비흡연이지만 보험료 지출이 높은 상황을 설명할 수 있는 다른 특성변수가 도입되어야만 차이를 극복할 수 있다.

```
pred = lr2.predict(X_test)

df_tmp = pd.DataFrame({'prediction': pred, 'actual': y_test})
df_tmp = df_tmp.sort_values(by='actual').reset_index(drop=True)

plt.figure(figsize=(8, 6))
plt.scatter(df_tmp.index, df_tmp['prediction'], marker='x', color='r')
plt.scatter(df_tmp.index, df_tmp['actual'], alpha=0.7, marker='o', color='black')
plt.title("Linear Regression: Pred vs. Actual", fontsize=15)
plt.legend(['prediction', 'actual'], fontsize=12)
plt.show()

print("MSE :",mean_squared_error(y_test, pred))
```

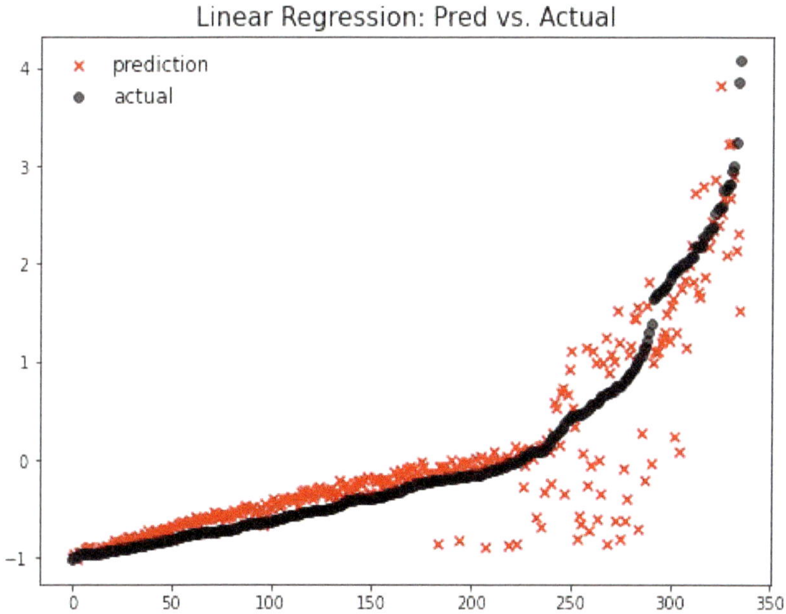


```
MSE : 0.19690344539491003
```

변수 삭제

이제는 p값이 0.005보다 작은 5개의 변수만 남겨 두고 유의성이 떨어지는 변수를 제거하여 회귀분석모형을 실행해보자.

```
X_train_n=X_train.drop(['bmi','OHE_male', 'OHE_1', 'OHE_3', 'OHE_5', 'OHE_northwest',\
                         'OHE_southeast','OHE_southwest' ], axis=1)
X_test_n=X_test.drop(['bmi','OHE_male', 'OHE_1', 'OHE_3', 'OHE_5', 'OHE_northwest', \
                       'OHE_southeast','OHE_southwest' ], axis=1)
```

```
X_train_n.head()
```

	age	OHE_2	OHE_4	OHE_yes	s_bmi
0	-1.438764	0	0	1	1.351353
1	-1.509965	0	0	0	-0.457569
2	-0.797954	0	0	0	-0.457569
3	-0.441948	0	0	0	-0.457569
4	-0.513149	0	0	0	-0.457569

```
lr3 = LinearRegression()
lr3.fit(X_train_n, y_train)

print("Train R2:", lr3.score(X_train_n,y_train))
print("Test R2:", lr3.score(X_test_n,y_test))

X2 = sm.add_constant(X_train_n)
est = sm.OLS(y_train, X2)
est2 = est.fit()
print(est2.summary())
```

```
Train R2: 0.8466091536080925
Test R2: 0.8161486016665249
```

```
                            OLS Regression Results
==============================================================================
Dep. Variable:                charges   R-squared:                       0.847
Model:                            OLS   Adj. R-squared:                  0.846
Method:                 Least Squares   F-statistic:                     1101.
Date:                Sat, 03 Sep 2022   Prob (F-statistic):               0.00
Time:                        06:45:22   Log-Likelihood:                -473.13
No. Observations:                1003   AIC:                             958.3
Df Residuals:                     997   BIC:                             987.7
Df Model:                           5
Covariance Type:            nonrobust
==============================================================================
                 coef    std err          t      P>|t|      [0.025      0.975]
------------------------------------------------------------------------------
const         -0.0647      0.020     -3.234      0.001      -0.104      -0.025
age            0.3178      0.012     26.049      0.000       0.294       0.342
OHE_2          0.0950      0.032      2.956      0.003       0.032       0.158
OHE_4          0.2042      0.098      2.079      0.038       0.011       0.397
OHE_yes        0.1784      0.071      2.500      0.013       0.038       0.318
s_bmi          0.7974      0.029     27.624      0.000       0.741       0.854
==============================================================================
Omnibus:                      547.187   Durbin-Watson:                   2.040
Prob(Omnibus):                  0.000   Jarque-Bera (JB):             3255.087
Skew:                           2.552   Prob(JB):                         0.00
Kurtosis:                      10.200   Cond. No.                         8.59
==============================================================================
```

설명력이 떨어지는 변수를 제외하더라도 R^2값은 0.847로써 모형의 설명력은 큰 차이가 없다는 확인할 수 있다. 실제로 단순한 모형의 계수추정값도 전체 데이터를 반영할 때와 큰 차이가 없다.

6. 회귀모형 실습 : 자동차 판매가격

중고차 가격에 영향을 미치는 연식(Year), 차종(Car_Name), 주행거리(Kms_Driven), 구동계(Transmission), 판매자 유형(Seller_Type), 연료(Fuel_Type), 현재가격(Present_Price), 이전소유주의 수(Owner) 등의 차량정보로부터 중고차 가격을 선형 회귀로 예측하는 모형을 구현한다.

```
import pandas as pd
import numpy as np
from sklearn.preprocessing import OneHotEncoder, StandardScaler
from sklearn.model_selection import  train_test_split
from sklearn.metrics import mean_squared_error, r2_score, mean_absolute_error
from sklearn.linear_model import LinearRegression
import matplotlib.pyplot as plt
import seaborn as sns
import warnings
from mpl_toolkits.mplot3d import Axes3D
import statsmodels.api as sm
from scipy import stats
%matplotlib inline

warnings.filterwarnings(action='ignore')
```

1. 데이터 다운로드 및 분석

1.1 아래 주소에 있는 car_data.csv 파일을 다운로드하여 데이터프레임 형식으로 저장하라.

```
url="https://drive.google.com/file/d/1P4-FLm6rCYrxXXMMwc7uQrif1wA4xULm/view?usp=sharing"
```

1.2 데이터프레임 클래스의 shape(), info(), describe() 등의 함수를 사용하여 데이터의 특성을 분석하시오.

1.3 isnull().sum() 함수를 이용하여 결측치를 구하시오.

1.4 'Age'라는 특성변수를 추가하고 'Year' 특성변수값을 이용하여 차량운행연수를 정의하시오. 그리고 'Year'특성변수를 삭제하시오.

1.5 데이터프레임 클래스의 특성변수명.value_counts() 함수를 사용하여 각 범주형 특성변수들이 갖는 값들의 빈도를 구하시오.

2. 도식화

2.1 차량운행연수에 따른 판매가의 분포를 violinplot으로 도식화하시오.
또한, 현재판매가에 따른 판매가의 분포를 violinplot으로 도식화하시오.

2.2 차량운행연수와 판매자 타입에 따른 판매가의 분포를 violinplot으로 도식화하시오.

2.3 판매자 타입에 따른 판매가의 분포를 두 개의 violinplot으로 도식화하시오.
연료 종류에 따른 판매가의 분포를 두 개의 violinplot으로 도식화하시오.

2.4 연료종류와 판매자 타입에 따른 판매가의 분포를 violinplot으로 도식화하시오.

2.5 구동 종류와 판매자 타입에 따른 판매가의 분포를 violinplot으로 도식화하시오.
이전소유권자의 수(Owner)와 판매자 타입에 따른 판매가의 분포를 violinplot으로 도식화하시오.

2.6 차량운행연수 및 판매자 타입에 따른 판매가의 분포를 Scatterplot으로 도식화하시오.
현재판매가 및 판매자 타입에 따른 판매가의 분포를 Scatterplot으로 도식화하시오.

2.7 숫자형 특성변수 간의 상관관계표를 그리시오.

2.8 위의 그림에서 중고차의 가격에 어떤 특성변수들이 영향을 미치고 있는 것으로 볼 수 있는가?

3. 전처리

3.1 판매자 타입, 구동계 타입, 연료 종류 등의 범주형 특성변수들을 숫자형으로 변환하시오.

3.2 StandardScaler 클래스를 이용하여 숫자형 변수들에 대하여 feature scaling을 수행하시오.

4. 회귀모형 구현 및 결과분석

4.1 데이터를 학습용(훈련용) 데이터와 테스트용 데이터로 구분하여야 한다. 이때 전체 데이터의 25%를 테스트용으로 사용하는 것으로 설정한다.

4.2 선형 회귀모형을 처리하는 객체를 생성하고 이 객체에 학습용 데이터를 투입되어 학습하도록 한다.

4.3 statsmodel 패키지를 이용하여 통계적 분석 결과를 도출하고 결과를 분석하시오

4.4 실제값과 예측값을 비교하기 위하여 판매가순으로 나열하고 순서 인덱스를 x축으로 판매가를 y축으로 하는 산포도를 그리시오.

5. 변수 삭제

5.1 이제는 p값이 0.05보다 변수만 남겨 두고 유의성 떨어지는 변수를 제거하고 회귀모형 분석을 해보자.

6. Outlier 삭제 후 모델링

6.1 아래 함수는 이상치를 제거하는 함수이다. 이 함수를 이용하여 원 데이터의 숫자형 특성 변수들 중에서 이상치를 제거하고 위의 일련 과정을 구현하시오.

```
def remove_out(dataframe, remove_col):
    dff = dataframe
    for k in remove_col:
        level_1q = dff[k].quantile(0.25)
        level_3q = dff[k].quantile(0.75)
        IQR = level_3q - level_1q
        rev_range = 4  # 제거 범위 조절 변수
        dff = dff[(dff[k] <= level_3q + (rev_range * IQR)) & \
                  (dff[k] >= level_1q - (rev_range * IQR))]
        dff = dff.reset_index(drop=True)
    return dff
```

Chapter 03

선형분류기와 분류모형

(linear classifier & classification model)

Chapter

03 선형분류기와 분류모형

(linear classifier & classification model)

1. 선형분류기(linear classifier)

분류는 입력데이터 x를 K개의 클래스(class) 중 하나의 클래스 C_k에 할당(매핑, mapping)하는 것으로서 입력데이터의 집합을 입력공간(input space, 또는 특성공간[feature space]), 그리고 클래스의 집합을 출력공간(output space)이라고 한다. 따라서 출력변수 y는 이산(discrete)값을 가

그림 3-1 입력공간과 출력공간의 매핑

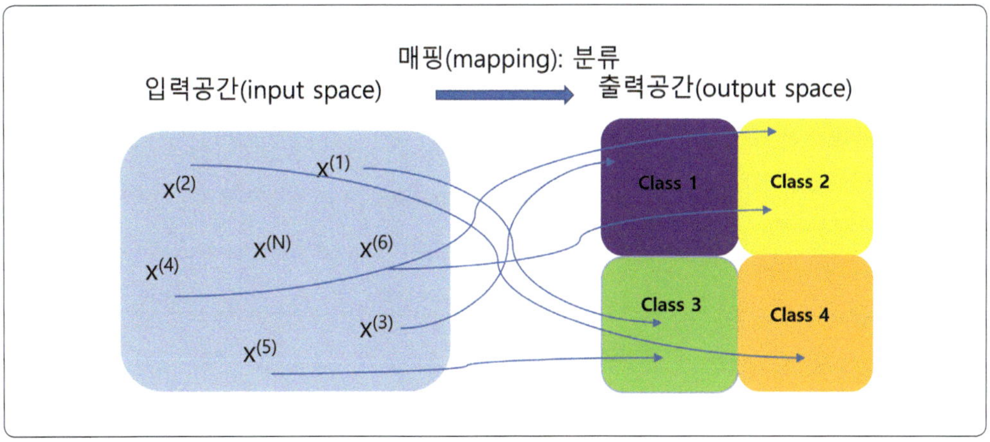

지는 범주형(categorical) 변수가 되는데 이 점이 출력변수가 연속형(실수)인 회귀(regression)와 구분되는 가장 큰 차이점이다.

분류는 클래스의 수가 두 가지($K=2$)인 이진분류(binary classification)와 $K \geq 3$인 다중분류(multiclass classification)로 크게 구분할 수 있다. 스팸메일 확인, 특정 질병의 유무 등 입력데이터가 특정한 속성을 가지는지 여부를 판단하는 문제는 이진분류의 예이며 음성이나 이미지 입력데이터를 이용해 사람 또는 문자 등을 구별하고 인식하는 것은 다중분류의 예이다.

그림 3-2 다양한 차원에서 입력공간과 결정경계

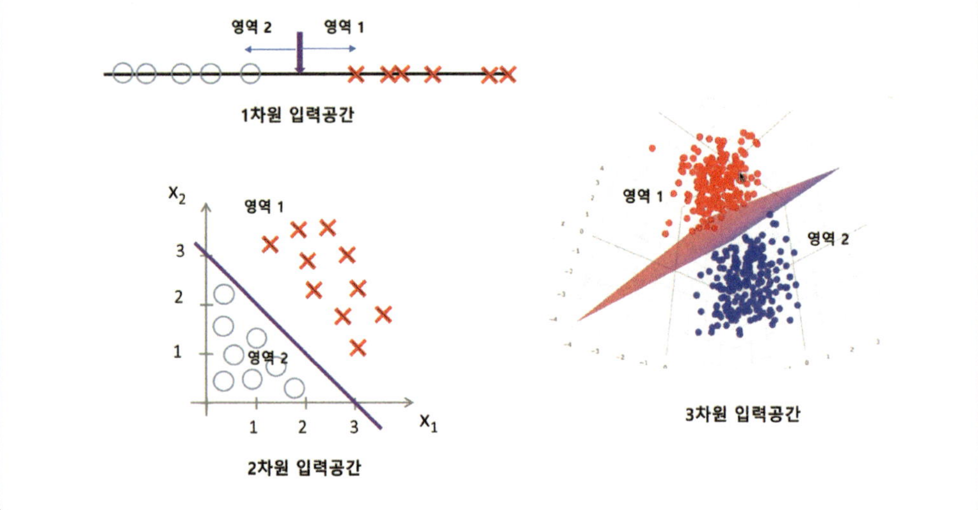

입력공간은 소위 결정경계(decision boundary)라는 것을 통해 여러 영역으로 구분되는데, 그림 3-2 에서는 입력공간이 두 개의 영역으로 구분되는 이진분류의 경우를 보여준다. 입력(특성)변수의 수는 입력공간의 차원(dimension)을 결정하며, 결정경계의 차원은 입력공간의 차원보다 한 차원씩 작아진다. 즉, 입력공간이 1차원, 2차원, 3차원일 때 결정경계의 차원은 각각 점(point/0차원), 선(line/1차원) 그리고 평면(plane/2차원)이 된다. 일반적으로, 입력변수의 차원이 $d(x \in R^d)$인 경우에 결정경계는 차원이 $(d-1)$인 초평면(hyperplane) $\{x \in R^d : w^T x = 0\}$이 된다. 이때 초평면은 차원이 d인 입력공간을 두 개의 반공간(half space)으로 분할하고, 벡터 w는 초평면에 수직(orthogonal)이다(그림 3-3).

그림 3-3 2차원에서 결정경계(초평면)와 반공간

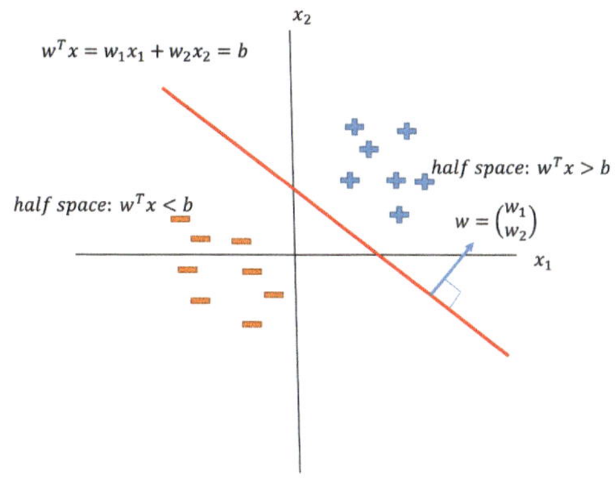

머신러닝 분야에서 분류기(classifier)는 분류를 수행하는 알고리즘(algorithm)을 총칭하지만 협의로는 입력데이터를 클래스로 구분하는 구체적인 수학적 함수(mathematical function)를 의미하며 분류기함수(classifier function)라고도 한다. 그림 3-4 에서 입력공간을 두 부분으로 나누는 함수 $f(x)=x_1+x_2-3$은 $f(x)>0$인 영역과 $f(x)<0$인 영역을 구분하는 분류기함수이다. 그리고 두 영역을 나누는 결정경계는 $f(x)=0$이다.

그림 3-4 2차원 공간에서 분류기의 예

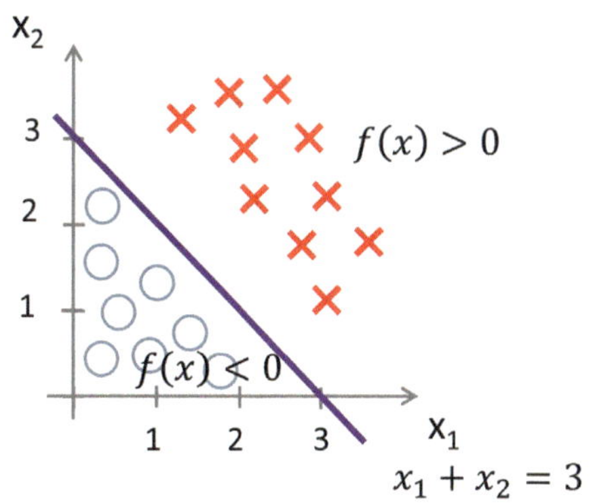

분류기함수가 입력변수 x에 대해 선형함수(linear function)일 때 이를 선형분류기(linear classifier)라 부르며, 그림 3-4 와 같이 선형분류기로 완전히 구분될 수 있는 입력공간을 선형적으로 분리가능(linearly separable)이라고 말한다. 그림 3-5 는 선형적으로 분리가 가능하지 않은 입력공간의 예를 보여주고 있는데, 이를 선형분류기로 분류하는 학습을 수행하면 분류오류가 커질 가능성이 있으나 현실적으로 분류오류를 완전히 방지할 수 없으므로 그림 3-5 (b) 에 예시된 바와 같이 분류오류가 가능한 한 작게 발생하는 분류기가 학습과정을 통해 결정된다.

그림 3-5 선형적으로 분리되지 않는 입력공간의 예

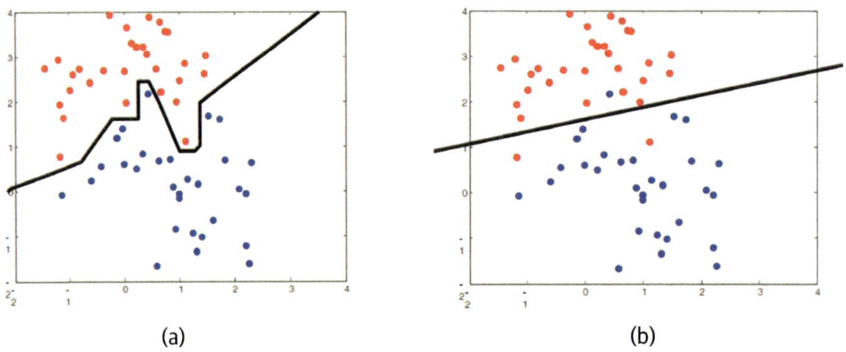

선형적으로 분리할 수 없는 입력공간은 경우에 따라 입력(특성)변수를 증가시켜 분리가 가능한 공간으로 변환할 수 있다. 그림 3-6 에서는 일차원 특성변수(x_1)의 입력공간을 특성변수 ($x_2 = x_1^2$)를 추가하여 2차원 공간 (x_1, x_2)에서 선형분리가 가능해지는 예를 보여준다.

그림 3-6 선형적으로 분리가 가능한 입력공간으로의 변환 예

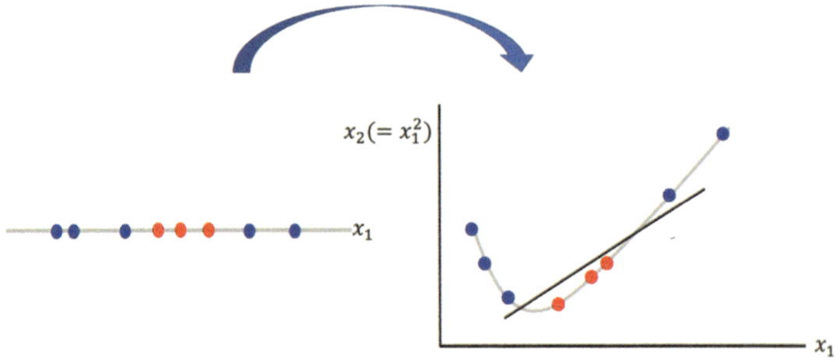

선형분류기의 일반적인 형태 $f(x)=w^Tx+b$에서 w은 가중치(weight) 그리고 b는 편향(bias)을 나타내는데, 만약 $b=0$이면 그림 3-7 과 같이 원점을 지나는 결정경계만이 학습대상이 되므로 분류의 범위가 매우 제한되는 한계를 가진다.

그림 3-7 원점을 지나는 선형분류기

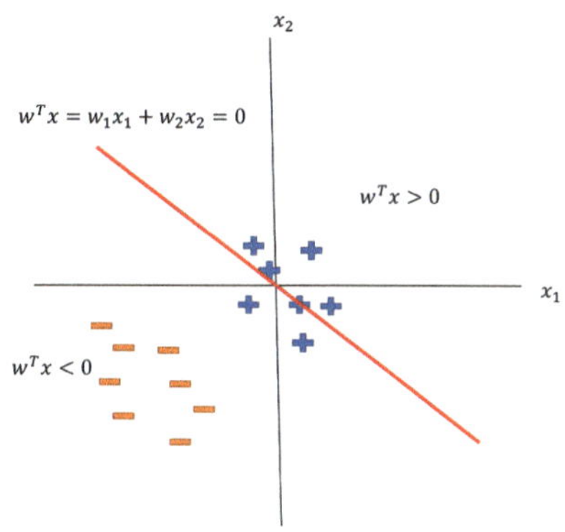

가상변수(dummy variable) $x_0(=1)$을 도입하고 $w_0=b$으로 놓으면 함수 선형분류기 $f(x)=w^Tx+b$은 $f(x)=w^Tx$으로 간단히 표기할 수 있다.

아래에서는 NOT과 AND 연산자(operator)를 선형분류기로 표현하는 간단한 사례를 통해 선형분류기에 대해 좀 더 자세히 알아본다. 먼저, NOT 연산자의 입력공간(훈련데이터)은 다음과 같다.

$x_1^{(i)}$	$y^{(i)}$
0	1
1	0

주어진 훈련데이터 $(x_1^{(i)}, y^{(i)})$에 대해 선형분류기 $f(x)=w_0+w_1x_1=w_0x_0+w_1x_1$의 가중치$(w_0, w_1)$은 다음 조건을 만족해야 한다(여기서, $x_0(=1)$는 가상변수).

$$(x_1^{(1)}, y^{(1)}) = (0, 1) \Rightarrow w_0 + w_1 x^{(1)} > 0 \Rightarrow w_0 > 0$$
$$(x_1^{(2)}, y^{(2)}) = (1, 0) \Rightarrow w_0 + w_1 x^{(2)} < 0 \Rightarrow w_0 + w_1 < 0$$

그림 3-8 NOT 연산자의 분류기와 가중치 공간

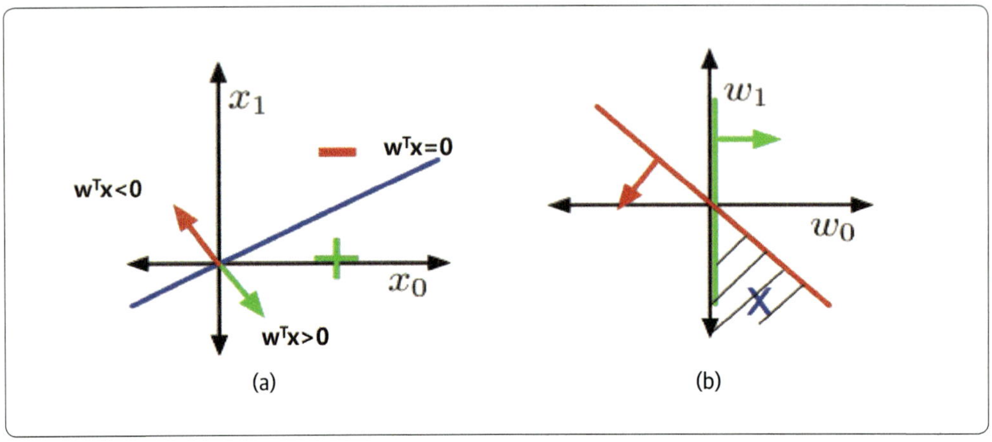

예를 들어 위에 주어진 모든 조건(제약식)을 충족하는 $(w_0, w_1) = (1, -2)$을 대입하여 구한 $x_0 - 2x_1 = 0$는 훈련데이터를 두 종류로 완전히 나누는 결정경계이다. 이처럼 주어진 조건 모두를 만족하는 $w = (w_0, w_1)$은 그림 3-8 (b) 에서와 같이 무수히 많은데(가중치공간, weight space), 학습과정을 통해서 특정한 목적함수를 최적화하는 가중치 $w = (w_0, w_1)$을 찾게 된다.

다음으로 AND 연산자의 경우를 살펴보자. 특성변수의 종류가 두 개이고 훈련데이터의 수는 4개이다. 가상변수 x_0가 포함되면 특성변수는 3차원 변수가 된다. 그림 3-9 (a) 는 $x_0 = 1$로 고정하고(즉, 입체의 $x_0 = 1$의 단면) (x_1, x_2) 공간을 보여준다. NOT 연산자의 경우와 같이 선형분류기 $0 = w_0 + w_1x_1 + w_2x_2$은 입력공간을 완전히 두 개의 반공간으로 분할한다. 그림 3-9 (b) 는 위에서 주어진 모든 제약식을 만족하는 $w = (w_0, w_1, w_2)$ 중에서 $w_0 = -1$인 경우를 보여준다. 만약, $(w_0, w_1, w_2) = (-1, 0.7, 0.8)$, $-1 + 0.7x_1 + 0.8x_2 = 0$은 입력공간을 두 부분으로 분할한다.

$x_1^{(i)}$	$x_2^{(i)}$	$y^{(i)}$
0	0	0
0	1	0
1	0	0
1	1	1

$$(x_1^{(1)}, x_2^{(1)}, y^{(1)}) = (0, 0, 0) \Rightarrow w_0 + w_1 0 + w_2 0 < 0 \Rightarrow w_0 < 0$$
$$(x_1^{(2)}, x_2^{(2)}, y^{(2)}) = (0, 1, 0) \Rightarrow w_0 + w_1 0 + w_2 1 < 0 \Rightarrow w_0 + w_2 < 0$$
$$(x_1^{(3)}, x_2^{(3)}, y^{(3)}) = (1, 0, 0) \Rightarrow w_0 + w_1 + w_2 0 < 0 \Rightarrow w_0 + w_1 < 0$$
$$(x_1^{(4)}, x_2^{(4)}, y^{(4)}) = (1, 1, 1) \Rightarrow w_0 + w_1 + w_2 > 0$$

그림 3-9 AND 연산자의 분류기와 가중치 공간

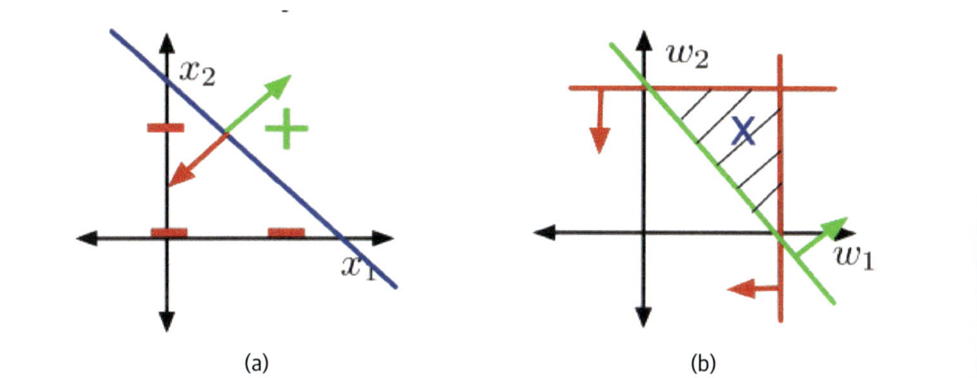

마지막으로 XOR 연산자의 경우를 알아보자. 이 경우는 그림 3-10 과 같이 훈련데이터는 선형분류기로 구분될 수 없으며 다음 조건을 만족시키는 가중치가 존재하지 않음을 의미한다. 즉, 가중치공간은 공집합(null set)이 된다.

$x_1^{(i)}$	$x_2^{(i)}$	$y^{(i)}$
0	0	0
0	1	1
1	0	1
1	1	0

$$(x_1^{(1)}, x_2^{(1)}, y^{(1)}) = (0, 0, 0) \Rightarrow w_0 + w_1 0 + w_2 0 < 0 \Rightarrow w_0 < 0$$
$$(x_1^{(2)}, x_2^{(2)}, y^{(2)}) = (0, 1, 1) \Rightarrow w_0 + w_1 0 + w_2 1 > 0 \Rightarrow w_0 + w_2 > 0$$
$$(x_1^{(3)}, x_2^{(3)}, y^{(3)}) = (1, 0, 1) \Rightarrow w_0 + w_1 + w_2 0 > 0 \Rightarrow w_0 + w_1 > 0$$
$$(x_1^{(4)}, x_2^{(4)}, y^{(4)}) = (1, 1, 0) \Rightarrow w_0 + w_1 + w_2 < 0$$

그림 3-10 XOR 연산자의 가중치 공간

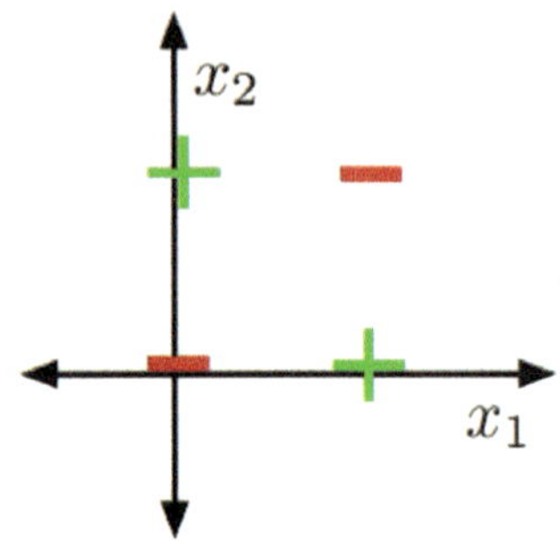

2. 로지스틱 회귀(logistic regression)

가. 이진분류(binary classification)

이진분류의 입력 x는 실수 또는 이산형 특성변수 모두 가능하며, 출력변수는 $y \in \{0, 1\}$이다. 종양크기를 기준으로 악성 여부를 판단하는 분류 문제에서 입력변수 x는 종양크기를, 그리고 이진변수 y는 악성 여부를 나타낸다고 하자. 예컨대 악성이면 $y=1$, 그렇지 않으면 $y=0$라고 하자. 그림 3-11 은 10개의 입력변수의 표본을 대상으로 종양크기로 악성 여부를 결정하는 예를 보여준다. 여기서 종양크기는 클래스를 구분하는 분류기가 되며 이를 함수 $f(x)=x+b$로 나타낼 수 있다. 만약 $f(x)>0$ (즉 $x>-b$)이면 $y=1$로 그렇지 않으면 $y=0$으로 분류가 된다면, $f(x)=x+b=0$은 입력자료(x)를 악성과 그렇지 않은 표본으로 구분하는 결정경계가 된다.

다음으로 개인의 신용도가 나이(x_1)와 소득(x_2)의 두 가지 특성변수로 결정된다고 가정하자. 그리고 출력변수 y는 신용도가 양호하면 $y=1$, 그렇지 않으면 $y=0$이다. 그림 3-12 는 직선(선형) 또는 곡선으로 표시된 결정경계를 보여주고 있다. 분류기함수 $f(x)>0$이면 $y=1$로 그렇지 않으면 $y=0$으로 정하며, 이때 결정경계는 $\{x=(x_1, x_2) \in R^2 : f(x)=0\}$이 된다. 입력변수가 일차원인 종양 문제의 결정경계는 실수값(차원=0)이지만 입력변수가 2개인 신용 문제의 결정경계는 일차원 직선(또는 곡선)이 되는 것에 유의한다.

그림 3-11 종양의 크기로 구분하는 악성 여부

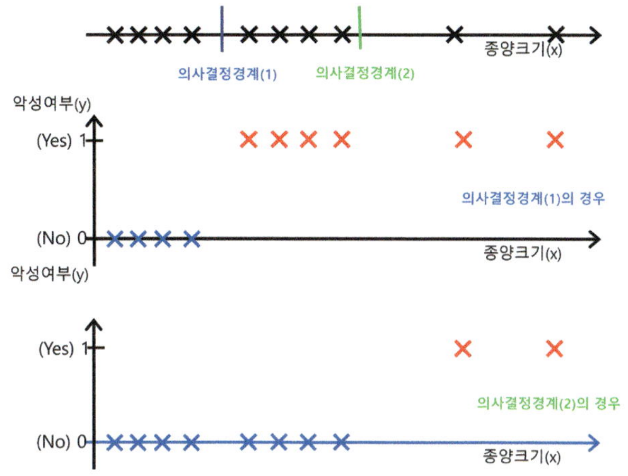

그림 3-12 소득과 나이로 구분하는 신용상태

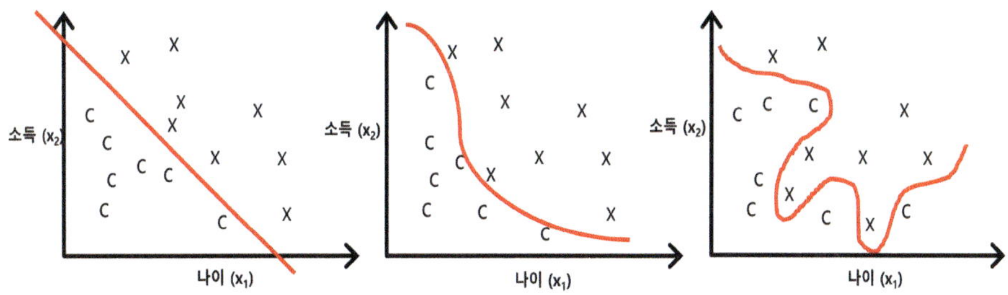

종양의 크기로 악성 여부를 판단하는 이진분류 문제에서, 학습의 가설모형으로서 선형분류기 $h_w(x)=w_0+w_1x=w^Tx$을 사용하고 $w^Tx>0$이면 $y=1$, 그렇지 않으면 $y=0$라고 하자. 이진 출력 변수의 특성을 고려하지 않고 가설모형으로서 선형 회귀모형을 이용하면 어떤 결과가 나올까? 그림 3-13은 종양의 크기가 매우 큰 2개의 표본으로 인해 입력공간의 완전한 구분이 실패한 경우를 보여준다. 종양의 크기가 매우 커서 "악성"으로 강력히 추정되어야 함에도 오히려 "악성 아님"으로 추정되는 오류가 발생한다.

그림 3-13 분류 문제에 적용된 회귀모형의 오류

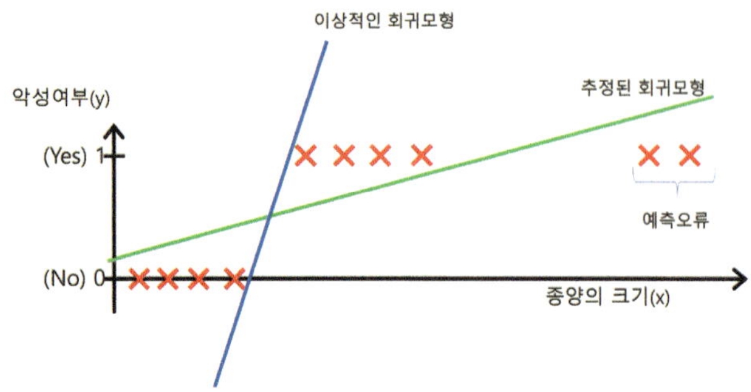

다음 그림 3-14 (a) 는 주어진 훈련데이터에 대해 선형 회귀모형(보라색)과 소개될 로지스틱 회귀모형(녹색)을 적용해 학습한 결정경계를 보여주고 있다. 그리고 그림 3-14 (b) 는 입력표본에 일종의 이상치(outlier)가 포함된 훈련데이터를 대상으로 한 결과이다. 선형 회귀모형은 로지스틱 회귀모형에 비해 이상치에 민감하게 반응하고 있음을 확인할 수 있다.

그림 3-14 이상치에 의한 선형 회귀와 로지스틱 회귀의 반응 비교

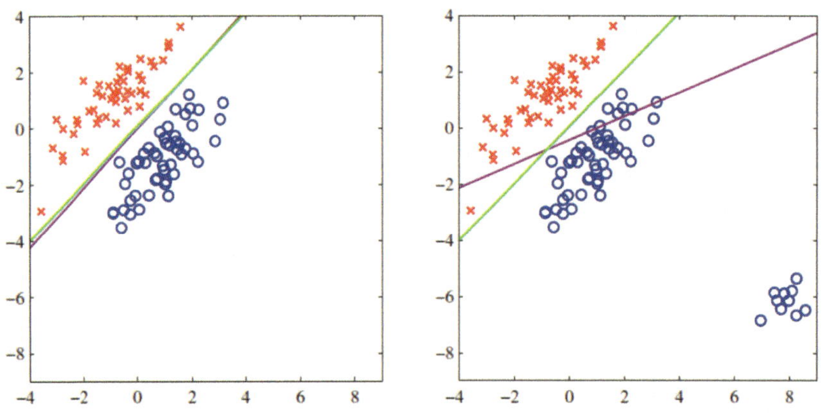

(a) (b)

그림 3-15 이진분류에서 출력변수의 이상적인 형태

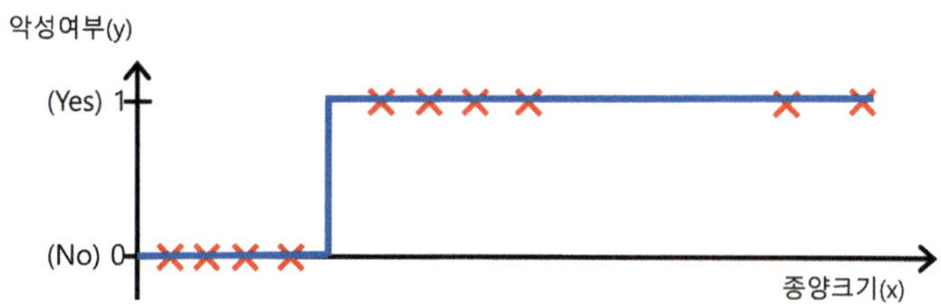

(이진)분류에 선형 회귀모형을 전제로 하여 발생되는 문제의 근원은 이진 출력변수 특성을 모형 어디에서도 반영하지 않는 것에 있다. 이진 출력변수를 완전히 반영할 수 있는 모형은 그림 3-15 에서와 같은 계단식 출력변수의 특성이 모형에 반영되어야 한다. 즉,

> 선형분류기 함수: w^Tx
>
> 가설함수 $h_w(x)=sign(w^Tx)=\begin{cases}1, \text{만약 } w^Tx \geq 0 \\ 0, \text{만약 } w^Tx < 0\end{cases}$

계단식 특성을 온전히 반영한 학습모형은 $h_w(x)=sign(w^Tx)$이 되어 모수 w 결정을 위한 목적함수는 $L(w) = \frac{1}{N}\sum_{i=1}^{N} I(sign(w^Tx^{(i)}) \neq y^{(i)})$이다. 하지만 이 함수는 미분이 가능하지 않아 최적화 해법을 적용할 수 없는 문제점을 가진다. 이러한 문제점을 해결하기 위한 방법으로 로지스틱 회귀모형을 고려할 수 있다. 로지스틱 회귀에서는 가설모형 $h_w(x)$를 다음과 같이 정의한다.

$$h_w(x) = g(w^Tx) = \frac{1}{1+exp(-w^Tx)}$$

함수 $g(z)=1/(1+exp(-z))$은 로지스틱 또는 시그모이드(sigmoid) 함수라고 하며 그림 3-16 과 같이 S자 모양을 가지고 있다. 로지스틱 함수 $g(z)$은 [0, 1] 범위의 값을 가지고 단조증가함수(monotonically increasing function)이므로 가설모형 $h_w(x)=g(w^Tx)$의 모수추정을 위한 최적화의 목적함수는 다음과 같이 미분 가능한 함수가 된다.

$$L(w) = \frac{1}{N}\sum_{i=1}^{N}(g(w^T x^{(i)}) - y^{(i)})^2$$

로지스틱 함수는 0에서 1 사이의 값을 가지므로 $h_w(x)$에 따른 출력변수 y는 다음과 같이 결정한다. 로지스틱 함수 $g(0)=0.5$이므로 $h_w(x)=g(w^Tx)\geq 0.5$은 선형분류기 $w^Tx\geq 0$을 의미하고 의사결정경계는 $w^Tx=0$으로 선형 함수가 된다.

$$y = \begin{cases} 1, \text{ 만약 } h_w(x) \geq 0.5 \Rightarrow w^T x \geq 0, \\ 0, \text{ 만약 } h_w(x) < 0.5 \Rightarrow w^T x < 0. \end{cases}$$

그림 3-16 로지스틱(시그모이드) 함수

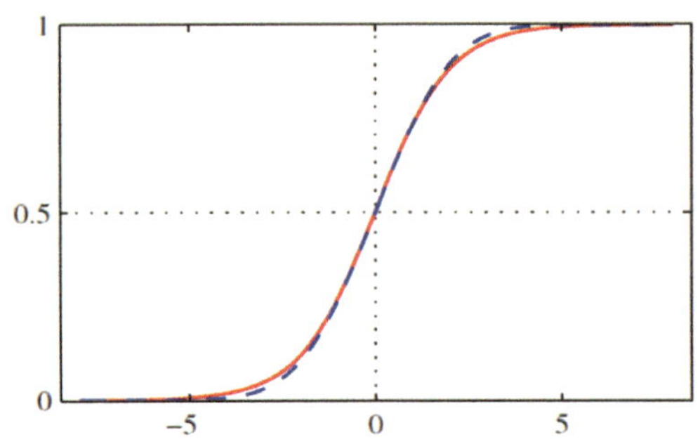

로지스틱 회귀모형에서 $h_w(x)$은 w에 대해 선형인 w^Tx을 비선형 함수 $g(\cdot)$를 통해 변환(transform)하는데, 이때 함수 $g(\cdot)$을 활성화함수(activation function)라고 한다. 비록 활성화함수 $g(\cdot)$는 비선형이지만, 결정경계($w^Tx=0$)는 x에 관한 선형 함수이기 때문에 로지스틱 회귀모형 $h_w(x)$는 (일반화된) 선형 모형으로 분류된다.

이메일이 스팸(spam)인지를 판단하는 간단한 분류 문제를 생각해보자. 메일에 포함된 특정 주요 단어의 수를 스팸 여부를 판단하는 특성변수로 하였고 주요 단어는 [경품, 상금, 사무실, 이메일] 등 4가지로 가정하자. 분류 문제의 훈련데이터는 다음 표 3-1 과 같은 형태를 가지며, 학습된 로지스틱 회귀모형의 가중치 $w=(0.3, 0.3, -0.1, -0.04)^T$로 결정되었다고 가정하자. 그러면 내용이 다음과 같은 이메일의 스팸 여부를 판단해 보자.

표 3-1 이메일 스팸 분류를 위한 훈련데이터

훈련데이터	경품 $x_1^{(i)}$	상금 $x_2^{(i)}$	사무실 $x_3^{(i)}$	이메일 $x_4^{(i)}$	스팸? $y^{(i)}$
이메일 1	2	1	1	0	Yes(1)
이메일 2	1	1	2	1	Yes(1)
이메일 3	0	0	1	0	No(0)
…	…	…	…	…	…
이메일 N	0	0	0	1	No(0)

축하합니다!! 당신의 이메일 주소가 상금이 2억 5천만 원인 경품 행사에 당첨되었습니다. 상금을 수령하시려면 이메일을 통해 사무실 에이전트(김사기)에게 연락하십시오.
sagi155@yahoo.com 또는 전화 +82 02 477 1111

$$x^{new}=(\text{경품, 상금, 사무실, 이메일})=(x_1^{new}, x_2^{new}, x_3^{new}, x_4^{new})^T=(1, 1, 1, 2)^T$$

$$w^T x^{new}=(0.3\times1)+(0.3\times1)+(-0.1\times1)+(-0.04\times2)=0.42>0 \text{ (스팸!)}$$

$$h(w^T x^{new})=\frac{1}{1+e^{-0.42}}=0.603>0.5 \text{ (스팸!)}$$

로지스틱 회귀모형의 모수 결정을 위한 손실함수 $L(w)$는 다음과 같이 정의되는데, 정보이론(information theory) 분야에서는 이를 교차엔트로피(cross-entropy) 손실이라고 부른다.

$$L(w)=-\sum_{i=1}^{N}\{y^{(i)}\log h_w(x^{(i)})+(1-y^{(i)})\log(1-h_w(x^{(i)}))\}$$

아래와 같이 $y^{(i)}$(또는 $(1-y^{(i)})$)와 $h_w(x^{(i)})$(또는 $(1-h_w(x^{(i)}))$)가 동일한 이진값을 가질 때는 0이고, 같지 않을 때는 $-\infty$인 특성으로 인해 교차엔트로피 손실함수 $L(w)$은 이진분류 문제의 목적함수로서 부합된다.

$$y^{(i)}\log h_w(x^{(i)})=\begin{cases}0, & \text{만약 } y^{(i)}=1 \text{ and } h_w(x^{(i)})=1,\\ -\infty, & \text{만약 } y^{(i)}=1 \text{ and } h_w(x^{(i)})=0.\end{cases}$$

$$(1-y^{(i)})log(1-h_w(x^{(i)})) = \begin{cases} 0, & 만약\ y^{(i)}=0 \text{ and } h_w(x^{(i)})=0, \\ -\infty, & 만약\ y^{(i)}=0 \text{ and } h_w(x^{(i)})=1. \end{cases}$$

잔차제곱합(RSS) $\sum_{i=1}^{N}(h_w(x^{(i)})-y^{(i)})^2$은 미분 가능한 함수이다. 그러면 선형 회귀모형과 같이 모수 탐색을 위한 목적함수로 잔차제곱합을 사용하지 않는 이유는 무엇인가? 그 이유를 특성변수 x가 일차원인 경우를 통해 알아보자. 그림 3-17 은 $x=1$ 그리고 $y=1$로 놓고 모수 w에 대해 목적손실함수 $L(w)$를 그린 것으로, 교차엔트로피 손실함수는 볼록함수가 되지만 잔차제곱합의 $L(w)$는 볼록함수가 아님을 알 수 있다. 볼록함수가 아니면, 비선형계획 문제 $\min_w L(w)$의 국소 최적해(local optimal solution)가 전역 최적해(global optimal)임이 보장되지 않는다.

$$L(w) = \left(\frac{1}{1+e^{-wx}}\right)^2 : 잔차제곱합$$
$$L(w) = y\,log\left(\frac{1}{1+e^{-wx}}\right) + (1-y)\,log\left(1-\frac{1}{1+e^{-wx}}\right) : 교차엔트로피손실$$

그림 3-17 교차엔트로피와 잔차제곱합 함수 형태 비교

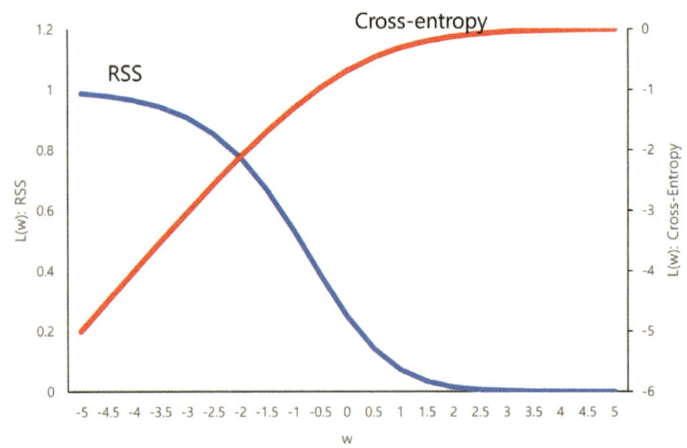

교차엔트로피 손실함수는 볼록함수로 국부 최적해는 전역 최적해가 되지만, 목적함수 $L(w)$가 복잡하여 선형 회귀모형에서와 같이 확정적인 형태의 해는 구할 수 없다. 따라서 경사하강법과 같은 반복적 해법을 적용해야 하며, $L(w)$의 일차도함수(경사, gradient)를 구해야 한다. 로지스틱 함수 $g(z)$의 일차도함수는 다음과 같다.

$$\frac{d}{dz}g(z) = \frac{d}{dz}(1+e^{-z})^{-1} = \frac{d}{dz}(1+e^{-z}) \cdot \frac{1}{(1+e^{-z})^2} = \frac{e^{-z}}{(1+e^{-z})^2}$$
$$= g(z)(1-g(z))$$

위 식을 이용해서 $L(w)$의 변수 w에 대한 경사를 구하면 다음과 같다.

$$\frac{\partial L(w)}{\partial w}$$
$$= -\sum_{i=1}^{N}\left\{ y^{(i)} \frac{g(w^T x^{(i)})[1-g(w^T x^{(i)})]}{g(w^T x^{(i)})} x^{(i)} - (1-y^{(i)}) \frac{g(w^T x^{(i)})[1-g(w^T x^{(i)})]}{1-g(w^T x^{(i)})} x^{(i)} \right\}$$
$$= -\sum_{i=1}^{N}\{ y^{(i)}(1-g(w^T x^{(i)}) x^{(i)} - (1-y^{(i)}) g(w^T x^{(i)}) x^{(i)} \}$$
$$= \sum_{i=1}^{N}\{ g(w^T x^{(i)}) - y^{(i)} \} x^{(i)}$$

주어진 경사를 이용한 경사하강법의 갱신은 다음과 같다.

배치 경사하강법: $w(t+1) = w(t) - \alpha \sum_{i=1}^{N} (g(w^T x^{(i)}) - y^{(i)}) x^{(i)}$

확률적 경사하강법: $w(t+1) = w(t) - \alpha (g(w^T x^{(i)}) - y^{(i)}) x^{(i)}$

4개의 표본으로 이루어진 간단한 훈련데이터를 대상으로 스팸메일을 구분하는 로지스틱 모형에서 모수를 구하는 과정을 살펴본다(표 3-2).

표 3-2 스팸 분류를 위한 훈련데이터의 예

훈련데이터	경품 $x_1^{(i)}$	상금 $x_2^{(i)}$	사무실 $x_3^{(i)}$	이메일 $x_4^{(i)}$	스팸? $y^{(i)}$
이메일 1	5	3	1	1	Yes(1)
이메일 2	4	2	1	1	Yes(1)
이메일 3	2	1	2	3	No(0)
이메일 4	1	2	3	2	No(0)

나. 확률적 해석과 비선형분류기

1) 확률적 해석

교차엔트로피 손실함수 $L(w)$의 최적해 $argmin_w L(w)$ 는 다음과 같은 관계를 가진다.

$$\begin{aligned} & argmin_w L(w) \\ &= argmin_w \sum_{i=1}^{N} -\{y^{(i)} \log h_w(x^{(i)}) + (1-y^{(i)}) \log(1-h_w(x^{(i)}))\} \\ &= argmin_w - \log\left(\prod_{i=1}^{N} (h_w(x^{(i)}))^{y^{(i)}} \cdot (1-h_w(x^{(i)}))^{(1-y^{(i)})}\right) \\ &= argmax_w \prod_{i=1}^{N} \left\{(h_w(x^{(i)}))^{y^{(i)}} \cdot (1-h_w(x^{(i)}))^{(1-y^{(i)})}\right\} \end{aligned}$$

그런데, 마지막 식은 바로 확률변수 $y^{(i)}$가 성공확률이 $h_w(x^{(i)})$인 베르누이 시행(Bernoulli)의 최대우도함수(maximum likelihood function)가 된다. 따라서 모형의 출력값 $h_w(x)=g(w^T x)$은 입력이 x로 주어졌을 때 출력변수가 $y=1$일 확률로 해석될 수 있다. 즉,

$$p(y \mid x; w) = \begin{cases} g(w^T x), & \text{만약}, y = 1, \\ 1 - g(w^T x), & \text{만약}, y = 0. \end{cases}$$

한편, 교차엔트로피 손실함수 $L(w)$를 달리 표현하면,

$$\begin{aligned} L(w) &= -\sum_{i=1}^{N} \{y^{(i)} \log h_w(x^{(i)}) + (1-y^{(i)}) \log(1-h_w(x^{(i)}))\} \\ &= \sum_{i=1}^{N} -\left\{y^{(i)} \log\left(\frac{h_w(x^{(i)})}{1-h_w(x^{(i)})}\right) + \log(1-h_w(x^{(i)}))\right\} \end{aligned}$$

만약, $h_w(x) = \frac{1}{1+e^{-w^T x}}$로 놓으면, $\log\left(\frac{h_w(x^{(i)})}{1-h_w(x^{(i)})}\right) = \log\left(\frac{\frac{1}{1+e^{-w^T x}}}{\frac{e^{-w^T x}}{1+e^{-w^T x}}}\right) = \log(e^{w^T x}) = w^T x$

통계학에서는 $\log\left(\frac{h_w(x^{(i)})}{1-h_w(x^{(i)})}\right)$을 로그오즈(log-odds)라고 하는데, 로지스틱 회귀는 출력(종속)변수의 로그오즈에 대한 선형 회귀식으로 해석될 수 있다.

2) 비선형분류기

다음 그림 3-19 의 (a)는 입력공간이 선형분류기로 완전히 구분되는 경우($w^Tx=x_1+x_2-3$)이다. 하지만 그림 3-19 의 (b)와 같이 선형분류기로 구분될 수 없는 입력공간의 경우는 다음의 기본함수 $\phi(x)$를 활용한 입력공간의 확대(입력변수의 증가)를 통해서 비선형분류기(nonlinear classifier)를 만들 수 있다.

$$\phi(x)=\phi\begin{pmatrix}1\\x_1\\x_2\end{pmatrix}=\begin{pmatrix}1\\x_1\\x_2\\x_1^2\\x_2^2\end{pmatrix},\ p(y=1\mid x;w)=g(w^Tx)=g(w_0+w_1x_1+w_2x_2+w_3x_1^2+w_4x_2^2)$$

만약, $w=(-1, 0, 0, 1, 1)^T$이면, 결정경계는 $-1+x_1^2+x_2^2=0$이 되며, $-1+x_1^2+x_2^2>0$이면 $y=1$, 그렇지 않으면 $y=0$이다.

그림 3-19 선형 결정경계와 비선형 결정경계

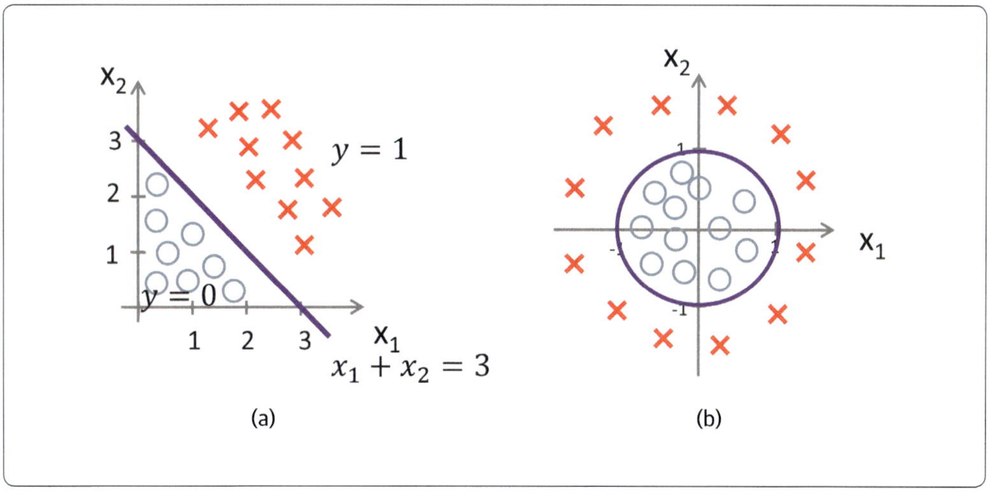

이렇게 기본함수를 도입해서 특성변수를 추가하는 방식으로 복잡한 비선형 결정경계를 구할 수 있지만, 이것이 과적합을 가져올 수도 있음에 주의해야 한다. 과적합 방지를 위해 아래와 같이 로지스틱 모형의 교차엔트로피 목적함수에 정규화(regularization)를 위한 항목을 추가한다.

$$L(w) = -\sum_{i=1}^{n}\{y^{(i)} log\, h_w(x^{(i)}) + (1-y^{(i)}) log(1-h_w(x^{(i)}))\} + \frac{1}{2}\lambda\| w \|^2$$

다. 다중분류(multi-class classification)

지금까지는 클래스가 2가지인 이진분류에 대해 알아보았다. 아래에서는 클래스의 종류가 3개 이상인 다중분류에 대해 살펴본다. 이메일을 발신자에 따라 3개 이상으로 분류하든지, 건강상태를 상, 중, 하로 구분하는 경우 등이 다중분류에 속한다. 다중분류를 위한 가장 손쉬운 접근법은 이중분류모형을 그대로 활용하는 것이다. 여기에는 일대다 분류(one vs. rest)와 일대일 분류(one vs. one) 접근법이 있는데, 그림 3-20 (a)에 주어진 3가지 클래스 사례를 통해 두 가지 접근법에 대해 알아보자. 먼저, 일대다 분류에서는 하나의 클래스를 선택하고 그 클래스에 속한 데이터의 클래스(라벨)는 그대로 두고 나머지 두 클래스의 라벨을 하나로 통일시킨다. 그러면 클래스가 2개인 이진분류가 된다. 이 같은 방법을 클래스 각각에 대해 실행하면 3개의 이진 문제가 생성되고 같은 수의 결정경계가 만들어진다(그림 3-20 (b)). 그러므로 K개의 클래스가 있으면 K번의 이진분류가 수행된다.

그림 3-21은 3개의 결정경계로 만들어진 영역을 보여주는데, 결정경계가 서로 중첩되는 4군데 음영영역(삼각형)을 제외한 부분은 선형 함수(분류기)값을 이용해서 분류를 할 수 있다. 예를 들어 영역 ①에 속한 x는 $w_1^T x>0$, $w_2^T x<0$, $w_3^T x<0$이므로 클래스 C_1으로 분류할 수 있다. 하지만, 음영영역 ②는 $w_1^T x>0$, $w_2^T x<0$, $w_3^T x>0$으로 음영지역에 속한 데이터의 클래스는 3개의 선형분류기 부호로는 구분이 불가능하다. 일대다 분류 접근법에서는 이러한 상황을 고려한 다음과 같은 일반적인 분류기준을 사용한다: 클래스의 종류가 K개일 때, 입력 데이터 x의 클래스로 C_{k^*}를 선택한다.

여기서, $k^* = \text{argmax}_{k=1,\cdots,K}\, p(y=C_k|x) = \text{argmax}_{k=1,\cdots,K}\, g(w^T x)$

예를 들어, 영역 ②에 속한 데이터 x에 대해 $g(w_1^T x)=0.72$, $g(w_2^T x)=0.53$, $g(w_3^T x)=0.15$라면, 최종적으로 선택된 클래스는 C_1으로 결정된다.

그림 3-20 다중분류: 일대다(one vs. rest)

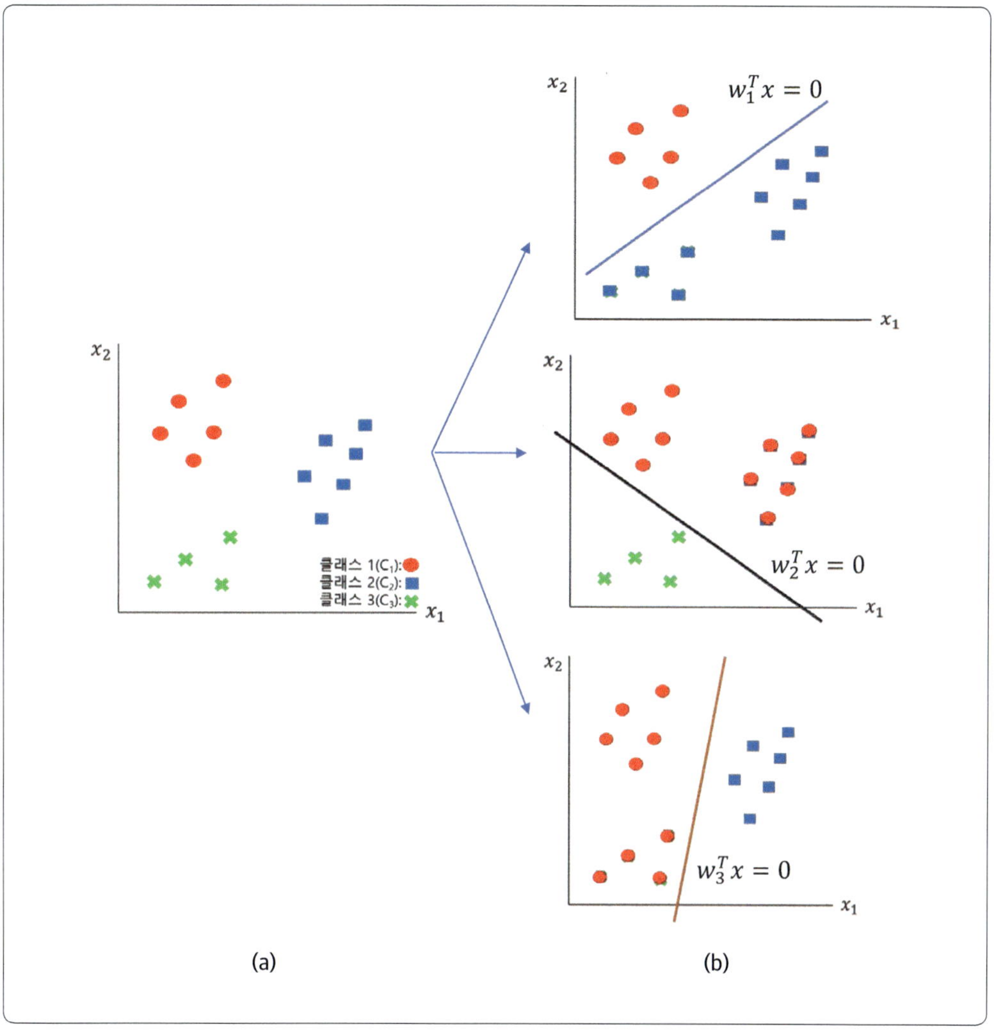

그림 3-21 일대다(one vs. rest) 분류

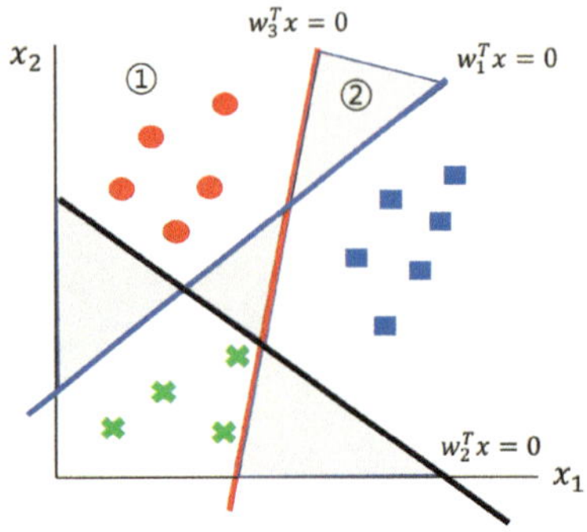

다중분류를 위한 또 다른 접근법인 일대일 분류에서는 K개의 클래스 중에서 2개의 클래스 (C_k와 $C_{k'}$)를 선택하고 선택되지 않은 클래스에 속한 데이터는 모두 제거하여 이진분류 문제를 생성한다. 이 절차를 C_k와 $C_{k'}$의 모든 조합 각각에 대해 수행하면, ${}_K C_2 = K(K-1)/2$개의 이진분류 문제가 만들어진다. 입력데이터에 대한 분류는 이진분류 문제 각각에 대해 분류 결정을 내리고 가장 많은 분류를 받은 클래스가 최종 클래스로 선정되는 방식으로 이루어진다. 하지만 그림 3-23 의 음영지역 ③과 같이 주어진 기준으로는 분류가 불가능한 영역이 존재할 수 있다.

이진분류 분별기의 수가 K개인 일대다 분류와 달리 일대일 분류는 $K(K-1)/2$의 분류기를 가지므로 K값에 따라 이진분류 분별기의 수가 급속히 증가하는 문제가 있다. 또한 이진분류 분류기의 학습에 훈련데이터 중 일부만이 활용되기 때문에 분산이 커진다는 문제점이 일대일 분류의 한계로 지적되고 있다. 한편, 일대다 분류 접근법은 이진분류 문제로 만들기 위해 통합되는 클래스와 그렇지 않은 클래스 간 표본수의 불균형이 커지는 경우에 학습된 이진분류 분류기의 편향(bias)이 커지는 문제가 발생할 수 있다.

그림 3-22 다중분류: 일대일(one vs. one)

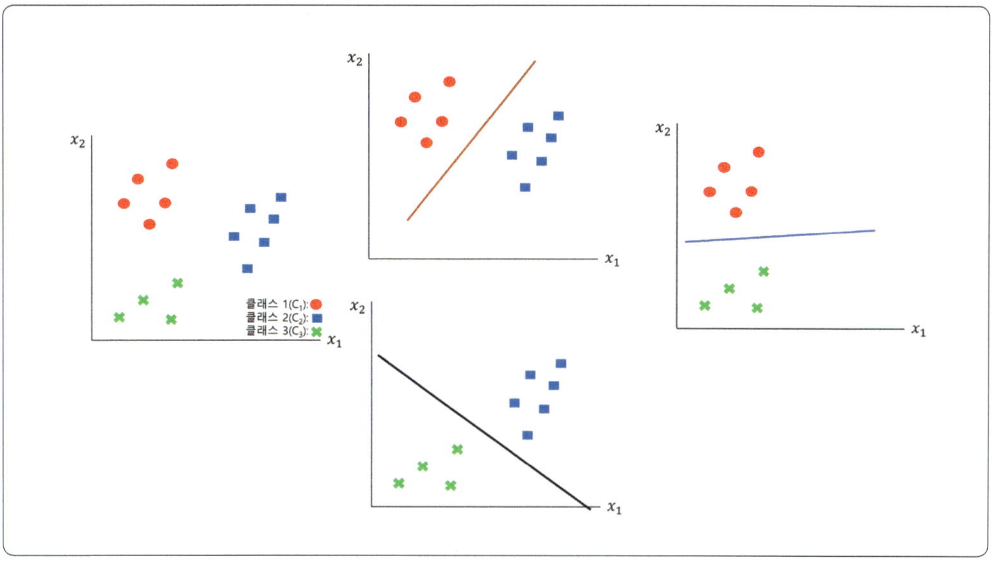

그림 3-23 일대일(one vs. one) 분류

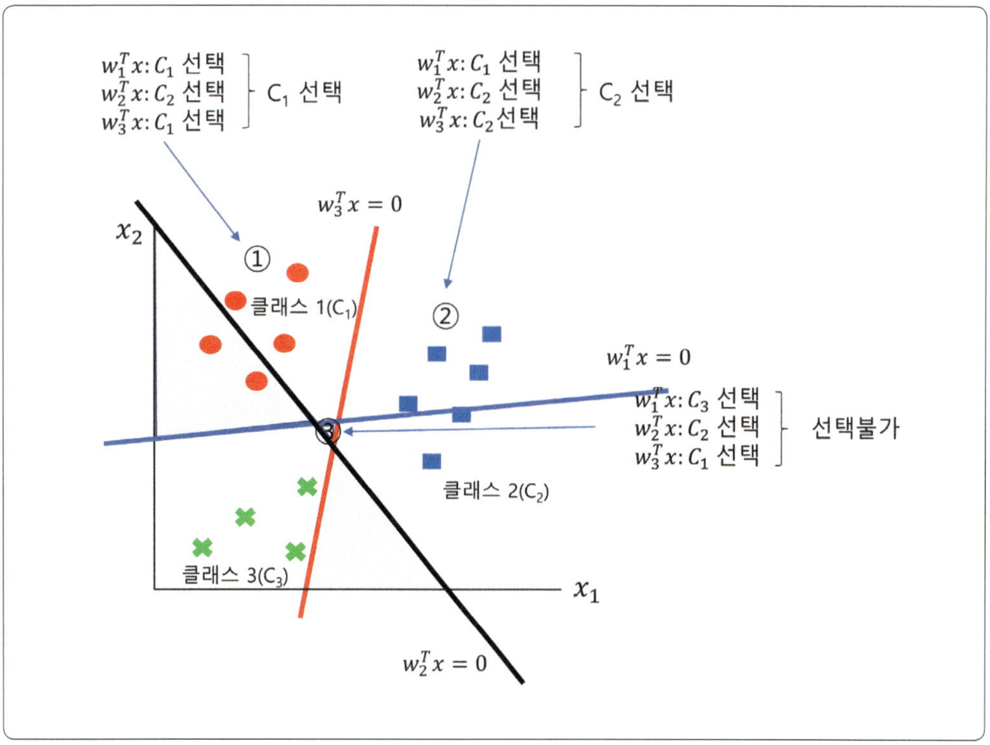

일대다 및 일대일 분류 접근법의 한계 또는 문제점은 다중분류 문제를 이중분류 문제로 해결하려는 데서 그 원인을 찾을 수 있다. 이러한 문제점을 해결하기 위한 방법으로 다항로지스틱(multinomial logistic) 회귀모형을 소개하고자 한다. 다항로지스틱 회귀는 출력변수 y가 클래스 C_k가 될 확률을 이진분류를 통하지 않고 바로 구하는 모형으로 각 클래스 C_k에 대해 소위 소프트맥스(softmax) 함수를 다음과 같이 정의한다.

$$p(C_k \mid x) = \frac{e^{w_k^T x}}{\sum_{k=1}^{K} e^{w_k^T x}}$$

여기서, w_k는 클래스 C_k에 관한 모수이며, 소프트맥스 함수는 클래스 C_k의 사후확률(posterior probability)로 이진분류 로지스틱 모형의 시그모이드 함수와 유사한 역할을 한다. 클래스별로 소프트맥스 함수가 주어지면, 주어진 입력변수 x에 대한 출력(클래스 분류) y는 다음과 같이 사후확률을 가장 크게 하는 클래스로 결정한다. 즉, $y=\text{argmax}_k p(C_k|x)$이다. 그런데, 소프트맥스 함수의 분모는 모두 같고 지수함수는 증가함수이므로 $y=\text{argmax}_k w_k^T x$가 된다.

예를 들어 $K=3$이고 $w_1^T x=30$, $w_2^T x=10$, $w_3^T x=-10$이라고 하면, $y=1$이 되어 클래스 C_1으로 분류가 이루어진다. 만약, 이 값을 소프트맥스 함수에 대입하면, 아래와 같이 확률값의 순서는 $w_k^T x$의 순서와 동일하며 확률을 모두 합산하면 1이 된다.

$$p(C_1 \mid x) = \frac{e^{30}}{e^{30}+e^{10}+e^{-10}} = 0.9999 < 1,$$
$$p(C_2 \mid x) = \frac{e^{10}}{e^{30}+e^{10}+e^{-10}} = 2.06E - 0.9,$$
$$p(C_3 \mid x) = \frac{e^{-10}}{e^{30}+e^{10}+e^{-10}} = 4.25E - 18$$

그리고 $K=2$이면, 아래와 같이 소프트맥스 함수는 바로 이진분류 로지스틱 회귀의 시그모이드 함수가 됨을 확인할 수 있다.

$$p(C_1 \mid x) = \frac{e^{w_1^T x}}{e^{w_1^T x}+e^{w_2^T x}} = \frac{1}{1+e^{-(w_1-w_2)_x^T}} = \frac{1}{1+e^{-w^T x}}$$

소프트맥스 함수의 모수 $w=(w_1, \cdots, w_K)$의 추정은 이진분류와 유사하게 교차엔트로피 함수를 최소화하는 방식으로 이루어진다. 훈련데이터 $D=\{(x^{(i)}, y^{(i)})\}_{i=1}^{N}$가 주어지면 훈련데이터에 대한 로그우도(log-likelihood)는 다음과 같다.

$$log\,P(D) = \sum_{i=1}^{N} log\,p(y^{(i)} \mid x^{(i)})$$

출력데이터 $y^{(i)}$를 클래스별로 구분하기 위해 $y^{(i)}=[y_1^{(i)}, \cdots, y_K^{(i)}]^T$으로 재정의하자. 여기서 $y_k^{(i)}$는 일종의 $1-of-K$ 인코더로 $y_k^{(i)} = \begin{cases} 1, \text{만약 } y^{(i)} = k \\ 0, \text{만약 } y^{(i)} \neq k \end{cases}$이다. 예를 들어, 원래의 $y^{(i)}=2$이면, 재정의된 $y^{(i)}=[0, 1, 0, \cdots, 0]^T$이다. 그러면,

$$\sum_{i=1}^{N} log\,p(y^{(i)} \mid x^{(i)}) = \sum_{i=1}^{N} log \prod_{k=1}^{K} p(C_k \mid x^{(i)})^{y_k^{(i)}} = \sum_{i=1}^{N}\sum_{k=1}^{K} y_k^{(i)}\, log\,p(C_k \mid x^{(i)})$$

다항 로지스틱 모형의 교차엔트로피 목적함수 $L(w)$는 다음과 같다.

$$L(w) = -\sum_{i=1}^{N}\sum_{k=1}^{K} y_k^{(i)}\, log\,p(C_k \mid x^{(i)}) = -\sum_{i=1}^{N}\sum_{k=1}^{K} y_k^{(i)}\, log\left(\frac{e^{w_k^T x^{(i)}}}{\sum_{l=1}^{K} e^{w_l^T x^{(i)}}}\right)$$

목적함수 $L(w)$는 볼록함수이므로 최적화 해법의 국부해는 전역해가 된다.

3. 나이브베이즈 분류(naive Bayes classification)

분류모형은 생성모형(generative model)과 판별모형(discriminative model)으로 나누어진다. 로지스틱 모형은 판별모형으로 그리고 아래에서 소개되는 나이브베이즈는 생성모형으로 구분된다. 판별모형에서는 분류기(또는 결정경계)의 모수를 입력데이터로부터 직접적으로 추정하고 이를 클래스 분류에 이용하는데, 로지스틱 모형에서 추정한 $p(y \mid x;w)$의 모수가 바로 이에 해당한다. 하지만 생성모형에서는 클래스의 분류뿐만 아니라 각 클래스의 분포에 관한 사후확률 (즉, $p(x \mid y)$) 자체를 학습대상으로 하며 여기에 베이즈 법칙(Bayes rule)을 이용한다.

가. 이진분류

스팸메일을 찾아내는 이진분류 문제[1]로 나이브베이즈 모형의 기본 개념을 소개하고자 한다. 스팸메일분류 문제는 다음과 같이 요약된다.

> 출력변수: $y=\{1(\text{스팸}), 0(\text{햄})\}$
> 입력(특성)변수:
> 메일에 포함된 주요 단어의 수 (경품(x_1), 상금(x_2), 사무실(x_3), 이메일(x_4)),
> $x=(x_1, x_2, x_3, x_4)$

임의의 이메일 x에 대해 스팸 또는 햄메일 여부를 확인하는 척도로 확률 $p(\text{스팸}|x)$와 $p(\text{햄}|x)$를 비교하여 $p(\text{스팸}|x)>p(\text{햄}|x)$이면 스팸으로, 그렇지 않으면 햄으로 결정하는 것은 매우 자연스러운 방법이다. 확률 $p(\text{스팸}|x)$와 $p(\text{햄}|x)$은 베이즈규칙에 의해 아래와 같은데 분모는 $p(x)$로 같기 때문에 분자인 $p(x|\text{스팸})p(\text{스팸})$와 $p(x|\text{햄})p(\text{햄})$을 비교하면 된다.

$$p(\text{스팸}|x) = \frac{p(x|\text{스팸})p(\text{스팸})}{p(x)},\ p(\text{햄}|x) = \frac{p(x|\text{햄})p(\text{햄})}{p(x)}$$

나이브베이즈 모형에서 $p(x|\text{스팸})$ 또는 $p(x|\text{햄})$을 보다 간편하게 추정하기 위해 출력변수 y가 주어졌을 때 (특성)입력변수 각각의 발생은 서로 독립이라고 가정한다. 예를 들어, $x=(10, 3, 2, 5)$일 때,

$$\begin{aligned} p(x|\text{스팸}) &= p(x_1=10|\text{스팸})\cdot p(x_2=3|\text{스팸})\cdot p(x_3=2|\text{스팸})\cdot p(x_4=5|\text{스팸}) \\ &= p(\text{경품}|\text{스팸})^{10}\cdot p(\text{상금}|\text{스팸})^{3}\cdot p(\text{사무실}|\text{스팸})^{2}\cdot p(\text{이메일}|\text{스팸})^{5} \end{aligned}$$

위에서 $p(word_i|\text{스팸})$은 스팸에 단어 $word_i$가 포함될 확률을 나타낸다. 앞서 언급한 입력변수 사이의 독립성은 서로 다른 특성변수(단어가 다른) 사이의 독립성뿐만 아니라 동일 단어의 반복적인 출현도 역시 독립임에 유의한다(즉, $p(word_i, word_j|y)=p(word_i|y)\cdot p(word_j|y),\ \forall i, j$).

1) 통상 스팸메일이 아닌 이메일은 햄(ham)메일이라고 부른다.

이 가정으로 모형의 이름에 "나이브(naive)" 용어가 들어가게 되었다.

훈련데이터 $D=\{(x^{(i)}, y^{(i)})\}_{i=1}^{N}$가 주어졌다고 하자. 여기서 $x^{(i)}=(x_1^{(i)}, x_2^{(i)}, x_3^{(i)}, x_4^{(i)})$이다. 그러면, 훈련데이터 D의 우도(likelihood) $P(D)$와 로그우도 $logP(D)$는 다음과 같다.

$$P(D) = \prod_{i=1}^{N} p(y = y^{(i)}) p(x^{(i)} \mid y^{(i)})$$

$$log\, P(D) = log \prod_{i=1}^{N} p(y = y^{(i)}) p(x^{(i)} \mid y^{(i)})$$

조건부 확률의 독립성 가정으로 인해 위 식은 다음과 같이 전개할 수 있다.

$$\begin{aligned}
&log\, P(D) \\
&= log \prod_{i=1}^{N} p(y = y^{(i)}) (p(\text{경품} \mid y^{(i)})^{x_1^{(i)}} \cdot p(\text{상품} \mid y^{(i)})^{x_2^{(i)}} \cdot p(\text{사무실} \mid y^{(i)})^{x_3^{(i)}} \\
&\quad \cdot p(\text{이메일} \mid y^{(i)})^{x_4^{(i)}}) \\
&= \sum_{i=1}^{N} [log\, \underbrace{p(y = y^{(i)})}_{\pi_{y^{(i)}}} + x_1^{(i)} log\, \underbrace{p(\text{경품} \mid y^{(i)})}_{w_{y^{(i)}1}} + x_2^{(i)} log\, \underbrace{p(\text{상품} \mid y^{(i)}]}_{w_{y^{(i)}2}} \\
&\quad + x_3^{(i)} log\, \underbrace{p(\text{사무실} \mid y^{(i)})}_{w_{y^{(i)}3}} + x_4^{(i)} log\, \underbrace{p(\text{이메일} \mid y^{(i)})}_{w_{y^{(i)}4}} \\
&= \sum_{i=1}^{N} \left(log\, \pi_{y^{(i)}} + \sum_{k=1}^{4} x_k^{(i)} log\, w_{y^{(i)}k} \right)
\end{aligned}$$

로그우도의 $logP(D)$가 $\sum_{i=1}^{N} log\, \pi_{y^{(i)}}$항과 $\sum_{i=1}^{N} \sum_{k}^{4} x_k^{(i)} log\, w_{y^{(i)}k}$의 모수(변수)가 서로 분리되어 있으므로 분리하여 추정이 가능하다.

$\sum_{i=1}^{N} log\, \pi_{y^{(i)}} = \left(log\, \pi_{\text{스팸}} \times \sum_{i=1}^{N} 1_{\{y^{(i)}=\text{스팸}\}} \right) + \left(log\, \pi_{\text{햄}} \times \sum_{i=1}^{N} 1_{\{y^{(i)}=\text{햄}\}} \right)$이므로 최우추정량 MLE는

$$\pi^*_{\text{스팸}} = \frac{\sum_{i=1}^{N} 1_{\{y^{(i)}=\text{스팸}\}}}{N} = \frac{\text{훈련데이터에 포함된 스팸메일의 수}}{\text{훈련데이터에 포함된 메일의 수}}$$

$$\pi^*_{\text{햄}} = \frac{\sum_{i=1}^{N} 1_{\{y^{(i)}=\text{햄}\}}}{N} = \frac{\text{훈련데이터에 포함된 햄메일의 수}}{\text{훈련데이터에 포함된 메일의 수}}$$

$\sum_{i=1}^{N}\sum_{k}^{4} x_k^{(i)} \log w_{y^{(i)}k} = \sum_{i=1}^{N}\sum_{k}^{4}\left[x_k^{(i)} 1_{\{y^{(i)}=\text{스팸}\}} \log w_{\text{스팸},k} + x_k^{(i)} 1_{\{y^{(i)}=\text{햄}\}} \log w_{\text{햄},k}\right]$이므로 MLE는

$$w^*_{\text{스팸},k} = \frac{\sum_{i=1}^{N} 1_{\{y^{(i)}=\text{스팸}\}} x_k^{(i)}}{\sum_{i=1}^{N}\sum_{l=1}^{4} 1_{\{y^{(i)}=\text{스팸}\}} x_l^{(i)}} = \frac{\text{스팸메일에 있는 단어 } k\text{의 수}}{\text{스팸메일에 있는 단어의 총수}},\ k=1, 2, 3, 4$$

$$w^*_{\text{햄},k} = \frac{\sum_{i=1}^{N} 1_{\{y^{(i)}=\text{햄}\}} x_k^{(i)}}{\sum_{i=1}^{N}\sum_{l=1}^{4} 1_{\{y^{(i)}=\text{햄}\}} x_l^{(i)}} = \frac{\text{햄메일에 있는 단어 } k\text{의 수}}{\text{햄메일에 있는 단어의 총수}},\ k=1, 2, 3, 4$$

일단, 가중치 $\pi^* = (\pi^*_{\text{스팸}}, \pi^*_{\text{햄}})$과 $w_k^* = (w^*_{\text{스팸},k}, w^*_{\text{햄},k})$, $k=1, 2, 3, 4$이 추정되면, 새로운 입력데이터 $x=(x_1, \cdots, x_4)$에 대한 분류(즉, 출력결과) y^*는 다음과 같이 결정된다.

$$\begin{aligned} y^* &= argmax_{\text{스팸, 햄}}\{p(y=\text{스팸}|x), p(y=\text{햄}|x)\} \\ &= argmax_{\text{스팸, 햄}}\{p(x|\text{스팸})p(y=\text{스팸}), p(x|\text{햄})p(y=\text{햄})\} \\ &= argmax_{\text{스팸, 햄}}\left\{\log\pi_{\text{스팸}} + \sum_{k=1}^{4} x_k \log w_{\text{스팸},k},\ \log\pi_{\text{햄}} + \sum_{k=1}^{4} x_k \log w_{\text{햄},k}\right\} \end{aligned}$$

즉, 스팸 또는 햄메일 중에서 새로운 이메일의 로그우도가 큰 쪽을 선택한다.

표 3-2 에 주어진 훈련데이터로 나이브베이즈 모형을 학습시켜 보자.

먼저 사전확률 $p(y=1)=\pi_{\text{스팸}}=\frac{2}{4}, p(y=0)=\pi_{\text{햄}}=\frac{2}{4}$

그리고,

$$w_{\text{스팸, 경품}} = \frac{5+4}{(5+3+1+1)+(4+2+1+1)} = \frac{9}{18}$$

$$w_{\text{스팸, 상금}} = \frac{3+2}{(5+3+1+1)+(4+2+1+1)} = \frac{5}{18}$$

$$w_{\text{스팸, 사무실}} = \frac{1+1}{(5+3+1+1)+(4+2+1+1)} = \frac{2}{18}$$

$$w_{\text{스팸, 이메일}} = \frac{1+1}{(5+3+1+1)+(4+2+1+1)} = \frac{2}{18}$$

$$w_{\text{햄, 경품}} = \frac{2+1}{(2+1+2+3)+(1+2+3+2)} = \frac{3}{16}$$
$$w_{\text{햄, 상금}} = \frac{1+2}{(2+1+2+3)+(1+2+3+2)} = \frac{3}{16}$$
$$w_{\text{햄, 사무실}} = \frac{2+3}{(2+1+2+3)+(1+2+3+2)} = \frac{5}{16}$$
$$w_{\text{햄, 이메일}} = \frac{3+2}{(2+1+2+3)+(1+2+3+2)} = \frac{5}{16}$$

위에 학습된 모형으로 새로운 메일 $x=(1, 3, 4, 2)$에 대해 스팸 또는 햄인지를 구분해 보자.

$$\begin{aligned} log p(\text{스팸}|x) &\propto log(p(x|\text{스팸})p(\text{스팸})) = log\pi_{\text{스팸}} + \sum_{k=1}^{4} x_k \, log \, w_{\text{스팸}, k} \\ &= log\frac{2}{4} + 1 \cdot log\frac{9}{18} + 3 \cdot log\frac{5}{18} + 4 \cdot log\frac{2}{18} + 2 \cdot log\frac{2}{18} \\ &= log\left(\frac{2}{4}\frac{9}{18}\left(\frac{5}{18}\right)^3\left(\frac{2}{18}\right)^4\left(\frac{2}{18}\right)^2\right) = -7.99 \end{aligned}$$

$$\begin{aligned} log p(\text{햄}|x) &\propto log(p(x|\text{햄})p(\text{햄})) = log\pi_{\text{햄}} + \sum_{k=1}^{4} x_k \, log \, w_{\text{햄}, k} \\ &= log\frac{2}{4} + 1 \cdot log\frac{3}{16} + 3 \cdot log\frac{3}{16} + 4 \cdot log\frac{5}{16} + 2 \cdot log\frac{5}{16} \\ &= log\left(\frac{2}{4}\frac{3}{16}\left(\frac{3}{16}\right)^3\left(\frac{5}{16}\right)^4\left(\frac{2}{16}\right)^2\right) = -6.2399 \end{aligned}$$

$log(p(\text{햄}|x)) > log(p(\text{스팸}|x))$이므로 나이브베이즈 모형에 의한 분류 결과는 햄메일로 분류된다. 따라서 나이브베이즈 이진분류모형의 분류기준은 다음과 같이 쓸 수 있다:

$$\begin{aligned} & log\,\pi_{\text{스팸}} + \sum_{k=1}^{4} x_k \, log \, w_{\text{스팸}, k} - \left(log\,\pi_{\text{햄}} + \sum_{k=1}^{4} x_k \, log \, w_{\text{햄}, k}\right) \\ &= \underbrace{(log\,\pi_{\text{스팸}} - log\,\pi_{\text{햄}})}_{\theta_0} + \sum_{k=1}^{4} x_k \underbrace{(log\,w_{\text{스팸}, k} - log\,w_{\text{햄}, k})}_{\theta_k} \\ &= \theta_0 + \sum_{k=1}^{4} x_k \theta_k \begin{cases} > 0 \rightarrow y = 1(\text{스팸}) \\ < 0 \rightarrow y = 0(\text{햄}) \end{cases} \end{aligned}$$

분류기준 $\theta_0 + \sum_{k=1}^{4} x_k \theta_k$은 특성변수 $\{x_k\}$의 선형 함수가 되므로, 나이브베이즈 모형은 선형분류기가 되며, 결정경계는 $\theta_0 + \sum_{k=1}^{4} x_k \theta_k = 0$이다.

나. 다중분류

메일(또는 문서)을 C개의 클래스 중 하나로 구분하는 다중분류 문제를 생각해 보자. 다중분류 나이브베이즈 모형은 클래스의 수가 증가하는 것을 제외하고 이진모형의 내용이 거의 그대로 적용되기 때문에 관련된 기호와 결과를 중심으로 소개한다. 입력벡터 $X \in R^K$ (즉, 주요 단어의 수가 K개) 그리고 출력벡터 $Y \in \{1, 2, \cdots, C\}$라 하면, X와 Y의 결합확률(joint probability)은 다음과 같다.

$$
\begin{aligned}
& p(X=x, Y=c) = p(Y=c)p(X=x \mid Y=c) \\
& = p(Y=c)\prod_{k=1}^{K} p(word_k \mid Y=c) = \pi_c \prod_{k=1}^{K} w_{ck}^{x_k}
\end{aligned}
$$

위에서 $\pi_c = p(Y=c)$, x_k는 k번째 단어($word_k$)의 수, 그리고 $w_{ck} = p(word_k \mid Y=c)$이다.

훈련데이터 $D = \left\{\left(\{x_k^{(i)}\}_{k=1}^{K}, y^{(i)}\right)\right\}_{i=1}^{N}$에 대해 학습의 목적은 모수 π_c, $(c = 1, \cdots, C)$와 w_{ck}, $(\forall c, k)$을 구하는 것이 되며, 이때 다음의 조건이 만족되어야 한다.

$$
\sum_{c=1}^{C} \pi_c = 1, \sum_{k=1}^{K} w_{ck} = \sum_{k=1}^{K} p(word_k \mid Y=c) = 1, \pi_c, w_{ck} \geq 0, \forall c, k
$$

훈련데이터 D의 로그우도(log likelihood) $log(P(D))$는 다음과 같다.

$$
\begin{aligned}
& log(P(D)) = log\prod_{i=1}^{N} \pi_{y^{(i)}} p(x^{(i)} \mid y^{(i)}) = log\prod_{i=1}^{N}\left(\pi_{y^{(i)}} \prod_{k=1}^{K} w_{y_k^{(i)}}^{x_k^{(i)}}\right) \\
& = \sum_{i=1}^{N}\left(log\,\pi_{y^{(i)}} + \sum_{k=1}^{K} x_k^{(i)} log\, w_{y_k^{(i)}}\right) = \sum_{i=1}^{N} log\,\pi_{y^{(i)}} + \sum_{i,k} x_k^{(i)} log\, w_{y_k^{(i)}}
\end{aligned}
$$

$log(P(D))$의 MLE (π_c^*, w_{ck}^*)은 아래와 같다.

$$\pi_c^* = \frac{\sum_{i=1}^{N} 1_{\{y^{(i)}=c\}}}{N} = \frac{\text{훈련데이터에 포함된 클래스가 } c\text{인 메일의 수}}{\text{훈련데이터에 포함된 메일의 수}}, c = 1, 2, \cdots, C$$

$$w_{ck}^* = \frac{\text{클래스가 } c\text{인 메일에 포함된 } word\ k\text{의 수}}{\text{클래스가 } c\text{인 메일에 포함된 } word\text{의 수}}, k = 1, 2, \cdots, K$$

그리고, 새로운 입력데이터 $x=(x_1, \cdots, x_k)$에 대한 분류(즉, 출력결과) y^*는 다음과 같다.

$$y^* = argmax_c\, p(y = c \mid x) = argmax_c\, p(y = c)p(x \mid y = c)$$
$$= argmax_c[log\, \pi_c + \sum_k x_k\, log\, w_{ck}]$$

표 3-2 에서 주어진 훈련데이터에서 이메일 3과 4에 "상금" 단어가 포함되지 않도록 수정된 데이터를 대상으로(표 3-4 참조) 나이브베이즈 모형을 적용하면 어떤 결과를 가져올까? 아래 훈련데이터를 이용해 위 과정을 반복하면, 아래와 같은 결과를 얻는다.

표 3-4 스팸 분류를 위한 훈련데이터의 예(라플라스 완화)

훈련데이터	경품 $x_1^{(i)}$	상금 $x_2^{(i)}$	사무실 $x_3^{(i)}$	이메일 $x_4^{(i)}$	스팸? $y^{(i)}$
이메일 1	5	3	1	1	Yes(1)
이메일 2	4	2	1	1	Yes(1)
이메일 3	2	0	2	3	No(0)
이메일 4	1	0	3	2	No(0)

$$w_{\text{스팸, 경품}} = \frac{9}{18},\ w_{\text{스팸, 상금}} = \frac{5}{18},\ w_{\text{스팸, 사무실}} = \frac{2}{18},\ w_{\text{스팸, 이메일}} = \frac{2}{18}$$

$$w_{\text{햄, 경품}} = \frac{3}{13},\ w_{\text{햄, 상금}} = \frac{0}{13},\ w_{\text{햄, 사무실}} = \frac{5}{13},\ w_{\text{햄, 이메일}} = \frac{5}{13}$$

$$log(p(\text{스팸}|x)) \propto log(p(x|\text{스팸})p(\text{스팸})) = log\left(\frac{2}{4}\left(\frac{9}{18}\right)^{x_1}\left(\frac{5}{18}\right)^{x_2}\left(\frac{2}{18}\right)^{x_3}\left(\frac{2}{18}\right)^{x_4}\right)$$

$$log(p(\text{햄}|x)) \propto log(p(x|\text{햄})p(\text{햄})) = log\left(\frac{2}{4}\left(\frac{3}{13}\right)^{x_1}\left(\frac{0}{13}\right)^{x_2}\left(\frac{5}{13}\right)^{x_3}\left(\frac{5}{13}\right)^{x_4}\right) = -\infty$$

임의의 새로운 이메일 $x=(x_1, x_2, x_3, x_4)$에 대해 $log(p(x|\text{햄})p(\text{햄})) = -\infty$가 되어 분류 결과는

항상 "스팸"메일이 된다. 이는 클래스가 "햄"인 이메일에서 특성변수 $x_2^{(i)}$("상금")의 값이 모두 0이 되어 발생하는 것으로 특성변수 "상금"을 제거하는 단순한 방법으로 이 문제를 방지할 수는 있지만, 유효한 데이터의 손실이 불가피하다. 이와 같은 데이터 손실을 회피하기 위하여 라플라스 완화(Laplacian smoothing)를 사용하는데, 이는 각 클래스 특성변수(단어) 각각에 가상의 가중값 β을 더해 특성변수값이 0이 되는 경우가 없도록 한다. 가중값 β로는 1 또는 0.5가 많이 이용된다. 위 예제에서 $\beta=1$로 놓으면,

$$w_{\text{햄, 경품}}=\frac{3+1}{13+4},\ w_{\text{햄, 상금}}=\frac{0+1}{13+4},\ w_{\text{햄, 사무실}}=\frac{5+1}{13+4},\ w_{\text{햄, 이메일}}=\frac{5+1}{13+4}$$

일반적으로,

$$w^*_{ck} = \frac{\text{클래스가 } c\text{인 메일에 포함된 } word\ k\text{의 수} + \beta}{\text{클래스가 } c\text{인 메일에 포함된 } word\text{의 수} + \beta \cdot (\text{특성변수의 수})}$$

$$k = 1, 2, \cdots, K$$

다. 연속형 특성변수

앞에서 소개한 모형에서는 입력벡터 $X=(X_1, \cdots, X_K)$의 특성변수 X_k 각각이 이산형(discrete) 값을 가지고 특정 범주에 대한 빈도를 나타내고 있는데, 이러한 모형을 다항분포(multinomial) 나이브베이즈라고 구분하여 부른다. 이와는 달리 특성변수 $X_k(k=1, \cdots, K)$가 연속형인 경우를 가우시안(Gaussian) 나이브베이즈라 부른다. 이렇게 부르는 이유는 다음과 같이 클래스(출력)가 주어진 상태에서 특성변수 X_k의 조건부 확률이 가우시안분포($N(\mu_{kc}, \sigma^2_{kc})$)를 따른다고 가정하기 때문이다.

$$p(X_k = x_k \mid y = c) = N(\mu_{kc}, \sigma^2_{kc}) = \frac{1}{\sqrt{2\pi}\,\sigma_{kc}} e^{-\frac{1}{2}\left(\frac{x_k-\mu_{kc}}{\sigma_{kc}}\right)^2}$$

각 특성변수가 클래스로 조건부화된 가우시안 분포를 따르므로 입력변수 $X=(X_1, \cdots, X_K)$에 대한 조건부 확률은 아래와 같은 다변량정규분포(multivariate normal distribution)를 따른다. 즉,

$p(X|y) \sim N(\mu_c, \Sigma_c)$이며, 여기서 $\mu_c = (\mu_{1c}, \cdots, \mu_{Kc})$, Σ_c는 대각형 공분산행렬로 $[\Sigma_c]_{k,k} = \sigma^2_{kc}$이다. 각 특성변수의 평균과 분산의 추정 과정은 위와 유사하며 추정치는 다음과 같다.

$$\mu_{kc} \longleftarrow \frac{1}{N_c}\sum_{i=1}^{N} I_{\{y^{(i)}=c\}} x_k^{(i)}, \text{ 여기서 } N_c = \sum_{i=1}^{N} I_{\{y^{(i)}=c\}}$$

$$\sigma^2_{kc} \longleftarrow \frac{1}{N}\sum_{i=1}^{N} I_{\{y^{(i)}=c\}} (x_k^{(i)} - \mu_{kc})^2$$

클래스와 특성변수별로 평균과 분산이 추정되면, 새로운 입력 X^{new}에 대한 판별은 다음에 의한다.

$$y^{new} \leftarrow argmax_c\, p(y=c) \prod_k p(X_k^{new} \mid y=c)$$

$$y^{new} \longleftarrow argmax_c\, \pi_c \prod_k N(X_k^{new}; \mu_{kc}, \sigma^2_{kc}), \text{ 여기서, } \pi_c = \frac{N_c}{N}$$

4. 가우시안 판별분석(Gaussian discriminant analysis)

가우시안 판별분석(GDA)은 입력변수가 연속형이고 조건부 확률 $p(x \mid y)$이 다변량정규분포 $N(\mu, \Sigma)$을 따른다는 가정을 가진 생성모형이다. 평균벡터가 $\mu \in R^d$, 공분산행렬(covariance matrix)이 $\Sigma \in R^{d \times d}$인 다변량정규분포의 확률밀도함수(pdf)는 다음과 같다.

$$p(x; \mu, \Sigma) = \frac{1}{(2\pi)^{d/2} |\Sigma|^{1/2}} exp\left(\frac{1}{2}(x-\mu)^T \Sigma^{-1} (x-\mu)\right)$$

여기서 $\mu = [\mu_1, \mu_2, \cdots, \mu_d]^T$, $|\Sigma|$은 Σ의 행렬식(determinant), 그리고

$$\Sigma = Cov(x) = E[(x-\mu)^T (x-\mu)] = \begin{bmatrix} Cov(x_1, x_1)\ Cov(x_1, x_2) \cdots Cov(x_1, x_d) \\ Cov(x_2, x_1)\ Cov(x_2, x_2) \cdots Cov(x_2, x_d) \\ \cdots \quad \cdots \quad \cdots \quad \cdots \\ Cov(x_d, x_1)\ Cov(x_d, x_2) \cdots Cov(x_d, x_d) \end{bmatrix}$$

확률변수 $(x|y=c) \sim N(\mu_c, \Sigma_c)$라고 가정하면 생성모형은 입력변수 x와 출력변수 y의 결합확률 $p(x, y)$을 가장 크게 하는 클래스 y^*를 찾는 모형이다. 베이즈정리에 의해 결합확률 $p(x, y)$은 사전확률 $p(y)$와 조건부확률 $p(x|y)$로 표현된다. 따라서

$$
\begin{aligned}
y^* &= argmax_c\, p(x, y = c) \\
&= argmax_c\, p(y = c)p(x \mid y = c) \\
&= argmax_c \left[log(p(y = c)) + log\, p(x \mid y = c)\right] \\
&= argmax_c \left[log\, \pi_c + log(\sqrt{2\pi})^d p(x \mid y = c)\right] \\
&= argmax_c \left[log\, \pi_c - \frac{1}{2}(x - \mu_c)^T \Sigma^{-1}(x - \mu_c) - \frac{1}{2} log(|\Sigma_c|)\right]
\end{aligned}
$$

여기서 $p(y=c)=\pi_c$이고, $p(x|y=c)$에 상수$(\sqrt{2\pi})^d$을 곱한 것은 식을 단순하게 하기 위한 것으로 y^*에는 영향을 미치지 않는다.

조건부확률 $p(x|y)$이 클래스별로 서로 독립이라고 가정하면, 각 클래스의 평균벡터와 공분산행렬에 대한 *MLE*는 해당 클래스에 속하는 표본들을 이용해 다음과 같이 구할 수 있다.

$$
\begin{aligned}
\pi_c &= \frac{\sum_{i:y^{(i)}=c}^{N} y^{(i)}}{N}, c = 1, \cdots, C \\
\mu_c &= \frac{1}{N_c} \sum_{i:y^{(i)}=c} x^{(i)}, N_c = \sum_{i:y^{(i)}=c}^{N} y^{(i)}, c = 1, \cdots, C \\
\Sigma_c &= \frac{1}{N_c} \sum_{i:y^{(i)}=c} (x^{(i)} - \mu_c)(x^{(i)} - \mu_c)^T
\end{aligned}
$$

만약, 모든 클래스의 공분산행렬이 동일하면 (즉, $\Sigma_c = \Sigma, \forall c$)

$$
\Sigma = \frac{1}{N} \sum_{i=1}^{N} (x^{(i)} - \mu_{y^{(i)}})(x^{(i)} - \mu_{y^{(i)}})^T
$$

그림 3-24 는 두 클래스의 공분산행렬이 동일한 경우(a)와 그렇지 않은 경우(b)를 보여주고 있다. 공분산이 동일하지 않은 GDA를 비선형 결정경계를 가지는 이차 판별분석(QDA,

그림 3-24 공분산에 따른 GDA의 구분

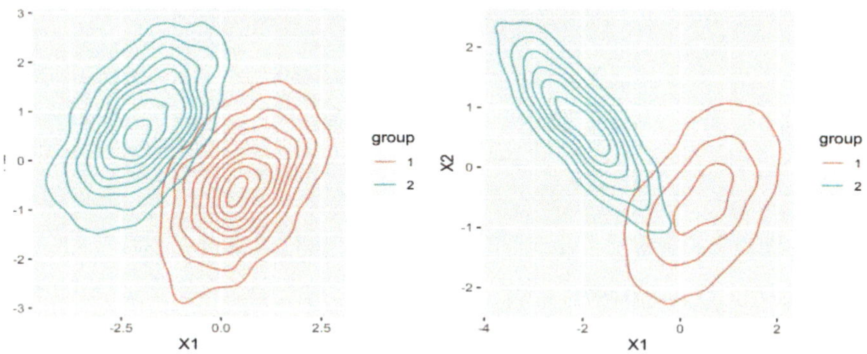

(a) (b)

Quadratic Discriminant Analysis)이라고 구분하여 부른다. 한편, 모든 클래스의 공분산행렬이 동일한 GDA는 선형 결정경계를 가지는 선형 판별분석(LDA, Linear Discriminant Analysis)이라고 한다.

LDA와 로지스틱 회귀모형 간의 관계를 살펴보기 위해 클래스가 2개 ($y=1, 0$)인 경우를 생각해 보자. 또한, $Q_k(x) = log(\sqrt{2\pi})^d p(y=k)p(x \mid y=k)$, $k = 0, 1$라고 하면,

$$
\begin{aligned}
p(y=1 \mid x) &= \frac{p(x \mid y=1)p(y=1)}{p(x \mid y=1)p(y=1) + p(x \mid y=0)p(y=0)} \\
&= \frac{e^{Q_1(x)}}{e^{Q_1(x)} + e^{Q_0(x)}} = \frac{1}{1 + e^{(Q_1(x) - Q_0(x))}}
\end{aligned}
$$

$Q_1(x) - Q_0(x) = -w^T x$을 만족하는 벡터 w에 대해, $p(y=1 \mid x) = \frac{1}{1+e^{(-w^T x)}}$이 된다. 즉, 만약 $p(x|y)$가 다변량정규분포를 따르고 클래스의 공분산행렬이 같으면 사후확률 $p(y|x)$은 로지스틱 회귀함수가 된다. 하지만 그 역은 성립하지 않는데 이는 GDA가 로지스틱 회귀모형에 비해 보다 엄격한 가정을 하고 있음을 의미한다. 일반적으로 $p(x|y)$가 다변량정규분포를 따르면 GDA가 로지스틱 회귀분석보다 우수하다고 할 수 있다. 하지만 이 가정이 성립되지 않는 경우에는 데이터의 특성과 무관하게 로지스틱 회귀모형이 보다 일관성 있는 결과를 내는 것으로 알려져 있다.

아래에서는 LDA와 QDA의 결정경계를 클래스가 2개 ($y=1, 0$)인 경우를 통해 구체적으로 살펴본다. 임의의 입력데이터 x의 클래스는 다음과 같은 기준으로 구분된다.

$$y=\begin{cases}1, & Q_1(x) > Q_0(x)\\ 0, & Q_1(x) < Q_0(x)\\ 1 \text{ 또는 } 0, & Q_1(x) = Q_0(x)\end{cases}$$

결정경계는 세 번째 기준을 만족하는 데이터의 집합, 즉 $\{x \mid Q_1(x) = Q_0(x)\}$이 된다.

$p(x, y)$의 로그우도 $Q_k(x)$를 다음과 같이 정리하자.

$$\begin{aligned}Q_k(x) &= log(\sqrt{2\pi})^d p(y=k)p(x \mid y=k)\\ &=-\frac{1}{2}(x-\mu_k)^T\textstyle\sum_k^{-1}(x-\mu_k)-\frac{1}{2}log(|\textstyle\sum_k|)+log(\pi_k)\\ &=-\frac{1}{2}(x^T\textstyle\sum_k^{-1}x-x^T\textstyle\sum_k^{-1}\mu_k-\mu_k^T\textstyle\sum_k^{-1}x+\mu_k^T\textstyle\sum_k^{-1}u_k)-\frac{1}{2}log(|\textstyle\sum_k|)+log(\pi_k)\end{aligned}$$

우선 두 클래스의 공분산행렬이 같은 경우를 살펴보자. 즉, $\Sigma_1=\Sigma_0=\Sigma$이면,

$$Q_k(x)=-\frac{1}{2}(x^T\Sigma^{-1}x-2\mu_k^T\Sigma^{-1}x+\mu_k^T\Sigma^{-1}u_k)-\frac{1}{2}log(|\Sigma^{-1}|)+log(\pi_k),\ k=1, 0$$

$$\begin{aligned}Q(x)&=Q_1(x)-Q_0(x)=\underbrace{[\Sigma^{-1}(\mu_1-\mu_0)]^T}_{w}x\underbrace{-\frac{1}{2}(\mu_1^T\Sigma^{-1}\mu_1-\mu_0^T\Sigma^{-1}\mu_0)+log\left(\frac{\pi_1}{\pi_0}\right)}_{w_0}\\ &=w^Tx+w_0\end{aligned}$$

즉, $Q(x)=w^Tx+w_0=0$은 선형 결정경계가 되며, 이는 LDA가 된다.

만약 $Q(x)=w^T(x-x_0)$ 형식으로 쓰면,

$$w=\Sigma^{-1}(\mu_1-\mu_0),\ x_0=\frac{\mu_1+\mu_0}{2}-\frac{log\left(\frac{\pi_1}{\pi_0}\right)}{(\mu_1-\mu_0)^T\Sigma^{-1}(\mu_1-\mu_0)}(\mu_1-\mu_0)$$

그림 3-25 LDA 결정경계: 공분산이 0인 경우

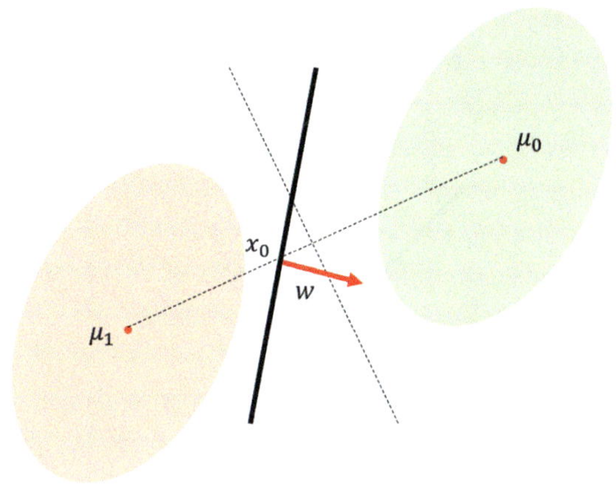

만약 특성변수들의 분산은 같고 공분산이 0이면(즉, $\Sigma = \sigma^2 I$) $Q(x)$는 아래와 같다.

$$
\begin{aligned}
Q(x) &= \frac{(\mu_1 - \mu_0)^T}{\sigma^2}x - \frac{1}{2\sigma^2}(\mu_1^T\mu_1 - \mu_0^T\mu_0) + log\left(\frac{\pi_1}{\pi_0}\right) \\
&= \frac{(\mu_1 - \mu_0)^T}{\sigma^2}x - \frac{1}{2\sigma^2}(\|\mu_1\|^2 - \|\mu_0\|^2) + log\left(\frac{\pi_1}{\pi_0}\right) \\
&= \underbrace{\frac{(\mu_1 - \mu_0)^T}{\sigma}}_{w}x \underbrace{- \frac{1}{2\sigma^2}(\|\mu_1\|^2 - \|\mu_0\|^2) + log\left(\frac{\pi_1}{\pi_0}\right)}_{w_0} = w^T x + w_0
\end{aligned}
$$

$Q(x) = w^T(x - x_0)$ 형식으로 달리 표현하면,

$$
w = \frac{\mu_1 - \mu_0}{\sigma^2},\ x_0 = \frac{\mu_1 + \mu_0}{2} - \frac{\sigma^2}{\|\mu_1 - \mu_0\|^2} log\left(\frac{\pi_1}{\pi_0}\right)(\mu_1 - \mu_0)
$$

그림 3-26 LDA 결정경계: 공분산이 0이고 사전확률이 동일한 경우

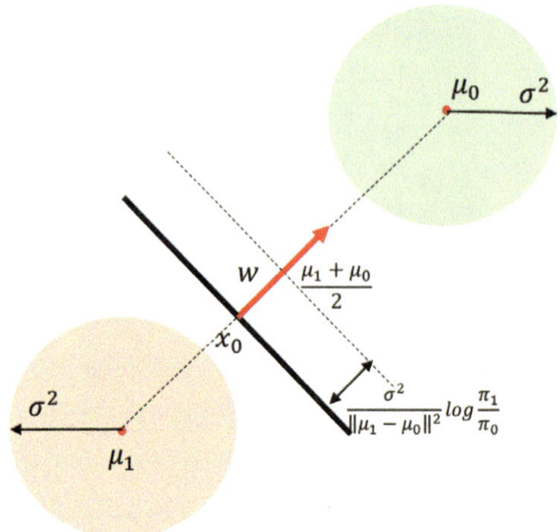

만약, $\Sigma = \sigma^2 I$이고 두 클래스의 사전확률까지도 같으면(즉, $\pi_1=\pi_0$), $log\left(\frac{\pi_1}{\pi_0}\right) = 0$가 되므로, $x_0 = \frac{\mu_1+\mu_0}{2}$이 된다. 즉, 결정경계는 μ_1과 μ_0로부터 동일한 거리에 있는 점들로 이루어지며 이는 μ_1과 μ_0을 연결하는 세그먼트(segment)에 수직을 이룬다.

$\Sigma_1 \neq \Sigma_0$인 경우를 살펴보기 위해 $Q_k(x)$를 아래와 같이 표현해 보자.

$$Q_k(x) = \underbrace{-\frac{1}{2}x^T\Sigma_k^{-1}x}_{\frac{1}{2}x^TW_kx} + \underbrace{\mu_k^T\Sigma_k^{-1}x}_{w_k^Tx} \underbrace{-\frac{1}{2}\mu_k^T\Sigma_k^{-1}u_k - \frac{1}{2}log(|\Sigma_k|) + log(\pi_k)}_{w_{i0}}$$

$$= \frac{1}{2}x^TW_kx + w^Tx + w_{i0}$$

그러면,

$$Q(x) = \frac{1}{2}x^T(W_1 - W_0)x + (w_1 - w_0)^Tx + (w_{10} - w_{00})$$

만약 $\Sigma_1 \neq \Sigma_0$이면 $Q(x)$에서 이차항(quadratic term) $x^T(W_1 - W_0)x$이 소거되지 않고 남아있어 비선형 결정경계가 되며 이 경우는 QDA에 해당한다.

아래에서는 예제를 통해 위에서 설명한 내용을 확인해 본다. 특성변수의 수가 2($d=2$)이고 클래스가 2개 ($y=1, 0$)인 훈련데이터가 아래와 같이 주어졌다고 가정하자. 훈련데이터에 속한 표본의 수는 4개이다($N=4$).

클래스 1의 표본 $x = \{(x_1^{(i)}, x_2^{(i)})^T\}_{i=1}^4 = \{(1, 2)^T, (3, 1)^T, (5, 2)^T, (3, 3)^T\}$
클래스 0의 표본 $x = \{(x_1^{(i)}, x_2^{(i)})^T\}_{i=1}^4 = \{(6, 6)^T, (8, 5)^T, (10, 6)^T, (8, 7)^T\}$

클래스 k의 평균벡터 μ_k는 다음과 같다($k=1, 0$).

$$\mu_k = \frac{1}{N_k}\sum_{i:y^{(i)}=k} x^{(i)} \rightarrow \mu_1 = \frac{1}{4}\begin{pmatrix}1+3+5+3\\2+1+2+3\end{pmatrix} = \begin{pmatrix}3\\2\end{pmatrix},\ \mu_0 = \frac{1}{4}\begin{pmatrix}6+8+10+8\\6+5+6+7\end{pmatrix} = \begin{pmatrix}8\\6\end{pmatrix}$$

그리고 클래스 k의 공분산행렬 Σ_k는 다음과 같다($k=1, 0$).

$$\Sigma_k = \frac{1}{N_k}\sum_{i:y^{(i)}=k}(x^{(i)}-\mu_k)(x^{(i)}-\mu_k)^T$$

$$\begin{aligned}\Sigma_1 &= \frac{1}{4}\left(\left(\begin{pmatrix}1\\2\end{pmatrix}-\begin{pmatrix}3\\2\end{pmatrix}\right)\left(\begin{pmatrix}1\\2\end{pmatrix}-\begin{pmatrix}3\\2\end{pmatrix}\right)^T+\left(\begin{pmatrix}3\\1\end{pmatrix}-\begin{pmatrix}3\\2\end{pmatrix}\right)\left(\begin{pmatrix}3\\1\end{pmatrix}-\begin{pmatrix}3\\2\end{pmatrix}\right)^T\right.\\&\quad\left.+\left(\begin{pmatrix}5\\2\end{pmatrix}-\begin{pmatrix}3\\2\end{pmatrix}\right)\left(\begin{pmatrix}5\\2\end{pmatrix}-\begin{pmatrix}3\\2\end{pmatrix}\right)^T+\left(\begin{pmatrix}3\\3\end{pmatrix}-\begin{pmatrix}3\\2\end{pmatrix}\right)\left(\begin{pmatrix}3\\3\end{pmatrix}-\begin{pmatrix}3\\2\end{pmatrix}\right)^T\right)\\&= \frac{1}{4}\left\{\begin{pmatrix}4&0\\0&0\end{pmatrix}+\begin{pmatrix}0&0\\0&1\end{pmatrix}+\begin{pmatrix}4&0\\0&0\end{pmatrix}+\begin{pmatrix}0&0\\0&1\end{pmatrix}\right\} = \frac{1}{4}\begin{pmatrix}8&0\\0&2\end{pmatrix} = \begin{pmatrix}2&0\\0&\frac{1}{2}\end{pmatrix}\end{aligned}$$

$$\begin{aligned}\Sigma_0 &= \frac{1}{4}\left(\left(\begin{pmatrix}6\\6\end{pmatrix}-\begin{pmatrix}8\\6\end{pmatrix}\right)\left(\begin{pmatrix}6\\6\end{pmatrix}-\begin{pmatrix}8\\6\end{pmatrix}\right)^T+\left(\begin{pmatrix}8\\5\end{pmatrix}-\begin{pmatrix}8\\6\end{pmatrix}\right)\left(\begin{pmatrix}8\\5\end{pmatrix}-\begin{pmatrix}8\\6\end{pmatrix}\right)^T\right.\\&\quad\left.+\left(\begin{pmatrix}10\\6\end{pmatrix}-\begin{pmatrix}8\\6\end{pmatrix}\right)+\left(\begin{pmatrix}10\\6\end{pmatrix}-\begin{pmatrix}8\\6\end{pmatrix}\right)^T+\left(\begin{pmatrix}8\\7\end{pmatrix}-\begin{pmatrix}8\\6\end{pmatrix}\right)\left(\begin{pmatrix}8\\7\end{pmatrix}-\begin{pmatrix}8\\6\end{pmatrix}\right)^T\right)\\&= \frac{1}{4}\left\{\begin{pmatrix}4&0\\0&0\end{pmatrix}+\begin{pmatrix}0&0\\0&1\end{pmatrix}+\begin{pmatrix}4&0\\0&0\end{pmatrix}+\begin{pmatrix}0&0\\0&1\end{pmatrix}\right\} = \frac{1}{4}\begin{pmatrix}8&0\\0&2\end{pmatrix} = \begin{pmatrix}2&0\\0&\frac{1}{2}\end{pmatrix}\end{aligned}$$

이는 $\Sigma_1 = \Sigma_0$인 경우로, 결정경계 $Q(x)=0$는 다음과 같다.

5. 분류모형 예제 1 : 붓꽃 분류

본문에서도 예로 들고 있는 붓꽃의 꽃잎(petal)의 넓이와 길이, 꽃받침(sepal)의 넓이와 길이로 꽃 종류를 알아 맞히는 분류 문제를 대상으로 각종 분류 모형의 특성과 파이썬을 이용한 구현방법 등을 설명한다.

```
import numpy as np
import pandas as pd
import seaborn as sns
import matplotlib.pyplot as plt
from sklearn.linear_model import LogisticRegression
from sklearn.model_selection import train_test_split
from sklearn.neighbors import KNeighborsClassifier
from sklearn import svm, datasets, metrics
from sklearn.tree import DecisionTreeClassifier
from subprocess import check_output
from sklearn.discriminant_analysis import QuadraticDiscriminantAnalysis, \
  LinearDiscriminantAnalysis
from sklearn.metrics import confusion_matrix
from sklearn.metrics import ConfusionMatrixDisplay
from sklearn.naive_bayes import GaussianNB
```

붓꽃 데이터는 sklearn 패키지에서 직접 다운로드 받을 수 있는 함수(load_iris())를 제공한다. 다운로드한 데이터의 형식은 'Bunch'이고 .data, .target 등으로 세부 데이터에 접근할 수 있다.

```
data= datasets.load_iris()
print(type(data))
print(data.data[:5])
print(data.target[0:5])
print(data.target_names)
print(data.feature_names)
```

```
<class 'sklearn.utils.Bunch'>
[[5.1 3.5 1.4 0.2]
 [4.9 3.  1.4 0.2]
 [4.7 3.2 1.3 0.2]
 [4.6 3.1 1.5 0.2]
 [5.  3.6 1.4 0.2]]
[0 0 0 0 0]
['setosa' 'versicolor' 'virginica']
['sepal length (cm)', 'sepal width (cm)', 'petal length (cm)', 'petal width (cm)']
```

다운로드한 데이터세트를 DataFrame 포맷으로 변환하고 각 특성변수의 이름을 적당하게 변경하였다.

```
iris = pd.DataFrame(data.data)
iris.columns =  ['Sepal_L','Sepal_W', 'Petal_L','Petal_W']
iris['Species'] = pd.DataFrame(data.target)
iris.info()
```

```
<class 'pandas.core.frame.DataFrame'>
RangeIndex: 150 entries, 0 to 149
Data columns (total 5 columns):
 #   Column   Non-Null Count  Dtype
---  ------   --------------  -----
 0   Sepal_L  150 non-null    float64
 1   Sepal_W  150 non-null    float64
 2   Petal_L  150 non-null    float64
 3   Petal_W  150 non-null    float64
 4   Species  150 non-null    int64
dtypes: float64(4), int64(1)
memory usage: 6.0 KB
```

```
iris.head()
```

	Sepal_L	Sepal_W	Petal_L	Petal_W	Species
0	5.1	3.5	1.4	0.2	0
1	4.9	3.0	1.4	0.2	0
2	4.7	3.2	1.3	0.2	0
3	4.6	3.1	1.5	0.2	0
4	5.0	3.6	1.4	0.2	0

붓꽃의 데이터 분석

산포도

데이터의 특성을 분석하기 위하여 먼저 꽃받침의 넓이 및 길이에 대한 산포도를 그려 보았다. 꽃받침의 넓이나 길이로 'setosa'를 구분짓는 경계선은 획정할 수 있지만 나머지 두 종류는 경계선을 획정하는 것이 어려워 보인다.

```
fig = iris[iris.Species==0].plot(kind='scatter',x='Sepal_L',y='Sepal_W',\
                                   color='orange', label='setosa')
iris[iris.Species==1 ].plot(kind='scatter',x='Sepal_L',y='Sepal_W',color='blue', \
                             label='versicolor',ax=fig)
iris[iris.Species==2].plot(kind='scatter',x='Sepal_L',y='Sepal_W',color='green', \
                            label='virginica', ax=fig)
fig.set_xlabel("Sepal Length")
fig.set_ylabel("Sepal Width")
fig.set_title("Sepal Length VS Width")
fig=plt.gcf()
fig.set_size_inches(8,5)
plt.show()
```

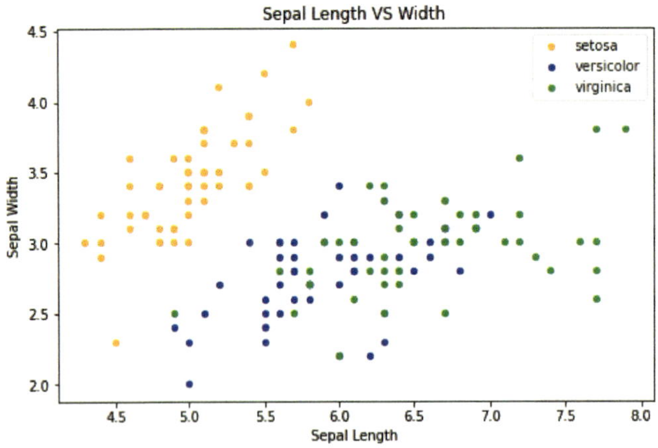

아래 그림은 꽃잎의 넓이와 길이를 기준으로 그린 산포도이다. 꽃받침을 기준으로 종류를 구분하기 어려웠지만 꽃잎을 기준으로 넓이와 길이가 적은 것이 setosa, 중간쯤이 versicolor, 상대적으로 제일 큰 쪽이 virginica로 분류되고 있는 것을 확인할 수 있다. 또한, 꽃잎의 넓이와 길이는 비례 관계임을 알 수 있다.

```
fig = iris[iris.Species==0].plot.scatter(x='Petal_L',y='Petal_W',color='orange', \
                                          label='Setosa')
iris[iris.Species==1].plot.scatter(x='Petal_L',y='Petal_W',color='blue',\
                                    label='versicolor',ax=fig)
iris[iris.Species==2].plot.scatter(x='Petal_L',y='Petal_W',color='green', \
                                    label='virginica', ax=fig)
fig.set_xlabel("Petal Length")
fig.set_ylabel("Petal Width")
fig.set_title(" Petal Length VS Width")
fig=plt.gcf()
fig.set_size_inches(8,5)
plt.show()
```

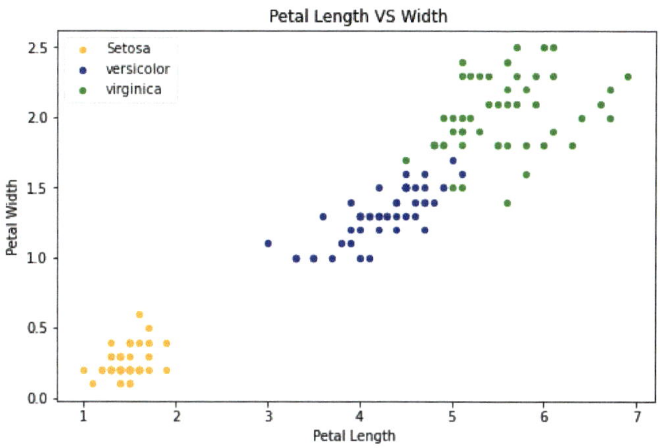

히스토그램

꽃받침 및 꽃잎의 넓이와 길이의 분포를 나타내고 있다. 꽃받침의 길이 및 넓이 분포는 정규분포에 가깝지만, 꽃잎의 길이와 넓이의 분포는 2개 내지 3개의 영역으로 구분할 수 있을 정도로 분산되어 있다.

```
iris.hist(edgecolor='black', linewidth=1.2)
fig=plt.gcf()
fig.set_size_inches(12,7)
plt.show()
```

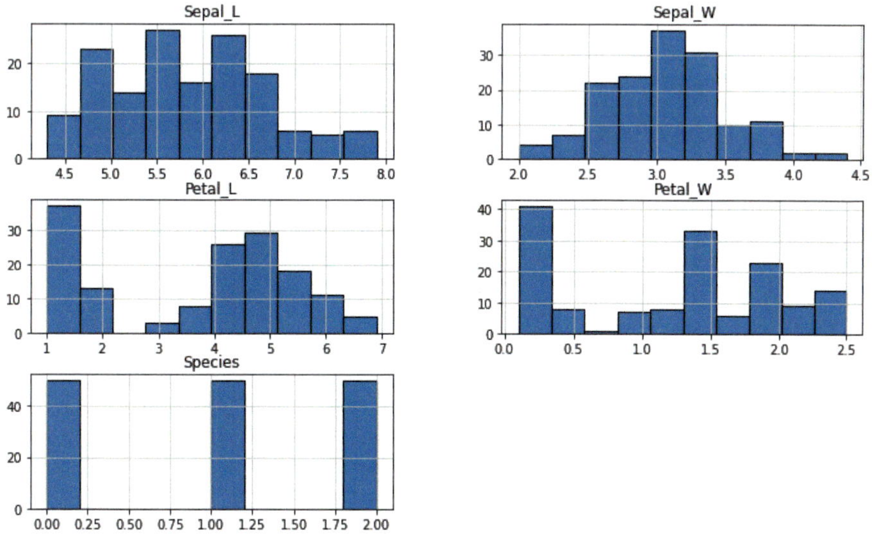

붓꽃 종류별 특성

아래 그림은 붓꽃 종류별 꽃잎의 길이와 넓이, 꽃받침의 길이와 넓이의 분포를 그린 것이다. 종류별로 꽃잎의 길이와 넓이는 확실하게 다르다는 것을 확인할 수 있지만 꽃받침의 길이와 넓이는 서로 겹치는 부분이 많다.

```
plt.figure(figsize=(12,8))
plt.subplot(2,2,1)
sns.violinplot(x='Species',y='Petal_L',data=iris)
plt.subplot(2,2,2)
sns.violinplot(x='Species',y='Petal_W',data=iris)
plt.subplot(2,2,3)
sns.violinplot(x='Species',y='Sepal_L',data=iris)
plt.subplot(2,2,4)
sns.violinplot(x='Species',y='Sepal_W',data=iris)
```

```
<matplotlib.axes._subplots.AxesSubplot at 0x7f8a5a0b1d50>
```

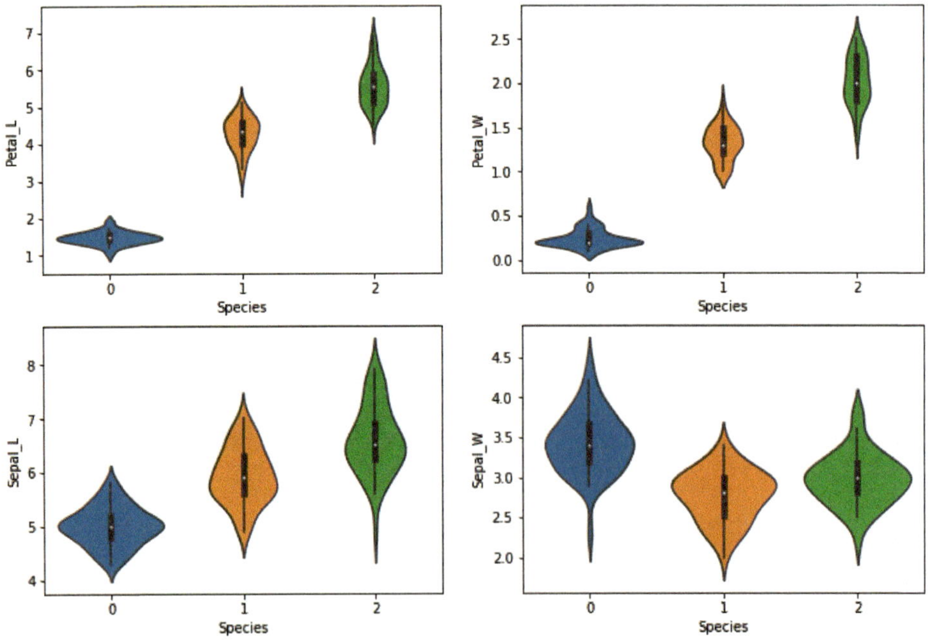

특성변수 간 상관관계

아래 그림은 특성변수 간의 상관관계를 나타낸다. 그림에서 알 수 있듯이 꽃잎의 길이와 넓이 변수 사이에는 매우 높은 양의 상관관계가 있으며 꽃잎의 길이와 꽃받침의 길이 사이에도 높은 양의 상관관계가 있다. 반면 꽃받침의 길이와 넓이 간에는 상관관계가 거의 없음을 알 수 있다.

```
plt.figure(figsize=(7,4))
sns.heatmap(iris.corr(),annot=True,cmap='Wistia')
plt.show()
```

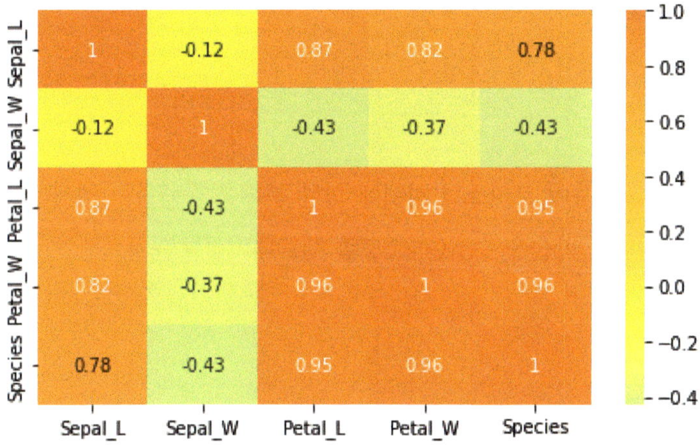

데이터 분할

테스트 크기를 30%로 설정하여 총 150개의 데이터를 105개의 훈련데이터와 45개의 테스트데이터로 분할한다.

```
np.random.seed(99)
train, test = train_test_split(iris, test_size = 0.3)
train.head()
```

	Sepal_L	Sepal_W	Petal_L	Petal_W	Species
10	5.4	3.7	1.5	0.2	0
25	5.0	3.0	1.6	0.2	0
13	4.3	3.0	1.1	0.1	0
131	7.9	3.8	6.4	2.0	2
65	6.7	3.1	4.4	1.4	1

```
X_train = train.drop(columns=["Species"])
y_train = train.Species
X_test = test.drop(columns=["Species"])
y_test = test.Species
```

로지스틱 회귀에 의한 분류

LogisticRegression() 생성자를 통하여 로지스틱 회귀에 의한 분류를 수행하는 객체를 생성하고 이 객체의 fit() 함수를 통하여 학습을 수행한다. 또한 샘플데이터를 분류하는 함수는 predict() 함수이다.

```
model_lr = LogisticRegression()
model_lr.fit(X_train,y_train)
prediction=model_lr.predict(X_test)
print('The accuracy of the Logistic Regression is',metrics.accuracy_score(prediction,y_test))
cm = confusion_matrix(y_test, prediction, labels=model_lr.classes_)
disp = ConfusionMatrixDisplay(confusion_matrix=cm,\
                              display_labels=["setosa","versicolor", "virginica"])
disp.plot()
plt.show()
```

```
The accuracy of the Logistic Regression is 0.9555555555555556
```

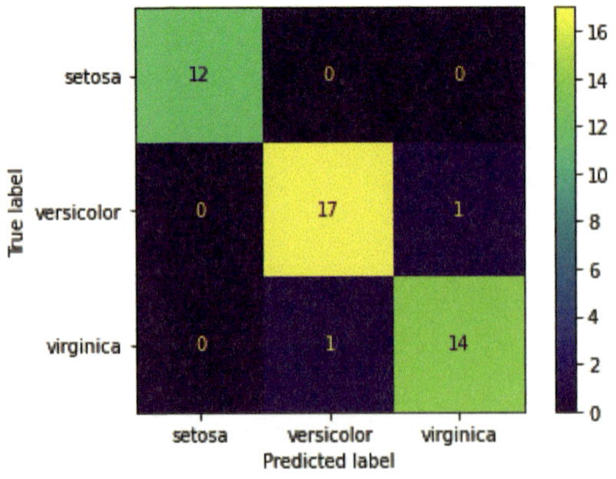

로지스틱 회귀분류기를 사용할 때 모수 C는 오류에 대한 허용정도를 나타낸다.

```
model_lr.get_params()
```

```
{'C': 1.0,
 'class_weight': None,
 'dual': False,
 'fit_intercept': True,
 'intercept_scaling': 1,
 'l1_ratio': None,
 'max_iter': 100,
 'multi_class': 'auto',
 'n_jobs': None,
 'penalty': 'l2',
 'random_state': None,
 'solver': 'lbfgs',
 'tol': 0.0001,
 'verbose': 0,
 'warm_start': False}
```

혼잡행렬(confusion matrix)의 오류 부분을 보면 virginica를 versicolor로 오분류하는 것이 전부이다. 실제로 꽃잎의 길이 및 넓이 분포를 보면 virginica와 versicolor는 약간 중복되는 부분이 있으며 꽃받침의 길이 및 넓이 분포로도 구분하기 어려움을 알 수 있다.

모형의 결과로 클래스 개수(본 예제에서는 3개)에 해당하는 결정평면을 생성하는데, 결정평면식의 계수와 절편(본문에서의 w^T와 w_0에 각각 해당한다)은 coef_ 와 intercept_ 속성에 저장된다.

```
model_lr.coef_
```

```
array([[-0.33381577,  0.87542212, -2.30047951, -0.99679721],
       [ 0.37929337, -0.32965464, -0.13939309, -0.75822444],
       [-0.0454776 , -0.54576747,  2.4398726 ,  1.75502165]])
```

```
model_lr.intercept_
```

```
array([  8.67811784,   2.40913579, -11.08725364])
```

아래와 같이 (coef_, intercept_) 짝은 하나의 경계평면을 만든다. Sepal_L, Sepal_W, Petal_L,

Petal_W를 각각 x_0, x_1, x_2, x_3이라 할 때 결정경계식은 다음과 같다.

$$-0.33381577x_0 + 0.87542212x_1 - 2.30047951x_2 - 0.99679721x_3 + 8.67811784 = 0$$
$$0.37929337x_0 - 0.32965464x_1 - 0.13939309x_2 - 0.75822444x_3 + 2.40913579 = 0$$
$$-0.0454776x_0 - 0.54576747x_1 + 2.4398726x_2 + 1.75502165x_3 - 11.08725364 = 0$$

$w^T x^{(i)} + b$는 decision_function()의 결과와 같다는 것을 확인할 수 있다.

```
model_lr.coef_.dot(np.array(X_test)[0]) + model_lr.intercept_
```

```
array([-5.42726589,  1.65933665,  3.76792924])
```

decision_function() 함수는 입력으로 주어진 데이터세트의 신뢰점수(confidence score)를 계산한다. 신뢰점수는 결정평면까지의 거리에 비례하고 predict() 함수는 이 신뢰점수를 바탕으로 분류의 결과값을 출력한다.

```
model_lr.decision_function(X_test.head(1))
```

```
array([[-5.42726589,  1.65933665,  3.76792924]])
```

```
model_lr.predict(X_test.head(1))
```

```
array([2])
```

나이브베이즈 분류

GaussianNB() 생성자를 통하여 나이브베이즈 분류를 수행하는 객체를 생성하고 이 객체의 fit() 함수를 통하여 학습을 수행한다. 또한 샘플데이터를 분류하는 함수는 predict()이다.

```
model_gnb = GaussianNB()
model_gnb.fit(X_train,y_train)
prediction=model_gnb.predict(X_test)
print('The accuracy of the GaussinaNB is:',metrics.accuracy_score(prediction,y_test))
cm = confusion_matrix(y_test, prediction, labels=model_gnb.classes_)
disp = ConfusionMatrixDisplay(confusion_matrix=cm,\
                              display_labels=["setosa","versicolor", "virginica"])
disp.plot()
plt.show()
```

```
The accuracy of the GaussinaNB is: 0.9555555555555556
```

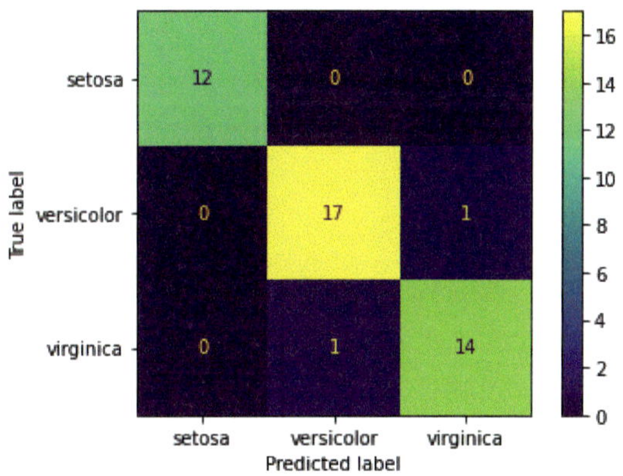

아래와 같이 나이브베이즈 분류기에 사용되는 파라미터는 두 개가 있다. 'priors'는 클래스별 사전확률로서 값을 설정하지 않으면 샘플데이터로부터 계산한다. 각 특성변수의 분산은 기본적으로 훈련데이터세트에서 계산된다. 'var_smoothing'은 분산 계산의 안정성을 위해서 사용자가 추가로 입력하는 값으로 곡선을 넓히고(또는 "부드럽게 하고") 평균에서 멀리 떨어진 더 많은 표본을 설명하기 위한 것이다. 이 파라미터는 가우시안 나이브베이즈 분류에서만 사용된다.

```
model_gnb.get_params()
```

```
{'priors': None, 'var_smoothing': 1e-09}
```

가우시안 나이브베이즈 분류기는 학습의 결과물로 다음과 같은 속성값들을 생성한다. 먼저, .class_prior_에는 샘플에서 각 클래스가 차지하는 비율을 나타내어 본문에서의 π_{setosa}, $\pi_{versicolor}$, $\pi_{virginica}$ 변수에 해당한다. 그리고 .theta_과 .var_에는 각 클래스별 특성변수들의 평균과 분산값(공분산행렬)이 저장된다. 따라서, 클래스가 'setosa'일 때, 첫 번째 특성변수(x_0)인 'Sepal_L'의 조건확률분포는 평균이 5.02368421, 분산이 0.12391275인 분포를 따른다. 즉,

$$P(x_0|y_0='setosa') \sim N(5.02368421, 0.12391275)$$

```
model_gnb.class_prior_
```

```
array([0.36190476, 0.3047619 , 0.33333333])
```

```
model_gnb.theta_
```

```
array([[5.02368421, 3.41578947, 1.45263158, 0.23947368],
       [5.90625   , 2.775     , 4.24375   , 1.325     ],
       [6.52571429, 2.95714286, 5.52285714, 2.03714286]])
```

```
model_gnb.var_
```

```
array([[0.12391275, 0.13501385, 0.03038781, 0.00870499],
       [0.31808594, 0.110625  , 0.27246094, 0.03875   ],
       [0.34476735, 0.1047347 , 0.26690613, 0.08862041]])
```

가우시안 분별분석(GDA, Gaussian Discriminant Analysis)

선형 판별분석 (LDA, Linear Discriminant Analysis)

GDA의 일종인 LDA는 특성변수들이 정규분포를 따르고, 특성변수들 간의 공분산이 클래스에 관계없이 동일한 것으로 가정하여 선형분류기에 속한다. 다른 분류기와 마찬가지로 LinearDiscriminantAnalysis() 생성자를 통하여 선형 판별분석에 의한 분류를 수행하는 객체를 생성하고 이 객체의 fit() 함수를 통하여 학습을 수행한다. 또한 샘플데이터를 분류하는 함수는 predict() 함수이다.

```
model_lda = LinearDiscriminantAnalysis(store_covariance=True)
model_lda.fit(X_train,y_train)
prediction=model_lda.predict(X_test)
print('The accuracy of the LDA is:',metrics.accuracy_score(prediction,y_test))
cm = confusion_matrix(y_test, prediction, labels=model_lda.classes_)
disp = ConfusionMatrixDisplay(confusion_matrix=cm,\
                              display_labels=["setosa","versicolor", "virginica"])
disp.plot()
plt.show()
```

```
The accuracy of the LDA is: 0.9777777777777777
```

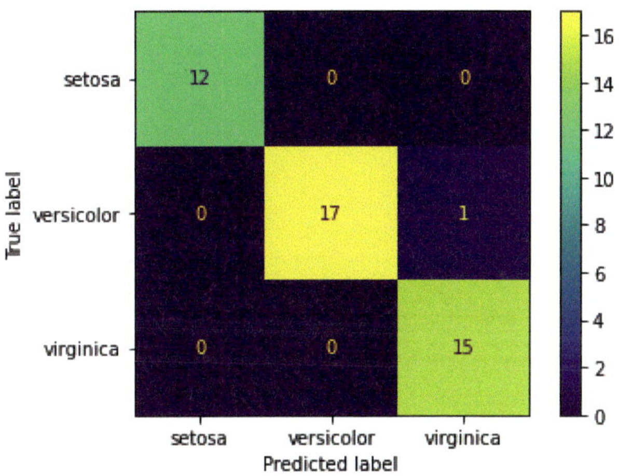

LDA를 사용할 때 주어지는 파라미터는 다음과 같다. 'store_covariance'를 'True'로 설정해야만 결과물로 .convariance_를 생성한다. 'n_components'는 PCA와 마찬가지로 차원을 축소하는 용도로 활용되는데 뒤에서 사용 예를 들어보고자 한다.

```
model_lda.get_params()
```

```
{'covariance_estimator': None,
 'n_components': None,
 'priors': None,
 'shrinkage': None,
 'solver': 'svd',
 'store_covariance': True,
 'tol': 0.0001}
```

.coef_ 와 .intercept_는 학습의 결과로 구한 선형 결정경계를 정의하는 것으로 본문에서의 w^T와 w_0에 해당한다.

```
model_lda.coef_
```

```
array([[  6.51503168,  10.36696118, -16.69147309, -17.47961201],
       [ -1.96101068,  -4.24398136,   5.45784661,   2.94974279],
       [ -5.28053892,  -7.37534632,  13.1321396 ,  16.28095677]])
```

```
model_lda.intercept_
```

```
array([-14.87656144,  -2.56656672, -32.75473598])
```

.means_와 .covariance_는 학습데이터로 구한 특성변수들의 평균과 공분산을 구한 것으로 본문에 나오는 μ_k와 Σ에 대한 추정값인 $\hat{\mu}_k$와 $\hat{\Sigma}$에 해당한다

```
model_lda.means_
```

```
array([[5.02368421, 3.41578947, 1.45263158, 0.23947368],
       [5.90625   , 2.775     , 4.24375   , 1.325     ],
       [6.52571429, 2.95714286, 5.52285714, 2.03714286]])
```

```
model_lda.covariance_
```

```
array([[0.25670754, 0.09161296, 0.16403153, 0.03615281],
       [0.09161296, 0.11748801, 0.0548353 , 0.03211457],
       [0.16403153, 0.0548353 , 0.18300192, 0.04158417],
       [0.03615281, 0.03211457, 0.04158417, 0.04450004]])
```

이차 판별분석(QDA, Quadratic Discriminant Analysis)

GDA의 일종인 QDA는 특성변수들이 정규분포를 따르고, 특성변수들 간의 공분산이 클래스에 따라 다른 것으로 가정하여 비선형분류기에 속한다. 이차 판별분석 분류기의 생성자는 QuadraticDiscriminantAnalysis()이다.

```
model_qda = QuadraticDiscriminantAnalysis(store_covariance=True)
model_qda.fit(X_train,y_train)
prediction=model_qda.predict(X_test)
print('The accuracy of the QDA is:',metrics.accuracy_score(prediction,y_test))
cm = confusion_matrix(y_test, prediction, labels=model_qda.classes_)
disp = ConfusionMatrixDisplay(confusion_matrix=cm,\
                              display_labels=["setosa","versicolor", "virginica"])
disp.plot()
plt.show()
```

```
The accuracy of the QDA is: 0.9777777777777777
```

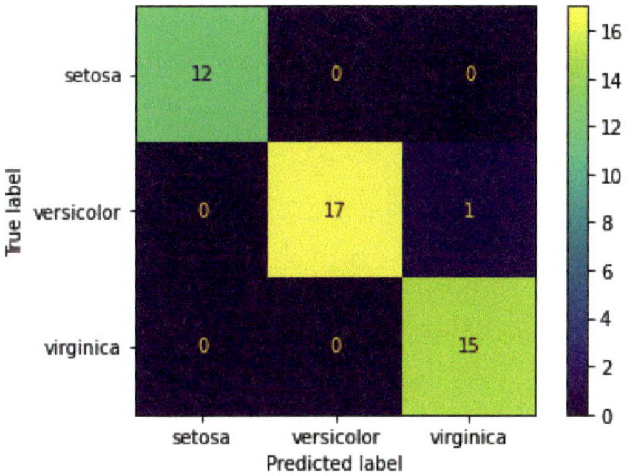


```
model_qda.get_params()
```

```
{'priors': None, 'reg_param': 0.0, 'store_covariance': True, 'tol': 0.0001}
```

.means_와 .covariance_는 학습데이터로 구한 클래스별 특성변수들의 평균과 클래스별 공분산으로써 본문의 μ_k와 Σ_k에 대한 추정값인 $\hat{\mu}_k$와 $\hat{\Sigma}_k$에 해당한다. 이 추정치를 바탕으로 로그우도 $Q_k(x)$를 구할 수 있으며, 최종적으로 결정경계를 구할 수 있다.

```
model_qda.means_
```

```
array([[5.02368421, 3.41578947, 1.45263158, 0.23947368],
       [5.90625   , 2.775     , 4.24375   , 1.325     ],
       [6.52571429, 2.95714286, 5.52285714, 2.03714286]])
```

```
model_qda.covariance_
```

```
[array([[0.12726174, 0.09366999, 0.02277383, 0.00795875],
        [0.09366999, 0.13866287, 0.01482219, 0.00341394],
        [0.02277383, 0.01482219, 0.0312091 , 0.00786629],
        [0.00795875, 0.00341394, 0.00786629, 0.00894026]]),
 array([[0.32834677, 0.11080645, 0.2403629 , 0.07306452],
        [0.11080645, 0.11419355, 0.10145161, 0.04516129],
        [0.2403629 , 0.10145161, 0.28125   , 0.08370968],
        [0.07306452, 0.04516129, 0.08370968, 0.04      ]]),
 array([[0.35490756, 0.07995798, 0.26263025, 0.03636975],
        [0.07995798, 0.10781513, 0.06071429, 0.05428571],
        [0.26263025, 0.06071429, 0.2747563 , 0.04353782],
        [0.03636975, 0.05428571, 0.04353782, 0.09122689]])]
```

결정경계 그리기

2차원 결정경계 그리는 방법

3차원 이상의 그래프에서 의사결정경계를 나타내기 힘들기 때문에 특성변수가 2개인 분류 문제에 대하여 결정경계를 그리고자 한다. 의사결정경계를 그리는 방법은 x, y 축을 잘게 쪼개고 각 격자점에 대한 분류기의 분류결과에 따라 색깔을 달리하는 방법을 사용한다. 또한, 학습데이터를 그래프에 표시하여 실제 분류결과를 확인할 수 있도록 한다.

```
def make_meshgrid(x, y, h=.02):
    x_min, x_max = x.min() - 1, x.max() + 1
    y_min, y_max = y.min() - 1, y.max() + 1
    xx, yy = np.meshgrid(np.arange(x_min, x_max, h), np.arange(y_min, y_max, h))
    return xx, yy

def plot_contours(ax, clf, xx, yy, **params):
    Z = clf.predict(np.c_[xx.ravel(), yy.ravel()])
    Z = Z.reshape(xx.shape)
    out = ax.contourf(xx, yy, Z, **params)
    return out

def plot_decision_boundary(clf,X,y):
  fig, ax = plt.subplots()
  # Set-up grid for plotting.
  X0, X1 = X[:, 0], X[:, 1]
  xx, yy = make_meshgrid(X0, X1)

  plot_contours(ax, clf, xx, yy, cmap=plt.cm.coolwarm, alpha=0.8)
  ax.scatter(X0, X1, c=y, cmap=plt.cm.coolwarm,  s=20, edgecolors='k')

  ax.set_ylabel('Petal Width')
  ax.set_xlabel('Petal Length')
  ax.set_xticks(())
  ax.set_yticks(())
  ax.set_title('Decision Boundary')
  #ax.legend(loc="lower right")
  plt.show()
```

선형분류기에 의한 결정경계

먼저, 붓꽃의 길이와 넓이를 특성변수로 하는 분류 문제를 여러가지 모형으로 학습하였을 때의 의사결정경계를 그리고자 한다.

```
X=np.array(iris[['Petal_L','Petal_W']])
y=np.array(iris['Species'])
```

로지스틱 회귀

```
cl_db = LogisticRegression()
cl_db.fit(X, y)
plot_decision_boundary(cl_db, X, y)
```

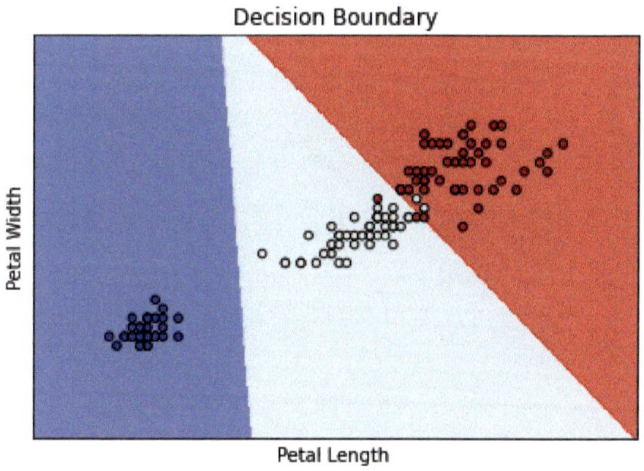

나이브베이즈 분류

```
cl_db = GaussianNB()
cl_db.fit(X, y)
plot_decision_boundary(cl_db, X, y)
```

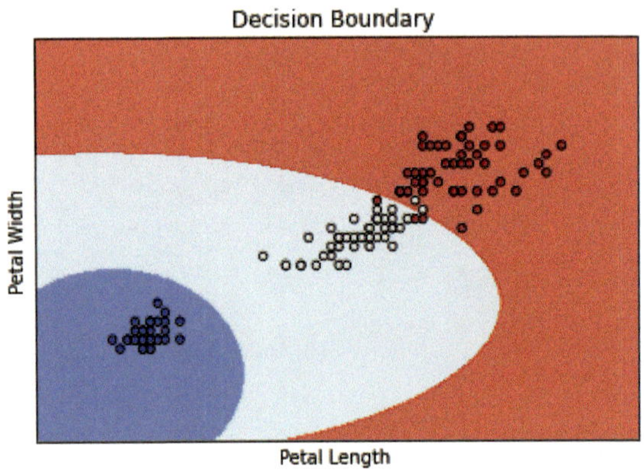

특성변수가 이산형인 경우와 특성함수의 공분산이 모두 동일한 연속형인 경우, 나이브베이즈 모형의 결과는 선형 결정계이다. 하지만 이 예제는 연속형(가우시안) 특성변수이고 특성변수 간의 공분산이 동일하지 않기 때문에 결정경계가 비선형이다.

LDA

```
cl_db = LinearDiscriminantAnalysis()
cl_db.fit(X, y)
plot_decision_boundary(cl_db, X, y)
```

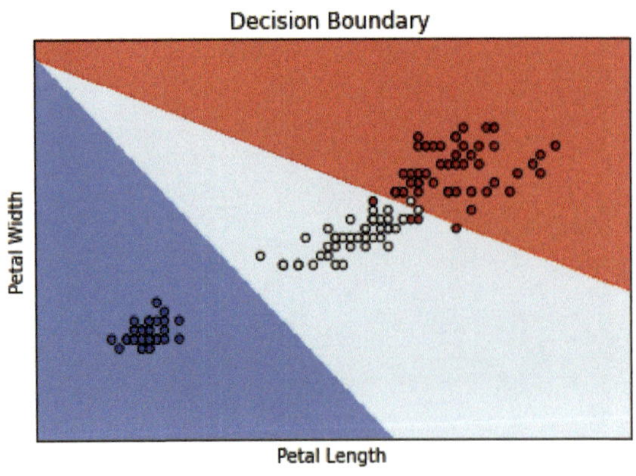

QDA

```
cl_db = QuadraticDiscriminantAnalysis()
cl_db.fit(X, y)
plot_decision_boundary(cl_db, X, y)
```

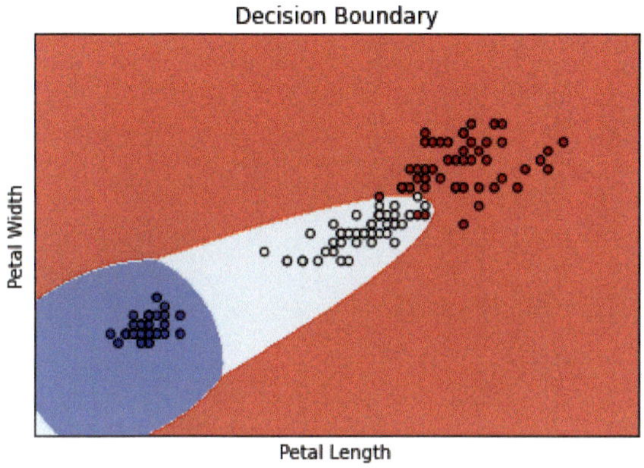

LDA에 의한 차원축소

LDA는 주성분분석(PCA, Principal Component Analysis)과 마찬가지로 차원축소 기능을 제공하는데, 본 예제에서는 4개의 특성변수는 2개로 축소하고 2개의 특성변수로 선형 판별분석에 의한 분류를 수행하고 결과를 분석하고자 한다.

```
# 2개의 클래스로 구분하기 위한 LDA 생성
model_lda1 = LinearDiscriminantAnalysis(n_components=2)

model_lda1.fit(X_train, y_train)
X_train_lda = model_lda1.transform(X_train)

lda_columns=['lda_component_1','lda_component_2']
iris_lda = pd.DataFrame(X_train_lda, columns=lda_columns)
iris_lda['Species']=y_train.values

#setosa는 세모, versicolor는 네모, virginica는 동그라미로 표현
markers=['^', 's', 'o']

#setosa의 target 값은 0, versicolor는 1, virginica는 2.
for i, marker in enumerate(markers):
    x_axis_data = iris_lda[iris_lda['Species']==i]['lda_component_1']
    y_axis_data = iris_lda[iris_lda['Species']==i]['lda_component_2']
```

```
    plt.scatter(x_axis_data, y_axis_data, marker=marker,label=data.target_names[i])

plt.legend(loc='upper right')
plt.xlabel('lda_component_1')
plt.ylabel('lda_component_2')
plt.show()
```

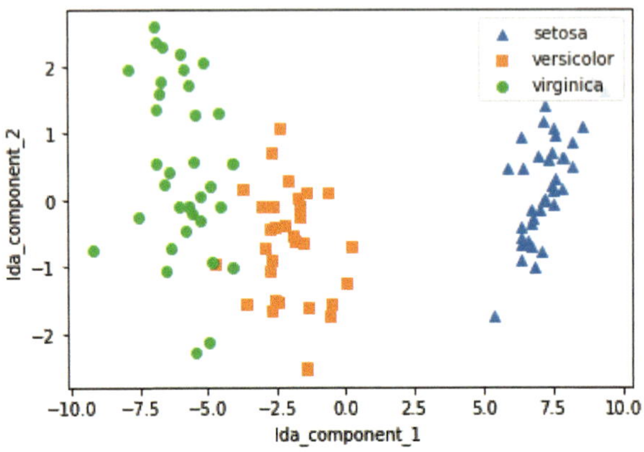


```
prediction=model_lda1.predict(X_test)
print('The accuracy of the LDA is',metrics.accuracy_score(prediction,y_test))

cm = confusion_matrix(y_test, prediction, labels=model_lda1.classes_)
disp = ConfusionMatrixDisplay(confusion_matrix=cm,\
                              display_labels=["setosa","versicolor", "virginica"])
disp.plot()
plt.show()
```

```
The accuracy of the LDA is 0.9777777777777777
```

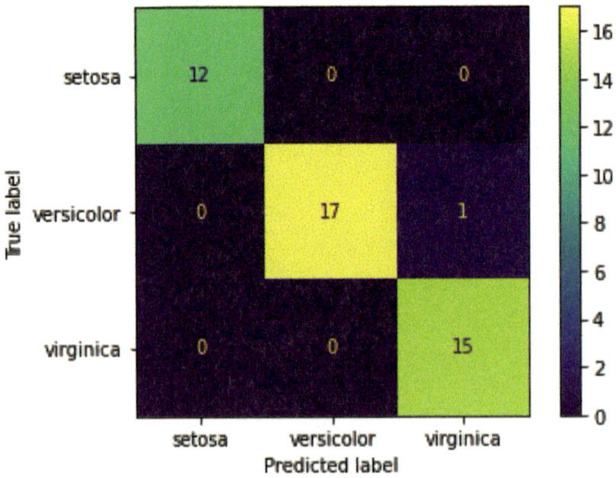

.explained_variance_ratio_ 는 새롭게 생성된 특성변수가 설명하는 분산의 비율을 나타낸다.

```
model_lda1.explained_variance_ratio_
```

```
array([0.9923916, 0.0076084])
```

6. 분류모형 예제 2 : MNIST 손글씨 인식

본 예제에서는 분류 문제의 대표적인 예로 자주 사용되는 MNIST의 숫자에 대한 손글씨 인식을 다루고자 한다. 손글씨는 1,797개의 이미지로 저장되어 있으며 각 손글씨 이미지는 64픽셀로 표현된다. .target[]에는 손글씨에 대한 정확한 숫자가 저장되어 있다.

```
%matplotlib inline
import numpy as np
from sklearn.datasets import load_digits
from sklearn.naive_bayes import GaussianNB
from sklearn.svm import SVC
from sklearn.neighbors import KNeighborsClassifier
from sklearn.linear_model import LogisticRegression
from sklearn.model_selection import train_test_split
from matplotlib import pyplot as plt
from sklearn.decomposition import PCA
from sklearn.metrics import confusion_matrix,classification_report
from sklearn.metrics import ConfusionMatrixDisplay
from sklearn.discriminant_analysis import QuadraticDiscriminantAnalysis, \
  LinearDiscriminantAnalysis
```

데이터 분석

```
digits = load_digits()

print(type(digits))
print(digits.target[0:5])
print(digits.images.shape)
```

```
<class 'sklearn.utils.Bunch'>
[0 1 2 3 4]
(1797, 8, 8)
```

손글씨 이미지

아래 그림은 1,797개의 손글씨 중에 64개의 이미지와 쓰려고 했던 숫자를 보여주고 있다.

```
fig = plt.figure(figsize=(6, 6))
fig.subplots_adjust(left=0, right=1, bottom=0, top=1, hspace=0.05, wspace=0.05)

for i in range(64):
    ax = fig.add_subplot(8, 8, i + 1, xticks=[], yticks=[])
    ax.imshow(digits.images[i], cmap=plt.cm.binary, interpolation='nearest')
    # label the image with the target value
    ax.text(0, 7, str(digits.target[i]))
```

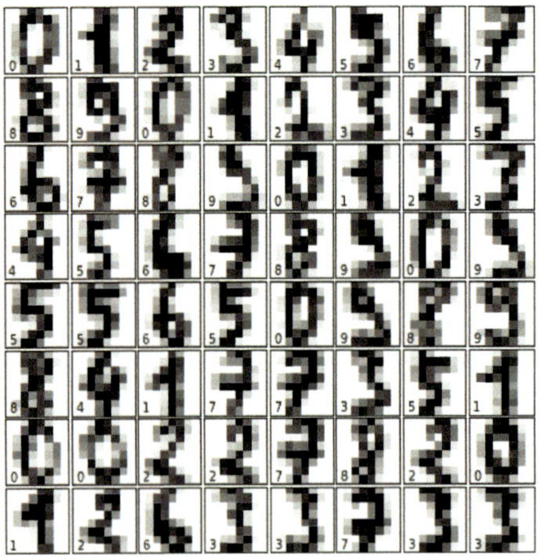

데이터 뿌리기

시각적인 분석을 위하여 PCA로 64차원 데이터를 2차원과 3차원으로 각각 축소 후 축소된 데이터를 좌표에 뿌려 보았다. 2차원 그림에서는 서로 다른 손글씨가 겹치는 경우가 보이지만 3차원 그림에서 글씨들이 서로 구별될 수 있음을 알 수 있다.

```
plt.figure(figsize=(7,7))

pca = PCA(n_components=2)
proj = pca.fit_transform(digits.data)
plt.scatter(proj[:, 0], proj[:, 1], c=digits.target, cmap="Paired")
plt.colorbar()
pca.explained_variance_ratio_
```

```
array([0.14890594, 0.13618771])
```

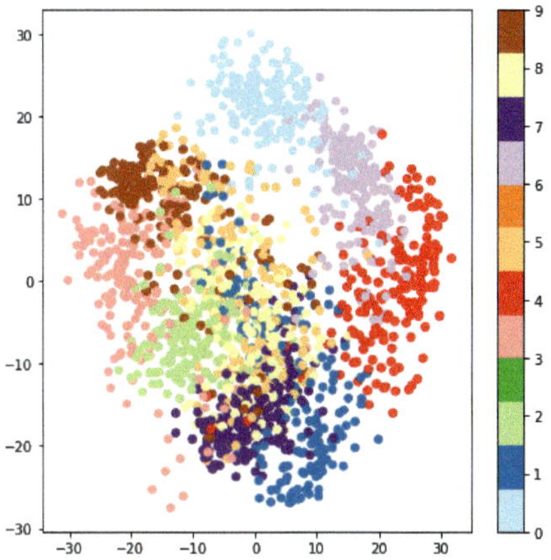

```
pca = PCA(n_components=3)
proj = pca.fit_transform(digits.data)

fig = plt.figure(figsize=(10,10))
ax = fig.add_subplot(projection='3d')

ax.scatter(proj[:, 0], proj[:, 1], proj[:, 2], c=digits.target, cmap="Paired")

ax.set_xlabel('X Label')
ax.set_ylabel('Y Label')
ax.set_zlabel('Z Label')

plt.show()
pca.explained_variance_ratio_
```

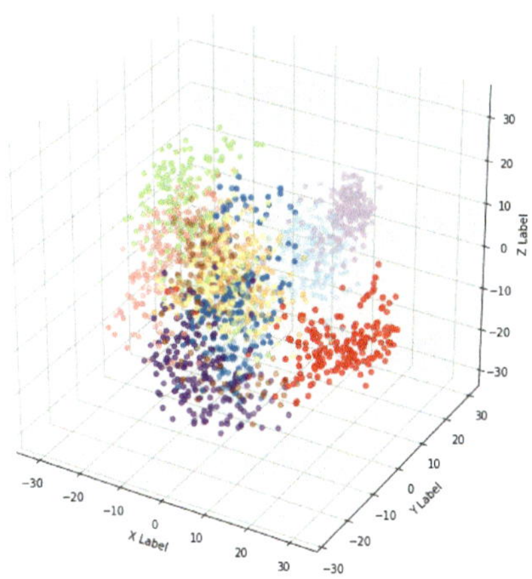


```
array([0.14890594, 0.13618771, 0.11794594])
```

데이터 분할

테스트 데이터를 전체의 25%로 설정하여 전체 데이터를 훈련용과 테스트용으로 분할한다.

```
X_train, X_test, y_train, y_test = train_test_split(digits.data, digits.target,\
                                                    test_size=0.25,random_state=0)
```

로지스틱 회귀에 의한 분류

```
model_lr = LogisticRegression()
model_lr.fit(X_train, y_train)

predicted = model_lr.predict(X_test)
```

예측결과를 그리기 위한 함수를 정의한다.

```
def plot_prediction_sample(predicted,y_test):
  fig = plt.figure(figsize=(6, 6))
  fig.subplots_adjust(left=0, right=1, bottom=0, top=1, hspace=0.05, wspace=0.05)

  for i in range(64):
    ax = fig.add_subplot(8, 8, i + 1, xticks=[], yticks=[])
    ax.imshow(X_test.reshape(-1, 8, 8)[i], cmap=plt.cm.binary,
              interpolation='nearest')

    # label the image with the target value
    if predicted[i] == y_test[i]:
        ax.text(0, 7, str(predicted[i]), color='green')
    else:
        ax.text(0, 7, str(predicted[i]), color='red')
```

```
plot_prediction_sample(predicted,y_test)
```

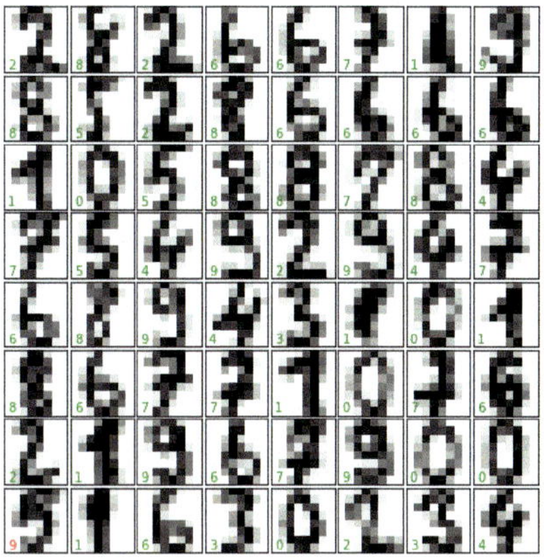

```
def result_report(predicted,y_test):
  matches = (predicted == y_test)
  print('일치 :', matches.sum())
  print('전체 :', len(matches))
  print('비율 :', matches.sum() / float(len(matches)))
  print('성능평가 리포트 :\n', classification_report(y_test, predicted))
result_report(predicted,y_test)
```

```
일치 : 428
전체 : 450
비율 : 0.9511111111111111
성능평가 리포트 :
              precision    recall  f1-score   support

           0       1.00      1.00      1.00        37
           1       0.89      0.93      0.91        43
           2       0.98      0.91      0.94        44
           3       0.91      0.96      0.93        45
           4       0.97      0.97      0.97        38
           5       0.98      0.96      0.97        48
           6       1.00      0.98      0.99        52
           7       0.98      0.96      0.97        48
           8       0.91      0.90      0.91        48
           9       0.90      0.96      0.93        47

    accuracy                           0.95       450
   macro avg       0.95      0.95      0.95       450
weighted avg       0.95      0.95      0.95       450
```

혼잡행렬을 그리는 함수를 정의한다.

```
def draw_confusion_matrix(y_test,predicted, model):
  cm = confusion_matrix(y_test, predicted, labels=model.classes_)
  disp = ConfusionMatrixDisplay(confusion_matrix=cm,display_labels=model.classes_)
  disp.plot()

draw_confusion_matrix(y_test,predicted, model_lr)
```

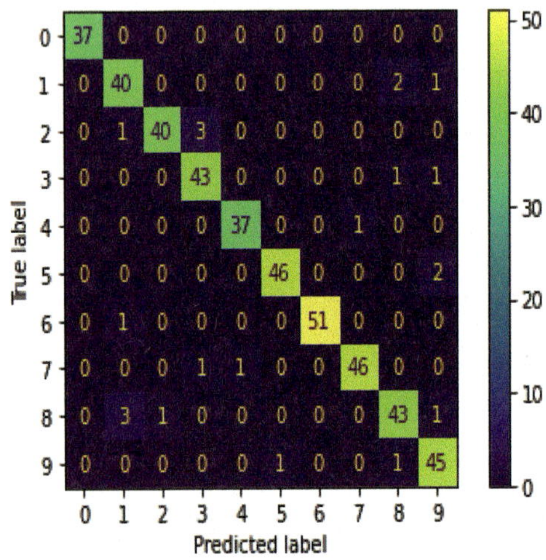

본문의 (w, b)에 해당하는 (coef_, intercept_) 짝은 하나의 경계평면을 만든다. 학습의 결과물로 10개의 경계평면(boundary hyperplane)을 생성하고 $w^T x^{(i)} + b$는 decision_function()의 결과와 같다는 것을 확인할 수 있다.

```
model_lr.decision_function(X_test[0].reshape(1,-1))
```

```
array([[ -4.80319797,  -0.4593065 ,  26.55197536,   2.48766916,
        -10.36237783,   2.45171836, -14.63536612,   5.20196463,
          0.45596019,  -6.88903928]])
```

```
model_lr.coef_.dot(np.transpose(X_test[0])) + model_lr.intercept_
```

```
array([ -4.80319797,  -0.4593065 ,  26.55197536,   2.48766916,
       -10.36237783,   2.45171836, -14.63536612,   5.20196463,
         0.45596019,  -6.88903928])
```

나이브베이즈 분류

```
model_gnb = GaussianNB()
model_gnb.fit(X_train, y_train)

predicted = model_gnb.predict(X_test)

plot_prediction_sample(predicted, y_test)
result_report(predicted,y_test)
draw_confusion_matrix(y_test,predicted, model_gnb)
```

```
일치 : 375
전체 : 450
비율 : 0.8333333333333334
성능평가 리포트 :
              precision    recall  f1-score   support

           0       1.00      1.00      1.00        37
           1       0.70      0.91      0.79        43
           2       0.95      0.45      0.62        44
           3       0.83      0.87      0.85        45
           4       0.94      0.82      0.87        38
           5       0.98      0.90      0.93        48
           6       1.00      0.98      0.99        52
           7       0.76      0.98      0.85        48
           8       0.55      0.79      0.65        48
           9       1.00      0.64      0.78        47

    accuracy                           0.83       450
   macro avg       0.87      0.83      0.83       450
weighted avg       0.87      0.83      0.83       450
```

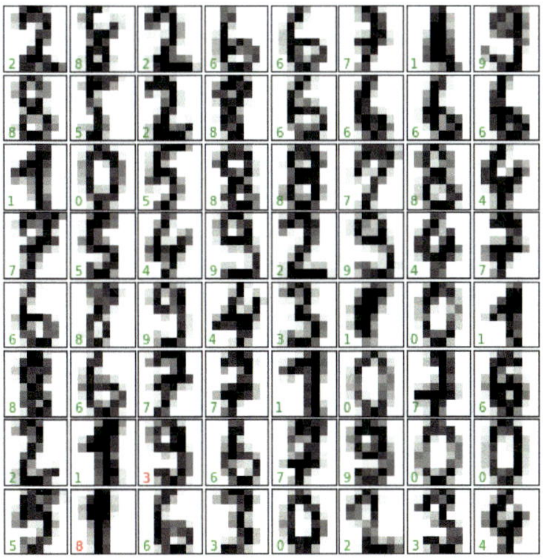

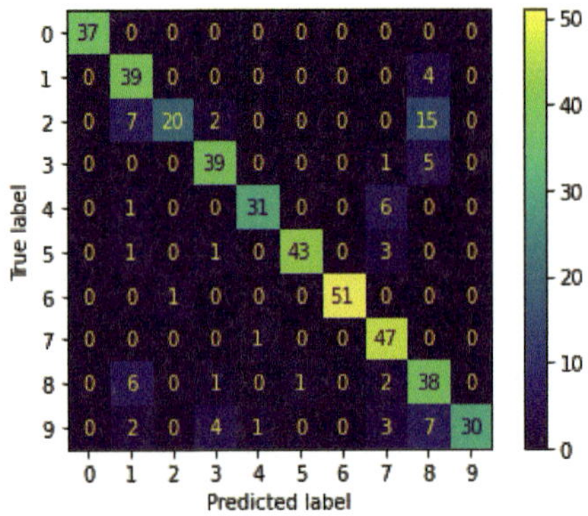

나이브베이즈 분류기는 학습의 결과물로 출력되는 .class_prior_는 각 클래스의 사전확률로 본문에서의 $\pi_0, \cdots, \pi_9$ 변수에 해당하고 .theta_과 .var_에는 각 클래스별 특성변수들의 평균과 분산값이 저장된다. 따라서, 클래스가 0일 때, 첫 번째 특성변수(x[0])는 왼쪽 맨 위 픽셀의 조건확률 분포는 평균이 0이고, 분산이 4.30146180e-08인 정규분포를 따른다. 손글씨 글자가 0일 때 맨 왼쪽 위의 픽셀값은 거의 0의 값을 가진다는 것을 의미한다.

```
model_gnb.class_prior_[0]
```

```
0.10467706013363029
```

```
model_gnb.theta_[0]
```

```
array([0.00000000e+00, 2.83687943e-02, 4.12765957e+00, 1.29716312e+01,
       1.13049645e+01, 2.96453901e+00, 3.54609929e-02, 0.00000000e+00,
       ...
```

```
model_gnb.var_[0]
```

```
array([4.30146180e-08, 5.59328432e-02, 9.13263925e+00, 5.40345057e+00,
       1.19566421e+01, 1.10838489e+01, 3.42035539e-02, 4.30146180e-08,
       ...
```

가우시안 판별분석(GDA, Gaussin Discriminant Analysis)

선형 판별분석 (LDA, Linear Discriminant Analysis)

```
model_lda = LinearDiscriminantAnalysis(store_covariance=True)
model_lda.fit(X_train, y_train)

predicted = model_lda.predict(X_test)

plot_prediction_sample(predicted, y_test)
result_report(predicted,y_test)
draw_confusion_matrix(y_test,predicted, model_lda)
```

```
일치 : 428
전체 : 450
비율 : 0.9511111111111111
성능평가 리포트 :
              precision    recall  f1-score   support

           0       1.00      1.00      1.00        37
           1       0.93      0.93      0.93        43
           2       0.96      0.98      0.97        44
           3       0.98      0.91      0.94        45
           4       0.97      0.97      0.97        38
           5       1.00      0.94      0.97        48
           6       1.00      0.98      0.99        52
           7       0.94      0.98      0.96        48
           8       0.92      0.92      0.92        48
           9       0.84      0.91      0.88        47

    accuracy                           0.95       450
   macro avg       0.95      0.95      0.95       450
weighted avg       0.95      0.95      0.95       450
```

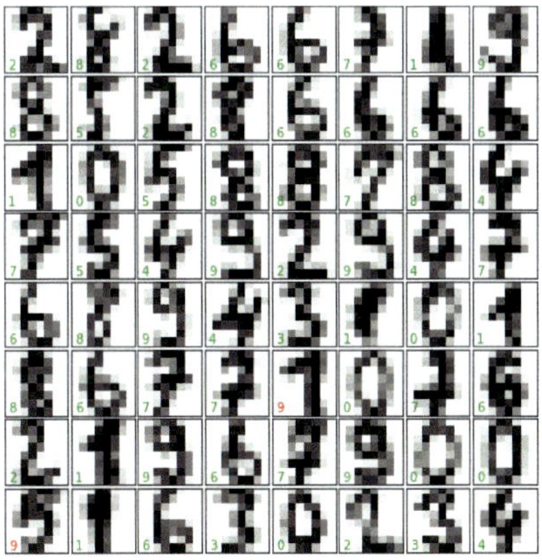

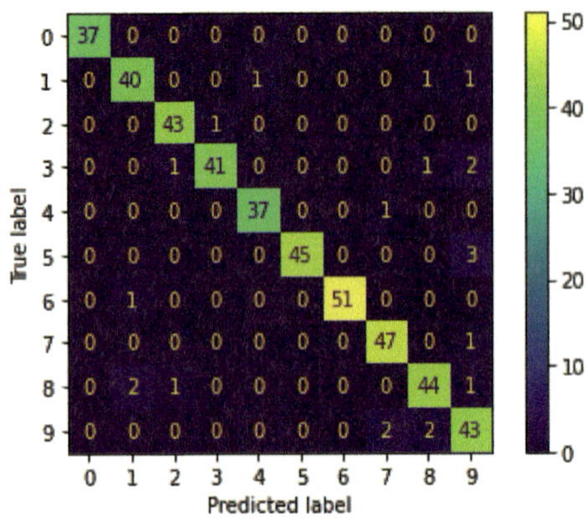

.coef_ 와 .intercept_는 학습의 결과로 구한 선형 결정경계를 정의하는 것으로 본문에서의 w^T와 w_0에 해당한다. 편의상 .coef_ 와 .intercept_의 첫 번째 원소만 출력하였다.

```
model_lda.coef_[0]
```

```
array([ 4.82764749e-17, -3.01222248e-01, -1.00994964e-02,  1.71997104e-01,
       -7.34039624e-02, -5.16137059e-01,  4.93488337e-02, -4.40053101e-01,
       ...
```

```
model_lda.intercept_[0]
```

```
-12.953918375120622
```

본문의 μ_k와 Σ에 대한 추정값인 $\hat{\mu}_k$와 $\hat{\Sigma}$는 .means_와 .covariance_변수에 저장된다. 즉, .means_는 10×64 행렬로써 원소 .means_[a][i]는 클래스(손글씨)가 a일 때 $(i+1)$번째 픽셀의 기대값을 나타낸다. .covariance_는 64×64 행렬로써 픽셀 간의 공분산을 나타낸다.

이차 판별분석(QDA, Quadratic Discriminant Analysis)

```
model_qda = QuadraticDiscriminantAnalysis(store_covariance=True)
model_qda.fit(X_train, y_train)

predicted = model_qda.predict(X_test)
```

```
plot_prediction_sample(predicted, y_test)
result_report(predicted,y_test)
draw_confusion_matrix(y_test,predicted, model_qda)
```

```
일치 : 404
전체 : 450
비율 : 0.8977777777777778
성능평가 리포트 :
              precision    recall  f1-score   support

           0       1.00      1.00      1.00        37
           1       0.95      0.88      0.92        43
           2       0.92      0.82      0.87        44
           3       0.91      0.96      0.93        45
           4       0.97      0.82      0.89        38
           5       0.84      1.00      0.91        48
           6       1.00      0.94      0.97        52
           7       0.79      0.96      0.87        48
           8       0.77      0.92      0.84        48
           9       0.94      0.68      0.79        47

    accuracy                           0.90       450
   macro avg       0.91      0.90      0.90       450
weighted avg       0.91      0.90      0.90       450
```

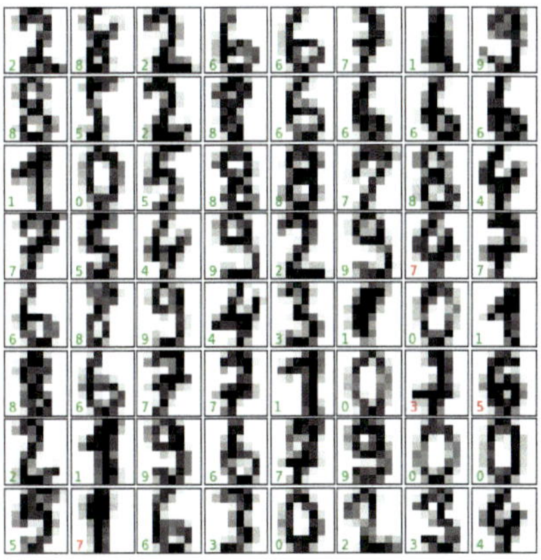

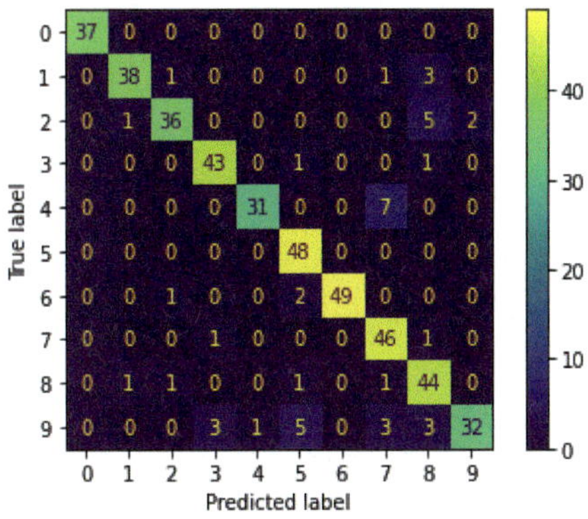

means_와 covariance_는 학습데이터로 구한 클래스별 특성변수(픽셀)들의 평균과 클래스별 공분산을 구한 것으로 본문의 μ_k와 Σ_k에 대한 추정값인 $\hat{\mu}_k$와 $\hat{\Sigma}_k$에 해당한다. 즉, means_는 10×64 행렬로써 .means_[a][i]는 클래스(손글씨)가 a일 때 $(i+1)$ 번째 픽셀의 기대값을 나타낸다. .covariance_는 10×64×64 행렬로써 .covariance_[a]는 클래스가 a인 경우에 픽셀 간의 공분산을 의미한다. LDA의 경우 .covariance_가 64×64 행렬이지만 QDA의 경우에는 클래스별 공분산을 정의하여 10×64×64 행렬이 된다.

7. 분류모형 실습 : 펭귄 분류

펭귄 부리의 길이(culmen length[cm]), 부리의 폭(culmen depth[cm]) 및 날개의 길이(flipper length[cm]), 몸통 무게(body mass[g]), 성별(sex) 등의 특성변수로부터 펭귄의 종류를 알아 맞히는 문제이다. 펭귄의 종은 Adelie, Chinstrap, Gentoo 등의 3종으로 분류된다.

```
import numpy as np
import pandas as pd
import seaborn as sns
import matplotlib.pyplot as plt
from sklearn.linear_model import LogisticRegression
from sklearn.model_selection import train_test_split
from sklearn.neighbors import KNeighborsClassifier
from sklearn import svm, datasets, metrics
from sklearn.tree import DecisionTreeClassifier
from subprocess import check_output
from sklearn.discriminant_analysis import QuadraticDiscriminantAnalysis, \
  LinearDiscriminantAnalysis
from sklearn.metrics import confusion_matrix
from sklearn.metrics import ConfusionMatrixDisplay
from sklearn.naive_bayes import GaussianNB
```

1. 데이터 다운로드 및 분석

1.1 아래 주소에 있는 penguins_size.csv 파일을 다운로드하여 데이터프레임 형식으로 저장하시오.

```
url="https://drive.google.com/file/d/1g0afKFUUVEv6H0GktP53XewAL90x_59U/view?
usp=sharing"
```

1.2 데이터프레임 클래스의 shape, info(), describe() 함수를 사용하여 데이터의 특성을 분석하시오.

1.3 isnull().sum() 함수를 이용하여 결측치를 구하고 SimpleImputer 클래스를 이용하여 가장 빈도가 높은 데이터로 결측치를 보완하시오

1.4 범주형 변수인 성별을 숫자형 변수로 변환하시오. 'sex_FEMALE' 과 'island' 특성변수를 삭제하시오.

2. 데이터 분석 (EDA)

2.1 seaborn 모듈의 pairplot() 함수를 사용하여 각 특성변수 쌍에 대하여 산포도를 그리시오.

2.2 데이터프레임의 plot() 함수를 이용하여 부리길이와 부리폭에 대한 산포도를 그리시오.

2.3 데이터프레임의 plot() 함수를 이용하여 부리길이와 날개길이에 대한 산포도를 그리시오.

2.4 데이터프레임의 plot() 함수를 이용하여 부리길이와 몸통무게에 대한 산포도를 그리시오.

2.5 펭귄 종별 특성변수들의 분포를 violinplot() 함수를 이용하여 그리시오.

2.6 성별 및 펭귄 종별 특성변수들의 분포를 violinplot() 함수를 이용하여 그리시오.

2.7 특성변수 간 상관관계를 그리고 분석하시오.

8. 결정경계 그리기

함수 정의

```
def make_meshgrid(x, y, h=.02):
    x_min, x_max = x.min() - 1, x.max() + 1
    y_min, y_max = y.min() - 1, y.max() + 1
    xx, yy = np.meshgrid(np.arange(x_min, x_max, h), np.arange(y_min, y_max, h))
    return xx, yy

def plot_contours(ax, clf, xx, yy, **params):
    Z = clf.predict(np.c_[xx.ravel(), yy.ravel()])
    Z = Z.reshape(xx.shape)
    out = ax.contourf(xx, yy, Z, **params)
    return out

def plot_decision_boundary(clf,X,y):
  fig, ax = plt.subplots()
  # Set-up grid for plotting.
  X0, X1 = X[:, 0], X[:, 1]
  xx, yy = make_meshgrid(X0, X1)

  plot_contours(ax, clf, xx, yy, cmap=plt.cm.coolwarm, alpha=0.8)
  ax.scatter(X0, X1, c=y, cmap=plt.cm.coolwarm,  s=20, edgecolors='k')

  ax.set_ylabel('x_1')
  ax.set_xlabel('x_0')
  ax.set_xticks(())
  ax.set_yticks(())
  ax.set_title('Decision Boundary')
  #ax.legend(loc="lower right")
  plt.show()
```

```
X=np.array(penguins[['culmen_length_mm','culmen_depth_mm']])
y=np.array(penguins['species'])
le = LabelEncoder()
y=le.fit_transform(y)
```

8.1 위의 함수를 이용하여 부리길이와 부리폭 등 두 개의 특성변수만으로 로지스틱 회귀모형으로 분류작업을 수행했을 때 결정경계를 그리시오.

8.2 부리길이와 부리폭 등 두 개의 특성변수만으로 나이브베이즈 분류모형으로 분류작업을 수행했을 때 결정경계를 그리시오.

8.3 부리길이와 부리폭 등 두 개의 특성변수만으로 선형 판별분석 모형으로 분류작업을 수행했을 때 결정경계를 그리시오.

8.4 부리길이와 부리폭 등 두 개의 특성변수만으로 이차 판별분석 모형으로 분류작업을 수행했을 때 결정경계를 그리시오.

9. LDA에 의한 차원축소

9.1 LDA를 이용하여 5차원 데이터를 2차원으로 축소하시오.

9.2 축소된 차원을 가지는 새로운 변수를 사용하여 로지스틱 회귀모형을 실행하고, 결정경계를 그리시오.

9.3 테스트용 데이터를 차원축소하고 predict() 함수를 이용하여 각 데이터에 대하여 예측값을 찾으시오. 테스트용 데이터에 대한 분류정확도를 계산하고 혼잡매트릭스를 그리시오.

9.4 .explained_variance_ratio_ 를 출력하여 새롭게 생성된 특성변수가 설명하는 분산의 양을 확인하시오.

Chapter 04

서포트벡터 머신

(support vector machine)

Chapter 04 서포트벡터 머신 (support vector machine)

서포트벡터 머신(SVM, Support Vector Machine)은 분류와 회귀를 위해 사용되는 지도 학습모형으로서 현실에서 많이 활용되고 있는 모형 중 하나이다. 또한 SVM은 기존의 선형 모형에서는 다루지 않은 최대마진(maximum margin), 커널(kernel) 등 몇 가지 중요한 개념과 아이디어를 도입하여 비교적 탄탄한 이론적 토대를 가지고 있어, 신경망(neural network) 학습모형이 보편화된 현재에도 중요한 모형 중 하나로 인식되고 있다. SVM은 기본적으로 이진분류를 위한 기법으로 다중분류를 위해 적용할 때는 일대다(one vs. rest) 또는 일대일(one vs. one) 접근법을 사용해야 한다. 아래에서는 소개되는 SVM은 이진분류를 전제로 하며, 이를 위한 기본적인 개념을 먼저 소개한다.

1. 기본개념

가. 마진(margin)의 개념

SVM에서 가장 기본적인 개념인 마진(margin)에 대한 이해를 위해 분류기준을 $h_w(x)=g(w^Tx)$으로 하는 로지스틱 회귀를 생각해 보자. 임의의 입력 x에 대해 $h_w(x)>0.5$ (또는 $w^Tx>0$)이면 출력은 $y=1$이 된다. 로지스틱 회귀에서는 w^Tx의 크기와 관계없이 $w^Tx>0$이면 동일한 출력 결과가 나온다. 그런데 $w^Tx'>w^Tx''>0$이라면, w^Tx'에 대한 출력 결과의 신뢰도가 w^Tx''의 출력 결과에 비해 높다고 생각할 수 있다. 또한 $w^Tx<0$의 경우도 비슷하게 w^Tx이 작을수록 출력 결과 $y=0$의 신뢰도가 높다고 여길 수 있다. 그림 4-1에서 점 ①, ②, ③ 모두 $w^Tx>0$의 영역에 있어 출력은 모두 $y=1$이지만, ①은 결정경계에서 멀리 떨어져 있어, 결정경계에 가까운 ③에 비해 출력 결과에 대한 신뢰도는 더 높다고 할 수 있다. 이와는 다르게 점 ③은 조금만 변화가 있어도 그것의 출력이 $y=0$이 될 가능성이 있다. 결정경계에서 데이터들이 떨어져 있는 정도를 마진이라고 하는데, SVM에서는 결정경계를 정할 때 마진의 개념을 반영한다.

그림 4-1 마진의 기본개념

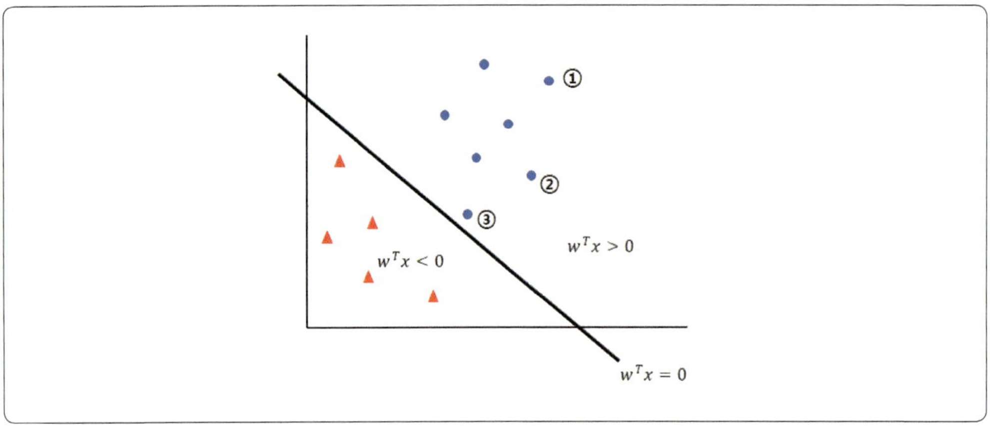

그림 4-2 최대마진의 기본개념

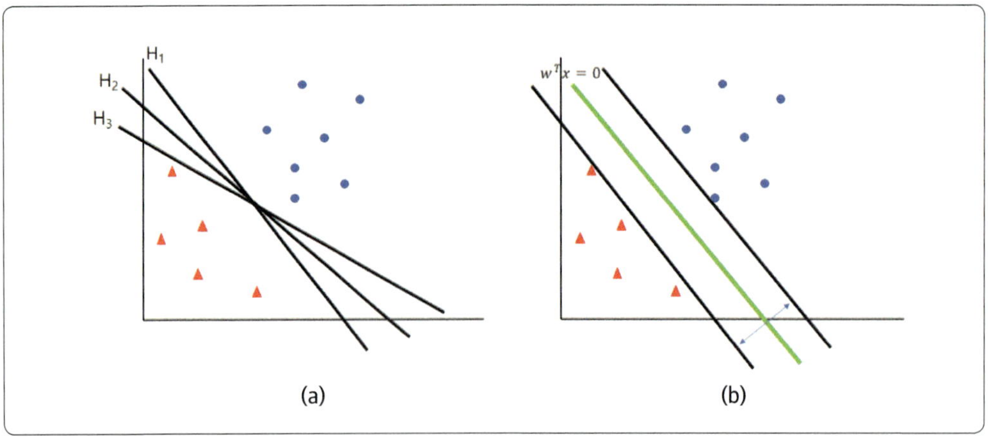

주어진 훈련데이터의 결정경계(초평면)는 사실 무수히 많다(그림 4-2 (a)). SVM에서는 훈련데이터를 완전히 구분하면서도 훈련데이터와 가능한 멀리 떨어진 결정경계를 선택한다. 즉, 최대마진(maximum margin)을 가진 초평면이 선택된다(그림 4-2 (b)).

나. 기하벡터 기본지식

선형분류기 $g(x)=w^Tx+b$에 대한 초평면은 $H=\{x|w^Tx+b=0\}$이 되며, 입력공간을 두 개의 반공간(half space), $\{x|w^Tx+b>0\}$와 $\{x|w^Tx+b<0\}$으로 나눈다. 초평면은 2차원 공간에서는 선(line) 그리고 3차원 공간에서는 평면(plane)이 되는데 벡터 w는 다음과 같은 이유로 초평면에 수직(perpendicular)인 법선벡터(normal vector)가 된다. 만약 벡터 x와 x_0가 초평면 H에 있다고 하자. 그러면, $w^Tx+b=0$이고 $w^Tx_0+b=0$이다. 따라서 $w^T(x-x_0)=0$이 되어 벡터 $x-x_0$와 벡터 w은 수직이다. 그런데, $x-x_0$은 초평면 H 상의 임의의 점이므로 벡터 w는 초평면 H에 수직이다. 그리고 벡터 $w^* = \frac{w}{\|w\|}$은 벡터의 길이가 1인 법선(unit normal vector)을 나타낸다.

그림 4-3 초평면과 법선벡터

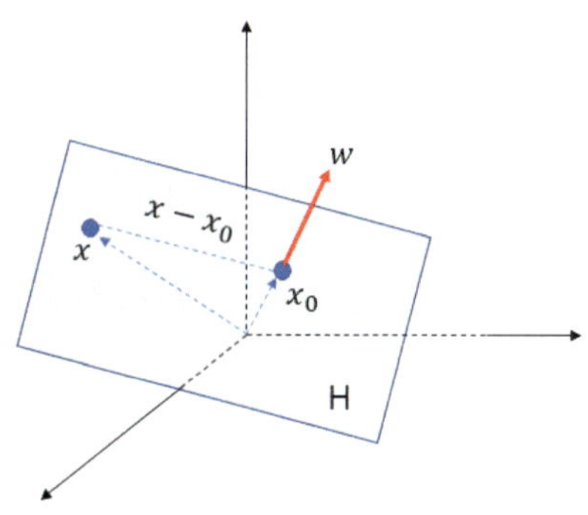

다음으로, 초평면 H와 초평면 상에 있지 않은 임의의 점 x_0와의 거리에 대해 알아본다. 그림 4-4 (a)와 같이 점 x_0에서 초평면 상으로 수직으로 내린 점(projection)을 x_p라고 하자. 그러면 벡터 x_0-x_p는 방향이 w인 벡터로 $x_0-x_p=\eta\frac{w}{\|w\|}$으로 나타낼 수 있다. 여기서 η는 양의 실수로 x_0-x_p 벡터의 길이(거리)를 의미한다. 점 x_p는 초평면 H상에 있기 때문에 (즉, $x_p \in H$),

$g(x_p)=w^T x_p+b=0$이다. 그리고

$$g(x_0) = w^T x_0 + b = w^T\left(x_p + \eta\frac{w}{\|w\|}\right) + b = w^T x_p + b + \eta\|w\| = \eta\|w\|.$$

따라서 벡터 x_0와 벡터 x_p의 거리 η는 $\eta = \dfrac{g(x_0)}{\|w\|}$이다.

그리고 $x_p = x_0 - \eta\dfrac{w}{\|w\|} = x_0 - \underbrace{\dfrac{g(x_0)}{\|w\|}}_{\text{거리}}\cdot\underbrace{\dfrac{w}{\|w\|}}_{\text{법선벡터}}$ 이다.

일반적으로, 점 $x_j \notin H$와 초평면 H와의 무부호거리(unsigned distance) $d(x_j, H)$는 다음과 같다.

$$d(x_j, H) = \frac{|g(x_j)|}{\|w\|} = \frac{|w^T x_j + b|}{\|w\|}$$

그림 4-4 초평면과 벡터의 거리

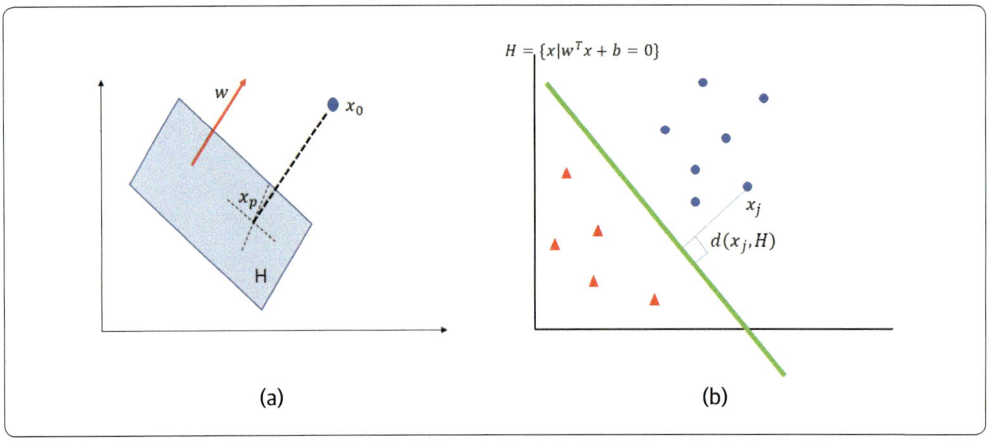

다음으로 두 벡터의 내적(inner product)의 기하학적 의미를 알아본다. 설명의 편의를 위해 벡터 w와 x는 2차원 벡터 $w=(w_1, w_2)^T$와 $x=(x_1, x_2)^T$라고 하자. 벡터 w와 x의 내적 $w^T x(\in R)$는 다음과 같이 정의된다. $w^T x = \|w\|\|x\|cos\theta$이고, 여기서 θ는 두 벡터 사이의 각도를 나타낸다. 만약 벡터 x를 벡터 w 상에 직각으로 투영(projection)된 점을 x'이라 하면, 원점에서 x'까지의 거리 $p(\in R)$는 $\|x\|cos\theta$가 된다. 따라서 $w^T x = p \cdot \|w\|$로 간단히 표시할 수 있다. 그런데 거리 p값은 벡터 w와 x 사이의 각도 θ가 90°보다 작으면 양의 값, 90°보다 크면 음의 값을 가지

기 때문에 유부호거리(signed distance)라고 부른다. 특별히 $\theta=90°$일 때 $w^T x = p \cdot \| w \| = 0$가 된다.

그림 4-5 두 벡터의 내적의 의미

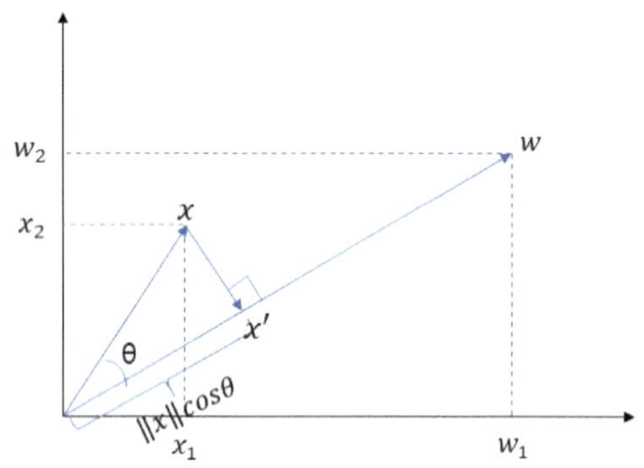

2. 수학적 정식화

가. 기본모형

SVM에서 마진은 훈련데이터 중에서 초평면과 가장 가까운 거리를 의미하며, 마진의 수학적 표현은 다음과 같다.

$$Margin(w, b) = min_i\, d(x^{(i)}, H) = min_i \frac{|w^T x^{(i)} + b|}{\|w\|}$$

예를 들어 그림 4-6 에서 데이터 $x^{(N)}$는 초평면 H와 거리가 가장 가까운 데이터이다. 즉, $min_i d(x^{(i)}, H) = d(x^{(N)}, H)$, 이때 마진은 $\gamma = d(x^{(N)}, H)$. 마진 γ는 초평면 H(또는 모수 w와 b)에 의해 전적으로 결정되며, 훈련데이터의 수는 유한하기 때문에 γ는 항상 존재하고 $\gamma \geq 0$이다.

그림 4-6 마진의 수학적 정의

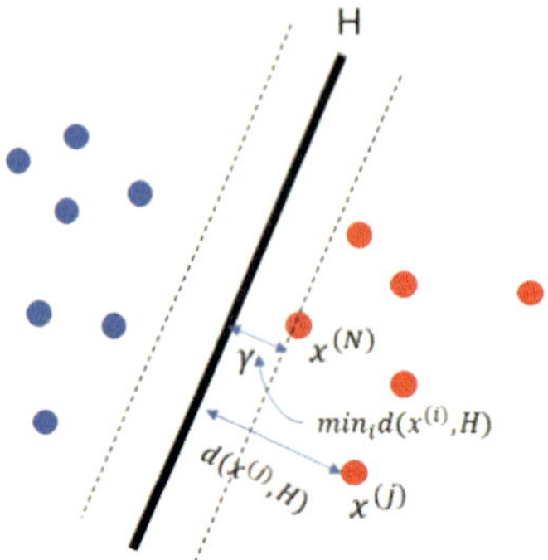

항상 양의 값을 갖는 $d(x^{(i)}, H)$는 거리만을 나타내고 $x^{(i)}$가 어느 쪽 반공간에 속하는지, 다시 말해 $x^{(i)}$가 올바르게 분류되었는지에 관한 정보는 나타내지 못한다. 이를 개선하기 위해 출력변수의 라벨 $y \in \{0, 1\}$을 $y \in \{-1, 1\}$으로 대신하고, $(w^T x^{(i)} + b)$의 부호와 $y^{(i)}$의 부호는 같아야 한다는 사실을 이용해서 $d(x^{(i)}, H)$을 다음과 같이 재정의할 수 있으며, 이는 유부호거리가 된다.

$$d(x^{(i)}, H) = y^{(i)} \left(\frac{w^T x^{(i)} + b}{\| w \|} \right) = \begin{cases} \geq 0, \text{ 만약 } x^{(i)}\text{가 올바르게 분류되면,} \\ < 0, \text{ 만약 } x^{(i)}\text{가 올바르지 않게 분류되면.} \end{cases}$$

이에 따라 마진 역시 다음과 같이 재정의할 수 있다.

$$Margin(w, b) = min_i\, d(x^{(i)}, H) = min_i \frac{y^{(i)}(w^T x^{(i)} + b)}{\| w \|}$$

그림 4-7 유부호거리의 의미

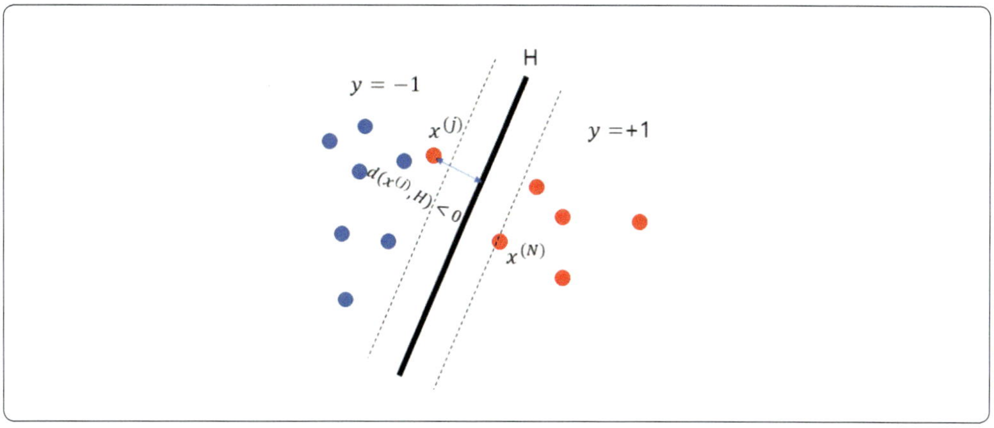

그림 4-7 에서 $(w^T x^{(j)}+b)$와 데이터 $y^{(j)}$의 부호가 상이해 $d(x^{(j)}, H)<0$이므로 $x^{(j)}$가 잘못 분류되어 있음을 알 수 있다. 그림 4-8 에서는 두 가지 결정경계(초평면)의 마진을 비교하고 있다. 마진이 클수록 분류가 명확하게 이루어지는 것을 의미하므로 그림 4-8 (a)의 마진이 (b)보다 바람직하다고 할 수 있다. 마진을 가장 크게 하는 모수 (w, b)를 찾는 수학적 모형은 다음과 같다.

$$
\begin{aligned}
max_{w,b} Margin(w, b) &= max_{w,b}\left(min_i \frac{y^{(i)}(w^T x^{(i)}+b)}{\| w \|} \right) \\
&= max_{w,b}\left(\frac{1}{\| w \|} min_i\, y^{(i)}(w^T x^{(i)}+b) \right)
\end{aligned}
$$

만약 $\gamma = \left(min_i \frac{y^{(i)}(w^T x^{(i)}+b)}{\| w \|} \right)$으로 놓으면, 위 모형은 아래와 같은 최적화 모형으로 적을 수 있다.

(P1)

$$max_{w,b}\, \gamma$$

$$\text{s.t. } \frac{y^{(i)}(w^T x^{(i)}+b)}{\| w \|} \ge \gamma, \ i = 1, \cdots, N$$

그림 4-8 두 가지 마진의 비교

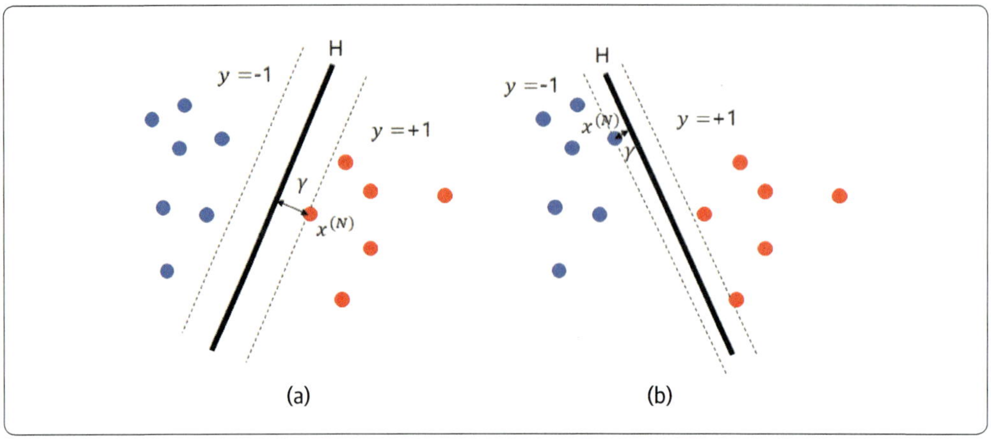

모수 (w, b)을 가진 결정경계와 모수 (cw, cb)의 결정경계는 동일하다. 따라서 $min_i y^{(i)}(w^T x^{(i)} + b) = 1$이 되도록 척도를 조정하면, 마진 $\gamma = \frac{1}{\| w \|}$으로 단순화된다. 따라서 문제 (P1)은 다음과 같이 적을 수 있다.

(P2)

$$max_{w,b} \frac{1}{\| w \|}$$

$$\text{s.t. } y^{(i)}(w^T x^{(i)} + b) \geq 1,\ i=1, \cdots, N$$

문제 (P2)에서 목적함수의 $\frac{1}{\| w \|}$를 그 역수 $\| w \|$로 바꾸면 최소화 문제가 되며, 최적화해법의 편의를 위해 $\| w \|$ 대신에 $\frac{1}{2}\| w \|^2$을 사용하면 위 문제는 아래 (P3)와 같이 적을 수 있다. 참고로 $\| w \|$ 대신에 $\frac{1}{2}\| w \|^2$을 사용하는 것은 순수하게 최적화해법의 편의를 위한 것으로 최적해에는 전혀 영향을 미치지 않는다.

(P3)

$$min_{w,b} \frac{1}{2}\| w \|^2$$

$$\text{s.t. } y^{(i)}(w^T x^{(i)} + b) \geq 1,\ i=1, \cdots, N \quad (4\text{-}1)$$

문제 (P3)는 목적함수가 볼록함수이고 선형제약식을 가진 이차계획법(quadratic programming) 최적화 문제가 되며, 그 최적해를 SVM 또는 최대마진 분류기(max margin classifier)라고 부른다.

훈련데이터에서 $y^{(i)}(w^T x^{(i)}+b)=1$을 만족하는 데이터를 서포트벡터(support vector)라고 부르며, 그림 4-9 에서 데이터 ①~⑤는 모두 서포트벡터이다. 또한 서포트벡터가 아닌 (예, $y^{(i)}(w^T x^{(i)}+b)>1$) 데이터는 제거하더라도 최적해에는 영향을 미치지 않는다.

그림 4-9 서포트벡터의 개념

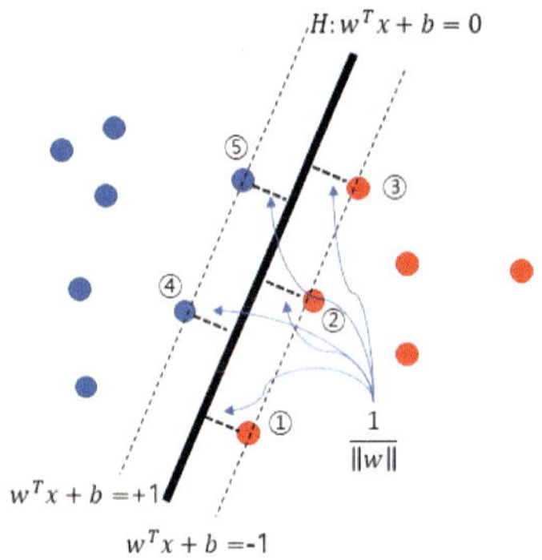

위에서 논의된 사항들을 간단한 예제를 통해 살펴보기 위하여 다음의 훈련데이터를 고려해 보자.

$$\{x^{(1)}, x^{(2)}, x^{(3)}, x^{(4)}\} = \left\{\begin{pmatrix}0\\0\end{pmatrix}, \begin{pmatrix}2\\2\end{pmatrix}, \begin{pmatrix}2\\0\end{pmatrix}, \begin{pmatrix}3\\0\end{pmatrix}\right\},$$
$$\{y^{(1)}, y^{(2)}, y^{(3)}, y^{(4)}\} = \{-1, -1, +1, +1\}$$

문제 (P3)의 제약식 $y^{(i)}(w^T x^{(i)}+b)\geq 1$, $i=1, 2, 3, 4$은 다음과 같다.

$-b\geq 1$ (i)

$-(2w_1+2w_2+b)\geq 1$ (ii)

$2w_1+b\geq 1$ (iii)

$3w_1+b\geq 1$ (iv)

(i)과 (iii)으로부터 $w_1 \geq 1$ 그리고 (ii)와 (iii)으로부터 $w_2 \leq -1$이다. 그러므로 목적함수 $\frac{1}{2}\|w\|^2 = \frac{1}{2}(w_1^2 + w_2^2)$이 최소화되는 최적해는 $w_1^* = 1, w_2^* = -1$이고 이로부터 $b^* = -1$임을 알 수 있다. 따라서 SVM 분류기는 $h(x) = sign(x_1 - x_2 - 1)$이며, 마진은 $\gamma = \frac{1}{\|w\|} = \frac{1}{\sqrt{2}} = 0.702$이다. 그리고 서포트벡터는 $x^{(1)}, x^{(2)}, x^{(3)}$이다. 최적해 $(w_1^*, w_2^*, b^*) = (1, -1, -1)$에서 제약식 (i), (ii), (iii)은 등식이 되는데, 각각의 제약식이 서포트벡터에 대응하는 것에 유의한다. 서포트벡터가 아닌 데이터 $x^{(4)}$에 대응되는 제약식 (iv) $3w_1 + b \geq 1$은 등식이 성립되지 않는다.

그림 4-10 서포트벡터의 예

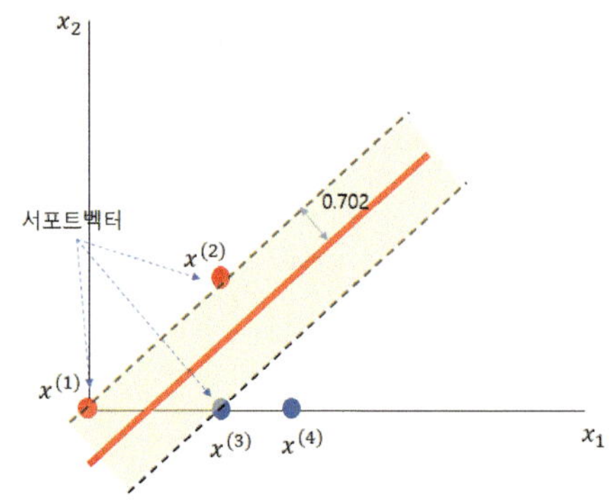

모수에 따른 결정경계의 차이와 최적화 과정에 대한 이해를 돕기 위하여 $b=0$이고 모수가 $w=(w_1, w_2)^T$인 간단한 최적화 문제를 생각해 보자. 또한 설명의 편의를 위해 아래와 같이 제약식을 출력변수에 따라 구분하고 그림 4-11 에 있는 두 개의 결정경계 H_1과 H_2를 비교해 보자.

$$
\begin{aligned}
& min_w \frac{1}{2}\|w\|^2 \\
& \text{s.t. } w^T x^{(i)} \geq 1, \text{ 만약 } y^{(i)} = 1 \\
& \quad w^T x^{(i)} \leq -1, \text{ 만약 } y^{(i)} = -1, i = 1, \cdots, N
\end{aligned}
$$

그림 4-11 에서 입력데이터 $x^{(1)}$과 $x^{(2)}$에 대한 제약식은 각각 $w^T x^{(1)} \geq 1$과 $w^T x^{(2)} \leq -1$이다. 벡터 w 상으로 벡터 $x^{(i)}$를 수직으로 투사(projection)한 점을 $p^{(i)}(\in R)$라고 하면, $w^T x^{(i)} = p^{(i)}\|w\|$

이므로 최적화 문제의 제약식은 다음과 같이 달리 표현될 수 있다.

$$p^{(i)}\|w\| \geq 1, \text{만약 } y^{(i)} = 1$$
$$p^{(i)}\|w\| \leq -1, \text{만약 } y^{(i)} = -1, i = 1, \cdots, N$$

그림 4-11 최적 결정경계의 도식적 의미

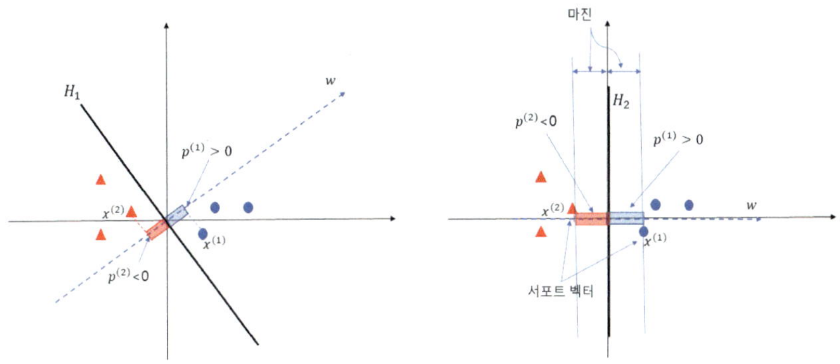

그림 4-11 에서 벡터 w 상에 수직투사된 입력데이터 $x^{(1)}$의 거리 $p^{(1)}(>0)$을 결정경계 H_1과 H_2에서 비교하면 H_2에서 더 큰 값을 가진다. 또 입력데이터 $x^{(2)}$에 관한 $p^{(2)}(<0)$는 결정경계 H_2에서 더 작은 값이다. 따라서 제약식 $p^{(i)}\|w\| \geq (\leq) 1(-1)$을 충족하기 위해 요구되는 $\|w\|$값은 결정경계 H_2에서 더 작아질 수 있다. 목적함수가 $1/2\|w\|^2$을 최소화하는 것이므로 결정경계 H_2가 결정경계 H_1에 비해 우수한 경계라고 할 수 있다.

나. 소프트마진

훈련데이터의 선형분리가 가능하지 않으면(linearly non-separable) 최적화 문제 (P3)의 모든 제약식을 만족하는 해(즉, 실행가능해[feasible solution]) (w, b)는 존재하지 않기 때문에 최적해를 찾지 못하여 결정경계를 생성할 수가 없다. 이러한 상황을 해결하기 위해 다음과 같이 일종의 여유변수(slack variable) $\zeta_i(i=1, \cdots, N)$을 도입하여, 일부 데이터들의 마진 한계에 여유를 부여하는 방식으로 제약식을 다음과 같이 수정할 수 있다.

$$y^{(i)}(w^T x^{(i)} + b) \geq 1 \Rightarrow y^{(i)}(w^T x^{(i)} + b) \geq 1 - \zeta_i,\ i = 1, \cdots, N$$

ζ_i값이 커질수록 마진은 줄어들게 되며, $\zeta_i = 1$이면 마진은 0이 된다. 선형분리가 불가능한 데이터를 수용하기 위해서 여유변수를 도입했지만, SVM의 목적에 비추어 볼 때 ζ_i은 가급적 작은 값으로 결정하는 것이 바람직하다. 따라서 여유변수를 도입한 SVM 최적화 문제(P4)는 다음과 같이 적을 수 있다.

(P4)

$$\begin{aligned} & min_{w,b,\zeta}\ \frac{1}{2}\| w \|^2 + C\sum_{i=1}^{N}\zeta_i \\ & \text{s.t.}\ \ y^{(i)}(w^T x^{(i)} + b) \geq 1 - \zeta_i,\ i = 1, \cdots, N \qquad (4\text{-}2) \\ & \qquad \zeta_i \geq 0,\ i = 1, \cdots, N \\ & \qquad \text{여기서, } \zeta = (\zeta_1, \zeta_2, \cdots, \zeta_N) \end{aligned}$$

문제 (P3)와 (P4)의 제약식 (4-1)과 (4-2)를 각각 하드마진(hard margin)과 소프트마진(soft margin) 제약식으로 구분하여 부른다. 한편, 문제 (P4)에서 모수 C는 최적화 해법 시행 전에 결정해야 할 초모수(hyper-parameter)로서, C값에 따라 최적해의 결과가 상당히 영향을 받을 수 있음에 주의해야 한다. C를 너무 큰 값으로 설정하면 대부분의 여유변수가 0이거나 매우 작은 값이 되어 모형이 과적합(overfitting)되고 이상치에 너무 민감하게 반응할 수 있다. 반대로 너무 작은 값으로 C를 설정하면 과소적합(underfitting)모형이 되어 편향(bias)이 커질 수 있다. 다음 그림 4-12는 C값의 증가에 따른 SVM 결정경계와 마진의 변화 모습을 보여준다.

그림 4-12 초모수(C)에 따른 결정경계의 변화

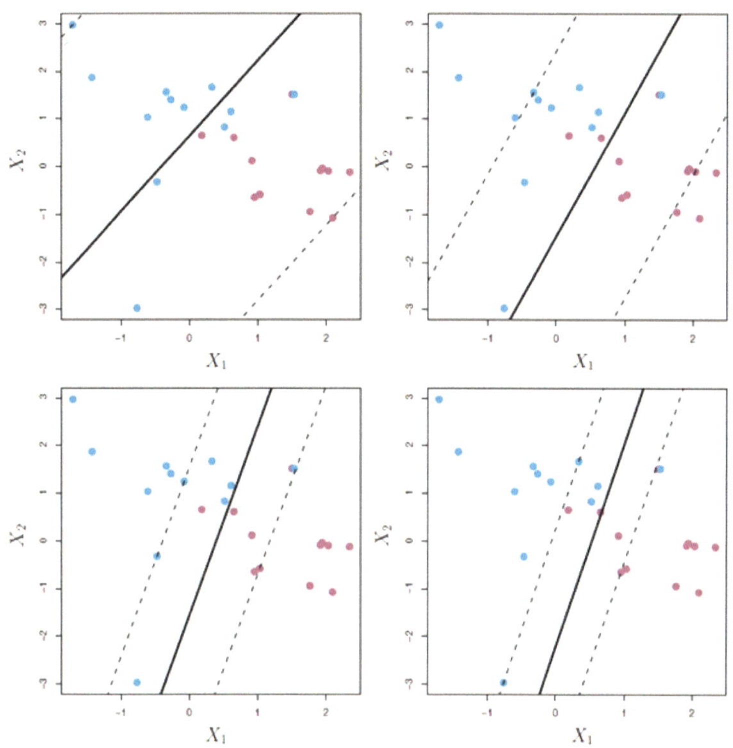

아래에서는 간단한 예제를 통해 모수 (w, b)의 척도조정 문제와 여유변수의 역할에 대해 살펴보고자 한다. 그림 4-13 (a)에서 결정경계는 $H = \{(x_1, x_2)^T \mid x_1 = 2.5,\ x_2 \in R\}$임을 알 수 있으며 마진은 $\gamma = 1.5$이다. 그런데 이러한 결정경계를 나타내는 모수 (w, b)는 무수히 많을 수 있다. 모수 $w=(1, 0)^T$와 $b=-2.5$도 그중의 하나이다.

$$(w^T x + b = (1, 0)\begin{pmatrix} x_1 \\ x_2 \end{pmatrix} + (-2.5) = x_1 - 2.5)$$

주어진 모수는 '서포트벡터의 제약식은 등식이어야 한다'는 조건이 성립되지 않는다. 예를 들어, 벡터 $x^{(1)}=(1, 0)^T$은 서포트벡터이기 때문에 제약식 $y^{(1)}(w^T x^{(1)}+b)=1$을 만족해야 하는데,

$(-1)\left((1,0)\begin{pmatrix}1\\0\end{pmatrix}+(-2.5)\right)=1.5$이 된다. 하지만 모수 (w, b)에 상수를 곱하는 방식으로 적당하게 척도를 조정하면, 모수 (w, b)와 동일한 결정경계이면서도 서포트벡터에 대응되는 제약식이 등식이 성립되도록 할 수 있다. 예를 들어, 모수 (w, b)에 상수 2/3을 곱해서 구한 모수 $w=(2/3, 0)^T$와 $b=-5/3$의 결정경계는 H로 동일하고 다음과 같이 서포트벡터($x^{(1)}$)의 제약식이 등식을 만족한다.

$$y^{(1)}(w^T x^{(1)}+b)=(-1)(2/3-5/3)=1$$

한편, 결정경계는 서포트벡터에 의해 전적으로 결정되기 때문에 서포트벡터가 아닌 데이터를 제거해도 동일한 결과를 얻는다. 이 같이 학습과정에 동원되는 데이터의 양을 획기적으로 줄일 수 있는 점은 SVM의 중요한 강점 중 하나이다. 그림 4-13 (b) 에서 음영에 속한 데이터는 제거할 수 있다.

그림 4-14 에서는 이상치(outlier) $x^{(outlier)}$가 있을 때, 하드마진과 소프트마진 제약식을 각각 적용하여 구한 결정경계를 보여준다. 하드마진에서는 매우 좁은 마진이, 그리고 소프트마진에서는 확장된 마진을 확인할 수 있다. 초모수 C의 조정으로 적절한 마진을 설정하여 결정경계가 이상치에 민감하게 움직이는 것을 방지할 수 있는 점은 SVM의 강점 중 하나이다.

그림 4-13 SVM에서 제약식의 척도 조정과 서포트벡터

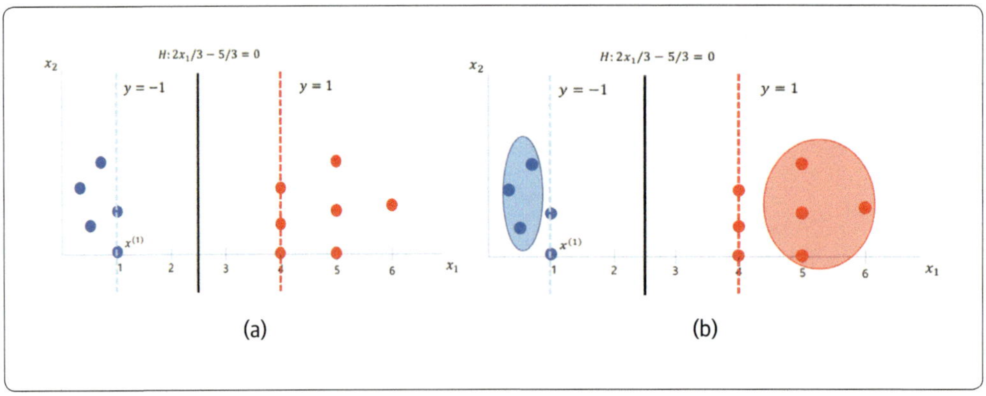

그림 4-14 이상치에 대한 하드마진과 소프트마진 제약 비교

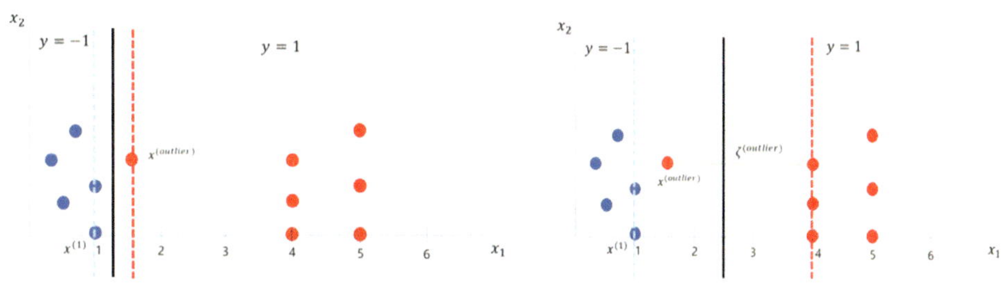

3. 최적화 조건과 쌍대문제

가. 최적화 조건(optimal conditions)

SVM 최적화에서 쌍대문제와 최적화 조건에 대해 이해하는 것은 유용한데, 설명의 편의를 위해 문제 (P3)를 대상으로 설명하고자 한다. 문제 (P3)는 선형제약식과 목적함수가 볼록함수인 이차계획법 문제로서 제약식이 없는 최적화 문제에 이용되는 경사하강법(gradient descent)을 이 문제에 적용할 수 없다. 목적함수는 의사결정변수에 대한 이차함수로서 그 표면(surface)은 유일한 국부 최저점(local optimal)이자 동시에 전역 최적점(global optimal)을 갖는 포물면(paraboloid)이 된다. 최적화 해법의 이해를 돕기 위해 다음과 같이 변수가 2개이고 제약식이 하나인 다음의 이차계획 문제를 생각해 보자.

$$min_{x,y} f(x, y) = x^2 + 2y^2 + 2$$
$$\text{s.t.} \quad g(x, y) = x + y - 1 = 0$$

$min_{x,y}\ x^2+y^2$

s.t. $x+y-1=0$

$$L(x, \lambda) = f(x, y) + \lambda g(x, y) = (x^2 + y^2) + \lambda(x + y - 1)$$
$$\frac{\partial L(x, \lambda)}{\partial x} = 2x + \lambda = 0$$
$$\frac{\partial L(x, y, \lambda)}{\partial y} = 2y + \lambda = 0$$
$$\frac{\partial L(x, y, \lambda)}{\partial \lambda} = x + y - 1 = 0$$

변수의 수와 방정식의 수가 모두 3개이므로 최적해를 구하면, $x=y=1/2$ 그리고 $\lambda=-1$이다.

다음으로 제약식이 부등식인 최적화 문제에 대해 살펴보자.

$$\begin{cases} min_x\ f(x) \\ s.t.\quad g(x) \le 0 \end{cases}$$

제약식이 부등식인 경우에는 최적해 x^*가 제약식 상에 있지 않은 비속박제약(nonbinding)의 경우(즉, $g(x^*)<0$)와, 제약식 상에서 발생하는 속박제약(binding)의 경우(즉, $g(x^*)=0$)로 나누어 볼 수 있다. 전자의 경우 최적해는 $\nabla f(x^*)<0$을 만족한다(그림 4-17 (a)), 하지만 후자의 경우는 그림 4-17 (b)에서 보듯이 $\nabla f(x^*)$와 $\nabla g(x^*)$는 정반대 방향이어야 한다. 즉 $\nabla f(x^*)+\lambda\nabla g(x^*)=0$ 그리고 $\lambda>0$ 조건이 만족되어야 한다. 이는 다음과 같이 요약할 수 있다.

제약식이 부등식인 비선형계획 문제의 최적해 x^*는 다음을 만족한다.

$$\nabla f(x^*) + \lambda \nabla g(x^*) = 0$$

$$\lambda = \begin{cases} 0, & g(x^*) < 0, \\ > 0, & g(x^*) = 0 \end{cases}$$

그림 4-17 부등제약식이 있는 경우의 최적화 조건

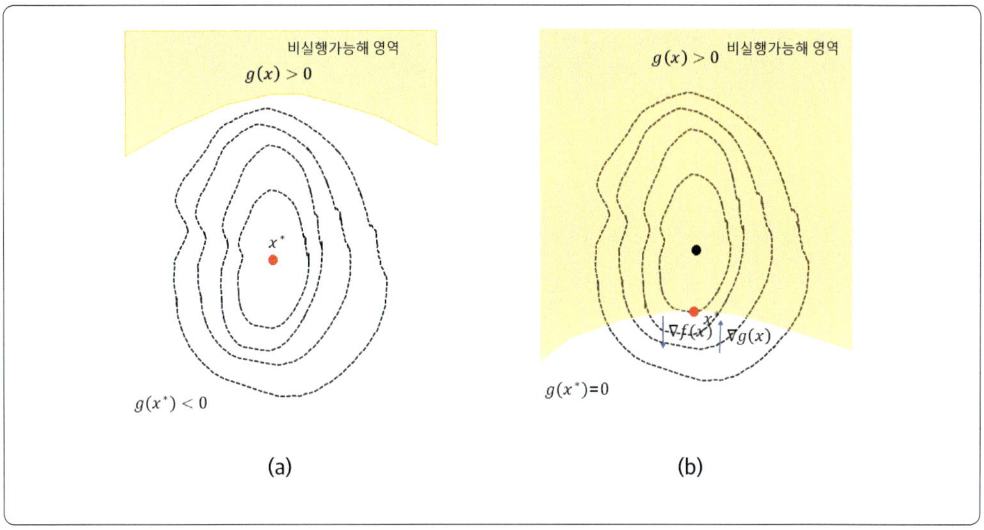

위 내용을 토대로 임의의 x가 최적해가 되기 위한 조건은 다음과 같이 요약할 수 있는데, 이를 KKT(Karush-Kuhn-Tucker) 조건이라 부른다.

$g(x) \leq 0$: x는 실행가능해여야 한다.

$\nabla f(x) + \lambda \nabla g(x) = 0$

$\lambda g(x) = 0$

$\lambda > 0$

이제 복수 개의 부등식과 등식 제약식이 포함된 일반화된 최적화모형에 대해 살펴보자.

$$\begin{cases} min_x \ f(x) \\ s.t \quad g_i(x) \leq 0, \forall i \\ \qquad h_j(x) = 0, \forall j \end{cases}$$

위 문제의 라그랑지안 함수 $L(x, \alpha, \lambda)$은 다음과 같이 정의되며, 이때 α_i와 λ_j는 각각 부등식 제약식 $g_i(x) \leq 0$와 등식 제약식 $h_j(x) = 0$에 대응되는 라그랑지안 승수이다.

$$L(x, \lambda, \alpha) = f(x) + \sum_i \alpha_i g_i(x) + \sum_j \lambda_j h_j(x)$$

함수 $\theta_P(x)$를 다음과 같이 정의하자.

$$\theta_P(x) = max_{\alpha, \lambda, \alpha_i \geq 0} L(x, \alpha, \lambda)$$

만약, x가 모든 제약식을 만족하는 실행가능해라면, 즉 $g_i(x) \leq 0$ 그리고 $h_j(x)=0$, $\forall i, j$, $\alpha_i=0$, $\forall i$이 되어야 $L(x, \alpha, \lambda)$이 최대가 되므로 $\theta_P(x) = f(x)$가 된다. 그리고 x가 비실행가능해(infeasible solution)이면(즉, 만족하지 않은 제약식이 하나라도 존재한다면), 해당 제약식의 승수 α_i 또는 λ_j를 $\alpha_i g_i(x)$ 또는 $\lambda_j h_j(x)$가 $+\infty$ 되도록 설정할 수 있다. 그러므로 $\theta_P(x) = +\infty$이다. 따라서 다음과 같이 정리할 수 있다.

$$\theta_P(x) = max_{\alpha, \lambda, \alpha_i \geq 0} L(x, \alpha, \lambda) = \begin{cases} f(x), \text{ 만약 } x\text{가 실행가능해,} \\ +\infty, \text{ 만약 } x\text{가 비실행가능해.} \end{cases}$$

그러므로 $min_x \theta_P(x) = min_x max_{\alpha, \lambda, \alpha_i \geq 0} L(x, \alpha, \lambda)$은 위에서 주어진 최적화 문제와 동일한 문제가 되며, 이를 원문제(primal problem)라고 부른다. 원문제의 최적 목적함수값을 p^*라고 하면, $p^* = min_x \theta_P(x)$이다.

아래 그림 4-18 은 제약식으로서 부등식 한 개만 있는 경우(즉, $g(x) \leq 0$)를 들어 앞에서 설명한 라그랑지안 함수 $L(x, \alpha)$와 목적함수 $f(x)$와의 관계를 보여준다. 검은 실선은 목적함수 $f(x)$를, 그리고 검은 점선은 제약함수 $g(x)$를 표시한다. 그리고 노란 실선은 $g(x)=0$ 경계선을 나타낸다. 따라서 $g(x) \leq 0$인 변수 x의 실행가능 영역은 음영 지역이 된다. 그리고 목적함수 아래와 위에 있는 점들은 α값이 0.1, 0.2,...,1.0 일 때 $L(x, \alpha)$의 값을 표시한다. 즉, 특정 x값에 대해 10개의 $L(x, \alpha)$ 값 각각이 점으로 표시되어 있다. 그림에서 보듯이, 실행가능 영역에서는 임의의 α에 대해 $f(x) \geq L(x, \alpha)$이다. 따라서 $f(x) = max_\alpha L(x, \alpha) = \theta_P(x)$이다. 하지만 비실행가능 영역에서는 임의의 α에 대해 $f(x)=L(x, \alpha)$이므로, $\theta_P(x)=\infty$이다.

그림 4-18 라그랑지안 함수와 목적함수와의 관계[1]

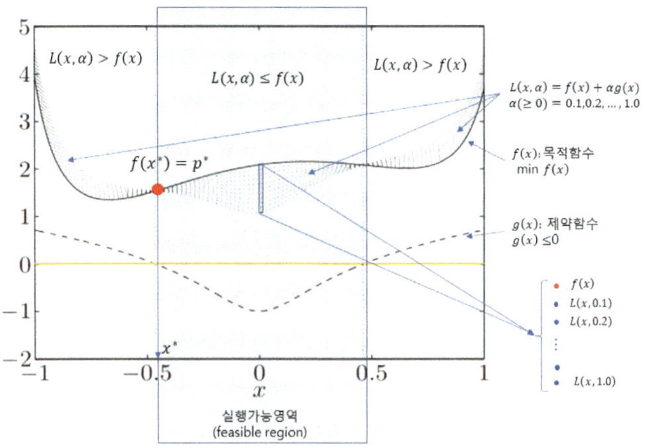

나. 쌍대문제(dual problem)

원문제 $min_x \theta_P(x)$에 대한 쌍대문제(dual problem)는 다음과 같이 정의된다. 여기서 쌍대문제의 최적해를 d^*로 표시한다.

$$max_{\alpha, \lambda, \alpha_i \geq 0} \theta_D(\alpha, \lambda) = max_{\alpha, \lambda, \alpha_i \geq 0} min_x L(x, \alpha, \lambda),$$

$$\text{즉, } \theta_D(\lambda, \alpha) = min_x L(x, \lambda, \alpha)$$

임의의 함수에 대해 *minmax*가 *maxmin*보다 항상 크기 때문에 원문제와 쌍대문제의 최적 목적함수값 p^*와 d^*의 대소관계는 $p^* \geq d^*$이며 이를 약쌍대성(weak duality)이라고 한다. 그리고 $p^* = d^*$이면 이를 강쌍대성(strong duality)이라고 하며, 이를 위한 충분조건(sufficient condition)은 다음과 같다.

① 함수 f와 g_i는 볼록함수이고 h_i는 아핀(affine)[2] 함수이다.

1) Convex optimization by Stephen Boyd & Lieven Vandenberghe에 주어진 그림을 수정하였다.
2) affine 함수는 offset이 있는(또는 원점을 지나지 않는) 선형(linear) 함수이다.

② 모든 i에 대해 $g_i(x)<0$를 만족하는 실행가능해 x가 존재한다.

SVM 문제의 목적함수와 제약함수는 아래와 같이 ① 조건을 만족한다. 그리고 ζ_i을 충분히 크게 하면 조건 ②를 만족할 수 있어, SVM 원문제의 p^*와 쌍대문제의 d^*는 동일하다.

$$min_{w,b,\zeta} \underbrace{\frac{1}{2}\|w\|^2 + C\sum_{i=1}^{N}\zeta^{(i)}}_{w,\,b,\,\zeta\text{에 대해 볼록함수}} \; s.t. \; \underbrace{y^{(i)}(w^T x^{(i)} + b) \geq 1 - \zeta^{(i)}, \zeta^{(i)} \geq 0, \forall i}_{w,\,b,\,\zeta\text{에 대해 아핀함수}}$$

강쌍대성 조건이 만족되면 다음을 만족하는 x^*, λ^*, α^*가 존재한다.

① x^*는 원문제의 최적해이고, α^*와 λ^*은 쌍대문제의 최적해이다.
② $p^*=d^*=L(x^*, \alpha^*, \lambda^*)$
③ x^*, α^*, λ^*는 다음의 KKT 조건을 만족한다. 즉, KKT는 최적해를 위한 필요충분조건이다.

- 안정성(stationarity) : $\left.\frac{\partial L(x, \alpha^*, \lambda^*)}{\partial x}\right|_{x^*} = 0$, x^*는 라그랑지안 함수의 국부최적해
- 실행가능성(feasibility) : $g_i(x^*) \leq 0$, $h_j(x^*) = 0$, $\forall i, j$: x^*는 원문제의 실행가능해
  $\alpha_i^* \geq 0$, $\forall i$: α_i^*는 쌍대문제의 실행가능해
- 보충완화(complementary slackness) : 모든 i에 대해 $\alpha_i^* g_i(x^*) = 0$이다. 즉, 라그랑지안 승수 $\alpha_i^* = 0$이거나 $g_i(x^*) = 0$이다.

앞서 설명한 SVM 문제 (P4)는 다음과 같다.

$$\begin{aligned} &min_{w,b,\zeta} \frac{1}{2}\|w\|^2 + C\sum_{i=1}^{N}\zeta_i \\ &s.t.\ 1 - y^{(i)}(w^T x^{(i)} + b) - \zeta_i \leq 0, i = 1, \cdots, N \\ &\quad\ -\zeta_i \leq 0, i = 1, \cdots, N \end{aligned}$$

위 문제에 대한 라그랑지안 함수 $L(w, b, \zeta, \alpha, \lambda)$은 다음과 같다.

$$L(w, b, \zeta, \alpha, \lambda) = \frac{1}{2}\| w \|^2 + C\sum_{i=1}^{N}\zeta_i + \sum_{i=1}^{N}\alpha_i \left\{1 - y^{(i)}(w^T x^{(i)} + b) - \zeta_i\right\} - \sum_{i=1}^{N}\lambda_i\zeta_i$$

여기서, $\zeta = (\zeta_1, \cdots, \zeta_N), \alpha = (\alpha_1, \cdots, \alpha_N), \lambda = (\lambda_1, \cdots, \lambda_N)$

따라서 원문제 (P4)는 다음과 같이 쓸 수 있다.

$$min_{w,b,\zeta}\theta_P(w, b, \zeta), \text{여기서 } \theta_P(w, b, \zeta) = max_{\alpha, \lambda, \alpha_i \geq 0} L(w, b, \zeta, \alpha, \lambda)$$

KKT의 안정성(stationarity) 조건을 쓰면,

$$\begin{aligned}
\frac{\partial L(\cdot)}{\partial w} &= \frac{\partial}{\partial w}\left(\frac{1}{2}\| w \|^2 - \sum_{i=1}^{N}\alpha_i y^{(i)} w^T x^{(i)}\right) = w - \sum_{i=1}^{N}\alpha_i y^{(i)} x^{(i)} = 0 \\
&\Rightarrow w = \sum_{i=1}^{N}\alpha_i y^{(i)} x^{(i)} \\
\frac{\partial L(\cdot)}{\partial b} &= \frac{\partial}{\partial b}\left(-\sum_{i=1}^{N}\alpha_i y^{(i)} b\right) = -\sum_{i=1}^{N}\alpha_i y^{(i)} = 0 \Rightarrow \sum_{i=1}^{N}\alpha_i y^{(i)} = 0 \\
\frac{\partial L(\cdot)}{\partial \zeta_i} &= \frac{\partial}{\partial \zeta_i}(C - \lambda_i - \alpha_i)\zeta_i = 0 \Rightarrow C - \lambda_i - \alpha_i = 0
\end{aligned}$$

KKT 조건인 $w = \sum_{i=1}^{N}\alpha_i y^{(i)} x^{(i)}$을 라그랑지안 함수 $L(w, b, \zeta, \alpha, \lambda)$에 대입하여 다시 정리하면,

$$\begin{aligned}
L(w, b, \zeta, \alpha, \lambda) = &\sum_{i=1}^{N}(C - \alpha_i - \lambda_i)\zeta_i + \underbrace{\frac{1}{2}\left\| \sum_{i=1}^{N} y^{(i)}\alpha_i x^{(i)} \right\|^2}_{A} \\
&+ \sum_{i=1}^{N}\alpha_i - \underbrace{\sum_{i=1}^{N}\alpha_i y^{(i)}\left(\sum_{j=1}^{N} y^{(j)}\alpha_j x^{(j)}\right)^T x^{(i)}}_{B} - \sum_{i=1}^{N}(\alpha_i y^{(i)})b
\end{aligned}$$

위 식에서 $A = \frac{1}{2}\sum_{i=1}^{N}\sum_{j=1}^{N}\alpha_i\alpha_j y^{(i)} y^{(j)}(x^{(i)})^T x^{(j)}, B = \sum_{i=1}^{N}\sum_{j=1}^{N}\alpha_i\alpha_j y^{(i)} y^{(j)}(x^{(i)})^T x^{(j)}$이고, KKT 조건 $\sum_{i=1}^{N}\alpha_i y^{(i)} = 0$와 $C - \lambda_i - \alpha_i = 0$이므로, $L(w, b, \zeta, \alpha, \lambda)$은 승수 α와 λ의 함수가 된

다. 즉

$$L(w, b, \zeta, \alpha, \lambda) = \sum_{i=1}^{N}\alpha_i - \frac{1}{2}\sum_{i=1}^{N}\sum_{j=1}^{N}\alpha_i\alpha_j y^{(i)}y^{(j)}(x^{(i)})^T x^{(j)}$$

그러므로 SVM 원문제의 쌍대문제는 다음과 같다.

$$\begin{aligned} & max_{\alpha,\lambda}\sum_{i=1}^{N}\alpha_i - \frac{1}{2}\sum_{i=1}^{N}\sum_{j=1}^{N}\alpha_i\alpha_j y^{(i)}y^{(j)}(x^{(i)})^T x^{(j)} \\ s.t. \quad & \alpha_i \geq 0, \lambda_i \geq 0, i = 1, \cdots, N \\ & \sum_{i=1}^{N}\alpha_i y^{(i)} = 0 \\ & C - \lambda_i - \alpha_i = 0, i = 1, \cdots, N \end{aligned}$$

쌍대문제의 목적함수에는 변수 λ_i가 포함되어 있지 않으며, 제약식 $C-\lambda_i-\alpha_i=0$와 $\lambda_i\geq0$을 결합하여 $\alpha_i\leq C$로 나타낼 수 있어서 제약식에서도 변수 λ_i를 제거할 수 있다. 최종적으로 정리된 SVM 쌍대문제는 다음과 같다.

$$\begin{aligned} & max_{\alpha,\lambda}\sum_{i=1}^{N}\alpha_i - \frac{1}{2}\sum_{i=1}^{N}\sum_{j=1}^{N}\alpha_i\alpha_j y^{(i)}y^{(j)}(x^{(i)})^T x^{(j)} \\ s.t. \quad & 0 \leq \alpha_i \leq C, i = 1, \cdots, N \\ & \sum_{i=1}^{N}\alpha_i y^{(i)} = 0 \end{aligned}$$

SVM 쌍대문제의 변수는 특성변수의 차원(특성의 수, d)과는 무관하기 때문에 특성의 수가 많은 경우에 SVM이 상대적으로 다른 모형에 비해 유리할 수 있다. 하지만 쌍대문제의 변수 α_i의 수는 N개로 훈련데이터의 규모가 큰 경우 여전히 부담이 될 수 있다. 그런데, 변수 α_i 중에서 많은 수의 최적해가 0이 되는 것이 SVM의 특징이자 장점이다. 왜냐하면 $\alpha_i\neq0$은 입력데이터 $x^{(i)}$가 서포트벡터인 경우로 서포트벡터가 아닌 입력데이터에 대한 승수는 0이 된다. 이를 좀 더 자세히 알아보면, KKT의 보충완화 조건으로부터,

① $\alpha_i(1 - \zeta_i - y^{(i)}(w^T x^{(i)} + b)) = 0, i = 1, \cdots, N$

② $\lambda_i \zeta_i = 0, i = 1, \cdots, N$

승수 α_i에 따라 3가지 경우로 구분할 수 있다.

(i) $0<\alpha_i<C$: KKT 조건 ①로부터 $1-\zeta_i=y^{(i)}(w^T x^{(i)}+b)$이다. 그런데 $\alpha_i=C-\lambda_i$이므로 $\lambda_i \neq 0$. 따라서 조건 ②로부터 $\zeta_i=0$이다.

(ii) $\alpha_i=C\neq 0$: KKT 조건 ①로부터 $1-\zeta_i=y^{(i)}(w^T x^{(i)}+b)$이다. 그런데 $\alpha_i=C-\lambda_i$이므로 $\lambda_i=0$이 된다. 따라서 조건 ②로부터 $\zeta_i>0$일 수 있다.

(iii) $\alpha_i=0$: KKT 조건 ①로부터 $1-\zeta_i<y^{(i)}(w^T x^{(i)}+b)$이다. 그런데 $\alpha_i=C-\lambda_i$이므로 $\lambda_i \neq 0$ 따라서 조건 ②로부터 $\zeta_i=0$이다.

(i)에 해당하는 경우 입력데이터 $x^{(i)}$는 마진경계 상에 놓인 서포트벡터가 되고 (ii)는 여유변수 $\zeta_i>0$이 가능해 마진경계 상에 있지 않은 서포트벡터이다.[3] (iii)에서와 같이 $\alpha_i=0$이면 입력데이터 $x^{(i)}$를 제외해도 최적해에 영향을 미치지 않는다.

그림 4-19 쌍대변수(승수)로 구분하는 서포트벡터

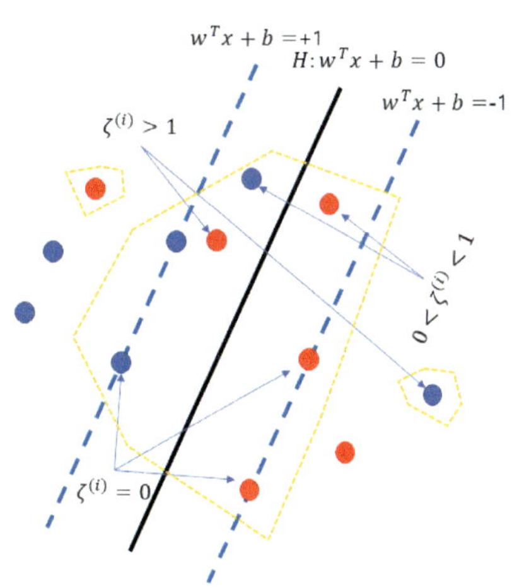

3) 여유변수가 도입되지 않는 경우, 서포트벡터는 마진경계 상에 놓이는 데이터로만 구성된다. 하지만, 여유변수가 도입되면, 마진경계 상에 있지 않은 데이터가 있을 수 있음에 유의한다.

그림 4-19 에서 노란 점선으로 표시된 서포트벡터는 3가지 유형으로 나누어진다. 먼저, $\zeta_i=0$인 서포트벡터는 경계 상에 있는 점들이고, $0<\zeta_i\leq 1$인 점들은 올바르게 분류되었지만 마진 결정경계 상에 있지 않은 점이다. 그리고 $\zeta_i>1$인 점들은 분류가 잘못된 경우를 나타낸다.

쌍대문제의 최적해 α를 구하면, SVM의 선형분류기 w^Tx+b의 모수 w는 다음과 같이 구할 수 있다.

$$\frac{\partial L}{\partial w}=0 \Rightarrow w=\sum_{i=1}^{N}\alpha_i y^{(i)}x^{(i)}$$

그리고 모수 b는 $0<\alpha_i<C$이고 $y^{(i)}\in\{-1, 1\}$인 입력데이터 i에 대해,

$$y^{(i)}(w^Tx^{(i)}+b)=1 \Rightarrow b=y^{(i)}-w^Tx^{(i)}=y^{(i)}-\sum_j \alpha_j y^{(j)}(x^{(j)})^T x^{(i)}$$

4. 커널 기법(kernel trick)

SVM은 이상치에 대해 비교적 민감하게 반응하지 않고 훈련데이터의 일부만을 이용해도 되며 특성변수의 차원에 자유롭다는 점 등이 강점으로 거론되지만, 비선형 모형을 수용할 수 있는 점 때문에 특히 주목을 받고 있다. 커널 기법(kernel trick)은 SVM에서 선형적으로 분리가 불가능한 (비선형) 데이터를 처리할 수 있는 방법이다. 이 기법이 SVM에 효율적으로 적용이 가능한 것은 입력(특성)데이터의 내적(inner product) $(x^{(i)})^Tx^{(j)}$이 포함된 SVM 쌍대문제의 목적함수의 특별한 구조에 기인한다. 커널 기법에 대한 설명에 앞서 벡터의 내적에 대한 직관적 해석에 대해 먼저 알아본다.

이차원 벡터 $u=(u_1, u_2)^T$와 $v=(v_1, v_2)^T$의 내적은 그림 4-20 에서 보듯이 벡터 u는 벡터 v와 평행한 요소(u_v)와 수직인 요소(u_0)로 구성된다. $\langle u_0, v\rangle=0$이므로 $\langle u, v\rangle=\langle u_v, v\rangle$이 되는데, $u_v=rv$으로 놓으면, $\langle u, v\rangle=r\|v\|^2$ 이다. 여기서 r은 상수이다. 만약 $\|v\|=1$이면, $\langle u, v\rangle=r$이 된다. 여기서 상수 r은 $[-1, 1]$ 사이의 값을 가지는데, $r=1$이면 벡터 u와 v가 같은 방향을 가지는 것을 의미하며 두 벡터의 유사성(similarity)이 완전한 것으로 해석할 수 있다. 반대로 벡터

u와 v가 반대 방향(즉, $r=-1$)이면 완전한 비유사성(dissimilarity)을 가진 것으로 해석할 수 있다. 이렇게 벡터의 내적 값은 기하학적으로 두 벡터의 유사성을 평가할 수 있는 척도로 이해될 수 있다.

$$\langle u, v\rangle = \langle u_v + u_0, v\rangle = \langle u_v, v\rangle + \underbrace{\langle u_0, v\rangle}_{=0} = \langle u_v, v\rangle = \langle rv, v\rangle = r\|v\|^2$$

그림 4-20 내적으로 나타내는 유사성

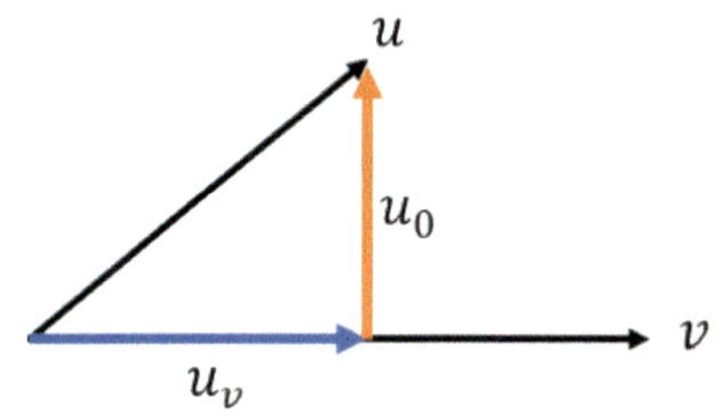

SVM 쌍대문제의 제약식 $\alpha_i \geq 0(\forall i)$으로 인해, 아래에 주어진 목적함수에서 A 부분의 부호는 α_i와 무관하게 결정된다.

$$\sum_{i=1}^{N}\alpha_i - \frac{1}{2}\sum_{i=1}^{N}\sum_{j=1}^{N}\alpha_i\alpha_j \underbrace{y^{(i)}y^{(j)}(x^{(i)})^T x^{(j)}}_{A}$$

쌍대문제의 최적화 과정을 목적함수에 포함되어 있는 입력데이터의 내적 $\langle x^{(i)}, x^{(j)}\rangle = (x^{(i)})^T x^{(j)}$의 유사성 관점에서 설명할 수 있다. 벡터 $x^{(i)}$와 $x^{(j)}$의 유사성은 크게 다음 3가지로 구분하여 생각할 수 있다. 먼저, 두 벡터가 완전한 비유사성을 가진 경우(즉, $\langle x^{(i)}, x^{(j)}\rangle = 0$) 목적함수에 전혀 영향을 미치지 못한다. 다음으로 완전한 유사성이 있고(즉, $\langle x^{(i)}, x^{(j)}\rangle = 1$) 벡터 $x^{(i)}$와 $x^{(j)}$의 출력변수가 동일한 경우(즉, $y^{(i)} = y^{(j)} = 1$ 또는 -1)에는 $y^{(i)}y^{(j)}(x^{(i)})^T x^{(j)} = 1$로 양수가 되어 목적함수 값을 감소시킨다. 따라서 최적화 해법에서는 동일한 출력을 가진 유사한 특성벡터의 영향을 최소화한다. 마지막으로 유사성이 있으나(즉, $\langle x^{(i)}, x^{(j)}\rangle = 1$) 두 벡터의 출력변수가 서로 다른 경우 $y^{(i)}y^{(j)}(x^{(i)})^T x^{(j)} = -1$이므로 두 벡터는 목적함수 향상(최대화)에 기여하게 된다. 이는 클래스가 다른 입력데이터를 포착하려는 모형의 취지를 반영하고 있다고 해석할 수 있다(그림 4-21).

그림 4-21 두 벡터의 유사성과 목적함수에 대한 기여

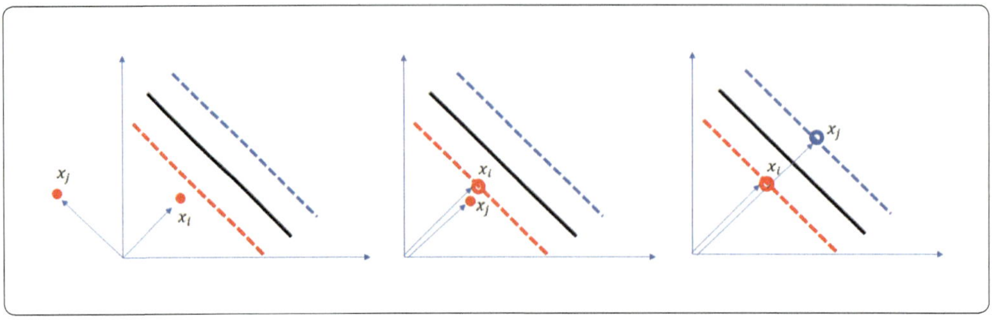

선형적으로 분리가 되지 않는 입력데이터 공간은 비선형 변환함수 $\phi(x)$을 이용해서 특성 변수를 증가시키는 방법으로 선형적으로 분리 가능한 공간(또는 특성공간, feature space)으로 변환시킬 수 있다. 그림 4-22 는 이차원 공간의 입력데이터 $x=(x_1, x_2)^T$를 3차원 공간으로 변환한 예를 보여준다. 이때 $\phi(x) = \phi\begin{pmatrix} x_1^2 \\ x_2^2 \\ \sqrt{2}x_1x_2 \end{pmatrix}$

그림 4-22 선형적 분리공간으로의 변환(2차원→3차원)의 예

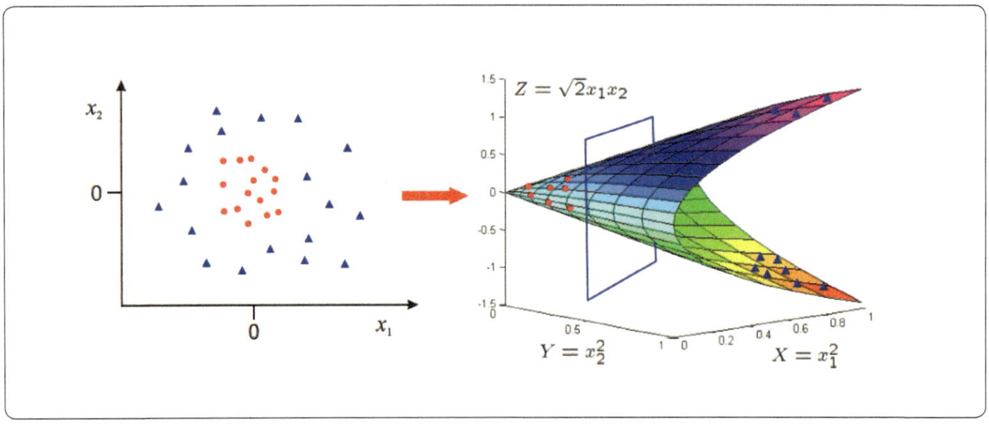

그림 4-23 (a) 는 XOR 연산자의 예를 나타낸 것으로서 XOR 연산은 선형적으로 분리가 되지 않는다. 다음과 같은 변환함수 $\phi(x)$를 이용해서 이차원 벡터 $x = (x_1, x_2)^T$를 6차원 공간으로 변환하였다. $\phi(x) = (x_1^2, x_2^2, \sqrt{2}x_1x_2, \sqrt{2}x_1, \sqrt{2}x_2, 1)^T$. 그림 4-23 (b) 는 변환된 6차원 벡터 각각을 3번째와 4번째 축(coordinate)을 기준으로 투영한 것을 보여준다. 그림과 같이 변환된

벡터는 선형적으로 분리가 가능하다.

그림 4-23 선형적으로 분리 가능한 공간으로 변환(XOR 연산자의 예)

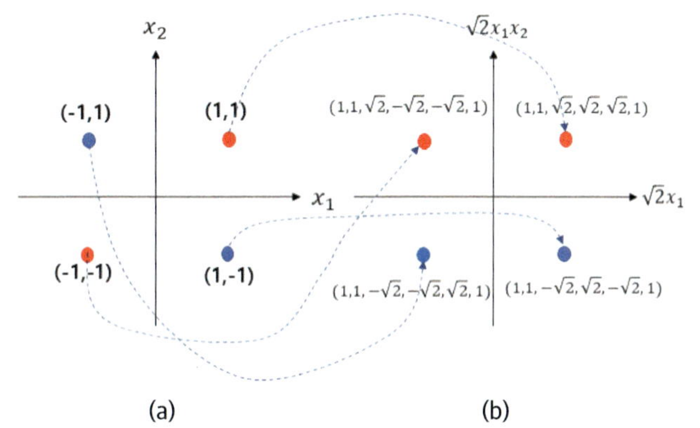

입력데이터의 변환을 반영한(또는 특성공간에서의) SVM의 쌍대문제는 다음과 같다.

$$
\begin{aligned}
& max_{\alpha,\lambda} \sum_{i=1}^{N} \alpha_i - \frac{1}{2}\sum_{i=1}^{N}\sum_{j=1}^{N} \alpha_i \alpha_j y^{(i)} y^{(j)} (\phi(x^{(i)}))^T \phi(x^{(j)}) \\
& s.t.\ \ 0 \le \alpha_i \le C,\ \ i = 1, \cdots, N \\
& \qquad \sum_{i=1}^{N} \alpha_i y^{(i)} = 0
\end{aligned}
$$

목적함수에 변환함수의 내적 $(\phi(x^{(i)}))^T \phi(x^{(j)})$이 포함되어 있는데, 변환함수의 내적을 구하는 것도 상당한 계산시간이 요구된다. 예를 들어, 3차원 벡터 $x = (x_1, x_2, x_3)^T$와 $y = (y_1, y_2, y_3)^T$을 9차원으로 다음과 같이 변환한다고 하자.

$$
\begin{aligned}
\phi(x) &= (x_1^2, x_1x_2, x_1x_3, x_2x_1, x_2^2, x_2x_3, x_3x_1, x_3x_2, x_3^2)^T \\
\phi(y) &= (y_1^2, y_1y_2, y_1y_3, y_2y_1, y_2^2, y_2y_3, y_3y_1, y_3y_2, y_3^2)^T
\end{aligned}
$$

그러면 $\phi(x)^T\phi(y)$의 내적은 $\phi(x)^T\phi(y) = \sum_{i=1}^{3}\sum_{j=1}^{3} x_i x_j y_i y_j$으로 계산복잡도가 $O(n^2)$에 이

른다. 모든 입력데이터의 쌍(pair)에 대해 $\phi(x)^T\phi(y)$을 계산하는 것은 훈련데이터의 규모가 크지 않더라도 적지 않은 계산시간이 필요하다. 따라서 변환함수의 역할을 하면서도 계산이 간편한 다른 방안이 필요한데, 이것이 커널 기법이다. 위 예제에서 함수 $k(x, y) = (x^T y)^2$이라고 하면, 다음과 같이 $k(x, y) = \phi(x)^T\phi(y)$이다.

$$k(x, y) = (x^T y)^2 = (x_1 y_1 + x_2 y_2 + x_3 y_3)^2 = \sum_i^3 \sum_j^3 x_i x_j y_i y_j$$

$k(x, y)$의 계산은 3차원에서 이루어지는 한 번의 내적으로 충분하다(계산복잡도 $O(n)$). 결국 9차원에서 이루어지는 복잡한 계산을 3차원에서 이루어지는 내적으로 대신할 수 있게 된다. 좀 더 일반적인 형태를 가진 $k(x, y) = (x^T y + c)^m$를 생각해 보자. 예를 들어 $m = 2$이고 벡터의 차원이 n이면,

$$k(x, y) = (x^T y + c)^2 = \sum_{i=1}^n \sum_{j=1}^n (x_i x_j)(y_i y_j) + \sum_{i=1}^n (\sqrt{2c}\, x_i)(\sqrt{2c}\, y_i) + c^2$$

만약 n=3이면,

$$\phi(x) = (x_1x_1, x_1x_2, x_1x_3, x_2x_1, x_2x_2, x_2x_3, x_3x_1, x_3x_2, x_3x_3, \sqrt{2c}\,x_1, \sqrt{2c}\,x_2, \sqrt{2c}\,x_3, c)^T$$

이렇게 변환함수끼리의 내적 $\phi(x)^T\phi(y)$은 $O(n^m)$ 차원에서 이루어지지만 $k(x, y)$의 계산은 m에 관계없이 여전히 $O(n)$이 된다. 커널 함수 $k(x, y)$는 특성변수 $\phi(x)$의 차원과도 무관하다. 내적이 두 벡터의 유사성을 의미하듯이, $k(x, y) = \phi(x)^T\phi(y)$은 $\phi(x)$와 $\phi(y)$의 유사성을 나타내는 것으로 해석할 수 있다. 즉, $\phi(x)$와 $\phi(y)$가 서로 유사성이 높으면 $k(x, y)$는 큰 값을, 그렇지 않으면 작은 값을 가진다. 이 같은 해석을 비교적 잘 보여주는 소위 가우시안(Gaussian) 커널이 아래에 주어져 있다. 벡터 x와 y의 거리가 가까우면 $k(x, y)$은 1에 가까워지고 반대로 거리가 멀어지면 0에 가까운 값을 가진다.

$$k(x, y) = exp\left(-\frac{\| x - y \|^2}{2\sigma^2}\right)$$

참고로 가우시안 커널 함수 $k(x, y) = \phi(x)^T\phi(y)$을 만족시키는 변환함수 $\phi(\cdot)$의 차원은 무한대이다. 그렇다면 어떤 함수 $k(x, y)$가 주어져 있을 때, 이 함수가 커널 함수가 되는 조건은 무엇인가? 즉, $k(x, y) = \phi(x)^T\phi(y)$를 만족시키는 변환함수 $\phi(\cdot)$가 존재하기 위한 조건은 무엇인가? 이를 알아보기 위해 함수 $k(\cdot)$가 (훈련)데이터 $\{x^{(i)}\}_{i=1}^{p}$에 커널 함수가 된다고 가정하자. 그리고 커널 행렬(kernel matrix) K의 (i, j) 행렬요소 K_{ij}가 $k(x^{(i)}, x^{(j)})$인 $p\times p$ 정방행렬(square matrix)이라고 하자. 만약 $k(\cdot)$가 커널 함수라면, 아래와 같이 커널 행렬은 대칭(symmetry)이어야 한다.

$$K_{ij} = k(x^{(i)}, x^{(j)}) = \phi(x^{(i)})^T\phi(x^{(j)}) = \phi(x^{(j)})^T\phi(x^{(i)}) = k(x^{(j)}, x^{(i)}) = K_{ji}$$

다음으로 $\phi_i(x)$를 벡터 $\phi(x)$의 i번째 요소라고 하자. 그러면 임의의 벡터 z에 대해 다음의 조건을 만족한다.

$$\begin{aligned} z^T Kz &= \sum_i\sum_j z_i K_{ij} z_j = \sum_i\sum_j z_i\phi(x^{(i)})^T\phi(x^{(j)})z_j = \sum_i\sum_j z_i\sum_p \phi_p(x^{(i)})\phi_p(x^{(j)})z_j \\ &= \sum_p\sum_i\sum_j z_i\phi_p(x^{(i)})\phi_p(x^{(j)})z_j = \sum_p\left(\sum_i\left(z_i\phi_p(x^{(i)})\right)^2\right) \ge 0 \end{aligned}$$

따라서 커널 행렬 K는 양의 정부호 행렬(positive definite matrix)이다. 요컨대 커널 행렬 K가 대칭이고 양의 정부호 행렬이면 $k(\cdot)$은 커널 함수가 되고 이에 대응하는 변환함수 $\phi(\cdot)$가 존재한다. 제시된 조건을 만족하는 어떤 함수도 이론적으로는 커널 함수가 될 수 있지만 현실에서는 아래에 주어진 커널 함수가 보편적으로 이용되고 있다.

- 다항식 커널(polynomial kernel) : $k(x, y) = (c + x^T y)^m$, m은 양의 정수, c는 상수
- RBF(Radial Basis Function): $k(x, y) = exp(-\gamma\| x - y \|^2)$, $\gamma > 0$은 양의 상수, 만약 $\gamma = 1/2\sigma^2$이면 가우시안 커널
- 시그모이드 커널(sigmoid kernel): $k(x, y) = tanh(\beta_0 x^T y + \beta_1)$, $\beta_0 > 0$, $\beta_1 < 0$은 상수

커널함수를 SVM 쌍대문제에 반영하면 다음과 같다.

$$\begin{aligned}&max_{\alpha,\lambda}\sum_{i=1}^{N}\alpha_i-\frac{1}{2}\sum_{i=1}^{N}\sum_{j=1}^{N}\alpha_i\alpha_j y^{(i)}y^{(j)}k(x^{(i)},x^{(j)})\\&s.t.\ \ 0\le\alpha_i\le C,\ i=1,\cdots,N\\&\qquad\sum_{i=1}^{N}\alpha_i y^{(i)}=0\end{aligned}$$

이제 새로운 입력데이터 x에 대한 예측(출력) 결과를 주는 예측함수 $h(x)$에 대해 알아보자. $\alpha^*=(\alpha_1^*,\cdots,\alpha_N^*)$를 SVM 쌍대문제의 최적해라고 하면,

$$w^*=\sum_{i=1}^{N}\alpha_i^* y^{(i)}x^{(i)}$$

따라서

$$h(x)=sign(w^{*T}x+b)=sign\left(\left(\sum_{i=1}^{N}\alpha_i^* y^{(i)}x^{(i)}\right)^T x+b\right)=sign\left(\sum_{i=1}^{N}\alpha_i^* y^{(i)}(x^{(i)})^T x+b\right)$$

여기서, $(x^{(i)})^T x$를 커널 함수 $k(x^{(i)},x)$로 바꾸면, $h(x)=sign\left(\sum_{i=1}^{N}y^{(i)}\alpha_i^* k(x^{(i)},x)+b\right)$이다. 즉,

$$y=\begin{cases}1, & \text{만약 } \sum_{i=1}^{N}y^{(i)}\alpha_i^* k(x^{(i)},x)+b\ge 0,\\ -1, & \text{만약 } \sum_{i=1}^{N}y^{(i)}\alpha_i^* k(x^{(i)},x)+b<0\end{cases}$$

그림 4-24 선형분리가 불가능한 입력공간에 커널 함수의 적용[4)]

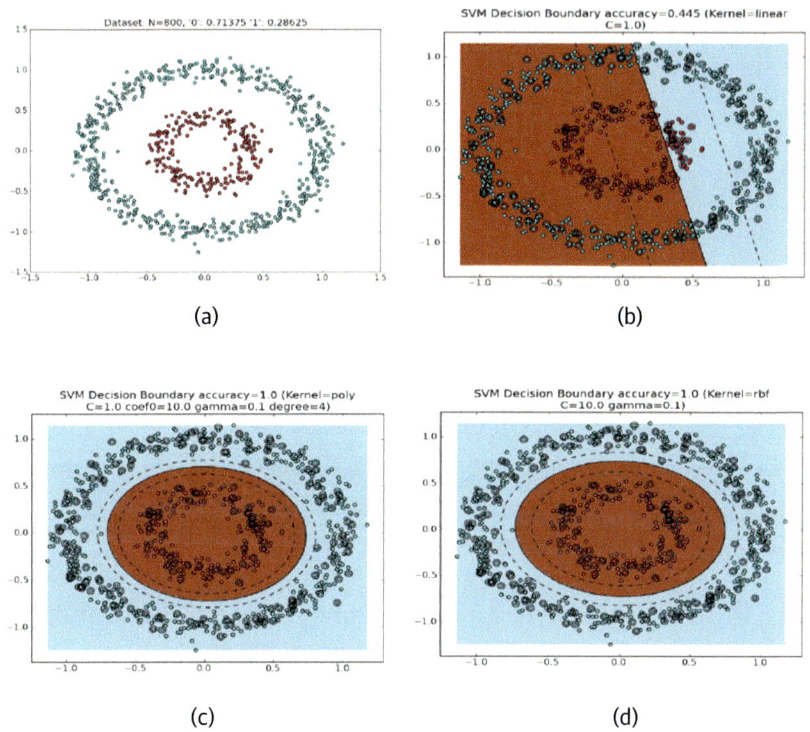

그림 4-24 (a) 는 훈련데이터가 선형적으로 분리가 불가능한 경우를 나타낸다. 커널 함수를 사용하지 않은 SVM을 적용한 결정경계가 그림 4-24 (b) 로 많은 분류오류를 확인할 수 있다. 그리고 (c)와 (d)는 차수 $m=4$인 다항식 커널과 RBF을 사용한 경우로 비선형 결정경계의 특성이 비교적 정확히 반영되어 있다. RBF에서 γ을 0.1로 설정했는데, 지나치게 큰 값으로 정하면 그림 4-25 와 같이 과적합 문제가 발생할 수 있다. 일반적으로는 0과 1 사이의 값이 γ로 많이 사용되고 있다.

4) 출처: https://www.eric-kim.net/eric-kim-net/posts/1/kernel_trick.html

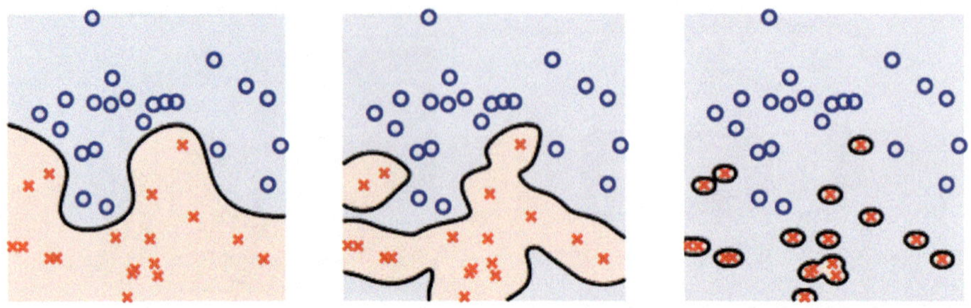

그림 4-25 RBF 커널에서 모수의 영향

5. 서포트벡터 회귀(support vector regression)

서포트벡터 회귀(SVR, Support Vector Regression)은 SVM의 개념을 회귀(regression)에 적용하는 것으로, 주어진 훈련데이터 $\{(x^{(i)}, y^{(i)})\}_{i=1}^{N}$를 가장 잘 설명할 수 있는 선형 함수식 $f(x) = w^T x + b$을 찾는 것이 목적이다, 여기서 $f : R^d \rightarrow R$이다. 제2장에서 소개된 선형 회귀모형(linear regression model)의 손실함수는 평균제곱오류(mean square error)가 사용되었는데, SVR에서는 절대오류(absolute error)가 손실함수로 일반적으로 사용된다. SVR의 손실함수 L_{svr}은 다음과 같다.

$$L_{svr} = \sum_{i=1}^{N} l(x^{(i)})$$

여기서,

$$l(x^{(i)}) = \begin{cases} 0, & \text{만약 } |y^{(i)} - (w^T x^{(i)} + b)| \le \epsilon, \\ |y^{(i)} - (w^T x^{(i)} + b)| - \epsilon, & \text{그렇지 않으면,} \end{cases}$$

그리고 ϵ은 추정값과 실제값의 차이에 대한 허용치이다.

차이 허용치 ϵ을 만족하지 못하는 오류를 고려하기 위해 여유변수 ξ_i^+와 ξ_i^-를 도입하고,

SVM에서와 같이 모형의 과적합 방지를 목적으로 손실함수에 $\frac{1}{2}\| w \|^2$이 추가된 SVR의 최적 모수 (w, b) 탐색을 위한 최적화 문제(원문제)는 다음과 같다.

$$min_{w, b, \xi_i^+, \xi_i^-} \frac{1}{2}\| w \|^2 + C\sum_{i=1}^{N}(\xi_i^+ + \xi_i^-)$$

$$s.t \quad y^{(i)} - (w^T x^{(i)} + b) \leq \epsilon + \xi_i^+, i = 1, \cdots, N \qquad (4\text{-}3)$$

$$(w^T x^{(i)} + b) - y^{(i)} \leq \epsilon + \xi_i^-, i = 1, \cdots, N \qquad (4\text{-}4)$$

$$\xi_+^{(i)}, \xi_-^{(i)} \geq 0, i = 1, \cdots, N$$

그림 4-26 (a) 는 선형 회귀식의 위아래 간격 2ϵ(ϵ-튜브[tube], 음영 부분)와 목적함수의 모양을 도식적으로 보여준다. SVR에서 선형 회귀식 상에 위치하지 않지만 ϵ-튜브 안에 있는 데이터의 목적함수의 벌칙은 0이며, ϵ-튜브 밖에 있는 데이터에 대해서만 C의 배율로 목적함수에 벌칙이 부과된다. 그림 4-26 (b) 는 SVR의 목적함수의 모양을 보여준다. ϵ-튜브 경계 밖에 위치하는 데이터들이 서포트벡터를 구성하는데 이에 대해서는 아래에서 자세히 소개된다.

그림 4-26 SVR에서 서포트벡터와 손실함수

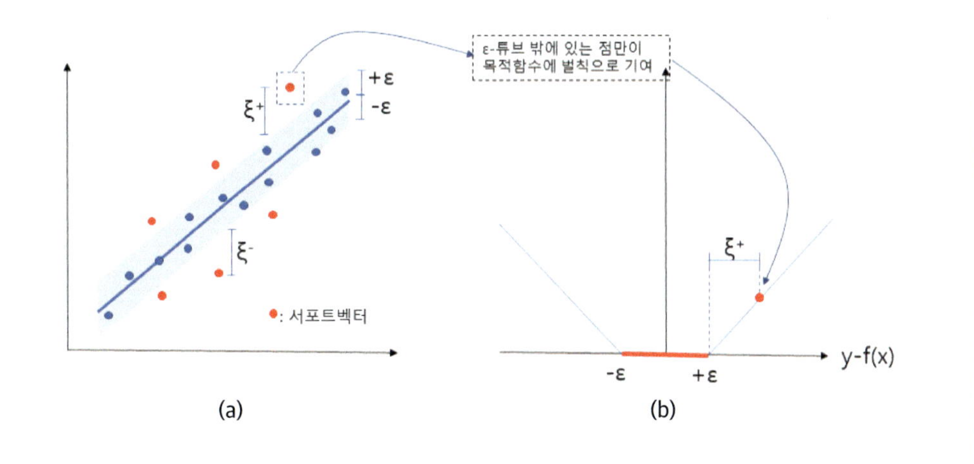

원문제의 제약식 (4-3)과 (4-4)에 대응하는 라그랑지안 승수를 각각 α_i^+와 α_i^-으로 그리고 비음조건(non-negativity constraint)에 대한 승수를 η_i^+와 η_i^-으로 각각 표시했을 때, 라그랑지안

함수 L은 다음과 같다.

$$
\begin{aligned}
L = \frac{1}{2}\| w \|^2 + C\sum_{i=1}^{N}(\xi_i^+ + \xi_i^-) - \sum_{i=1}^{N}(\eta_i^+\xi_i^+ + \eta_i^-\xi_i^-) \\
-\sum_{i=1}^{N}\alpha_i^+(\epsilon + \xi_i^+ - y^{(i)} + w^T x^{(i)} + b) \\
-\sum_{i=1}^{N}\alpha_i^-(\epsilon + \xi_i^- + y^{(i)} - w^T x^{(i)} - b),
\end{aligned}
$$

$$
\text{여기서, } \alpha_i^- \geq 0, \eta_i^- \geq 0 \qquad (4\text{-}5)
$$

KKT의 안정성(stationality) 조건을 쓰면,

$$
\begin{aligned}
\frac{\partial L}{\partial b} &= \sum_{i=1}^{N}(\alpha_i^- - \alpha_i^+) = 0 \\
\frac{\partial L}{\partial w} &= w - \sum_{i=1}^{N}(\alpha_i^+ - \alpha_i^-)x^{(i)} = 0 \\
\frac{\partial L}{\partial \xi_i^-} &= C - \alpha_i^- - \eta_i^- = 0
\end{aligned}
$$

위 3가지 조건을 라그랑지안 함수 식 (4-5)에 대입하여 SVM에서와 유사한 방법으로 유도된 SVR의 쌍대문제는 다음과 같다.

$$
\begin{aligned}
& max_\alpha - \frac{1}{2}\sum_{i=1}^{N}\sum_{j=1}^{N}(\alpha_i^+ - \alpha_i^-)(\alpha_j^+ - \alpha_j^-)(x^{(i)})^T x^{(j)} \\
& +\sum_{i=1}^{N} y^{(i)}(\alpha_i^+ - \alpha_i^-) - \epsilon\sum_{i=1}^{N}(\alpha_i^+ + \alpha_i^-) \\
& s.t \sum_{i=1}^{N}(\alpha_i^+ - \alpha_i^-) = 0 \\
& \quad 0 \leq \alpha_i^+ \leq C, i = 1, \cdots, N \\
& \quad 0 \leq \alpha_i^- \leq C, i = 1, \cdots, N
\end{aligned}
$$

쌍대문제의 최적해 (α_i^+, α_i^-)가 주어지면, 원문제의 최적해 w^*는 다음과 같이 구할 수 있다.

$$
w^* = \sum_{i=1}^{N}(\alpha_i^+ - \alpha_i^-)x^{(i)} \qquad (4\text{-}6)
$$

선형 회귀함수를 완성하기 위해서는 또 다른 최적 모수 b^*를 구해야 한다. KKT의 보충완화 조건으로부터, 각 $i=1, \cdots, N$에 대해 다음이 만족한다.

$$\alpha_i^+(\xi_i^+ - y^{(i)} + (w^T x^{(i)} + b) + \epsilon) = 0 \qquad (4\text{-}7)$$

$$\alpha_i^-(\xi_i^- + y^{(i)} - (w^T x^{(i)} + b) + \epsilon) = 0 \qquad (4\text{-}8)$$

$$(C - \alpha_i^+)\xi_i^+ = 0 \qquad (4\text{-}9)$$

$$(C - \alpha_i^-)\xi_i^- = 0 \qquad (4\text{-}10)$$

만약 $\alpha_i^+ \neq 0$이면, 식 (4-7)을 만족하기 위해서 $\xi_i^+ - y^{(i)} + (w^T x^{(i)} + b) + \epsilon = 0$이어야 한다. 이는 데이터 $(x^{(i)}, y^{(i)})$가 튜브경계(tube boundary) 상에 있는 것을 의미한다. 변수 ξ_i^+(또는 ξ_i^-)은 데이터와 튜브경계 밖의 거리를 나타내므로, 튜브경계에 위치한 데이터 $(x^{(i)}, y^{(i)})$에 대응되는 ξ_i^+은 0이다. 그러므로 식 (4-9)에서 $C - \alpha_i^+ \neq 0$ 또는 $C - \alpha_i^+ = 0$이 모두 가능하다. 반대로 $\alpha_i^+ = 0$이면, $\xi_i^+ - y^{(i)} + (w^T x^{(i)} + b) + \epsilon \neq 0$이 가능하며 여기에다 만약 $\xi_i^+ \neq 0$이라면(튜브영역[tube region] 밖의 점이라면), 식 (4-9)에 의해서 $C - \alpha_i^+ = 0$이어야 하고 이는 $C = \alpha_i^+ = 0$이므로 성립될 수 없다. 위와 같은 관계는 식 (4-8)과 (4-10)에서도 동일하게 구할 수 있다. 이상의 논리의 요약은 $C = \alpha_i^+$(또는 $C = \alpha_i^-$)에 대응되는 데이터는 튜브영역 밖에서 발생되어야 한다는 점이다. 이 데이터들이 튜브경계 상의 점들과 함께 튜브영역을 결정하는 서포트벡터가 된다. 한편, 위 KKT 조건은 각 $i = 1, \cdots, N$에 대해, 최적해 α_i^+와 α_i^- 중 최소 하나는 0이어야 함을 나타내고 있다.

학습된 선형 함수에서 데이터 $(x^{(i)}, y^{(i)})$가 ϵ-튜브 내부에 위치하면($|(w^T x^{(i)} + b) - y^{(i)}| < \epsilon$), $\alpha_i^+ = \alpha_i^- = 0$이어야 한다. 그리고 이외 나머지 데이터는 다음의 두 집합 중에 하나에 속한다.

$$SV_1 = (i \mid 0 < \alpha_i^+ < C \text{ 또는 } 0 < \alpha_i^- < C)$$

$$SV_2 = \{i \mid \alpha_i^+ = C \text{ 또는 } \alpha_i^- = C\}$$

집합 SV_1에 속하는 벡터는 튜브경계에 있는 서포트벡터로 $\xi_i^+ = \xi_i^- = 0$. 그리고 집합 SV_2에 속한 벡터는 튜브 밖에 위치한 서포트벡터로 $\xi_i^+ > 0$ 또는 $\xi_i^- > 0$이다. $SV = SV_1 \cup SV_2$이면, 식 (4-11)과 같이 최적 모수 w^*는 서포트벡터로만으로 구할 수 있다. 이는 모든 데이터로 표현된 식

(4-6)과 구분된다.

$$w^* = \sum_{i \in SV} (\alpha_i^+ - \alpha_i^-) x^{(i)} \tag{4-11}$$

그림 4-27 SVR에서 서포트벡터와 라그랑지안 승수

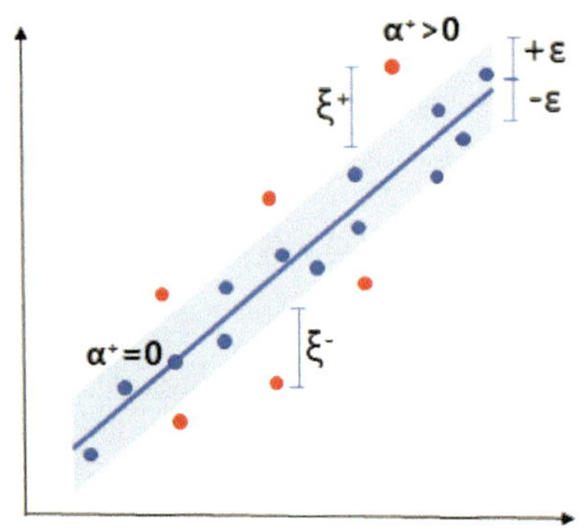

$$f(x) = \sum_{i \in SV} (\alpha_i^+ - \alpha_i^-)(x^{(i)})^T x^{(i)} + b^* \Rightarrow b^* = f(x) - \sum_{i \in SV} (\alpha_i^+ - \alpha_i^-)(x^{(i)})^T x^{(i)}$$

사실 모수 b^*는 임의의 서포트벡터를 이용해서 구할 수 있다. 하지만 현실에서는 다수의 서포트벡터 각각으로 모수를 구하고 이들의 평균으로 모수 b^*를 추정한다. 아래는 집합 SV_1에 속하는 서포트벡터로 구한 모수의 추정값을 보여준다.

$$b^* = \frac{1}{|SV_1|}\left(\sum_{i:0<\alpha_i^+<C} (y^{(i)} - w^T x^{(i)} - \epsilon) + \sum_{i:0<\alpha_i^-<C} (w^T x^{(i)} - y^{(i)} - \epsilon) \right)$$

그리고 새로운 입력데이터 x^{new}에 대한 예측값은

$$f_{w,b}(x^{new}) = (w^*)^T x^{new} + b^* = \sum_{i \in SV} (\alpha_i^+ - \alpha_i^-)(x^{new})^T x^{new} + b^*$$

SVR에서도 SVM에서와 마찬가지로 커널 기법을 사용하여 비선형 회귀식모형을 수립할 수 있다. 커널 기법 SVR에 적용하는 방법은 쌍대문제의 목적함수의 항목 $(x^{(i)})^T x^{(j)}$을 커널 함수로 대체하면 된다.

그림 4-28 비선형 SVR의 예

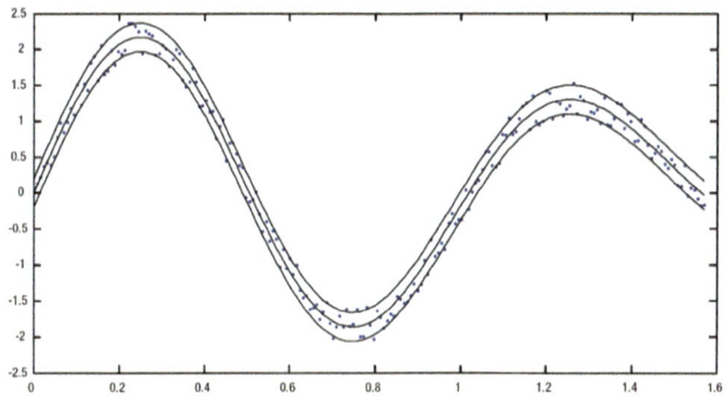

6. SVM 분류 예제 1 : 붓꽃 분류

붓꽃의 예제를 통하여 서포트벡터 머신모형을 사용하는 방법을 소개하고자 한다.

```
import numpy as np
import pandas as pd
import seaborn as sns
import matplotlib.pyplot as plt
from sklearn.linear_model import LogisticRegression
from sklearn.model_selection import train_test_split
from sklearn.neighbors import KNeighborsClassifier
from sklearn import svm, datasets, metrics
from sklearn.tree import DecisionTreeClassifier
from subprocess import check_output
from sklearn.discriminant_analysis import QuadraticDiscriminantAnalysis,\
  LinearDiscriminantAnalysis
from sklearn.metrics import confusion_matrix
from sklearn.metrics import ConfusionMatrixDisplay
from sklearn.naive_bayes import GaussianNB
```

```
data= datasets.load_iris()
```

```
iris = pd.DataFrame(data.data)
iris.columns =  ['Sepal_L','Sepal_W', 'Petal_L','Petal_W']
iris['Species'] = pd.DataFrame(data.target)
```

```
np.random.seed(99)
train, test = train_test_split(iris, test_size = 0.3)
```

```
X_train = train.drop(columns=["Species"])
y_train = train.Species
X_test = test.drop(columns=["Species"])
y_test = test.Species
```

서포트벡터 머신(SVM)에 의한 분류

```
model_svm = svm.SVC(kernel='linear', decision_function_shape='ovo',probability=True)
model_svm.fit(X_train,y_train)
prediction=model_svm.predict(X_test)
print('The accuracy of the SVM is:',metrics.accuracy_score(prediction,y_test))
cm = confusion_matrix(y_test, prediction, labels=model_svm.classes_)
disp = ConfusionMatrixDisplay(confusion_matrix=cm,\
                              display_labels=["setosa","versicolor", "virginica"])
disp.plot()
plt.show()
```

```
The accuracy of the SVM is: 1.0
```

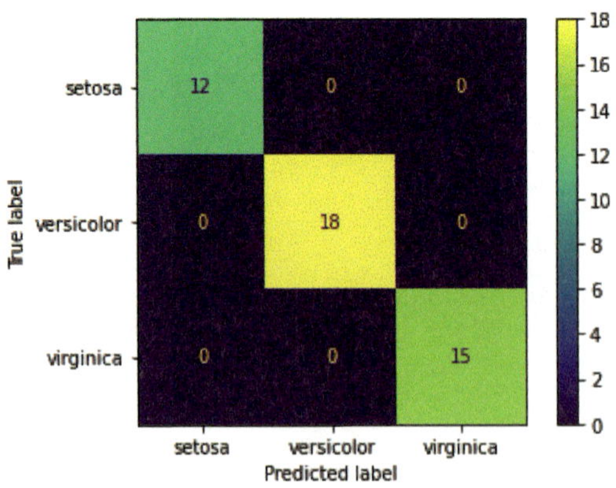

파라미터 및 속성의 의미

SVM 분류기를 사용할 때는 여러 가지 파라미터를 설정할 수 있는데 파라미터 'C'는 정규화(regularization)에 관련된 것으로, 큰 값을 가질수록 마진(margin)이 증가한다. 기본값은 1로 설정된다. 'kernel'은 모형에 사용된 커널을 정의하여 'linear', 'poly', 'rbf' 등이 있다. 기본설정은 'rbf'이다. 'poly' 커널을 사용하는 경우 degree로 차수(본문에서는 m으로 표현)를 지정하고 본문에서 c로 표시되는 'coef0'로 높은 차수와 낮은 차수에 얼마나 영향을 받을지 조정한다. 고차항의 영향을 줄이고자 할 때는 'coef0' 파라미터를 큰 값으로 설정한다. 'rbf' 커널의 'C'값 조정과 더불어 'gamma' 파라미터를 조정해야 한다. 'gamma'는 본문에서 γ로 표시되며 학습데이터에 얼마나 민감하게 반응할 것이냐를 정하는 것으로, 값이 높으면 학습데이터 의존도가 높아 과적합이 발생하기 쉽다. 'decicion_function_shape'는 멀티클래스의 경우에 적용할 수 있는 방법(ovo: 'one vs. one', ovr: 'one vs. rest')을 지정할 수 있도록 한다.

설정된 SVM 모형의 파라미터는 다음과 같다.

```
model_svm.get_params()
```

```
{'C': 1.0,
 'break_ties': False,
 'cache_size': 200,
 'class_weight': None,
 'coef0': 0.0,
 'decision_function_shape': 'ovo',
 'degree': 3,
 'gamma': 'scale',
 'kernel': 'linear',
 'max_iter': -1,
 'probability': True,
 'random_state': None,
 'shrinking': True,
 'tol': 0.001,
 'verbose': False}
```

모형의 결과는 클래스 개수(본 예제에서는 3개)에 해당하는 결정평면(decision hyperplane)을 생성하고 모형의 속성으로 저장된다. decision_function_shape를 'ovo'으로 설정했기 때문에 decision_function() 함수의 결과는 1:1로 비교하여 해석해야 한다. 즉, decision_function()의 결과값의 각 원소는 순서대로 클래스 0 vs. 1, 클래스 0 vs.2, 클래스 1 vs. 2에 대한 판별값을 나타내는 것으로 모두 음수이기 때문에 후자가 판별되어 분류결과는 (1,2,2)가 되고 최종적인 예측값은 2가 된다. predict_proba() 함수는 입력으로 주어진 샘플에 대하여 각 클래스로 분류될 확률을 나타낸다.

```
print(X_test.head(1))
```

```
     Sepal_L  Sepal_W  Petal_L  Petal_W
139      6.9      3.1      5.4      2.1
```

```
model_svm.decision_function(X_test.head(1))
```

```
array([[-3.64184821, -1.48900194, -1.22967936]])
```

```
model_svm.predict(X_test.head(1))
```

```
array([2])
```

```
model_svm.predict_proba(X_test.head(1))
```

```
array([[0.00943228, 0.06514186, 0.92542586]])
```

서포트벡터 머신의 학습 결과로 객체(model_svm)는 다음과 같은 속성값을 가진다.

- n_support_: 각 클래스별 서포트의 개수
- support_: 각 클래스별 서포트의 인덱스
- support_vectors_: 각 클래스별 서포트의 x값
- coef_: 본문에서의 w벡터
- intercept_: 본문의 b
- dual_coef_: 각 원소가 본문의 쌍대문제에서 $\alpha_i \cdot y^{(i)}$로 이루어진 벡터

예제 문제에서는 22개의 서포트벡터가 있음을 알 수 있다. 쌍대문제의 제약식($\sum_i^N \alpha_i y^{(i)} = 0$)에 따라 dual_coef_를 모두 합치면 0이 된다.

```
model_svm.n_support_
```

```
array([ 3,  9, 10], dtype=int32)
```

```
model_svm.support_
```

```
array([ 55,  65,  71,  13,  19,  35,  39,  49,  51,  61,  62, 102,  34,
        42,  44,  50,  58,  63,  78,  87, 101, 104], dtype=int32)
```

```
model_svm.support_vectors_
```

```
array([[5.1, 3.3, 1.7, 0.5],
       [4.5, 2.3, 1.3, 0.3],
       [5.1, 3.8, 1.9, 0.4],
       ...
```

coef_와 intercept_ 속성값의 의미(커널이 'linear'일 경우에만)

coef_와 intercept_ 속성값은 본문의 $w^T x^{(i)} + b$식에서 w와 b를 나타낸다. 어떤 샘플데이터 x_{new}에 대한 decision_function(x_{new}) 값은 $w^T x_{new} + b$와 동일함을 알 수 있다.

```
x_new =X_test.head(1)
model_svm.decision_function(x_new)
```

```
array([[-3.64184821, -1.48900194, -1.22967936]])
```

```
model_svm.coef_
```

```
array([[-0.04633329,  0.52100306, -1.00300483, -0.46411334],
       [-0.15228427,  0.13536379, -0.49069375, -0.23688664],
       [ 0.57619848,  0.67885879, -1.99609169, -1.8469487 ]])
```

```
model_svm.intercept_
```

```
array([1.4536061 , 2.28933995, 7.34757626])
```

```
model_svm.coef_.dot(np.transpose(np.array(x_new))).reshape(3,) + \
    np.transpose(model_svm.intercept_)
```

```
array([-3.64184821, -1.48900194, -1.22967936])
```

```
model_svm.predict(pd.DataFrame(model_svm.support_vectors_, columns=X_train.columns))
```

```
array([0, 0, 0, 1, 1, 1, 1, 2, 1, 1, 1, 1, 2, 2, 2, 2, 2, 2, 2, 2, 2, 2])
```

dual_coef_의 의미(커널이 'linear'일 경우)

클래스의 수가 n개인 멀티클래스 ovo에서 판별식의 수는 $n\times(n-1)/2$개가 된다(클래스가 3개인 본 예제의 경우 판별식의 수는 3개이다). 각 서포트벡터에 대한 dual coef는 $(n-1)$개이고 이는 두 클래스 간의 판별식을 구성하는 요소가 된다. 본 예제는 클래스의 수가 3이고, 서포트벡터의 수는 22개이다. 클래스 0에 있는 3개의 서포트벡터를 v_0^0, v_0^1, v_0^2로 나타내고, 클래스 1 및 2에 있는 서포트벡터를 $v_1^0, v_1^1, \cdots, v_1^8$와 $v_2^0, v_2^1, \cdots, v_2^9$로 표시하자. 클래스 i와 k 간의 분류에서 서포트벡터 v_i^j의 dual coef를 $\alpha_{i,k}^j$로 나타내자.

클래스 0의 서포트벡터(v_0^0, v_0^1, v_0^2)에 대한 dual coef	클래스 1의 서포트벡터($v_1^0, v_1^1, \cdots, v_1^8$)에 대한 dual coef	클래스 2의 서포트벡터($v_2^0, v_2^1, \cdots, v_2^9$)에 대한 dual coef
$\alpha_{0,1}^0, \alpha_{0,1}^1, \alpha_{0,1}^2$	$\alpha_{1,0}^0, \alpha_{1,0}^1, \alpha_{1,0}^8$	$\alpha_{2,0}^0, \alpha_{2,0}^1, \alpha_{2,0}^9$
$\alpha_{0,2}^0, \alpha_{0,2}^1, \alpha_{0,2}^2$	$\alpha_{1,2}^0, \alpha_{1,2}^1, \alpha_{1,2}^8$	$\alpha_{2,1}^0, \alpha_{2,1}^1, \cdots, \alpha_{2,1}^9$

.decision_function() 함수의 실행 결과물의 첫 번째 원소는 클래스 0과 1에 대한 판별값($w^T x + b$)을 나타내고 아래 식과 같다.

$$\sum_{k=0}^{2} \alpha_{0,1}^k (v_0^k)^T x_{new} + \sum_{k=0}^{8} \alpha_{1,0}^k (v_2^k)^T x_{new} + \text{intercept\_[0]}$$

클래스 0와 2에 대한 판별값을 나타내는 .decision_function() 함수 실행 결과의 두 번째 원소는 다음과 같다.

$$\sum_{k=0}^{2} \alpha_{0,2}^{k} (v_0^k)^T x_{new} + \sum_{k=0}^{9} \alpha_{2,0}^{k} (v_2^k)^T x_{new} + \text{intercept\_[1]}$$

세 번째 원소는 아래와 같이 클래스 1과 2에 대한 판별값을 나타낸다.

$$\sum_{k=1}^{8} \alpha_{1,2}^{k} (v_0^k)^T x_{new} + \sum_{k=0}^{9} \alpha_{2,1}^{k} (v_2^k)^T x_{new} + \text{intercept\_[2]}$$

아래는 클래스 0과 1에 대한 판별값을 구한 것으로 .decision_function() 함수의 결과벡터의 첫 번째 원소와 동일함을 알 수 있다.

```
ttt= model_svm.dual_coef_[0][0] * model_svm.support_vectors_[0]
for i in range(1,12) :
  ttt = ttt + model_svm.dual_coef_[0][i] * model_svm.support_vectors_[i]
ttt.dot(np.transpose(np.array(x_new))) + model_svm.intercept_[0]
```

```
array([-3.64184821])
```

결정경계 그리기

2차원 결정경계 그리는 방법

특성변수가 2개인 분류문제에 대하여 결정경계를 그리기 위하여 다음과 같은 함수를 정의한다.

```
def make_meshgrid(x, y, h=.02):
    x_min, x_max = x.min() - 1, x.max() + 1
    y_min, y_max = y.min() - 1, y.max() + 1
    xx, yy = np.meshgrid(np.arange(x_min, x_max, h), np.arange(y_min, y_max, h))
    return xx, yy

def plot_contours(ax, clf, xx, yy, **params):
    Z = clf.predict(np.c_[xx.ravel(), yy.ravel()])
    Z = Z.reshape(xx.shape)
    out = ax.contourf(xx, yy, Z, **params)
    return out

def plot_decision_boundary(clf,X,y):
  fig, ax = plt.subplots()
  # Set-up grid for plotting.
  X0, X1 = X[:, 0], X[:, 1]
  xx, yy = make_meshgrid(X0, X1)
```

```
plot_contours(ax, clf, xx, yy, cmap=plt.cm.coolwarm, alpha=0.8)
ax.scatter(X0, X1, c=y, cmap=plt.cm.coolwarm,  s=20, edgecolors='k')

ax.set_ylabel('Petal Width')
ax.set_xlabel('Petal Length')
ax.set_xticks(())
ax.set_yticks(())
ax.set_title('Decision Boundary')
#ax.legend(loc="lower right")
plt.show()
```

결정경계

커널에 따른 결정경계의 차이를 살펴보고자 한다.

```
X=np.array(iris[['Petal_L','Petal_W']])
y=np.array(iris['Species'])
```

```
cl_db = svm.SVC(kernel='linear')
cl_db.fit(X, y)
plot_decision_boundary(cl_db, X, y)
```

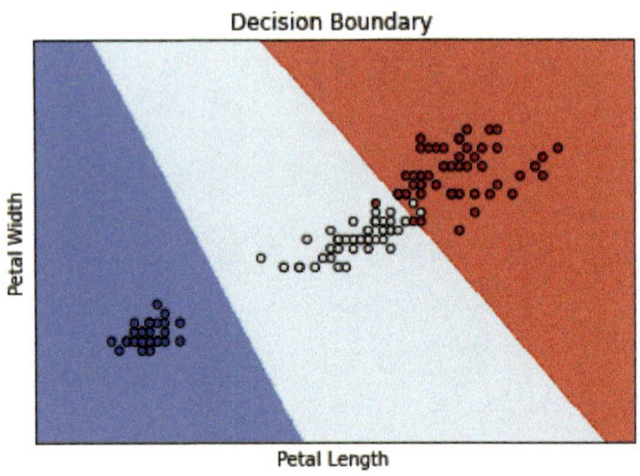


```
cl_db = svm.SVC(kernel='rbf')
cl_db.fit(X, y)
plot_decision_boundary(cl_db, X, y)
```

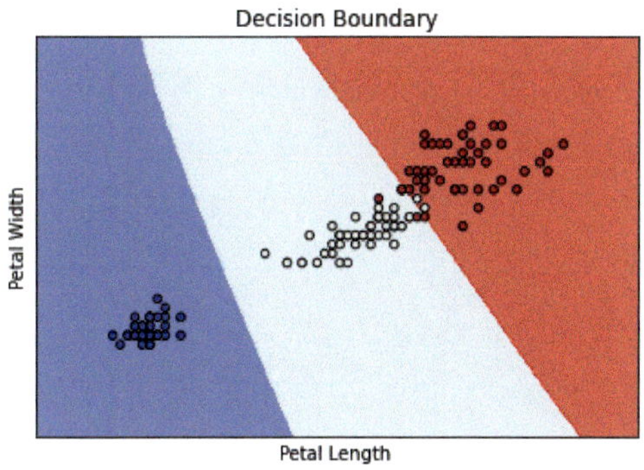


```
cl_db = svm.SVC(kernel='poly')
cl_db.fit(X, y)
plot_decision_boundary(cl_db, X, y)
```

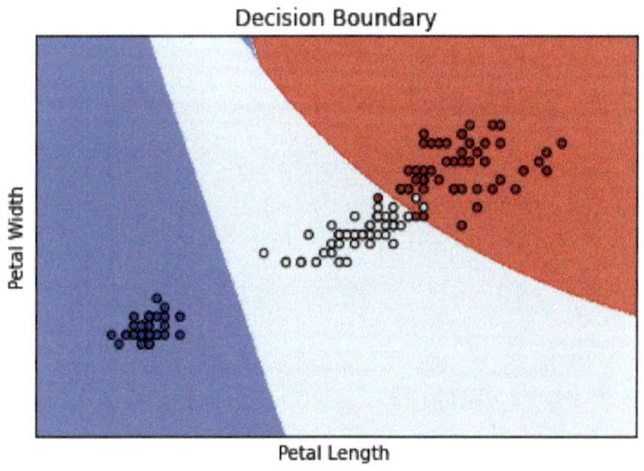

gamma와 C 값의 영향

C가 커질수록 샘플데이터의 중요도를 높게 보아 이상치의 개수가 적어지도록 결정경계를 정하게 된다. 예를 들어, gamma가 0.5인 세 번째 열을 보면 C=0.01인 상황에서는 네 개 정도의 이상치를 인정하고 무난하게 결정경계를 찾은 반면, C=1,000일 때는 두 개 이상치만 인정하면서 조금은 억지스럽게 결정경계가 그려지고 있다. 이번에는 gamma의 영향을 살펴보자. C가 100으로 설정된 다섯 번째 행을 보면, gamma값이 커지는 오른쪽 방향으로 감에 따라 결정경계 가까이에 있는 데이터 샘플들에 영향을 크게 받게 되어 결정경계가 점점 더 곡선을 띄게 됨을 확인할 수 있다. 즉, gamma 초모수는 결정경계의 곡률을 조정한다고 말할 수도 있다. 또한,

gamma값이 커짐에 따라 파란색과 옅은 파란색 공간이 점점 좁아지고 있는데 이는 영향력을 행사하는 결정경계까지의 기준거리가 짧아져 파란색과 노란색 점들의 영향력이 점차 줄어들기 때문이다.

```
X=np.array(iris[['Petal_L','Petal_W']])
y=np.array(iris['Species'])
```

```
C_value=[0.01, 0.1, 1, 10,100,1000]
gamma_value = [0.01,0.1,0.5,1]

X0, X1 = X[:, 0], X[:, 1]
xx, yy = make_meshgrid(X0, X1)

fig = plt.figure(figsize=(12,18))
for i in range(len(C_value)):
  for j in range(len(gamma_value)):
    cl_db = svm.SVC(kernel='rbf',C=C_value[i], gamma=gamma_value[j])
    cl_db.fit(X, y)
    ax = fig.add_subplot(len(C_value),len(gamma_value), len(gamma_value)*i+j+1)

    plot_contours(ax, cl_db, xx, yy, cmap=plt.cm.coolwarm, alpha=0.8)
    ax.scatter(X0, X1, c=y, cmap=plt.cm.coolwarm,  s=20, edgecolors='k')

    ax.set_ylabel('Petal Width')
    ax.set_xlabel('Petal Length')
    ax.set_xticks(())
    ax.set_yticks(())
    ax.set_title('C='+ str(C_value[i])+', gamma='+str(gamma_value[j]))
plt.show()
```

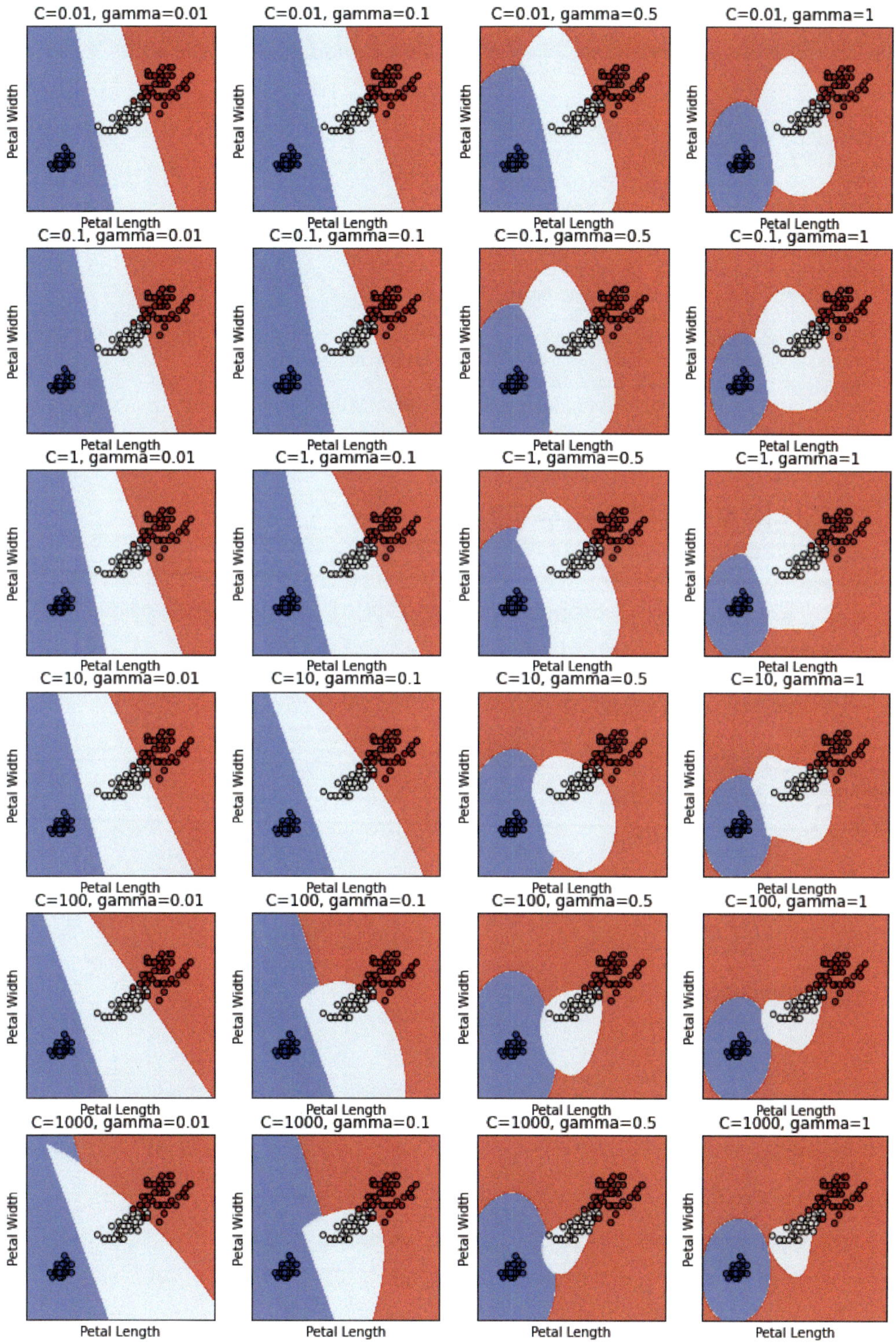
C=0.01, gamma=0.01
C=0.01, gamma=0.1
C=0.01, gamma=0.5
C=0.01, gamma=1
C=0.1, gamma=0.01
C=0.1, gamma=0.1
C=0.1, gamma=0.5
C=0.1, gamma=1
C=1, gamma=0.01
C=1, gamma=0.1
C=1, gamma=0.5
C=1, gamma=1
C=10, gamma=0.01
C=10, gamma=0.1
C=10, gamma=0.5
C=10, gamma=1
C=100, gamma=0.01
C=100, gamma=0.1
C=100, gamma=0.5
C=100, gamma=1
C=1000, gamma=0.01
C=1000, gamma=0.1
C=1000, gamma=0.5
C=1000, gamma=1
Petal Width
Petal Length

7. SVM 분류 예제 2 : MNIST 손글씨 인식

```
%matplotlib inline
import numpy as np
from sklearn.datasets import load_digits
from sklearn.naive_bayes import GaussianNB
from sklearn.svm import SVC
from sklearn.neighbors import KNeighborsClassifier
from sklearn.linear_model import LogisticRegression
from sklearn.model_selection import train_test_split
from matplotlib import pyplot as plt
from sklearn.decomposition import PCA
from sklearn.metrics import confusion_matrix,classification_report
from sklearn.metrics import ConfusionMatrixDisplay
from sklearn.discriminant_analysis import QuadraticDiscriminantAnalysis,\
  LinearDiscriminantAnalysis
```

데이터 다운로드/분할 및 함수 정의

전체 데이터를 학습용과 테스트용으로 분할한다. 이때 테스트용 데이터는 전체의 25%를 차지하도록 한다.

```
digits = load_digits()
print(digits.images.shape)
```

```
(1797, 8, 8)
```

```
X_train, X_test, y_train, y_test = train_test_split(digits.data, digits.target, ₩
                                                    test_size=0.25,random_state=0)
```

예측결과를 출력

```
def plot_prediction_sample(predicted,y_test):
  fig = plt.figure(figsize=(6, 6))
  fig.subplots_adjust(left=0, right=1, bottom=0, top=1, hspace=0.05, wspace=0.05)

  for i in range(64):
    ax = fig.add_subplot(8, 8, i + 1, xticks=[], yticks=[])
    ax.imshow(X_test.reshape(-1, 8, 8)[i], cmap=plt.cm.binary,
              interpolation='nearest')
```

```
    # label the image with the target value
    if predicted[i] == y_test[i]:
        ax.text(0, 7, str(predicted[i]), color='green')
    else:
        ax.text(0, 7, str(predicted[i]), color='red')
```

리포트를 출력

```
def result_report(predicted,y_test):
  matches = (predicted == y_test)
  print('일치 :', matches.sum())
  print('전체 :', len(matches))
  print('비율 :', matches.sum() / float(len(matches)))
  print('성능평가 리포트 :\n', classification_report(y_test, predicted))
```

혼잡행렬 출력

```
def draw_confusion_matrix(y_test,predicted, model):
  cm = confusion_matrix(y_test, predicted, labels=model.classes_)
  disp = ConfusionMatrixDisplay(confusion_matrix=cm,display_labels=model.classes_)
  disp.plot()
```

서포트벡터 머신(SVM, Support Vector Machine)

서포트벡터 머신 모형을 사용하여 분류작업을 수행한다.

```
model_svm = SVC(gamma=0.0001, decision_function_shape='ovo')
model_svm.fit(X_train, y_train)

predicted = model_svm.predict(X_test)

plot_prediction_sample(predicted, y_test)
result_report(predicted,y_test)
draw_confusion_matrix(y_test,predicted, model_svm)
```

```
일치 : 437
전체 : 450
비율 : 0.9711111111111111
성능평가 리포트 :
              precision    recall  f1-score   support

           0       1.00      1.00      1.00        37
           1       0.93      1.00      0.97        43
           2       1.00      1.00      1.00        44
           3       1.00      0.93      0.97        45
           4       1.00      0.97      0.99        38
           5       0.96      0.98      0.97        48
           6       1.00      1.00      1.00        52
           7       0.94      1.00      0.97        48
           8       0.94      0.92      0.93        48
           9       0.96      0.91      0.93        47

    accuracy                           0.97       450
   macro avg       0.97      0.97      0.97       450
weighted avg       0.97      0.97      0.97       450
```

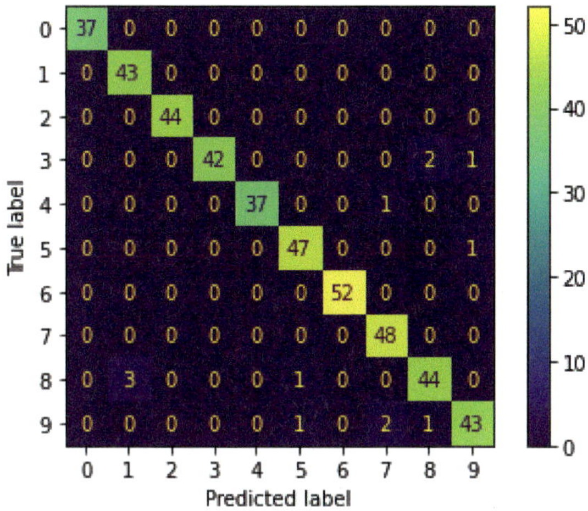

dual_coef_의 의미(커널이 'rbf'인 경우)

클래스의 수가 n개일 때 모형의 결과는 $n \times (n-1)/2$개의 결정평면(decision hyperplane)을 생성하고 모형의 속성으로 저장된다. decision_function() 함수는 입력으로 주어진 데이터세트로부터 모든 클래스 조합에 대한 판별식을 계산하고 predict() 함수는 이 판별식을 바탕으로 분류의 결과값을 출력한다.

샘플데이터가 입력으로 주어졌을 때 decision_function() 출력물의 각 원소는 두 클래스 간 판별결과(본문에서 $\sum_i^N y^{(i)} \alpha_i k(x^{(i)}, x) + b$)를 나타내는데, 클래스 간 판별은 다음과 같은 순서로 이루어진다.

(0,1), (0,2),... (0,9), (1,2), (1,3),..., (1,9), (2,3), (2,4),...., (8,9)

즉, decision_function() 출력물의 첫 번째 원소는 클래스 0과 1에 대한 판별값을 나타낸다.

```
model_svm.decision_function(X_test[0].reshape(1,-1))
```

```
array([[-0.52165609, -1.48412974, -0.72819131,  0.08541323, -0.49943895,
         0.41012246, -0.37544346, -0.81349898, -0.66667764, -1.58311001,
        -0.50013511,  1.1843894 ,  0.28887643,  1.500576  , -0.23928074,
        -0.45219985,  0.20106826,  1.43861777,  1.48384627,  1.38369882,
         1.82340104,  1.20084868,  1.38036277,  1.29758189,  0.96790642,
         0.72045558,  1.25064861,  0.55330876,  0.35777128,  0.42320114,
        -0.48128146,  0.22192456, -0.89887146, -1.36168865, -0.78108509,
         0.94372273, -0.16545789, -0.47628505, -0.82105296, -0.61678578,
        -1.70898365, -1.02935569, -0.36893013,  0.18387639,  0.35048411]])
```

```
model_svm.predict(X_test[0].reshape(1,-1))
```

```
array([2])
```

서포트벡터의 개수를 m이라 할 때 아래에서 보는 바와 같이 dual_coef_의 형상(shape)은 $(n-1, m)$이다. 본 예제의 경우 $n=10$, $m=811$이다. 클래스 0에 있는 60개의 서포트벡터를 $v_0^0, v_0^1, \cdots, v_0^{59}$로 나타내고, 클래스 1 및 9에 있는 100개 및 104개의 서포트벡터를 $v_1^0, v_1^1, \cdots, v_1^{99}$와 $v_9^0, v_9^1, \cdots, v_9^{103}$로 표시하자. 각 서포트벡터는 9개의 dual coef 값을 가진다. 클래스 i와 k 간의 분류에서 서포트벡터 v_i^j의 dual coef를 $\alpha_{i,k}^j$로 나타내자.

dual_coef_ 행렬은 아래와 같이 구성된다.

클래스 0의 서포트벡터(v_0^0, v_0^1, v_0^{59})에 대한 dual coef	클래스 1의 서포트벡터($v_1^0, v_1^1, \cdots, v_1^{99}$)에 대한 dual coef	…	클래스 9의 서포트벡터($v_9^0, v_9^1, \cdots, v_9^{103}$)에 대한 dual coef
$\alpha_{0,1}^0, \alpha_{0,1}^1, \cdots, \alpha_{0,1}^{59}$	$\alpha_{1,0}^0, \alpha_{1,0}^1, \cdots, \alpha_{1,0}^{99}$	…	$\alpha_{9,0}^0, \alpha_{9,0}^1, \cdots, \alpha_{9,0}^{103}$
$\alpha_{0,2}^0, \alpha_{0,2}^1, \cdots, \alpha_{0,2}^{59}$	$\alpha_{1,2}^0, \alpha_{1,2}^1, \cdots, \alpha_{1,2}^{99}$	…	$\alpha_{9,1}^0, \alpha_{9,1}^1, \cdots, \alpha_{9,1}^{103}$
⋮	⋮		⋮
$\alpha_{0,9}^0, \alpha_{0,9}^1, \cdots, \alpha_{0,9}^{59}$	$\alpha_{1,9}^0, \alpha_{1,9}^1, \cdots, \alpha_{1,9}^{99}$	…	$\alpha_{9,8}^0, \alpha_{9,8}^1, \cdots, \alpha_{9,8}^{103}$

```
model_svm.dual_coef_.shape
```

```
(9, 811)
```

```
model_svm.n_support_
```

```
array([ 60, 100,  74,  83,  76,  83,  57,  72, 102, 104], dtype=int32)
```

```
model_svm.intercept_.shape
```

```
(45,)
```

X_test의 첫 번째 원소(X_test[0])를 x_{new}로 나타냈을 때, decision_function(x_{new})의 결과로 나온 벡터의 첫 번째 원소는 x_{new}의 클래스를 찾는 과정에서 클래스 0과 1에 대한 판별값

$(\sum_{i}^{N} y^{(i)}\alpha_i k(x^{(i)}, x) + b)$을 나타낸다. 이 값은 다음과 같은 방법으로 구할 수 있다. intercept_ 벡터의 원소도 두 클래스 간 판별식의 상수항 b를 나타내는데 이의 순서도 (0,1), (0,2), (0,3),... (0,9), (1,2),..., (8,9)를 따른다.

$$\sum_{k=0}^{59} \alpha_{0,1}^{k} \Phi(v_0^k, x_{new}) + \sum_{k=0}^{99} \alpha_{1,0}^{k} \Phi(v_2^k, x_{new}) + \text{intercept\_[0]}$$

여기서, $\Phi(a, b) = exp(-\gamma \| a - b \|^2)$

아래는 위 식에 따라 구한 판별값이고 decision_function() 함수결과의 첫 번째 원소와 동일함을 확인할 수 있다.

```
import numpy.linalg as LA
aaa = 0
for i in range(0,model_svm.n_support_[0]+model_svm.n_support_[1]):
    aaa = aaa + model_svm.dual_coef_[0][i] \
    * np.exp((-1)*model_svm.gamma * LA.norm(model_svm.support_vectors_[i]- X_test[0])**2)
aaa = aaa+ model_svm.intercept_[0]
aaa
```

```
-0.5216560943308464
```

```
model_svm.decision_function(X_test[0].reshape(1,-1))
```

```
array([[-0.52165609, -1.48412974, -0.72819131,  0.08541323, -0.49943895,
         0.41012246, -0.37544346, -0.81349898, -0.66667764, -1.58311001,
        -0.50013511,  1.1843894 ,  0.28887643,  1.500576  , -0.23928074,
        -0.45219985,  0.20106826,  1.43861777,  1.48384627,  1.38369882,
         1.82340104,  1.20084868,  1.38036277,  1.29758189,  0.96790642,
         0.72045558,  1.25064861,  0.55330876,  0.35777128,  0.42320114,
        -0.48128146,  0.22192456, -0.89887146, -1.36168865, -0.78108509,
         0.94372273, -0.16545789, -0.47628505, -0.82105296, -0.61678578,
        -1.70898365, -1.02935569, -0.36893013,  0.18387639,  0.35048411]])
```

8. SVR 회귀 예제 : 의료보험료 지출

SVR을 의료보험료 지출 회귀 문제에 적용하여 SVR의 사용법과 특징에 대하여 살펴 본다.

```
import pandas as pd
import numpy as np
from sklearn.svm import SVR
from sklearn.preprocessing import OneHotEncoder, StandardScaler
from sklearn.model_selection import  train_test_split
from sklearn.metrics import mean_squared_error, r2_score, mean_absolute_error
import warnings
import matplotlib.pyplot as plt
%matplotlib inline

warnings.filterwarnings(action='ignore')
```

문제 다운로드 및 데이터 분할

```
#df = pd.read_csv('https://drive.google.com/uc?id=177ByiZbuSobV-W9gyVFBLUt9mprdhX7z')

url="https://drive.google.com/file/d/177ByiZbuSobV-W9gyVFBLUt9mprdhX7z/view?usp=sharing"
path='https://drive.google.com/uc?id='+url.split('/')[-2]
#print("▶ 공유파일 링크변환 경로명 : ", path)
df=pd.read_csv(path)
```

```
# Dummy variable
categorical_columns = ['sex','children', 'smoker', 'region']
df_encode = pd.get_dummies(data = df, prefix = 'OHE', prefix_sep='_',
               columns = categorical_columns,
               drop_first =True,
              dtype='int8')
```

```
cols = ['age', 'bmi', 'charges']
for col in cols:
    std = StandardScaler()
    std.fit(df_encode[[col]])
    df_encode[col] = std.transform(df_encode[[col]])

X = df_encode.drop(['charges'], axis=1)
y = df_encode['charges']

X_train, X_test, y_train, y_test = train_test_split(X, y, test_size=0.25, shuffle=False)
```

SVR 객체 생성

```
svr1 = SVR(gamma=0.1)
svr1.fit(X_train, y_train)
print("Train R2:", svr1.score(X_train,y_train))
print("Test R2:", svr1.score(X_test,y_test))
```

```
Train R2: 0.8568136665820978
Test R2: 0.8192532914325379
```

파라미터 및 속성의 의미

SVR 모형은 SVM과 동일한 파라미터 및 속성을 가지고 있으며 의미도 동일하다.

본 예제에서 학습의 결과물로 도출되는 서포트벡터는 370개이다. support_vector_의 형상은 (서포트벡터의 개수, 특성변수의 개수)가 된다. dual_coef_는 (1, 서포트벡터의 개수)의 형상을 가진다. intercept_는 스칼라값을 가진다.

```
svr1.n_support_
```

```
array([370], dtype=int32)
```

```
svr1.support_vectors_.shape
```

```
(370, 12)
```

```
svr1.support_vectors_
```

```
array([[-1.43876426, -0.45332   ,  0.        , ...,  0.        ,
         0.        ,  1.        ],
       [-1.50996545,  0.5096211 ,  1.        , ...,  0.        ,
         1.        ,  0.        ],
       [-0.4419476 , -1.30553108,  1.        , ...,  1.        ,
         0.        ,  0.        ],
       ...,
       [ 0.76847264,  0.15364458,  0.        , ...,  0.        ,
         0.        ,  1.        ],
       [-0.86915474, -1.74188939,  0.        , ...,  1.        ,
         0.        ,  0.        ],
       [-1.08275831,  0.3340935 ,  1.        , ...,  0.        ,
         0.        ,  1.        ]])
```

```
svr1.dual_coef_.shape
```

```
(1, 370)
```

```
svr1.intercept_
```

```
array([0.41391816])
```

rbf 커널에서의 dual_coef_를 이용한 예측

SVR 모형에서 predict() 함수는 입력 샘플데이터에 대한 예측값을 출력한다. 커널이 'rbf'일 때 predict() 함수가 산출해 내는 회귀값은 서포트벡터와 dual_coef_속성값으로 이루어진 다음 식과 동일하다. i번째 서포트벡터와 dual coef를 각각 v_i, α_i라고 했을 때 샘플데이터 x_{new}에 대한 예측값은 아래 식으로 구해진다.

$$predict(x_{new}) = \sum_i \alpha_i exp(-\gamma \| v_i - x_{new} \|^2)$$

본 예제에 대하여 prediction() 함수값과 우측항의 값을 구하여 비교확인할 수 있다.

```
x_new =np.array(X_test.head(1))
svr1.predict(x_new)
```

```
array([-0.3866227])
```

```
import numpy.linalg as LA
pred = 0
for i in range(0,svr1.n_support_.item()):
    pred = pred + svr1.dual_coef_[0][i] * \
    np.exp((-1)*svr1.gamma * LA.norm(svr1.support_vectors_[i]- x_new)**2)
pred = pred+ svr1.intercept_
pred
```

```
array([-0.3866227])
```

linear 커널에서의 dual_coef_를 이용한 예측

```
svr2 = SVR(kernel='linear', gamma=0.1)
svr2.fit(X_train, y_train)
print("Train R2:", svr2.score(X_train,y_train))
print("Test R2:", svr2.score(X_test,y_test))
```

```
Train R2: 0.7013444866733282
Test R2: 0.6844829924152376
```

커널이 'linear'일 때 모형의 predict() 함수가 산출해 내는 회귀값은 서포트벡터와 dual_coef_ 속성값으로 이루어진 다음 식과 같다. i번째 서포트벡터와 dual coef를 각각 v_i, α_i라고 했을 때 샘플데이터 x_{new}에 대한 예측값은 아래 식으로 구해진다.

$$predict(x_{new}) = \sum_i \alpha_i \, dot(v_i - x_{new})$$

여기서, $dot(a, b)$ 함수는 두 벡터 a, b의 내적을 나타낸다.

본 예제에 대하여 함수값과 위 식의 우측항의 값을 구하여 비교확인할 수 있다.

```
x_new =np.array(X_test.head(1))
svr2.predict(x_new)
```

```
array([-0.38356134])
```

```
import numpy.linalg as LA
pred = 0
n_spt = svr2.n_support_.item()
for i in range(0,n_spt):
    pred = pred + svr2.dual_coef_[0][i] *  svr2.support_vectors_[i].dot( np.transpose(x_new))
pred = pred+ svr2.intercept_
pred
```

```
array([-0.38356134])
```

poly 커널에서의 dual_coef_를 이용한 예측

```
svr3 = SVR(kernel='poly', gamma=1)
svr3.fit(X_train, y_train) # train 데이터 학습
print("Train R2:", svr3.score(X_train,y_train))
print("Test R2:", svr3.score(X_test,y_test))
```

```
Train R2: 0.8569462171356983
Test R2: 0.7854893040374415
```

커널이 'poly'일 때 모형의 predict() 함수가 산출해 내는 회귀값은 서포트벡터와 dual_coef_속성값으로 이루어진 다음 식과 같다. c는 모수 coef0에 해당하고 m은 모수 degree에 해당한다.

$$predict(x_{new}) = \sum_i \alpha_i (c + \gamma \cdot dot(v_i, x_{new}))^m$$

본 예제에 대하여 prediction() 함수값과 우측항의 값을 구하여 비교확인할 수 있다.

```
c = svr3.coef0
m = svr3.degree
gamma=svr3.gamma
```

```
pred = 0
for i in range(0,svr3.n_support_.item()):
    pred = pred + svr3.dual_coef_[0][i] * \
    np.power(c + gamma*svr3.support_vectors_[i].dot(np.transpose(x_new)),m)
pred = pred+svr3.intercept_
pred
```

```
array([-0.48974424])
```

```
svr3.predict(x_new)
```

```
array([-0.48974424])
```

실제값과 예측값을 비교

실제값과 예측값을 비교하기 위하여 보험료 지출의 크기순으로 나열하고 순서 인덱스를 x축으로, 보험료 지출을 y축으로 하는 산포도를 그렸다. 보험료 지출이 적을 때는 실제와 예측치의 차이가 적지만 보험료 지출이 큰 경우에는 편차가 큰 것을 확인할 수 있다.

```
svr2 = SVR()
svr2.fit(X_train, y_train)
pred = svr2.predict(X_test)

df_tmp = pd.DataFrame({'prediction': pred, 'actual': y_test})
df_tmp = df_tmp.sort_values(by='actual').reset_index(drop=True)

plt.figure(figsize=(8,6))
plt.scatter(df_tmp.index, df_tmp['prediction'], marker='x', color='r')
plt.scatter(df_tmp.index, df_tmp['actual'], alpha=0.7, marker='o', color='black')
plt.title("Support Vector Regression: Pred vs. Actual", fontsize=15)
plt.legend(['prediction', 'actual'], fontsize=12)
plt.show()

print("MSE :",mean_squared_error(y_test, pred))
```

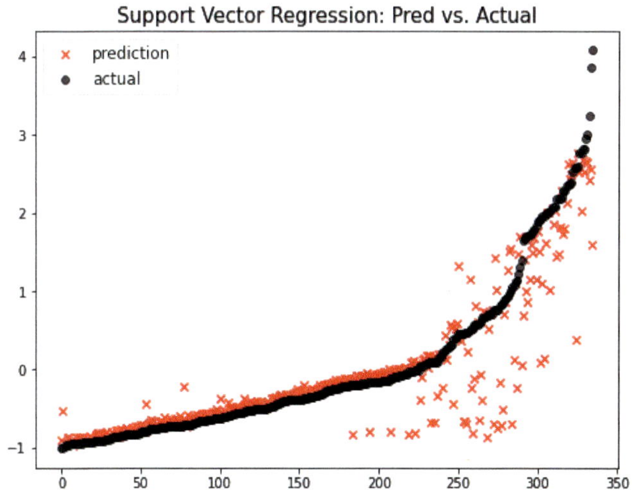

새로운 변수 도입

체질량 지수와 흡연여부의 복합적 영향을 반영하기 위하여 's_bmi' 변수를 추가하였을 때의 결과값은 아래와 같다.

```
categorical_columns = ['sex','children', 'smoker', 'region']
df_encode2 = pd.get_dummies(data = df, prefix = 'OHE', prefix_sep='_',
               columns = categorical_columns,
               drop_first =True,
              dtype='int8')
a=np.min(df_encode2['bmi'])
df_encode2['s_bmi'] = np.where(df_encode2['OHE_yes']==1, df_encode2['bmi']-a,0 )

cols = ['age', 'bmi', 'charges', 's_bmi']
for col in cols:
    std = StandardScaler()
    std.fit(df_encode2[[col]])
    df_encode2[col] = std.transform(df_encode2[[col]])
```

```
X = df_encode2.drop(['charges'], axis=1)
y = df_encode2['charges']

X_train, X_test, y_train, y_test = train_test_split(X, y, test_size=0.25,shuffle=False)

svr4 = SVR()
svr4.fit(X_train, y_train)

print("Train R2:", svr4.score(X_train,y_train))
print("Test R2:", svr4.score(X_test,y_test))
```

```
Train R2: 0.8712505255660525
Test R2: 0.8303533050458053
```

```
svr5 = SVR(kernel='linear')
svr5.fit(X_train, y_train) # train 데이터 학습
print("Train R2:", svr5.score(X_train,y_train))
print("Test R2:", svr5.score(X_test,y_test))
```

```
Train R2: 0.8459654998518213
Test R2: 0.8091572531294674
```

```
svr6 = SVR(kernel='poly')
svr6.fit(X_train, y_train) # train 데이터 학습
print("Train R2:", svr6.score(X_train,y_train))
print("Test R2:", svr6.score(X_test,y_test))
```

```
Train R2: 0.8583016137702898
Test R2: 0.7831178118142044
```

변수 삭제

유의성이 떨어지는 변수는 제거한 뒤 5개의 변수만 남겨 두고 회귀모형 분석을 해보자.

```
X_train_n=X_train.drop(['bmi','OHE_male', 'OHE_1', 'OHE_3', 'OHE_5', 'OHE_northwest', \
                        'OHE_southeast','OHE_southwest' ], axis=1)
X_test_n=X_test.drop(['bmi','OHE_male', 'OHE_1', 'OHE_3', 'OHE_5', 'OHE_northwest', \
                      'OHE_southeast','OHE_southwest' ], axis=1)
```

```
X_train_n.head()
```

	age	OHE_2	OHE_4	OHE_yes	s_bmi
0	-1.438764	0	0	1	1.351353
1	-1.509965	0	0	0	-0.457569
2	-0.797954	0	0	0	-0.457569
3	-0.441948	0	0	0	-0.457569
4	-0.513149	0	0	0	-0.457569

```
svr3 = SVR()
svr3.fit(X_train_n, y_train)

print("Train R2:", svr3.score(X_train_n,y_train))
print("Test R2:", svr3.score(X_test_n,y_test))
```

```
Train R2: 0.8595300103299119
Test R2: 0.829028000024284
```

설명력이 떨어지는 변수를 제외하더라도 모형의 설명력은 큰 차이가 없다는 것을 확인할 수 있다.

9. SVM 분류 실습 : 펭귄 분류

1. 데이터 다운로드 및 분석

```
import pandas as pd
import numpy as np
from sklearn import svm
from sklearn.preprocessing import OneHotEncoder, StandardScaler
from sklearn.model_selection import  train_test_split
from sklearn import metrics
from sklearn.metrics import confusion_matrix,classification_report
from sklearn.metrics import ConfusionMatrixDisplay
import warnings
import matplotlib.pyplot as plt
%matplotlib inline
warnings.filterwarnings(action='ignore')
```

1.1 아래 주소에 있는 penguins_size.csv 파일을 다운로드하여 데이터프레임 형식으로 저장하라.

```
url="https://drive.google.com/file/d/1g0afKFUUVEv6H0GktP53XewAL9Ox_59U/view?
usp=sharing"
```

1.2 데이터프레임 클래스의 isnull().sum() 함수를 이용하여 결측치를 구하고 SimpleImputer 클래스를 이용하여 가장 빈도가 높은 데이터로 결측치를 보완하시오.

1.3 범주형 변수인 성별을 숫자형 변수로 변환하고 'sex_FEMALE'과 'island' 특성변수를 제거하시오.

1.4 StandardScaler 클래스를 이용하여 숫자형 변수들에 대하여 feature scaling을 수행하시오.

1.5 테스트데이터의 비율을 30%로 설정하여 학습데이터와 테스트데이터로 분할하시오

2. 서포트벡터 머신(SVM)에 의한 분류

2.1 커널이 'linear'이고 decision_function_shape는 'ovo'인 SVM 모형을 생성하고, 학습용 데이터로 학습을 수행하고 테스트용 데이터에 대하여 예측을 수행하시오. 예측의 정확도를 계산하고 혼잡매트릭스를 그리시오.

2.2 테스트데이터의 첫 번째 원소를 출력하시오. 테스트데이터의 첫 번째 원소를 입력으로 하는 decision_function() 함수의 결과를 해석하시오.

2.3 몇 개의 서포트벡터가 있는지 확인하고 출력하시오.

2.4 쌍대문제의 제약식($\sum_{i}^{N} \alpha_i y^{(i)} = 0$)에 따라 dual_coef_ 모수를 모두 합치게 되면 0이 됨을 보이시오.

2.5 커널이 'linear'일 경우에 coef_와 intercept_ 속성값은 본문의 $w^T x^{(i)} + b$식에서 w와 b로 나타낸다. 테스트용 데이터의 첫 번째 원소(X_test.head(1))를 x_{new}라 할 때 decision_function(x_{new}) 값은 $w^T x_{new} + b$와 동일함을 보이시오.

2.6 아래에서 보는 바와 같이 dual_coef_는 (클래스수−1, 서포트벡터의 개수)로 구성된다. 본 예제에서는 클래스의 수가 3이고, 서포트벡터의 수는 22개이다. 클래스 0에 있는 8개의 서포트벡터를 v_0^0, v_0^1, v_0^7로 나타내고, 클래스 1 및 2에 있는 서포트벡터를 $v_1^0, v_1^1, \cdots, v_1^8$와 v_2^0, v_2^1, v_2^2로 표시하자. 각 서포트벡터는 두 개의 dual coef 값을 가진다. 클래스 i와 k 간의 분류에서 서포트벡터 v_i^j의 dual coef를 $\alpha_{i,k}^j$로 나타내자. dual_coef_ 행렬은 아래와 같이 구성된다.

클래스0의 서포트벡터에 대한 dual coef	클래스1의 서포트벡터에 대한 dual coef	클래스2의 서포트벡터에 대한 dual coef
$\alpha_{0,1}^0, \alpha_{0,1}^1, \cdots, \alpha_{0,1}^7$	$\alpha_{1,0}^0, \alpha_{1,0}^1, \cdots, \alpha_{1,0}^8$	$\alpha_{2,0}^0, \alpha_{2,0}^1, \cdots, \alpha_{2,0}^2$
$\alpha_{0,2}^0 \alpha_{0,2}^1, \cdots, \alpha_{0,2}^7$	$\alpha_{1,2}^0, \alpha_{1,2}^1, \cdots, \alpha_{1,2}^8$	$\alpha_{2,1}^0, \alpha_{2,1}^1, \cdots, \alpha_{2,1}^2$

decision_function()의 결과로 나온 벡터의 첫 번째 원소는 클래스 0과 1에 대한 판별값 (w^Tx+b)을 나타낸다.
즉, 이는

$$\sum_{k=1}^{7}\boldsymbol{\alpha}_{0,1}^{k}(\boldsymbol{v}_{0}^{k})^{T}\boldsymbol{x}_{new}+\sum_{k=0}^{8}\boldsymbol{\alpha}_{1,0}^{k}(\boldsymbol{v}_{2}^{k})^{T}\boldsymbol{x}_{new}+\text{intercept\_[0]}$$

로 전개되는 위의 식으로 구한 값이 decision_function 결과벡터의 첫 번째 원소와 동일함을 보이시오.

3. 결정경계 그리기

함수 정의

```
def make_meshgrid(x, y, h=.02):
    x_min, x_max = x.min() - 1, x.max() + 1
    y_min, y_max = y.min() - 1, y.max() + 1
    xx, yy = np.meshgrid(np.arange(x_min, x_max, h), np.arange(y_min, y_max, h))
    return xx, yy

def plot_contours(ax, clf, xx, yy, **params):
    Z = clf.predict(np.c_[xx.ravel(), yy.ravel()])
    Z = Z.reshape(xx.shape)
    out = ax.contourf(xx, yy, Z, **params)
    return out

def plot_decision_boundary(clf,X,y):
  fig, ax = plt.subplots()
  # Set-up grid for plotting.
  X0, X1 = X[:, 0], X[:, 1]
  xx, yy = make_meshgrid(X0, X1)

  plot_contours(ax, clf, xx, yy, cmap=plt.cm.coolwarm, alpha=0.8)
  ax.scatter(X0, X1, c=y, cmap=plt.cm.coolwarm,  s=20, edgecolors='k')

  ax.set_ylabel('x_1')
  ax.set_xlabel('x_0')
  ax.set_xticks(())
  ax.set_yticks(())
  ax.set_title('Decision Boundary')
  #ax.legend(loc="lower right")
  plt.show()
```

```
X=np.array(penguins[['culmen_length_mm','culmen_depth_mm']])
y=np.array(penguins['species'])
le = LabelEncoder()
y=le.fit_transform(y)
```

3.1 위 함수를 이용하고 부리의 길이와 부리의 폭 등 2개의 특성변수로 SVM 분류모형을 만드시오. SVM의 커널이 'linear'일 때 결정경계를 그리시오.

3.2 위 함수를 이용하고 부리의 길이와 부리의 폭 등 2개의 특성변수로 SVM 분류모형을 만드시오. 이때, SVM의 커널이 'rbf'일 때 결정경계를 그리시오.

3.3 위 함수를 이용하고 부리의 길이와 부리의 폭 등 2개의 특성변수로 SVM 분류모형을 만드시오. 이때, SVM의 커널이 'poly'일 때 결정경계를 그리시오.

10. SVR 회귀 실습 : 중고차 가격

```
import pandas as pd
import numpy as np
from datetime import datetime
from sklearn.preprocessing import OneHotEncoder, LabelEncoder, StandardScaler
from sklearn.model_selection import KFold, StratifiedKFold, train_test_split, \
   GridSearchCV, cross_val_score
from sklearn.metrics import mean_squared_error, r2_score, mean_absolute_error
import matplotlib.pyplot as plt
import seaborn as sns
import warnings
from sklearn.svm import SVR
%matplotlib inline
warnings.filterwarnings(action='ignore')
```

1. 데이터 다운로드

1.1 아래 주소에 있는 car_data.csv 파일을 다운로드하여 데이터프레임 형식으로 저장하라.

```
url="https://drive.google.com/file/d/1P4-FLm6rCYrxXXMMwc7uQrif1wA4xULm/view?
usp=sharing"}
```

1.2 'Age'라는 특성변수를 추가하고 'Year' 특성변수값을 이용하여 차량운행연수를 정의하시오. 그리고 'Year' 특성변수를 삭제하시오.

1.3 특성변수명 .value_counts() 함수를 사용하여 각 범주형 특성변수들이 갖는 값들의 빈도를 구하시오.

2. 데이터 전처리 및 분할

2.1 판매자 타입, 구동계 타입, 연료종류 등의 범주형 특성변수들을 숫자형으로 변환하시오.

2.2 StandardScaler 클래스를 이용하여 숫자형 변수들에 대하여 feature scaling을 수행하시오.

3. 회귀모형 구현 및 결과분석

3.1 전체 데이터의 25%를 테스트용으로 사용하는 것으로 하여 학습용 데이터와 테스트용 데이터로 구분하시오.

3.2 gamma 모수값을 0.1로 하여 서포트벡터 회귀모형을 생성하고, 학습용 데이터로 학습하고 R^2값을 출력하시오.

3.3 학습의 결과물로 도출되는 서포트벡터의 개수(n_support_), 서포트벡터 매트릭스의 형상(support_vectors_.shape)을 출력하시오. 또한, (1, 서포트벡터의 개수)의 형상을 가지는 dual_coef_와 스칼라값을 가지는 intercept_를 출력하시오.

3.4 SVR 모형에서 predict() 함수는 입력 샘플데이터에 대한 예측값을 출력한다. 커널이 'rbf'일 때 predict() 함수가 회귀값을 산출해내는 값은 서포트벡터와 dual_coef_속성값으로 이루어진 다음 식의 우측항과 동일하다. 서포트벡터의 개수를 N이라 하고 i번째 서포트벡터와 dual coef를 각각 v_i, α_i라고 했을 때 샘플데이터 x_{new}에 대한 예측값은 아래 식으로 구해진다.

$$predict(x_{new}) = \sum_{i}^{N} \alpha_i \, exp(-\gamma \| v_i - x_{new} \|^2)$$

테스트용 데이터의 첫 번째 원소를 입력으로 하는 prediction() 함수값과 우측항의 값을 구하여 두 값이 같음을 보이시오.

3.5 커널이 'linear'일 때 모형의 predict() 함수가 회귀값을 산출해내는 값은 서포트벡터와 dual_coef_속성값으로 이루어진 다음 식의 우측항과 같다. 서포트벡터의 개수를 N이라 하고 i번째 서포트벡터와 dual coef를 각각 v_i, α_i라고 했을 때 샘플데이터 x_{new}에 대한 예측값은 아래 식으로 구해진다.

$$predict(x_{new}) = \sum_{i}^{N} \alpha_i \, dot(v_i, x_{new})$$

테스트용 데이터의 첫 번째 원소를 입력으로 하는 prediction() 함수값과 우측항의 값을 구하여 두 값이 같음을 보이시오.

3.6 커널이 'poly'일 때 모형의 predict() 함수가 회귀값을 산출해내는 값은 서포트벡터와 dual_coef_속성값으로 이루어진 다음 식의 우측항과 같다. 서포트벡터의 개수를 N이라 하고 i번째 서포트벡터와 dual coef를 각각 v_i, α_i라고 했을 때 샘플데이터 x_{new}에 대한 예측값은 아래 식으로 구해진다. c는 모수 coef0에 해당하고 m은 모수 degree에 해당한다.

$$predict(x_{new}) = \sum_{i}^{N} \alpha_i (c + \gamma \cdot dot(v_i,\ x_{new}))^m$$

테스트용 데이터의 첫 번째 원소를 입력으로 하는 prediction() 함수값과 우측항의 값을 구하여 두 값이 같음을 보이시오.

4. 실제값과 예측값을 비교

4.1 커널이 'rbf'인 서포트벡터 회귀모형을 만들고, 테스트용 데이터에 대하여 실제값과 예측값을 그림으로 비교하시오. 중고차 가격의 크기순으로 나열하고 순서 인덱스를 x축으로, 중고차 가격을 y축으로 하는 산포도를 그리시오.

Chapter 05

비모수모형
(non-parametric models)

Chapter

05 비모수모형

(non-parametric models)

머신러닝의 학습모형은 모수모형(parametric model)과 비모수모형(non-parametric model)으로 구분할 수 있다. 모수모형에서는 입력데이터를 출력에 대응(매핑)시키는 특정한 함수를 가정한다. 그리고 학습을 통해 함수와 연관된 모수(parameter)를 결정하며 모수의 개수 또는 종류는 입력데이터에 따라 달라지지 않는다. 즉, 모수모형에서는 입력데이터의 특성이 모수를 통해 반영되기 때문에 일단 모수가 정해지면 예측은 입력데이터와는 무관해진다. 따라서 학습이 비교적 간단하고 빠르게 이루어지는 장점이 있는 반면, 편향(bias)이 커져서 적합 성능이 저하되는 문제가 발생할 가능성이 있다. 선형 회귀, 로지스틱 회귀, 나이브베이지, 서포트벡터, 신경망모형 등이 모수모형에 포함된다. 비모수모형에서는 모델의 특성이 입력데이터에 직접적으로 의존하기 때문에 특성의 수는 데이터의 크기에 따라 증가한다. 따라서 모형이 입력데이터에 대한 적응 유연성은 높으나 학습속도가 비교적 느리고 많은 데이터가 요구된다. 최근접 이웃(nearest neighbor), 결정트리(decision tree) 모형 등이 비모수모형에 속한다. 모수모형과 비모수모형 모두 회귀(regression)와 분류(classification)의 목적으로 사용될 수 있다.

1. 최근접 이웃 모형(nearest neighbor model)

최근접 이웃(NN, Nearest Neighbor) 모형은 가장 간단한 비모수 지도학습모형 중 하나로 과거 패턴인식 분야에 많이 활용되었으며 예전만큼은 아니지만 여전히 널리 사용되고 있다. NN 모형은 훈련데이터 $D=\{(x^{(i)}, y^{(i)})\}_{i=1}^{N}$의 저장(관리) 자체가 학습으로 취급되며 입력데이터의 처리는 출력(예측) 시점에 이루어진다.

다음 그림 5-1 은 2차원 입력데이터와 출력라벨이 색깔인 예를 보여준다. 새로운 입력데이터 x^{new}의 출력(색깔)이 무엇일지 결정하는 이진분류 문제이다. NN 모형에서는 x^{new}와 입력데이터 $\{x^{(i)}\}_{i=1}^{N}$ 간의 거리(distance)를 기준으로 x^{new}의 출력 $f(x^{new})$이 무엇일지를 결정한다. $f(x^{new})$를 가장 가까운 입력데이터의 출력값으로 정한다면, x^{new}와 가장 가까운 입력데이터는 $x^{(1)}$으로 x^{new}의 색깔 $f(x^{new})$은 $x^{(1)}$의 색깔 $y^{(1)}$(=적색)으로 결정하게 된다.

그림 5-1 이진분류 문제의 예

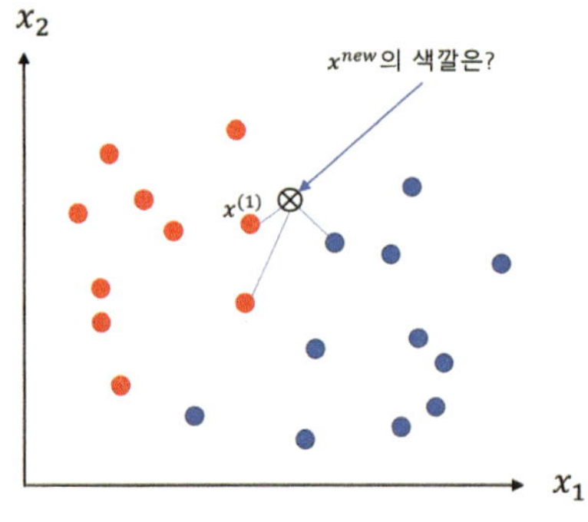

아래는 붓꽃(iris)의 종류인 세토사(setosa), 버지니카(verginica), 베르시칼라(versicolor)에 관한 데이터로서 꽃받침(sepal)과 꽃잎(petal)의 너비(width)와 길이(length) 데이터에 대한 산점도 행렬(scatter plot matrix)을 보여준다. 꽃받침의 길이와 꽃잎의 너비를 특성변수로 하여 새로운 데이터 x^{new}의 종류를 분류하는 문제는 다중분류 문제이다. 위와 동일한 기준으로 붓꽃의 종류를 결정한다면, x^{new}의 $f(x^{new})$는 베르시칼라로 분류된다.

그림 5-2 다중분류 문제의 예: 붓꽃의 종류

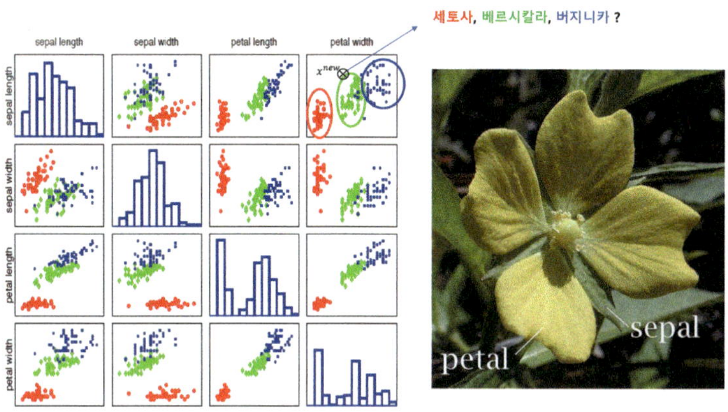

위에서 제시한 예는 이진 또는 다중분류 문제로 다음과 같이 요약할 수 있다.

> 입력(특성벡터): $x \in R^d$
>
> 출력(라벨): $y \in \{1, 2, \cdots, C\}$
>
> 학습목적: $y = f(x)$인 함수(매핑)의 탐색

$S_1(x)$를 훈련데이터 $D = \{(x^{(i)}, y^{(i)}\}_{i=1}^{N}$에서 벡터 x에 유클리디안(Euclidian) 거리가 가장 가까운 입력데이터의 인덱스(index)라고 하자. 즉,

$$S_1(x) = argmin_{(x^{(i)}, y^{(i)}) \in D} \| x - x^{(i)} \|^2 = argmin_{(x^{(i)}, y^{(i)}) \in D} \sum_{j=1}^{d} (x_j - x_j^{(i)})^2$$

그러면, 분류기준은 $y^{(S_1(x))}$가 된다. 예를 들어 $S_1(x) = 3$이면, 벡터 x의 분류 결과는 입력데이터 $x^{(3)}$의 출력값 $y^{(3)}$가 된다.

예를 들어, 붓꽃 분류 문제에서 훈련데이터는 다음과 같다고 가정하자. x^{new}=(꽃잎너비, 꽃받침길이)=(1.8, 6.4)인 붓꽃의 종류는 무엇인가? 표 5-1 에 주어진 훈련데이터에 속한 각 입력데이터와 x^{new}의 거리에 따르면, $S_1(x) = 2$이고 분류결과는 $y^{(2)}$인 베르시칼라가 된다.

표 5-1 붓꽃 분류 문제에서 유클리디안 거리산정의 예

i	꽃잎너비($x_1^{(i)}$)	꽃받침길이($x_2^{(i)}$)	종류($y^{(i)}$)	x^{new}와의 거리
1	0.2	5.1	세토사	$(1.8-0.2)^2+(6.4-5.1)^2=4.25$
2	1.4	7.0	베르시칼라	$(1.8-1.4)^2+(6.4-7.0)^2=0.52$
3	2.5	6.7	버지니카	$(1.8-2.5)^2+(6.4-6.7)^2=0.58$

데이터 간 거리산정을 위한 척도로 위에서 사용한 유클리디안 거리뿐만 아니라 다음과 같은 다양한 척도가 사용될 수 있다. 여기서 u와 v는 차원이 같은 벡터이다.

유클리디안 거리(Euclidian distance): $\| u - v \|^2 = \sum_i (u_i - v_i)^2$

맨해튼 거리(Manhattan distance): $| u - v | = \sum_i | u_i - v_i |$

민코위스키 거리(Minkowski distance): $(| u - v |^p)^{\frac{1}{p}} = \left(\sum_i | u_i - v_i |^p\right)^{\frac{1}{p}}$

그림 5-3 에서 녹색은 유클리디안 거리를, 그리고 적색과 노란색은 맨해튼 거리를 나타낸다. 민코위스키 거리는 만약 $p \rightarrow \infty$이면, $\lim_{n\rightarrow\infty}\left(\sum_i | u_i - v_i |^p\right)^{\frac{1}{p}} = max_i | u_i - v_i |$이다.

그림 5-3 유클리디안과 민코위스키 거리 척도의 비교

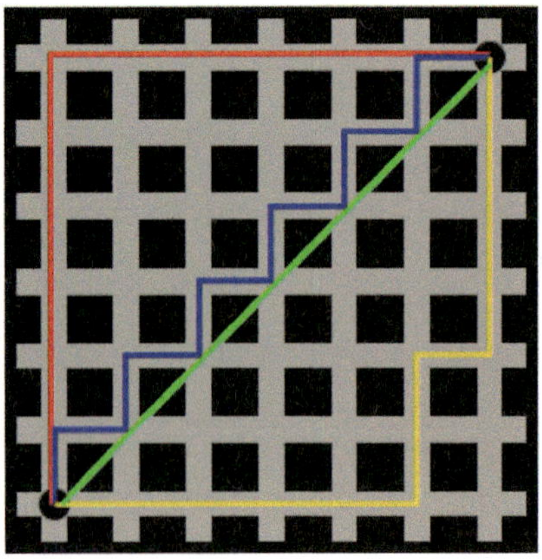

그림 5-4 NN 모형에서 결정경계의 의미

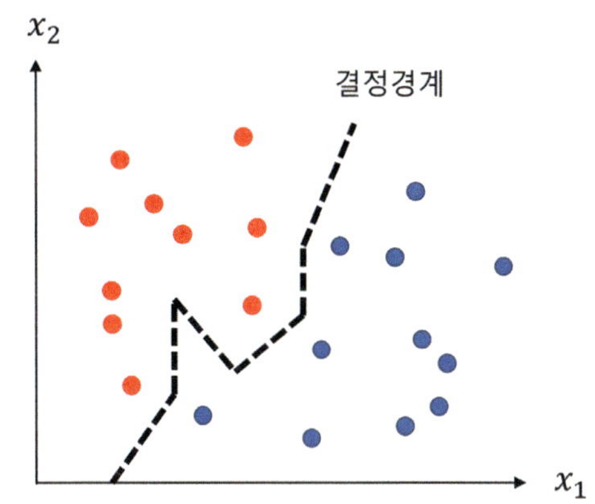

NN 모형에서는 결정경계(decision boundary)를 명시적으로 산정하지는 않는다. 하지만, 앞에서 소개된 방법을 이용하면 입력데이터 공간의 어떤 임의의 점에서도 출력(라벨)을 계산할 수 있다. 따라서 그림 5-4 에서와 같이 어떤 클래스로도 속하지 않은(또는 거리가 같은) 경계를 만들 수 있는데, 이는 입력공간을 클래스별로 서로 다른 공간으로 나누는 결정경계가 된다.

그림 5-5 (a) 는 새로운 입력데이터 x^{new}에 최인접 입력데이터가 이상치(outlier) $x^{outlier}$인 경우로, 위에서 제시된 방법에 따르면 $f(x^{new})$은 적색이 된다. 이러한 오류는 출력의 결정이 오로지

그림 5-5 단일 또는 복수 개의 인접데이터 비교

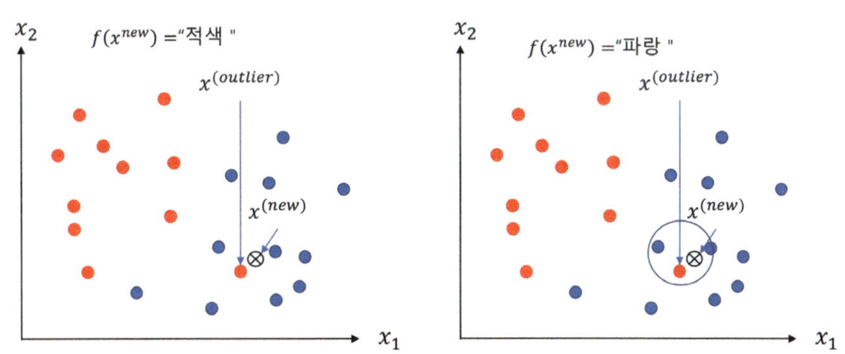

(a) (b)

하나의 입력데이터에 의해서만 결정되기 때문이다. 최인접 입력데이터를 복수 개(그림 5-5 (b)에서는 3개)로 하여 판단하면, 파랑이 2개 그리고 적색이 1개이므로 $f(x^{new})$는 파랑으로 판정할 수 있다. 이와 같이 복수 개의 최근접 입력데이터를 출력예측에 사용하는 방법을 K-NN이라고 한다. 여기서 K는 고려하는 인접데이터의 수를 의미한다.

K-NN 모형에서 $S_K(x)(\in D)$를 벡터 x에 K번째까지 인접한 입력데이터의 집합이라고 하자. 이를 수학적으로 표현하면 다음과 같다.

$$dist(x, x^{(i)}) \geq max\, dist(x, x^{(j)}), (x^{(j)}, y^{(j)}) \in S_K(x), (x^{(i)}, y^{(i)}) \in D/S_K(x)$$

위에서 $dist(u, v)$는 벡터 u와 v의 거리를 나타낸다. 그리고 집합 $S_K(x)$에 속한 원소의 수(즉, $|S_K(x)|$)는 K이다. 그리고 $D/S_K(x)$은 $S_K(x)$에 속하지 않은 입력데이터의 집합이다.

그림 5-6 K-NN 모형의 예

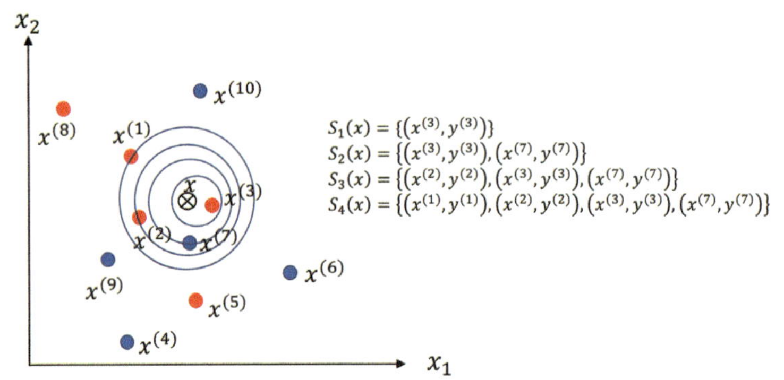

K-NN 모형에서는 $S_K(x)$에 포함된 입력데이터 중에서 가장 큰 비중을 차지하는 클래스를 벡터 x의 클래스로 선택한다. 즉 K-NN의 분류기준은 다음과 같이 요약할 수 있다.

$$v_c = \sum_{i \in S_K(x)} 1_{\{y^{(i)}=c\}}, c \in \{1, \cdots, C\}, \text{ 여기서 } 1_{\{y^{(i)}=c\}} = \begin{cases} 1, \text{ 만약 } y^{(i)} = c, \\ 0, \text{ 만약 } y^{(i)} \neq c. \end{cases}$$

$$y = f(x) = argmax_c\, v_c$$

그림 5-7 K-NN 모형에서 *K*에 따른 인접데이터

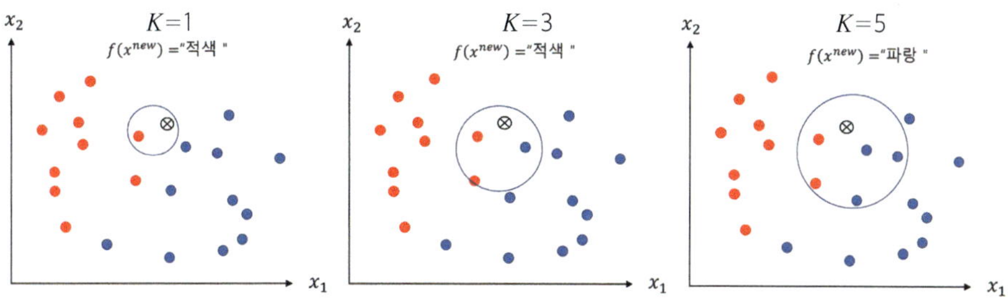

그림 5-8 은 *K*값에 따른 K-NN의 분류 결과가 달라질 수 있음을 보여준다. 일반적으로 *K*값이 증가할수록 결정경계는 완만해지는 경향이 있다. *K*값은 K-NN의 성능에 영향을 미치는 중요한 초모수(hyper-parameter)로서 교차검증(cross-validation) 등을 활용하여 신중하게 결정되어야 한다.

그림 5-8 K-NN 모형에서 *K*에 따른 결정경계[1)]

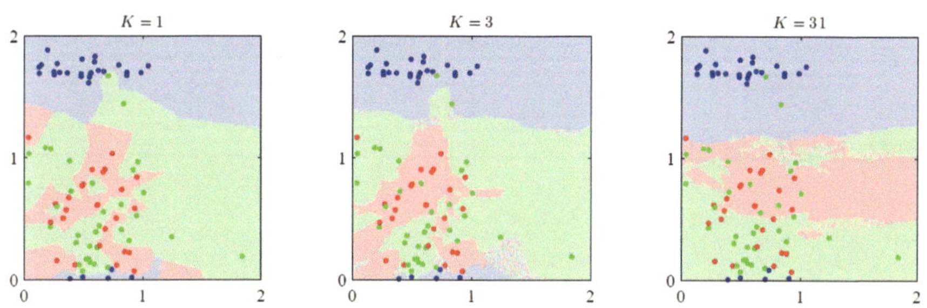

회귀를 위한 K-NN은 앞에서 소개한 분류의 경우와 본질적으로 동일하다. 차이점은 출력(예측)이 연속형으로 일반적으로 다음과 같이 인접에 포함된 *K*개의 출력데이터의 평균으로 정의한다. 경우에 따라 평균 대신에 중앙값(median)이 사용되기도 한다.

1) 출처: Duda et al. (2001), Pattern Classification, John Wiley & Sons

$$y = f(x) = \frac{1}{K} \sum_{i \in S_K(x)} y^{(i)}$$

K-NN 모형은 그 개념이 간단하면서도 복잡한 결정경계를 학습할 수 있는 장점이 있으나 다음과 같은 한계를 함께 가지고 있다. 먼저, 주어진 입력데이터에 적합한 거리척도와 K값을 사전에 파악할 방법이 없다. 따라서 이를 결정하는 과정에 상당한 노력이 필요하다. 한편, K-NN에서는 출력(예측)이 요구될 때마다 훈련데이터와 새로운 입력데이터 간의 거리를 모두 다시 계산해야 하는데 그 계산복잡도는 $O(Nd)$으로 훈련데이터에 포함된 데이터수(N)와 입력데이터의 특성의 수(차원, d)에 따라 많은 계산 노력이 요구된다. 또한 모든 훈련데이터를 항상 가지고 있어야 하는 문제도 있다. 특히, 입력데이터 특성의 수(차원, d)가 커지면 데이터 간의 거리는 멀어지는 소위 '고차원 데이터의 저주'(curse of high dimensional data)가 발생하여 가까운 거리에 있는 데이터의 라벨은 유사하다는 K-NN의 기본 전제가 더 이상 성립하지 않는다. 고차원 데이터의 저주에 대응하는 데 필요한 훈련데이터의 수는 차원의 수가 증가함에 따라 지수함수적으로 급속히 증가한다.

2. 결정나무(decision tree)

가. 결정나무의 구성과 예

결정나무(decision tree)는 분류 및 회귀 모두에 사용될 수 있는 비모수모형으로 최근에 가장 많이 활용되고 있는 지도학습 방법 중 하나이다. K-NN에서는 새로운 예측(출력)을 위해서 훈련데이터에 속한 모든 입력데이터와의 거리 계산이 필요하다. 하지만 결정나무에서는 입력데이터 공간을 여러 개의 부분공간으로 분할하여 새로운 출력의 탐색범위를 줄여 준다. 결정나무의 학습은 입력데이터가 가지고 있는 특성(또는 속성[attributes])을 기준으로 반복적인 방법으로 입력데이터 공간을 분할하는 하향식(top-down) 과정으로 이루어진다.

결정나무는 노드(node)와 이들을 연결하는 가지(edge)로 구성되는데, 나무 최상위의 뿌리노드(root node)에서 시작하여 내부노드(internal node) 그리고 마지막 잎노드(leaf node)에 이르기까지의 노드들은 가지로 연결된다. 뿌리노드와 내부노드를 함께 결정노드(decision node)라고 부른다. 여기서 결정노드는 입력데이터의 속성(또는 특성)에 대응되고, 가지는 속성을 구분하는 기준 또는 값을 나타낸다. 잎노드에는 클래스(출력라벨)가 표시된다. 아래의 예는 연체여부($x_1^{(i)}$), 결혼여부($x_2^{(i)}$)와 소득액($x_3^{(i)}$)에 따른 신용불량여부($y^{(i)}$)에 관한 훈련데이터로 작성한 결정나무이다(그림 5-9). 여기서 연체 및 결혼여부는 범주형이며 소득수준은 연속형이다. 가장 먼저 선택된 연체여부 속성이 뿌리노드(①)가 된다. 두 가지 값(yes/no)을 가지는 범주형 연체노드로부터 두 갈래의 가지가 나오고, 연체가 "Yes"인 입력데이터의 출력데이터는 모두 "No"이므로 노드 ②는 출력라벨(신용불량)이 "No"인 잎노드가 된다. 한편, 연체가 "No"인 입력데이터는 다시 결혼여부에 따라 출력이 달라질 수 있으므로, 결혼여부 속성은 연체에서 나온 가지에 연결된 내부노드(③)가 된다. 결혼여부 노드는 연체여부 노드의 자식노드(child node), 그리고 연체여부 노드는 결혼여부 노드의 부모노드(parent node)라고 구분하여 부른다. 이와 같은 절차를 반복하면 그림 5-9 와 같은 결정나무를 완성할 수 있다. 다만, 연속형인 소득액은 소득수준을 구분하는 임계값(threshold, 그림 5-9 에서는 80)을 이용하여 소득액 내부노드(④)에서 나오는 가지를 구분하였다. 모든 잎노드에는 출력라벨(신용불량)이 주어져 있음에 유의한다. 각 노드에 대응하는 훈련데이터의 부분집합이 그림 5-9 에 주어져 있다. 모든 잎노드에 대응하는 입력데이터의 합집합은 훈련데이터가 된다.

표 5-2 신용불량여부 결정을 위한 입력과 출력데이터

i	입력데이터($x^{(i)}$)			출력데이터($y^{(i)}$)
	연체여부($x_1^{(i)}$)	결혼여부($x_2^{(i)}$)	소득(백만 원)($x_3^{(i)}$)	신용불량여부
1	Yes	미혼	125	No
2	No	기혼	100	No
3	No	미혼	70	No
4	Yes	기혼	120	No
5	No	미혼	95	Yes
6	No	기혼	60	No
7	Yes	미혼	220	No
8	No	미혼	85	Yes
9	No	기혼	75	No
10	No	미혼	90	Yes

그림 5-9 결정나무의 구성 예: 신용불량여부의 결정

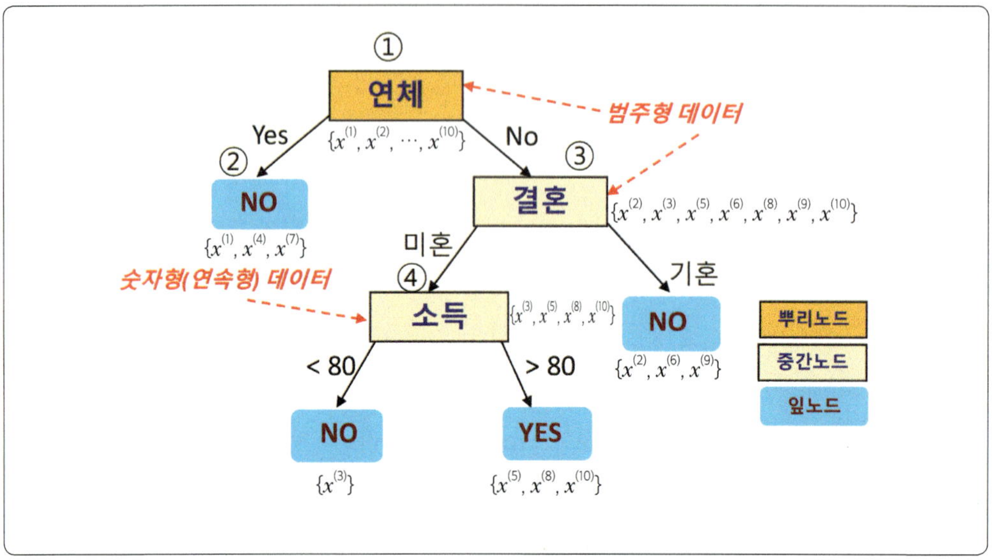

그림 5-10 은 연속형데이터에 대한 분류 예제로 (x_1, x_2)의 연속된 영역을 5개의 영역으로 나눈 결정나무를 보여주고 있다. 분기를 위해 사용되는 임계값은 훈련데이터에 포함된 데이터를 참조하여 결정되는데, 구체적인 방법은 추후 소개하기로 한다. 그림 5-10 과 같이 결정나무는 선형적으로 분리가 불가능한 입력데이터 공간을 비선형 결정경계를 이용해 분할할 수 있다.

그림 5-10 연속형 데이터에 대한 결정나무의 구성 예

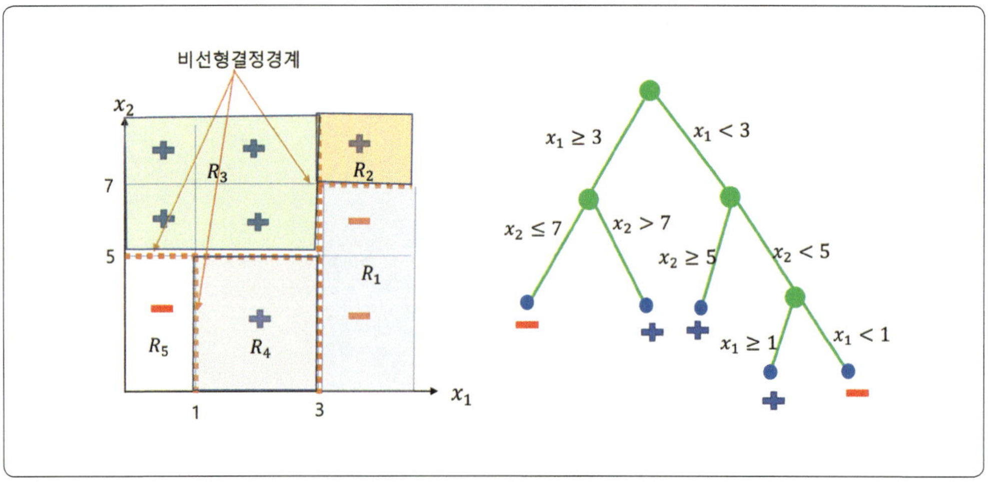

새로운 입력에 대한 출력라벨(클래스) 예측은 학습된 결정나무에서 구할 수 있다. 다음 그림 5-11 (a)는 신규 입력데이터 $x^{(new)} = (x_1^{(new)}, x_2^{(new)}, x_3^{(new)}) = (No, 기혼, 80)$에 대한 신용불량여부($y^{(new)}$)에 관한 예측 과정을 표시하고 있다. 먼저, 뿌리노드에서 시작하여 연체여부 속성($x_1^{(new)}$)이 "No"이므로 "No"에 대응하는 가지를 선택한다. 중간노드(결혼여부)에서 "기혼" 가지로 가면, 잎노드 "No"를 만난다. 따라서 $y^{(new)}$는 "No"가 된다.

그림 5-11 (b)는 뿌리노드로 결혼여부 속성을 선택하여 학습된 결정나무를 보여주고 있다. 이렇게 같은 훈련데이터로 서로 구조가 다른 결정나무를 구성할 수 있기 때문에 이들을 비교할 수 있는 척도와 가장 효율적인 나무구성을 위한 방법론이 결정나무 학습에서 중요한 과제가 된다.

그림 5-11 결정나무를 이용한 신규 입력데이터의 출력 결정 예

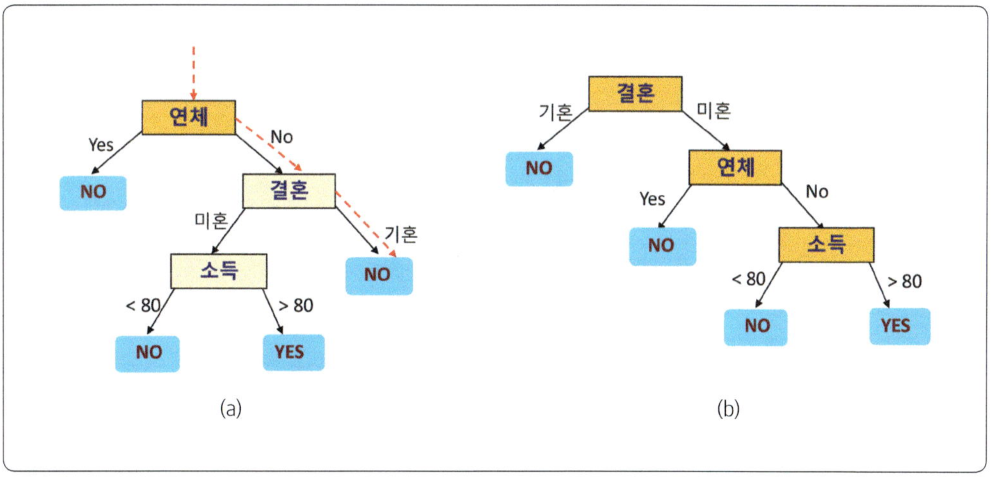

이와 같이 결정나무는 재귀적 분할(recursive split)을 통해 입력데이터 공간(집합)을 보다 작은 영역(부분집합)으로 나누는 계층적(hierarchical) 모형으로서, 분할의 단계(또는 깊이, depth)와 노드의 수에 의해 결정나무의 구조가 결정된다. 결정노드 m에는 일종의 판별함수 $f_m(x)$가 대응되고, 그 값은 분기의 레이블을 지정하는 이산 결과가 된다. 각 노드에서는 판별(또는 테스트)이 이루어지고 결과에 따라 분기 중 하나가 선택되는 과정이 뿌리노드에서 시작하여 잎노드에 도달할 때까지 반복된다. 잎노드마다 출력값(라벨)이 대응되는데 분류의 문제에는 클래스가, 그리고 회귀 문제에는 숫자가 라벨이 된다. 그리고 각 잎노드에는 동일한 클래스를 가진(분류) 또는 유사한 값을 가진 숫자(회귀)에 대응된 출력라벨을 가진 입력데이터의 부분영역이 정의된다.

결정노드에서 이루어지는 판별은 입력데이터의 특성(속성) 중에서 한 특성만 이용하는 단변량(univariate)으로 가정한다. 특성변수 x_j가 집합 $\{1, \cdots, n\}$에서 하나를 취하는 범주형(이산형)이라면, 분기의 기준은 $x_j \in A$가 될 수 있으며 여기서 집합 $A \subset \{1, \cdots, n\}$이다. 하지만 만약 x_j가 연속형 숫자라면 판별함수 $f_m(x)$: $x_j > \theta_{mj}$이 되는데, 여기서 θ_{mj}는 임계값을 나타낸다. 이러한 결정노드 m의 분기는 입력데이터 공간을 $L_m = \{x \mid x_j > \theta_{mj}\}$와 $R_m = \{x \mid x_j \leq \theta_{mj}\}$으로 나눈다.

그림 5-12 특성변수의 형태(범주형 또는 연속형)에 따른 분기

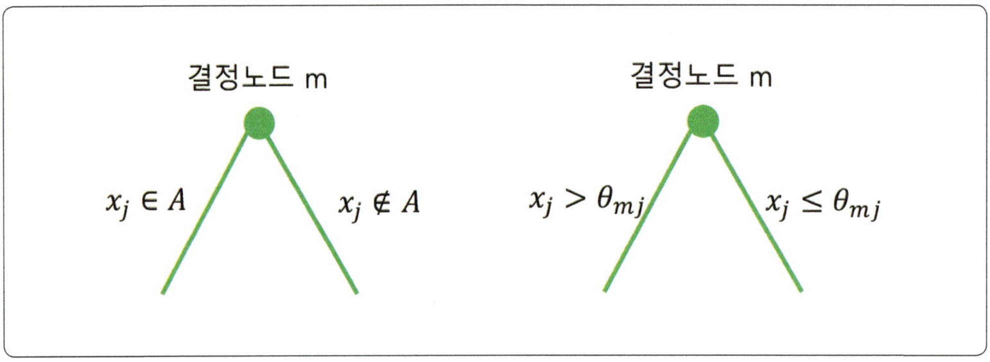

뿌리노드부터 잎노드까지의 경로상에 있는 일련의 결정노드의 판별함수로 입력데이터의 부분영역이 효율적으로 정의될 수 있다는 점은 결정나무 모형의 주요 장점이다. 예를 들어, 모든 노드에서 이진 판별(yes/no)만이 이루어지고 n개의 부분영역으로 이루어진 입력데이터 공간은 $log_2 n$만에 분할이 이루어질 수 있다. 또 다른 결정나무 모형의 장점은 결정나무를 일종의 IF-THEN 법칙(rule)으로 손쉽게 전환할 수 있어서 학습의 결과에 대한 해석이 매우 용이하다는 점이다. 환자의 여러 가지 증상을 보고 적합한 치료법을 찾는 데 결정나무 모형에서 추출된 (치료) 법칙이 실제로 의학 분야에서 많이 활용되고 있다(그림 5-13).

그림 5-13 결정나무에서 이루어지는 IF-THEN 규칙

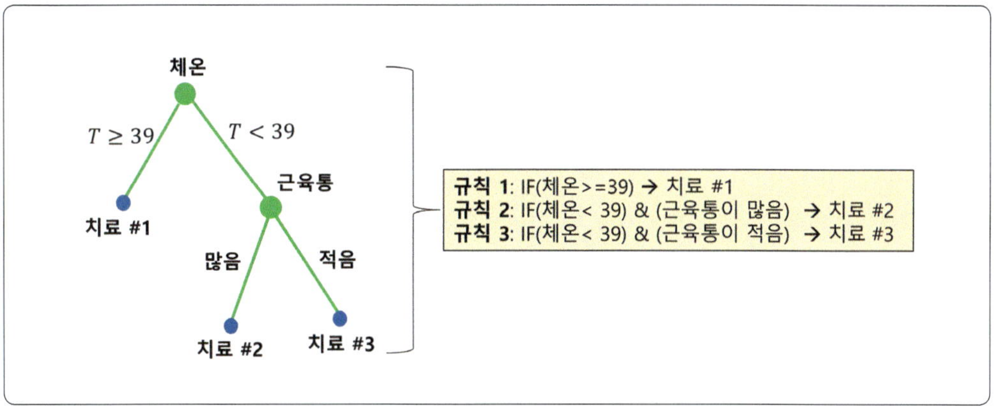

나. 분기와 분할(split and partitioning)

출력변수가 연속형인지 이산형인지에 따라 결정나무는 회귀나무(regression tree)와 분류나무(classification tree)로 구분하여 부르는데, 설명의 편의를 위해 아래에서는 분류나무를 전제로 한다. 잎노드가 출력라벨을 완전히 구분할 수 있으면서 구조가 가장 간단한 최적의 구조(optimal structure)를 가진 나무를 구하는 것은 NP-완비(NP-Complete) 문제로서 해결이 매우 어려운 것으로 알려져 있다. 따라서 학습은 최적화 해법을 대신해 휴리스틱을 기반으로 이루어지며 나무의 구조, 노드별 분기를 위한 임계값, 그리고 잎노드에 대응하는 출력값을 결정한다.

표 5-3 에 주어진 예제는 10개의 특성(속성)으로 이루어진 입력데이터 표본이 12개가 있는 훈련데이터이다. 훈련데이터로 학습된 결정나무를 이용해 레스토랑에 도착한 새로운 고객이 대기(T)할지 아니면 떠날지(F)를 결정하고자 한다.

표 5-3 결정나무를 위한 입력데이터: 레스토랑 고객의 예[2)]

입력 ($x^{(i)}$)	특성(Attributes)										출력 대기여부 ($y^{(i)}$)
	Alt	Bar	Fri	Hun	Patron	Price	Rain	Res	Type	Est	
$x^{(1)}$	Yes	No	No	Yes	Some	$$$	No	Yes	French	0-10	Yes
$x^{(2)}$	Yes	No	No	Yes	Full	$	No	No	Thai	30-60	No
$x^{(3)}$	No	Yes	No	No	Some	$	No	No	Burger	0-10	Yes
$x^{(4)}$	Yes	No	Yes	Yes	Full	$	No	No	Thai	10-30	Yes
$x^{(5)}$	Yes	No	Yes	No	Full	$$$	No	Yes	French	>60	No
$x^{(6)}$	No	Yes	No	Yes	Some	$$	Yes	Yes	Italian	0-10	Yes
$x^{(7)}$	No	Yes	No	No	None	$	Yes	No	Burger	0-10	No
$x^{(8)}$	No	No	No	Yes	Some	$$	Yes	Yes	Thai	0-10	Yes
$x^{(9)}$	No	Yes	Yes	No	Full	$	Yes	No	Burger	>60	No
$x^{(10)}$	Yes	Yes	Yes	Yes	Full	$$$	No	Yes	Italian	10-30	No
$x^{(11)}$	No	No	No	No	None	$	No	No	Thai	0-10	No
$x^{(12)}$	Yes	Yes	Yes	Yes	Full	$	No	No	Burger	30-60	Yes

먼저, 뿌리노드로 어떤 속성을 어떤 기준으로 선택해야 하는가? 편의상 후보로 Patron과 Type 두 속성만을 비교해보자. Patron과 Type 각각을 뿌리노드로 선택했을 때 분기의 결과는 아래와 같다. 그림 5-14 에서 보듯이 분기로 나누어진 입력데이터의 부분영역에 속한 데이터의 출력(즉, 클래스)의 순도(purity 또는 동질성)(또는 불순도)가 Patron이 Type보다 높다고(낮다고) 직감적으로 평가할 수 있다. 불순도는 부분영역에 속한 입력데이터를 특정 클래스로 확정하는 데 있어 불확실성(uncertainty) 정도를 나타내는 것으로, 하나의 클래스로 이루어진 부분영역은 완전한 순도를 가지게 되며 불확실성이 없다. 그림 5-14 에서 ①과 ② 부분영역이 이에 해당한다. 그런데 부분영역 ③과 Type에 의해 분기된 부분영역에는 클래스가 다른 데이터가 혼재해서 부분영역을 어느 한 클래스로 특정하기 어렵다(즉, 불확실성이 크다). 결국, 결정나무의 학습은 분할된 입력데이터 부분영역의 순도를 높이는, 또는 불확실성을 감소시키는 방향으로 진행된다.

---

2) 출처: Russell and Norvig(2009), Artificial Intelligence:A Modern Approach, Prentice Hall

그림 5-14 분기에 따른 분할의 순도

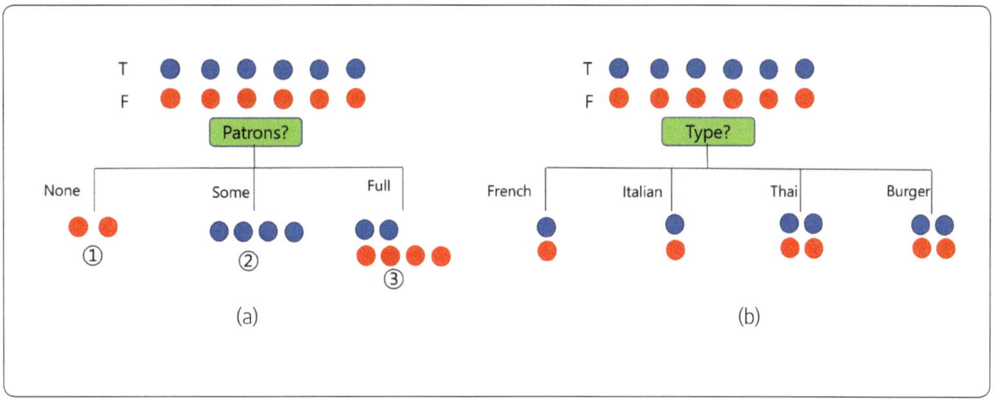

불확실성(또는 불순도)을 나타내는 척도인 엔트로피(entropy)에 대해 알아본다. 정보이론 분야에서 제시된 KLD(Kullback-Leibler Divergence)는 두 확률분포의 차이를 나타내는 척도로 제시된 것으로, 참분포가 p 그리고 근사(또는 가설) 분포가 q일 때 다음과 같이 정의된다.

$$KLD(p \parallel q) = \sum_k p_k \log \frac{p_k}{q_k} = \sum_k p_k \log p_k - \sum_k p_k \log q_k = \underbrace{-H(p)}_{p\text{의 } entropy} + \underbrace{H(p, q)}_{cross-entropy}$$

$KLD(p \parallel q)$ 값은 확률분포 p와 q가 같으면 0이고, 차이가 벌어질수록 큰 값을 가진다. 만약 q가 모수가 K인 (이산형) 균등분포라면 $KLD(p \parallel q)$은 다음과 같다.

$$KLD(p \parallel q) = \sum_k p_k \log \frac{p_k}{q_k} = \sum_k p_k \log \frac{p_k}{1/K} = \sum_k p_k \log (p_k) + \underbrace{\sum_k \log K}_{\text{상수}}$$

결정나무에서는 부분영역의 순도를 높이는 방향으로 분기가 이루어지는데, 이는 부분영역에 속하는 입력데이터의 클래스를 가급적 특정 클래스로 쏠리게 하고 균등하게 분포되지 않도록 하는 것으로 달리 표현할 수 있다. 즉, 불확실성이 가장 큰 균등분포와의 차이를 가장 크게 하는 분포를 찾는 것이 목적이 된다. 즉,

$$max_p KLD(p \parallel q) = max_p \sum_k p_k \log (p_k) \Rightarrow min_p - \sum_k p_k \log (p_k) \Rightarrow min_p H(p)$$

정리하면, 확률변수의 불확실성을 나타내는 척도인 확률변수 Y의 엔트로피 $H(Y)$는 다음과 같이 정의된다. 이때 확률변수 Y는 이산형으로 K개의 서로 다른 값 $a_1, \cdots, a_K$의 값을 가질 수 있다.

$$H(Y) = -\sum_{k=1}^{K} p(Y = a_k) \log p(Y = a_k), \; (0 \log 0 = 0)$$

엔트로피 $H(Y)$는 확률변수 Y의 분포가 균등분포일 때 가장 큰 값 1을 가지며 임의의 i에 대해 $P(Y = a_i) = 1$ 그리고 $P(Y \neq a_i) = 0$일 때 가장 작은 값 0을 가진다. 예를 들어, 확률변수 Y가 성공확률이 p인 베르누이(Bernoulli) 분포를 따를 때 p값에 따른 엔트로피는 다음과 같다.

$$p = 0.5: \; H(Y) = -(0.5 \log 0.5 + 0.5 \log 0.5) = \log_2 2 = 1$$

$$p = 0.25: \; H(Y) = -(0.25 \log 0.25 + 0.75 \log 0.75) = 2 \log_2 2 - 0.75 \log 3 = 0.81$$

$$p = 0: \; H(Y) = 0$$

엔트로피 외에도 순도를 나타내는 척도로는 오분류 오류(misclassification error)와 지니지수(Gini index)가 있다. 그림 5-15 는 베르누이(Bernoulli) 분포에 대해 엔트로피, 지니지수, 그리고 오분류 오류를 비교해서 보여준다.

지니지수: $\sum_{k=1}^{K} p(Y = a_k)(1 - p(Y = a_k))$

오분류 오류: $1 - \max_k p(Y = a_k)$

그림 5-15 3가지 불확실성 척도 비교: 베르누이 분포

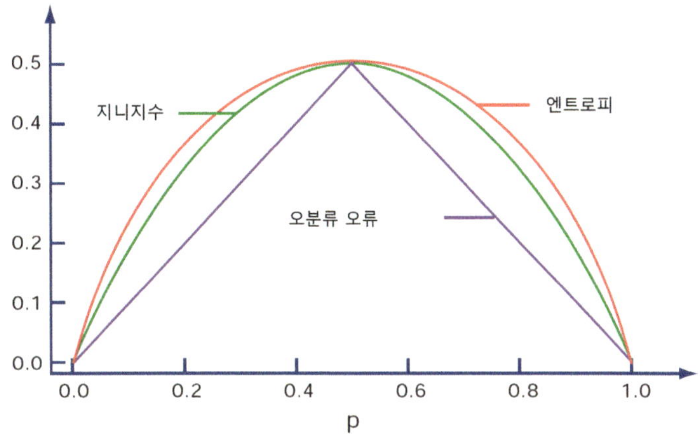

한편, 확률변수 X가 주어졌을 때 확률변수 Y의 조건부 엔트로피(conditional entropy) $H(Y|X)$는 다음과 같이 정의된다.

$$H(Y \mid X) = \sum_k p(X = a_k) H(Y \mid X = a_k)$$

정보이득(information gain) $IG(Y \mid X)$는 확률변수 Y의 엔트로피 $H(Y)$와 확률변수 X가 주어졌을 때 Y의 조건부 엔트로피 $H(Y \mid X)$의 차이로 정의되는데, 추가정보(X)로 인한 불확실성의 감소 정도를 나타낸다. 즉, $IG(Y \mid X) = H(Y) - H(Y \mid X)$이다.

이제 위에서 정의한 엔트로피에 관한 수학적 정의를 결정나무에 적용시켜 보자. 임의의 결정 노드 m의 엔트로피 H_m은 다음과 같이 산정된다. N_m을 노드 m에 도달한 입력데이터의 수이고 N_m^i를 N_m개의 입력데이터에서 클래스가 C_i인 입력데이터의 수라고 하자. 즉, $\sum_i N_m^i = N_m$이고, m이 뿌리노드이면 $N_m = N$이다. 노드 m에서 클래스 C_i일 확률의 추정치는 다음과 같다.

$$p(C_i \mid m) = \frac{N_m^i}{N_m}$$

그리고 노드 m의 엔트로피 H_m은 $H_m = -\sum_i p(C_i \mid m) log(p(C_i \mid m))$이다.

결정나무에서는 분기가 가능한 여러 속성(노드) 중에서 분기로 획득할 수 있는 정보이득이 가장 큰 노드를 선택한다. 하지만 이러한 방법은 국부적 최적 선택으로 전역적 최적화는 보장되지 않음에 유의한다.

노드 m에서 이루어지는 분기 j에 대응되는 입력데이터의 수를 N_{mj}이라 하고, N_{mj} 중에서 클래스 C_i에 속한 입력데이터의 수를 N^i_{mj}으로 표시하자. 따라서 $\sum_j N_{mj} = N_m$이고 $\sum_i N^i_{mj} = N_{mj}$이다. 노드 m의 분기 j에서 클래스 C_i일 확률의 추정치는 다음과 같다.

$$p(C_i \mid m, j) = \frac{N^i_{mj}}{N_{mj}}$$

확률변수 X를 노드 m에서 이루어진 분기라고 할 때, 분기 후의 엔트로피는 다음과 같다.

$$\begin{aligned} H'_m &= -\sum_j \frac{N_{mj}}{N_m} \sum_i p(C_i \mid m, j) \log(p(C_i \mid m, j) = \sum_j \frac{N_{mj}}{N_m} H(Y \mid X = j) \\ &= \sum_j P(X = j) H(Y \mid X = j) \end{aligned}$$

그리고 정보이득은 $IG_m = H'_m - H_m$이다.

레스토랑 예제에서 Patron 속성이 뿌리노드로 선택된 경우의 엔트로피를 계산해보자. 먼저 뿌리노드의 입력데이터의 수는 12이고($N_{Patron} = 12$), 이 중에서 클래스가 T와 F인 입력데이터의 수가 각각 6개이다. 즉, $N^T_{Patron} = 6$, 그리고 $N^F_{Patron} = 6$이다. Patron 노드의 엔트로피는 아래와 같이 1로 순도가 0이기 때문에 Patron 노드의 입력데이터는 분할이 검토되어야 한다.

$$\begin{aligned} & p(T \mid Patron) = \frac{6}{12}, \; p(F \mid Patron) = \frac{6}{12}, \\ & H_{Patron} = -(p(T \mid Patron) \log(p(T \mid Patron)) + p(F \mid Patron) \log(p(F \mid Parton)) \\ & \quad = -\left(\frac{6}{12} \log \frac{6}{12} + \frac{6}{12} \log \frac{6}{12}\right) = 1 \end{aligned}$$

뿌리노드 Patron의 분기에 따른 엔트로피를 계산해보자. Patron에서 분기는 세 가지(None, Some, Full)로, **표 5-4** 와 **표 5-5** 는 N^i_{mj}와 $p(C_i \mid Patron, j)$을 각각 보여준다.

표 5-4 **Patron에서 분기별 경우의 수**

구분($N^i_{Patron\,j}$)		분기(j) None	Some	Full	N^i_{Patron}
라벨(i)	T	0	4	2	6
	F	2	0	4	6
$N_{Patron\,j}$		2	4	6	12

표 5-5 **Patron에서 분기에 따른 클래스별 추정 확률**

구분 $p(C_i \mid Patron, j) = \left(\frac{N^i_{Patron\,j}}{N_{Patron\,j}}\right)$		분기(j) None	Some	Full
라벨(i)	T	$\frac{0}{2}$	$\frac{4}{4}$	$\frac{2}{6}$
	F	$\frac{2}{2}$	$\frac{0}{4}$	$\frac{4}{6}$
$\frac{N_{Patron\,j}}{N_{Patron}}$		$\frac{2}{12}$	$\frac{4}{12}$	$\frac{6}{12}$

$$H(Y \mid X = None) = -\left(\frac{0}{2}log\frac{0}{2} + \frac{2}{2}log\frac{2}{2}\right) = 0$$

$$H(Y \mid X = Some) = -\left(\frac{4}{4}log\frac{4}{4} + \frac{0}{4}log\frac{0}{4}\right) = 0$$

$$H(Y \mid X = Full) = -\left(\frac{2}{6}log\frac{2}{6} + \frac{4}{6}log\frac{4}{6}\right) \approx 0.9$$

$$\begin{aligned} H'_{Patron} &= H(Y \mid X) = p(X = None)H(Y \mid X = None) \\ &\quad + p(X = Some)H(Y \mid X = Some) + p(X = Full)H(Y \mid X = Full) \\ &= \frac{2}{12}\cdot 0 + \frac{4}{12}\cdot 0 + \frac{6}{12}\cdot 0.9 = 0.45 \end{aligned}$$

따라서 Patron 노드의 분기에 따른 정보이익은 아래와 같이 0.55이다.

$$IG_{Patron} = H_{Patron} - H'_{Patron} = 1 - 0.45 = 0.55$$

동일한 방법으로 Type 속성의 정보이득을 구하면 0으로 뿌리노드로 Patron과 Type 중에 하나를 선택해야 한다면 정보이득이 큰 Patron을 선택한다.

$$H(Y|X=french) = -\left(\frac{1}{2}log\frac{1}{2} + \frac{1}{2}log\frac{1}{2}\right) = log\,2 = 1$$
$$H(Y|X=italian) = -\left(\frac{1}{2}log\frac{1}{2} + \frac{1}{2}log\frac{1}{2}\right) = log\,2 = 1$$
$$H(Y|X=thai) = -\left(\frac{2}{4}log\frac{2}{4} + \frac{2}{4}log\frac{2}{4}\right) = log\,2 = 1$$
$$H(Y|X=burger) = -\left(\frac{2}{4}log\frac{2}{4} + \frac{2}{4}log\frac{2}{4}\right) = log\,2 = 1$$
$$H(Y|X) = p(X=french)H(Y|X=french) + p(X=italian)H(Y|X=italian)$$
$$+p(X=thai)H(Y|X=thai) = \frac{2}{12}\cdot 1 + \frac{2}{12}\cdot 1 + \frac{4}{12}\cdot 1 + \frac{4}{12}\cdot 1 = 1$$
$$IG_{Type} = H_{Type} - H'_{Type} = 1 - 1 = 0$$

그림 5-16 은 레스토랑 예제에서 Patron을 뿌리노드로 하여 완성한 두 종류의 결정나무를 보여준다. 결정나무 구성을 위한 재귀적 단계 t에서 분기 대상이 되는 노드 m^*의 선택은 다음과 같이 요약할 수 있다. $m^* = argmax_{m \in A(t)} IG_m$, 여기서 $A(t)$는 단계 t에서 분기의 후보가 될 수 있는 노드들의 집합으로 $A(t) = \phi$일 때 분기를 멈추고 결정나무의 학습과정은 종료된다. 분기의 결과로 나누어진 부분영역에 속한 모든 입력데이터의 클래스가 동일하거나 연관된 입력데이터가 없으면 해당 분기는 잎노드에 대응된다. 별도의 기준이 없으면 모든 노드가 잎노드가 될 때 $A(t) = \phi$되어 학습과정이 종료된다. 하지만 결정나무의 과도한 분기가 이루어지는 것을 방지하기 위해 $A(t)$에 별도의 제약이 추가될 수 있다.

결정나무의 복잡도(complexity)는 일반적으로 나무의 깊이(depth)와 규모(size)에 의해 결정된다. 여기서 깊이는 뿌리노드에서 잎노드까지 경로 중에서 가장 긴 경로의 길이(분기의 수)를 그리고 규모는 결정나무에 포함된 노드의 수를 나타낸다. 만약, 특성의 수가 d이고 이분 분기(binary split)만이 이루어진다면 규모는 최대 $(2^{d+1} - 1)$까지 가능하다. 그림 5-16 (a) 에 주어진 결정나무의 깊이는 5이고 그림 5-16 (b) 에 주어진 나무의 깊이는 4이다. 참고로 분기가 한 번만 이루어지는 결정나무를 결정 그루터기(decision stump)라고 부른다.

그림 5-16 결정나무의 깊이와 규모: 레스토랑의 예

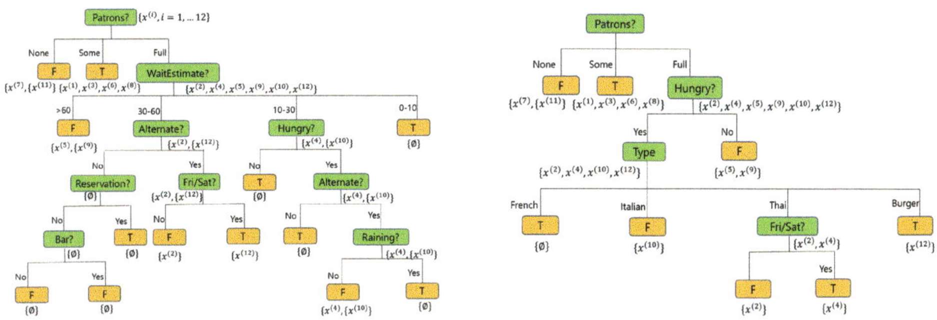

(a) (b)

다. 가지치기(pruning)

결정나무의 깊이가 깊을수록 결정나무는 과적합이 될 가능성이 높아지고 반대로 너무 얕으면 과소적합의 위험이 있다. 결정나무의 구성에 복잡도(특히 깊이)의 적합성 여부는 매우 핵심적인 요소이다. 결정나무를 위한 구체적인 알고리즘이나 도구에서는 최대깊이(maximum depth), 잎노드의 최대 개수, 노드 분할을 위해 필요한 입력데이터의 최소 수 등을 모형 설계자가 미리 설정하여 과도하게 복잡한 나무의 생성을 제어하게 한다. 이를 사전 가지치기(prepruning)이라고 부른다. 그림 5-17 (a)는 별도의 사전 가지치기가 없는 경우의 특정 노드에서 이루어지는 분기 절차의 흐름도를 나타낸 것이다. 그리고 그림 5-17 (b)는 초모수인 최대깊이가 개입된 사전 가지치기가 포함된 흐름도를 보여준다. 사전 가지치기가 이루어지면 잎노드의 순도가 0이 아닌 경우가 발생할 수 있으며, 이때 잎노드의 출력은 가장 비중이 큰 입력데이터의 출력(즉, 다수결)으로 한다(분류의 경우).

그림 5-17 사전 가지치기

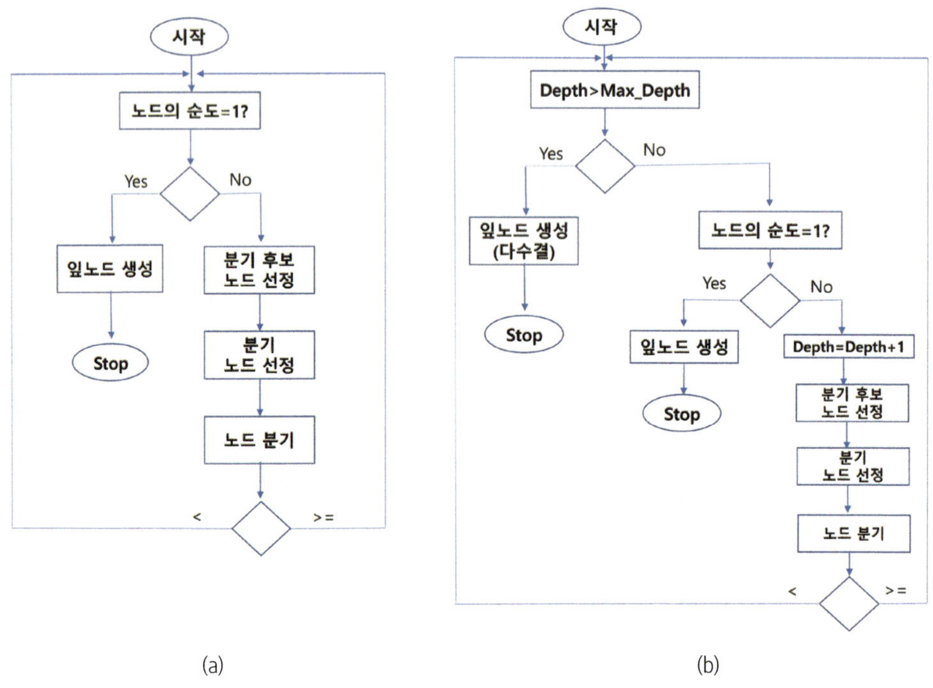

간단한 구조를 가진 결정나무의 구성을 위한 방법으로 사후 가지치기(post pruning)가 있다. 이 기법은 모든 잎노드의 순도가 0이 되어 학습오류가 발생하지 않는 복잡도가 가장 높은 결정나무 또는 사전 가지치기가 일부 수행되기는 하지만 복잡도가 가능한 높은 결정나무에서 시작한다. 이러한 나무에서 과적합된 하위나무(subtree)를 찾아내고 이를 하나의 잎노드로 대체할 수 있는지를 검토한다. 이때, 잎노드의 라벨은 하위나무에 속한 입력데이터 라벨을 이용해 구하는데, 분류는 다수의 라벨로 그리고 회귀는 평균(또는 중간값)으로 정한다.

아래에서 자세한 사후 가지치기 과정에 대해 알아본다. 먼저, 나무 T는 나무 T_0의 중간노드를 가지치기한 후에 얻어지는 임의의 나무라고 하자(즉, $T \subset T_0$). 여기서 R_t는 잎노드 t에 대응된 입력데이터의 부분영역(집합), 그리고 N_t는 잎노드 t에 포함된 입력데이터의 수($(|R_t| = N_t)$)를 나타낸다. 아래에 주어진 $\hat{c}_t$는 잎노드 t의 라벨에 관한 정의로, 분류에서는 잎노드에 대응된 입력데이터 중에서 가장 큰 비중을 차지하는 라벨로, 그리고 회귀에서는 라벨의 평균으로 한다.

Q_t로 잎노드 t의 오분류 오류(분류)와 오차제곱합(회귀)을 나타내면, $C(T)$는 다음과 같이 나무 T의 성능을 내표하는 척도로 해석할 수 있다.

$$\hat{c}_t = \begin{cases} argmax_k \left\{ \sum_{i \in R_t} 1_{\{y^{(i)}=k\}} \right\}, & \text{분류의 경우} \\ \frac{1}{N_t} \sum_{i \in R_t} y^{(i)}, & \text{회귀의 경우} \end{cases} \quad Q_t = \begin{cases} \frac{1}{N_t} \sum_{i \in R_t} 1_{\{y^{(i)} \neq \hat{c}_t\}}, & \text{분류의 경우} \\ \frac{1}{N_t} \sum_{i \in R_t} (y^{(i)} - \hat{c}_t)^2, & \text{회귀의 경우} \end{cases}$$

$$C(T) = \frac{N_t}{N} \sum_{t \in \tilde{T}} Q_t, \text{ 여기서 } \tilde{T}\text{는 나무 } T\text{에 있는 잎노드의 집합}$$

결정나무 구성의 기준을 $C(T)$의 최소화에만 두면, 복잡도가 높은 나무가 생성되어 과적합이 되는 문제가 발생할 가능성이 커진다. 이에 나무의 성능과 복잡도를 함께 반영하는 척도가 비용-복잡도(cost-complexity) $C_\alpha(T)$이다. 여기서 초모수 α는 나무의 규모($|T|$)에 관한 벌칙으로서 일종의 정규화(regularization)로 볼 수 있으며, 값이 커지면 규모가 작은 나무의 선택이 선호된다.

$$C_\alpha(T) = C(T) + \alpha |T|$$

비용-복잡도 척도를 이용해서 가지치기 대상이 되는 노드와 초모수 α를 결정하는 과정을 살펴본다. 먼저, T_0는 가지치기가 수행되지 않은 나무(full tree)를 그리고 T_m은 임의의 중간노드 m을 뿌리로 하는 하위나무라고 하자. 그러면 나무 T_m과 노드 m의 비용-복잡도 $C_\alpha(T_m)$과 $C_\alpha(m)$은 각각 다음과 같다.

$$C_\alpha(T_m) = C(T_m) + \alpha |T_m|, \; C_\alpha(m) = C(m) + \alpha$$

위에서, $C(T_m)$과 $C(m)$은 하위나무 T_m과 노드 m의 불순도를 각각 나타낸다. 하위나무 T_m의 성능(불순도) $C(T_m)$은 잎노드의 불순도 $C(m)$보다 작은 것이 일반적이다. 하지만 $\alpha(\geq 0)$가 증가하면 $C_\alpha(T_m)$의 항목 $|T_m|$이 차지하는 비중이 커져서 $C_\alpha(T_m)$은 $C_\alpha(m)$에 비해 가파르게 증가한다. 결국 아래의 $g(m)$ 보다 큰 α에 대해서는 $C_\alpha(m)$이 $C_\alpha(T_m)$보다 작아진다.

$$C(m)+\alpha < C(T_m)+\alpha C\,|\,T_m\,| \rightarrow \alpha > \frac{C(m)-C(T_m)}{|T_m|-1} = g(m)$$

그림 5-18 사후 가지치기 비용-복잡도

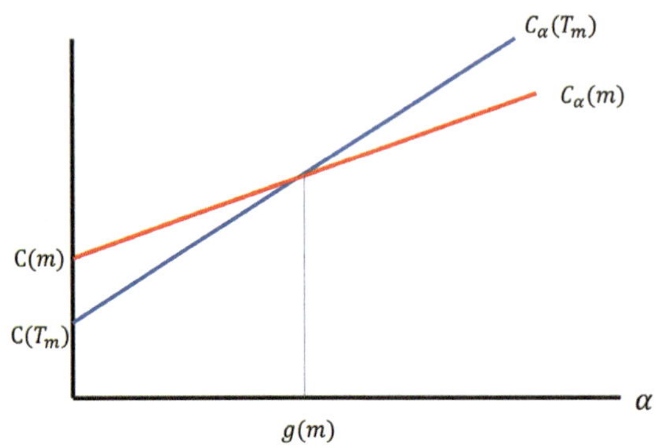

나무 T_0에 속한 모든 중간노드에 대해 이 같은 과정을 수행하면, 다음을 만족하는 노드 m_0를 선택할 수 있다: $g(m_0) = min_m\, g(m)$. 노드 m_0는 나무 T_0에서 가지치기가 유리한 α값 중에서 가장 작은 값을 가진 노드로 연결강도가 가장 약한 연결(weakest link)을 가진 노드라고 부른다.

이제 $\alpha_1 = g(m_0)$으로 놓고, 나무 T_0에서 하위나무 T_{m_0}을 제외한 나무를 T_1이라고 하자(즉, $T_1 = T_0 - T_{m_0}$). 위 과정을 다시 하면 나무 T_1에서 가장 약한 연결강도를 가진 노드 m_1을 구할 수 있다. 이 같은 과정을 뿌리노드만 남을 때까지 계속해서 반복하면, 다음과 같이 일련의 T_i와 α_i을 구할 수 있다: $T_0 \succ T_1 \succ \cdots \succ m_{뿌리노드}$ 그리고 $0 = \alpha_0 < \alpha_1 < \alpha_2 \cdots$. 그러면, $\alpha_k < \alpha < \alpha_{k+1}$인 초모수 α에 대한 최적나무 $T(\alpha)$는 T_k가 되는 것으로 알려져 있다. 한편, 초모수 α의 결정은 일반적으로 교차검증 과정을 통해 이루어진다.

16개로 구성된 훈련데이터로 학습된 결정나무의 예제를 통해 사후 가지치기의 과정을 살펴본다(그림 5-19). 먼저, 가지치기가 이루어지지 않은 나무 T_0에서 노드 m_k, $k = 1, 2, 3$ 각각에 대해서 $C(m_k)$과 $C(T_{m_k})$을 구하면 표 5-6 과 같다. 나무 T_0의 모든 잎노드의 불순도는 0으로 오분류 오류($C(T_{m_k})$)도 0이다. $C(m_1)$은 노드 m_1의 불순도로 16개의 입력데이터가 적색과 파랑으로 8개씩 나누어져 있어서 노드의 라벨은 두 색깔 하나를 임의로 선택해도 된다. 어느 것으로 하든지 오분류 오류는 8/16이다. 그리고 노드 m_1에 대응된 입력데이터는 전체 16개 중에서 16

그림 5-19 사후 가지치기의 예

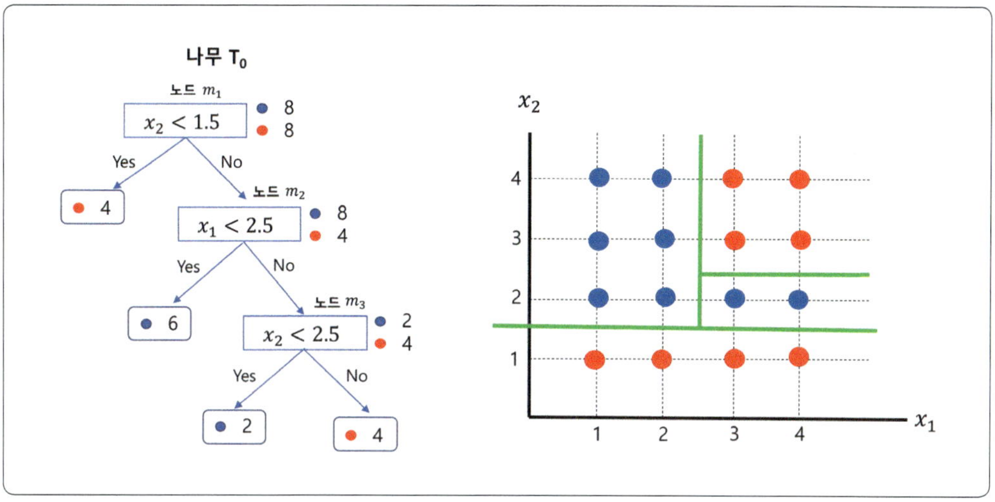

개가 대응되어 그 비율은 16/16이다. 따라서 $C(m_1) = (8/16) * (16/16)$이다. 노드 m_2의 라벨은 다수인 파랑이 되며, 오분류 오류는 4/12이다. 그리고 노드 m_2에 대응된 입력데이터의 비율이 12/16이므로 $C(m_1) = (4/12) * (12/16)$이다. $g(m_k)$ 중에서 가장 작은 값은 1/8로, 노드 m_3를 가지치기로 선택한다 (즉, $m_0 = 3$). 그리고 $\alpha_1 = g(m_3) = 1/8$이다.

표 5-6 사후 가지치기 계산과정의 예 (I)

노드(m_k)	$C(m_k)$	$C(T_{m_k})$	$g(m_k)$
m_1	$\frac{8}{16} \cdot \frac{16}{16} = \frac{8}{16}$	0	$\frac{8/16 - 0}{4 - 1} = \frac{1}{6}$
m_2	$\frac{4}{12} \cdot \frac{12}{16} = \frac{4}{16}$	0	$\frac{4/16 - 0}{3 - 1} = \frac{1}{8}$
m_3	$\frac{2}{6} \cdot \frac{6}{16} = \frac{2}{16}$	0	$\frac{2/16 - 0}{2 - 1} = \frac{1}{8}$

그림 5-20 사후 가지치기 중간 과정의 예

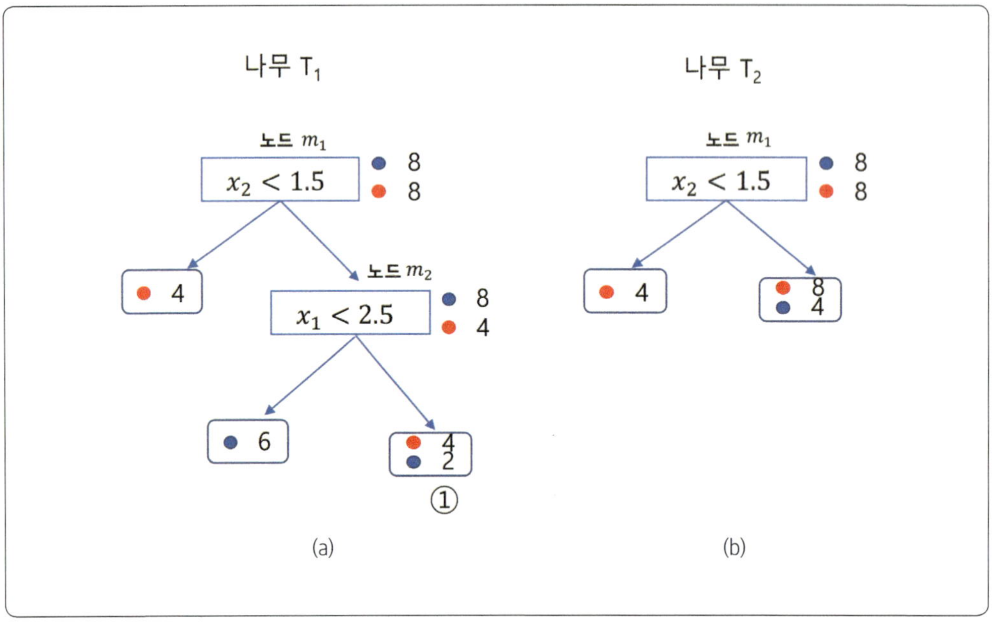

나무 T_1은 결정나무 T_0에서 노드 m_3의 하위나무를 가지치기한 나무이다(그림 5-20 (a)). 나무 T_1의 잎노드에서 발생할 수 있는 오분류에 관련된 입력데이터의 수가 잎노드 ①에서 2개이므로 $C(T_{m_1})$의 불순도 오분류 오류(비율)는 2/16이다. 그리고 하위나무 T_{m_2}에도 잎노드 ①이 포함되어 있으므로 $C(T_{m_2})$도 같은 값을 갖는다. $g(m_2) < g(m_1)$이므로 가지치기로 노드 m_2가 선택되고 $\alpha_2 = 1/8$이다.

표 5-7 사후 가지치기 계산과정의 예 (II)

노드(m_k)	$C(m_k)$	$C(T_{m_k})$	$g(m_k)$
m_1	$\frac{8}{16}\cdot\frac{16}{16}=\frac{8}{16}$	$\frac{2}{16}$	$\frac{8/16-2/16}{3-1}=\frac{6}{32}$
m_2	$\frac{4}{12}\cdot\frac{12}{16}=\frac{4}{16}$	$\frac{2}{16}$	$\frac{4/16-2/16}{2-1}=\frac{1}{8}$

나무 T_1에서 노드 m_2의 하위나무를 가지치기한 나무 T_2을 대상으로 위 과정을 반복하면 다음을 얻는다(그림 5-20 (b)).

$$\alpha_3 = g(m_1) = \frac{8/16 - 4/16}{2 - 1} = \frac{1}{4}$$

이상의 과정을 통해 가지치기를 위해 기준이 되는 α_i 값은 다음과 같다.

$$\alpha_0 = 0, \alpha_1 = 1/8, \alpha_2 = 1/8, \alpha_3 = 1/4$$

교차검증을 통해 결정된 초모수 α가 1/8보다 작으면 가지치기를 하지 않은 결정나무 T_0가 최적 나무가 된다. 그리고 $1/8 \leq \alpha < 1/4$이면 노드 m_2 또는 m_3를 가지치기한 나무가 최적이 된다.

라. 임계값(threshold) 결정

결정나무의 분기를 위해 필요한 임계값을 결정하려면 별도의 과정이 필요할 수 있다. 아래에서는 연속형 특성변수의 임계값 결정 방법에 대해 간단히 알아본다. 먼저 특성값을 정렬하고, 정렬된 자료에서 임계값 후보를 직감적이고 간단한 방법으로 결정한다. 임계값으로는 이 중에서 불순도가 가장 낮은 후보를 선택한다. 해당 특성변수의 또 다른 분기에는 이미 가지고 있는 정렬 결과를 그대로 이용하고 분기에 대응되는 출력라벨의 수만 갱신하면 되기 때문에 계산적으로 효율적인 임계값 선정이 가능하다. d를 특성변수의 수라고 할 때 임계값 결정 과정의 이론적인 계산 복잡도는 $O(dnlogn)$이다. 표 5-8 은 표 5-2 에 주어진 훈련데이터에서 연속형 특성변수 소득액($x_3^{(i)}$)의 분기를 위한 임계값 결정 과정을 보여준다. 표 5-8 에 주어진 임계값 후보(v)는 임의로 결정된 것으로서 보통 정렬된 자료에서 경계값을 사용하거나 연속된 두 경계값의 평균으로 하는 간단한 방법이 사용된다. 이 예제에서 임계값은 엔트로피가 가장 작은 97이 선택된다.

표 5-8 임계값 결정을 위한 예

$x_3^{(i)}$ 소득	$y^{(i)}$ 신용불량여부	v 임계값 후보	$x_3^{(i)} \le v?$ Yes	$x_3^{(i)} \le v?$ No	$x_3^{(i)} > v?$ Yes	$x_3^{(i)} > v?$ No	엔트로피
60	No	55	0	0	3	7	2.2515
70	No	65	0	1	3	6	1.9529
75	No	72	0	2	3	5	1.6745
85	Yes	80	0	3	3	4	1.4208
90	Yes	87	1	3	2	4	2.2680
95	Yes	92	2	3	1	4	2.3514
100	No	97	3	3	0	4	1.2000
120	No	110	3	4	0	3	1.4208
125	No	122	3	5	0	2	1.6745
220	No	172	3	6	0	1	1.9529
		230	3	7	0	0	2.2515

3. 비모수모형 분류 예제 1: 붓꽃 분류

```
import numpy as np
import pandas as pd
import seaborn as sns
import matplotlib.pyplot as plt
from sklearn.linear_model import LogisticRegression
from sklearn.model_selection import train_test_split
from sklearn.neighbors import KNeighborsClassifier
from sklearn import svm, datasets, metrics
from sklearn.tree import DecisionTreeClassifier
from subprocess import check_output
from sklearn.discriminant_analysis import QuadraticDiscriminantAnalysis,\
  LinearDiscriminantAnalysis
from sklearn.metrics import confusion_matrix
from sklearn.metrics import ConfusionMatrixDisplay
from sklearn.naive_bayes import GaussianNB
import warnings
%matplotlib inline
warnings.filterwarnings(action='ignore')
```

데이터 다운로드 및 분할

테스트 크기를 30%로 설정하여 총 150개의 데이터를 105개의 학습데이터와 45개의 테스트데이터로 분할한다.

```
data= datasets.load_iris()
print(type(data))
print(data.data[:5])
print(data.target[0:5])
print(data.target_names)
print(data.feature_names)
```

```
<class 'sklearn.utils.Bunch'>
[[5.1 3.5 1.4 0.2]
 [4.9 3.  1.4 0.2]
 [4.7 3.2 1.3 0.2]
 [4.6 3.1 1.5 0.2]
 [5.  3.6 1.4 0.2]]
[0 0 0 0 0]
['setosa' 'versicolor' 'virginica']
['sepal length (cm)', 'sepal width (cm)', 'petal length (cm)', 'petal width (cm)']
```

```
iris = pd.DataFrame(data.data)
iris.columns =  ['Sepal_L','Sepal_W', 'Petal_L','Petal_W']
iris['Species'] = pd.DataFrame(data.target)
```

```
np.random.seed(99)
train, test = train_test_split(iris, test_size = 0.3)
train.head()
```

	Sepal_L	Sepal_W	Petal_L	Petal_W	Species
10	5.4	3.7	1.5	0.2	0
25	5.0	3.0	1.6	0.2	0
13	4.3	3.0	1.1	0.1	0
131	7.9	3.8	6.4	2.0	2
65	6.7	3.1	4.4	1.4	1

```
X_train = train.drop(columns=["Species"])
y_train = train.Species
X_test = test.drop(columns=["Species"])
y_test = test.Species
```

K-NN 모형을 이용한 분류

```
model_knn=KNeighborsClassifier(n_neighbors=3)
model_knn.fit(X_train,y_train)
prediction=model_knn.predict(X_test)
print('The accuracy of the KNN is',metrics.accuracy_score(prediction,y_test))
cm = confusion_matrix(y_test, prediction, labels=model_knn.classes_)
disp = ConfusionMatrixDisplay(confusion_matrix=cm,\
                              display_labels=["setosa","versicolor", "virginica"])
disp.plot()
plt.show()
```

```
The accuracy of the KNN is 0.9333333333333333
```

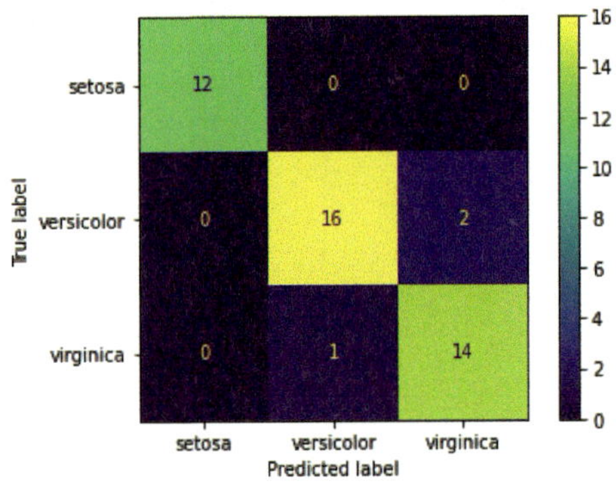

파라미터 및 속성

K-NN 분류 모형은 대상데이터로부터 가장 가까운 *K*개의 샘플 중에서 가장 빈도가 높은 클래스를 대상데이터의 클래스로 판단한다. 따라서, 이 분류모형을 사용하기 위해서는 거리산정에 사용되는 샘플의 개수와 샘플 간 거리산정을 위한 척도를 결정해야 한다. 이들은 각각 'n_neighbors'와 'metric' 파라미터에 저장된다. 본 예제에서는 거리산정에 사용되는 샘플의 수를 3으로 하고 거리척도는 기본값인 민코위스키 거리를 사용한다. 또한 민코위스키 거리 공식의 p 값은 기본값인 2로 설정한다.

- n_neighbors : 이웃의 수인 *K*를 결정한다. 기본값은 5이다.
- weights : {'uniform', 'distance', 'callable'} 예측에 사용되는 가중 방법을 결정한다. 기본값은 uniform이다.

- 'uniform' : 각각의 이웃이 모두 동일한 가중치를 갖는다.
- 'distance' : 거리가 가까울수록 더 높은 가중치를 가져 더 큰 영향을 미치게 된다.
- 'callable' : 사용자가 직접 정의한 함수를 사용할 수도 있다. 거리가 저장된 배열을 입력으로 받고 가중치가 저장된 배열을 반환하는 함수가 되어야 한다.

• algorithm : 가장 가까운 이웃들을 계산하는 데 사용하는 알고리즘을 결정한다. 기본값은 auto이다.
  - 'auto' : 입력된 훈련데이터에 기반하여 가장 적절한 알고리즘을 사용한다.
  - 'ball_tree' : Ball-Tree 구조를 사용한다.
  - 'kd_tree' : KD-Tree 구조를 사용한다.
  - 'brute' : Brute-Force 탐색을 사용한다.
• leaf_size : Ball-Tree나 KD-Tree의 leaf size를 결정한다. 기본값은 30이다.
• p : 민코위스키 미터법의 차수를 결정한다. 예를 들어 p=1이면 맨해튼 거리, p=2이면 유클리디안 거리이다.

```
model_knn.get_params()
```

```
{'algorithm': 'auto',
 'leaf_size': 30,
 'metric': 'minkowski',
 'metric_params': None,
 'n_jobs': None,
 'n_neighbors': 3,
 'p': 2,
 'weights': 'uniform'}
```

클래스 분류에 사용되는 샘플의 수(K)에 따른 정확도의 변화를 보여준다.

```
a_index=list(range(1,11))
a=pd.Series()
x=[1,2,3,4,5,6,7,8,9,10]
for i in list(range(1,11)):
    model=KNeighborsClassifier(n_neighbors=i)
    model.fit(X_train, y_train)
    prediction=model.predict(X_test)
    a=a.append(pd.Series(metrics.accuracy_score(prediction,y_test)))
plt.plot(a_index, a)
plt.xticks(x)
```

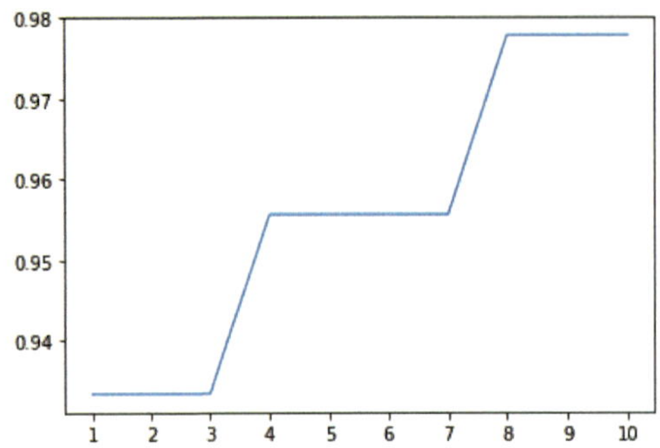

최근접 이웃 찾기

kneighbors()은 학습의 세부적인 결과를 확인할 수 있는 함수로서 특정 샘플 *x*에 대한 *K*개의 최근접이웃 샘플을 출력한다. 첫 번째 출력물은 *x*로부터의 거리 정보를, 두 번째 출력물은 샘플의 인덱스를 나타낸다.

```
np.array(X_test)[0]
```

```
array([6.9, 3.1, 5.4, 2.1])
```

```
model_knn.kneighbors(np.array(X_test)[0].reshape(1,-1))
```

```
(array([[0.36055513, 0.36055513, 0.41231056]]), array([[45, 58, 95]]))
```

kneighbors_graph()는 입력으로 주어진 포인트에서 *k*개의 가장 가까운 샘플의 인덱스를 one-hot-encoding 형식으로 출력한다. 즉, 아래에서 1이 있는 위치는 46, 59, 96번째 원소이다.

```
model_knn.kneighbors_graph(np.array(X_test)[0].reshape(1,-1)).toarray()
```

```
array([[0., 0., 0., 0., 0., 0., 0., 0., 0., 0., 0., 0., 0., 0., 0., 0.,
        0., 0., 0., 0., 0., 0., 0., 0., 0., 0., 0., 0., 0., 0., 0., 0.,
        0., 0., 0., 0., 0., 0., 0., 0., 0., 0., 0., 0., 0., 1., 0., 0.,
        0., 0., 0., 0., 0., 0., 0., 0., 0., 0., 1., 0., 0., 0., 0., 0.,
        0., 0., 0., 0., 0., 0., 0., 0., 0., 0., 0., 0., 0., 0., 0., 0.,
        0., 0., 0., 0., 0., 0., 0., 0., 0., 0., 0., 0., 0., 0., 0., 1.,
        0., 0., 0., 0., 0., 0., 0., 0., 0.]])
```

결정나무 분류기에 의한 분류

```
model_dt=DecisionTreeClassifier(max_depth=3,min_samples_split=4)
model_dt.fit(X_train,y_train)
prediction=model_dt.predict(X_test)
print('The accuracy of the Decision Tree is',metrics.accuracy_score(prediction,y_test))

cm = confusion_matrix(y_test, prediction, labels=model_dt.classes_)
disp = ConfusionMatrixDisplay(confusion_matrix=cm, \
                              display_labels=["setosa","versicolor", "virginica"])
disp.plot()
plt.show()
```

```
The accuracy of the Decision Tree is 0.9555555555555556
```

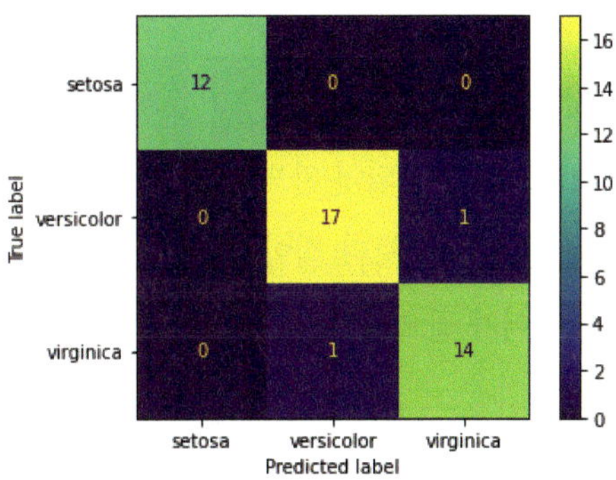

파라미터 및 속성

```
model_dt.get_params()
```

```
{'ccp_alpha': 0.0,
 'class_weight': None,
 'criterion': 'gini',
 'max_depth': 3,
 'max_features': None,
 'max_leaf_nodes': None,
 'min_impurity_decrease': 0.0,
 'min_samples_leaf': 1,
 'min_samples_split': 4,
 'min_weight_fraction_leaf': 0.0,
 'random_state': None,
 'splitter': 'best'}
```

결정나무 분류기를 사용하기 위해서는 아래와 같은 모수를 설정해야 한다.

```
stack = [(0, 0)]  # 루트 노드 ID (0)와 깊이 (0)로 시작
while len(stack) > 0:
    #`pop`은 각 노드가 한 번만 방문하도록
    node_id, depth = stack.pop()
    node_depth[node_id] = depth

    # 노드의 왼쪽과 오른쪽 자식이 같지 않으면 분할.
    # node
    is_split_node = children_left[node_id] != children_right[node_id]
    # 분할 노드인 경우 'stack'에 왼쪽 및 오른쪽 자식과 깊이를 추가
    # 반복할 수 있도록
    if is_split_node:
        stack.append((children_left[node_id], depth + 1))
        stack.append((children_right[node_id], depth + 1))
    else:
        is_leaves[node_id] = True

print("The binary tree structure has {n} nodes and has "
      "the following tree structure:\n".format(n=n_nodes))
for i in range(n_nodes):
    if is_leaves[i]:
        print("{space}node={node} is a leaf node.".format(
            space=node_depth[i] * "\t", node=i))
    else:
        print("{space}node={node} is a split node: "
              "go to node {left} if X[:, {feature}] <= {threshold} "
              "else to node {right}.".format(
                  space=node_depth[i] * "\t",
                  node=i,
                  left=children_left[i],
                  feature=feature[i],
                  threshold=threshold[i],
                  right=children_right[i]))
```

```
The binary tree structure has 7 nodes and has the following tree structure:

node=0 is a split node: go to node 1 if X[:, 2] <= 2.449999988079071 else to node 2.
        node=1 is a leaf node.
        node=2 is a split node: go to node 3 if X[:, 3] <= 1.75 else to node 6.
                node=3 is a split node: go to node 4 if X[:, 2] <= 4.950000047683716 else to nod
e 5.
                        node=4 is a leaf node.
                        node=5 is a leaf node.
                node=6 is a leaf node.
```

결정과정 추적

decision_path() 함수는 입력데이터에 대하여 클래스를 분류하는 과정에서 거치는 노드를 one-hot-encoder 형태로 출력한다. 아래서 X_test의 첫 번째 샘플이 거치는 노드는 0, 2, 6번 노드이다. apply() 함수는 최종적으로 도착한 리프노드의 인덱스를 출력하는데, 이들을 이용하면 어떤 데이터 값에 대하여 클래스를 결정하는 과정을 추적할 수 있다.

```
model_dt.decision_path(np.array(X_test)[0].reshape(1,-1)).todense()
```

```
matrix([[1, 0, 1, 0, 0, 0, 1]])
```

```
model_dt.apply(np.array(X_test)[0].reshape(1,-1))
```

```
array([6])
```

```
node_indicator = model_dt.decision_path(X_test)
leaf_id = model_dt.apply(X_test)

sample_id = 0
#`sample_id`가 통과하는 노드의 ID를 얻는다. 즉`sample_id` 행
node_index = node_indicator.indices[node_indicator.indptr[sample_id]:
                                    node_indicator.indptr[sample_id + 1]]

print('Rules used to predict sample {id}:\n'.format(id=sample_id))
for node_id in node_index:
# 리프노드인 경우 다음 노드로 계속
    if leaf_id[sample_id] == node_id:
        continue
# 샘플 0의 분할기능값이 임계값 미만인지 확인
    if (np.array(X_test)[sample_id, feature[node_id]] <= threshold[node_id]):
        threshold_sign = "<="
    else:
        threshold_sign = ">"

    print("decision node {node} : (X_test[{sample}, {feature}] = {value}) "
          "{inequality} {threshold})".format(
              node=node_id,
              sample=sample_id,
              feature=feature[node_id],
              value=np.array(X_test)[sample_id, feature[node_id]],
              inequality=threshold_sign,
              threshold=threshold[node_id]))
```

```
Rules used to predict sample 0:

decision node 0 : (X_test[0, 2] = 5.4) > 2.449999988079071)
decision node 2 : (X_test[0, 3] = 2.1) > 1.75)
```

특성변수 중요도

결정나무 분류기는 모형의 산출물로써 .feature_importance_ 라는 이름의 속성을 생성하는데, 이는 분류기에 적용된 특성변수의 중요도를 나타낸다. 특성변수의 중요도는 모든 특성변수들의 정보이익에서 특정 특성변수가 차지하는 정보이익의 비율로 정의된다.

```
def draw_feature_importance(X_train, feature_importance):
  sorted_idx = np.argsort(feature_importance)
  pos = np.arange(sorted_idx.shape[0])+0.5
  fig = plt.figure(figsize=(6, 3))
  plt.subplot(1, 1, 1)
  plt.barh(pos, feature_importance[sorted_idx], align="center")
  plt.yticks(pos, np.array(X_train.columns)[sorted_idx])
  plt.title("Feature Importance")
  fig.tight_layout()
  plt.show()
```

```
draw_feature_importance(X_train,model_dt.feature_importances_)
```

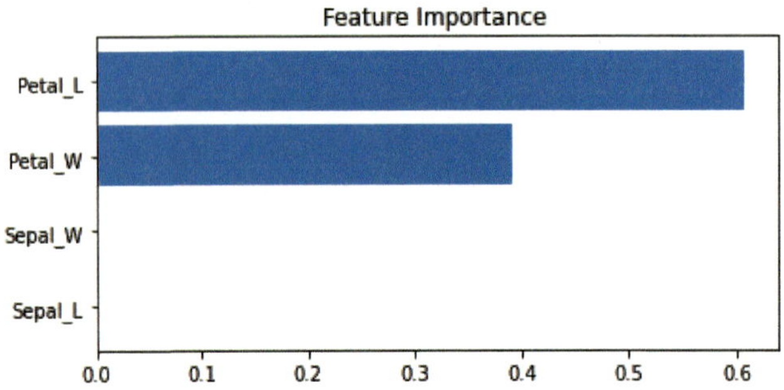

결정경계 그리기

함수 정의

```
def make_meshgrid(x, y, h=.02):
    x_min, x_max = x.min() - 1, x.max() + 1
    y_min, y_max = y.min() - 1, y.max() + 1
    xx, yy = np.meshgrid(np.arange(x_min, x_max, h), np.arange(y_min, y_max, h))
    return xx, yy

def plot_contours(ax, clf, xx, yy, **params):
    Z = clf.predict(np.c_[xx.ravel(), yy.ravel()])
    Z = Z.reshape(xx.shape)
    out = ax.contourf(xx, yy, Z, **params)
    return out

def plot_decision_boundary(clf,X,y):
  fig, ax = plt.subplots()
  # Set-up grid for plotting.
  X0, X1 = X[:, 0], X[:, 1]
  xx, yy = make_meshgrid(X0, X1)
```

```
def plot_decision_boundary(clf,X,y):
  fig, ax = plt.subplots()
  # Set-up grid for plotting.
  X0, X1 = X[:, 0], X[:, 1]
  xx, yy = make_meshgrid(X0, X1)

  plot_contours(ax, clf, xx, yy, cmap=plt.cm.coolwarm, alpha=0.8)
  ax.scatter(X0, X1, c=y, cmap=plt.cm.coolwarm,  s=20, edgecolors='k')

  ax.set_ylabel('Petal Width')
  ax.set_xlabel('Petal Length')
  ax.set_xticks(())
  ax.set_yticks(())
  ax.set_title('Decision Boundary')
  #ax.legend(loc="lower right")
  plt.show()
```

결정경계

붓꽃의 길이와 넓이를 특성변수로 하는 분류 문제를 최근접 이웃 모형과 결정나무 분류기법으로 학습하였을 때의 결정경계를 그리고자 한다.

```
X=np.array(iris[['Petal_L','Petal_W']])
y=np.array(iris['Species'])
```

```
cl_db =KNeighborsClassifier(n_neighbors=3)
cl_db.fit(X, y)
plot_decision_boundary(cl_db, X, y)
```

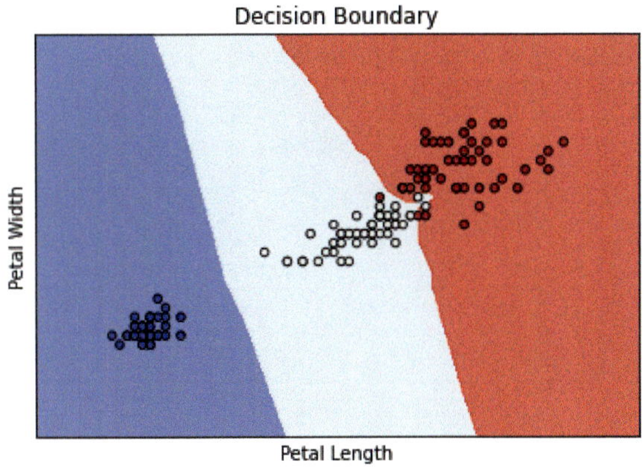

```
cl_db =DecisionTreeClassifier(max_depth=3,min_samples_split=4)
cl_db.fit(X, y)
plot_decision_boundary(cl_db, X, y)
```

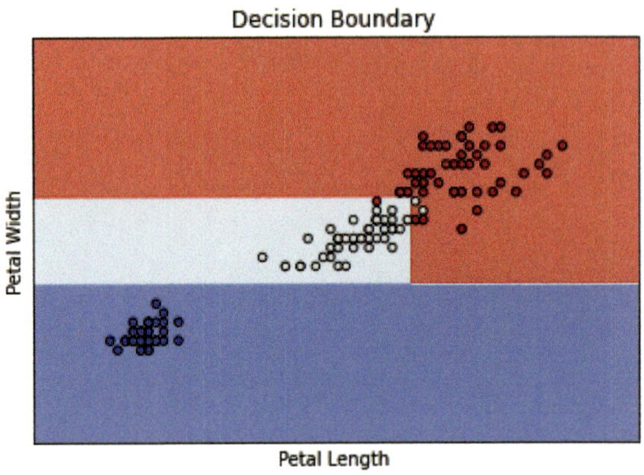

4. 비모수모형 분류 예제 2: MNIST 손글씨 인식

```
from sklearn.datasets import load_digits
from sklearn.naive_bayes import GaussianNB
from sklearn.svm import SVC
from sklearn.neighbors import KNeighborsClassifier
from sklearn.tree import DecisionTreeClassifier
from sklearn.linear_model import LogisticRegression
from sklearn.model_selection import train_test_split
from matplotlib import pyplot as plt
from sklearn.decomposition import PCA
from sklearn.metrics import confusion_matrix,classification_report
from sklearn.metrics import ConfusionMatrixDisplay
from sklearn.discriminant_analysis import QuadraticDiscriminantAnalysis,\
 LinearDiscriminantAnalysis
from sklearn import metrics
import numpy as np
import pandas as pd
import warnings
%matplotlib inline
warnings.filterwarnings(action='ignore')
```

데이터 다운로드 및 분할

전체 데이터를 학습용과 테스트용으로 분할한다. 이때 테스트용 데이터는 전체의 25%를 차지하도록 한다.

```
digits = load_digits()
print(digits.images.shape)
```

```
(1797, 8, 8)
```

```
# split the data into training and validation sets
X_train, X_test, y_train, y_test = train_test_split(digits.data, digits.target, \
                                                    test_size=0.25, random_state=0)
```

본 예제에서는 본문에 언급된 여러가지 분류모형을 사용하여 분류결과를 비교하였다. MNIST 손글씨 인식 문제에 있어서는 'rbf' 커널을 사용하는 서포트 벡터 머신과 최근접 이웃 모형이 상대적으로 우수한 결과를 내고 있다.

함수 정의

```
def plot_prediction_sample(predicted,y_test):
  fig = plt.figure(figsize=(6, 6))
  fig.subplots_adjust(left=0, right=1, bottom=0, top=1, hspace=0.05, wspace=0.05)

  for i in range(64):
    ax = fig.add_subplot(8, 8, i + 1, xticks=[], yticks=[])
    ax.imshow(X_test.reshape(-1, 8, 8)[i], cmap=plt.cm.binary,
              interpolation='nearest')

    # label the image with the target value
    if predicted[i] == y_test[i]:
        ax.text(0, 7, str(predicted[i]), color='green')
    else:
        ax.text(0, 7, str(predicted[i]), color='red')
```

```
def result_report(predicted,y_test):
  matches = (predicted == y_test)
  print('일치 :', matches.sum())
  print('전체 :', len(matches))
  print('비율 :', matches.sum() / float(len(matches)))
  print('성능평가 리포트 :\n', classification_report(y_test, predicted))
```

```
def draw_confusion_matrix(y_test,predicted, model):
  cm = confusion_matrix(y_test, predicted, labels=model.classes_)
  disp = ConfusionMatrixDisplay(confusion_matrix=cm,display_labels=model.classes_)
  disp.plot()
```

K-NN 모형

```
model_knn = KNeighborsClassifier(n_neighbors=3)
model_knn.fit(X_train, y_train)

predicted = model_knn.predict(X_test)

plot_prediction_sample(predicted, y_test)
result_report(predicted,y_test)
draw_confusion_matrix(y_test,predicted, model_knn)
```

```
일치 : 444
전체 : 450
비율 : 0.9866666666666667
성능평가 리포트 :
              precision    recall  f1-score   support

           0       1.00      1.00      1.00        37
           1       1.00      0.98      0.99        43
           2       0.98      1.00      0.99        44
           3       0.96      0.98      0.97        45
           4       1.00      0.97      0.99        38
           5       0.98      0.98      0.98        48
           6       1.00      1.00      1.00        52
           7       0.98      1.00      0.99        48
           8       1.00      0.96      0.98        48
           9       0.98      1.00      0.99        47

    accuracy                           0.99       450
   macro avg       0.99      0.99      0.99       450
weighted avg       0.99      0.99      0.99       450
```

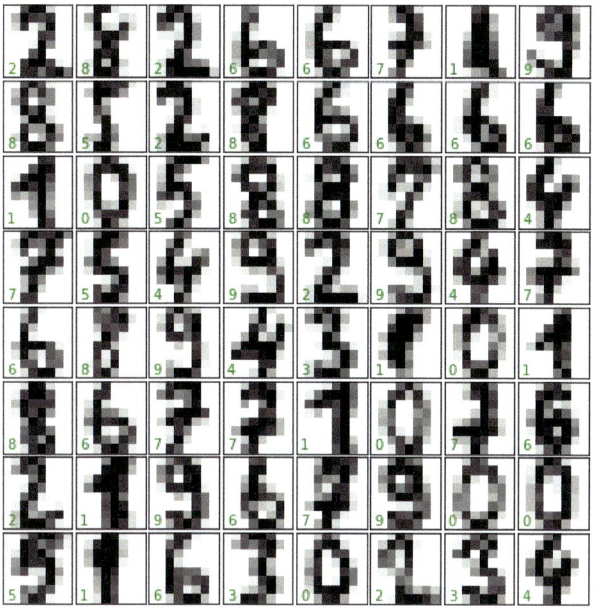

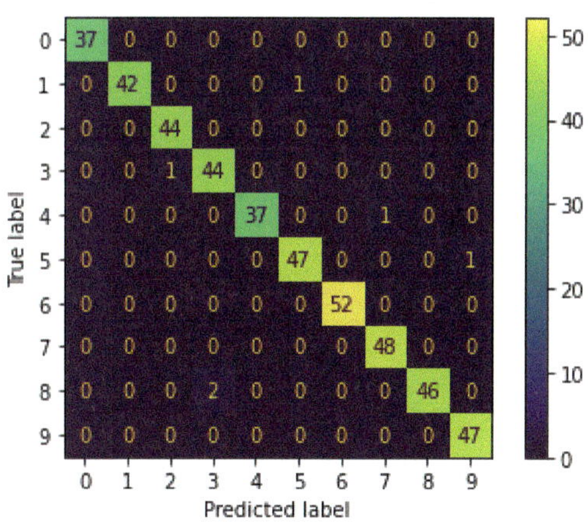

최근접 이웃 찾기

kneighbors()은 학습의 세부적인 결과를 확인할 수 있는 함수로서 특정 샘플 x에 대한 K개의 최근접 이웃 샘플을 출력한다. 첫 번째 출력물은 x로부터의 거리 정보를, 두 번째 출력물은 샘플의 인덱스를 나타낸다.

```
np.array(X_test)[0]
```

```
array([ 0.,  0., 11., 16., 15.,  3.,  0.,  0.,  0.,  5., 16., 12., 11.,
       13.,  0.,  0.,  0.,  3., 13.,  1.,  5., 15.,  0.,  0.,  0.,  0.,
        0.,  0., 12., 11.,  0.,  0.,  0.,  0.,  0.,  1., 16.,  7.,  0.,
        0.,  0.,  0.,  0., 10., 15.,  0.,  0.,  0.,  0.,  0., 12., 16.,
       16., 11.,  1.,  0.,  0.,  0., 13., 13.,  8., 13., 16.,  8.])
```

```
model_knn.kneighbors(np.array(X_test)[0].reshape(1,-1))
```

```
(array([[17.29161647, 20.174241  , 21.61018278]]), array([[ 443, 1188,  952]]))
```

kneighbors_graph()는 입력으로 주어진 포인트에서 *K*개의 가장 가까운 샘플의 인덱스를 one-hot-encoding 형식으로 출력한다. 즉, 아래에서 1이 있는 위치는 444, 1189, 953번째 원소이다.

```
model_knn.kneighbors_graph(np.array(X_test)[0].reshape(1,-1)).toarray()
```

```
array([[0., 0., 0., ..., 0., 0., 0.]])
```

클래스 분류에 사용되는 샘플의 수(*K*)에 따른 정확도의 변화를 보여준다.

```
a_index=list(range(1,11))
a=pd.Series()
x=[1,2,3,4,5,6,7,8,9,10]
for i in list(range(1,11)):
    model=KNeighborsClassifier(n_neighbors=i)
    model.fit(X_train, y_train)
    prediction=model.predict(X_test)
    a=a.append(pd.Series(metrics.accuracy_score(prediction,y_test)))
plt.plot(a_index, a)
plt.xticks(x)
```

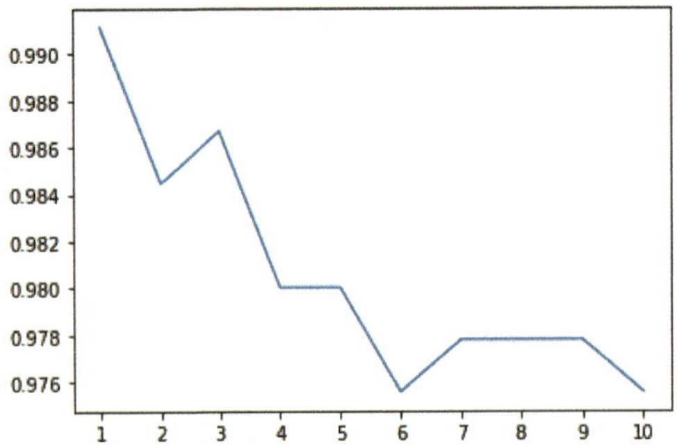

결정나무 분류기

```
model_dct = DecisionTreeClassifier()
model_dct.fit(X_train, y_train)

predicted = model_dct.predict(X_test)

plot_prediction_sample(predicted, y_test)
result_report(predicted,y_test)
draw_confusion_matrix(y_test,predicted, model_knn)
```

```
일치 : 372
전체 : 450
비율 : 0.8266666666666667
성능평가 리포트 :
              precision    recall  f1-score   support

           0       0.92      0.89      0.90        37
           1       0.80      0.81      0.80        43
           2       0.79      0.77      0.78        44
           3       0.73      0.78      0.75        45
           4       0.80      0.84      0.82        38
           5       0.84      0.85      0.85        48
           6       0.96      0.96      0.96        52
           7       0.97      0.75      0.85        48
           8       0.83      0.79      0.81        48
           9       0.69      0.81      0.75        47

    accuracy                           0.83       450
   macro avg       0.83      0.83      0.83       450
weighted avg       0.83      0.83      0.83       450
```

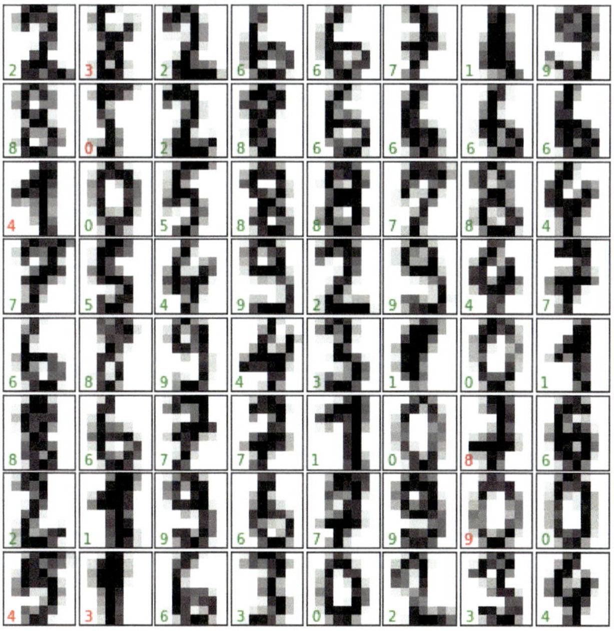

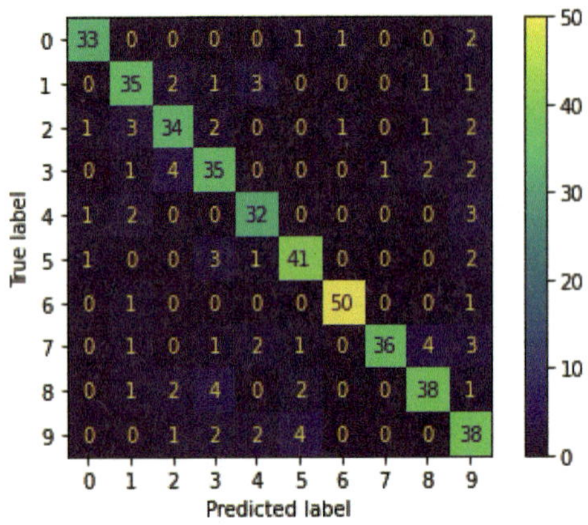

파라미터 및 속성

본 예제에서는 64개의 픽셀값이 특성변수가 되고 max_depth, max_leaf_nodes에 대한 제약은 두지 않았다.

결정나무 그리기

본 예제에서는 64개의 특성변수값을 바탕으로 결정나무가 그려지기 때문에 매우 복잡한 구조를 가지고, 가독성도 떨어지기 때문에 출력은 생략하도록 한다. get_depth(), get_n_leaves() 함수는 결정나무의 깊이와 리프노드의 개수를 출력한다.

```
print(model_dct.get_depth())
print(model_dct.get_n_leaves())
```

```
13
138
```

결정과정 추적

decision_path() 함수는 입력데이터에 대하여 클래스를 분류하는 과정에서 거치는 노드를 one-hot-encoder 형태로 출력한다. 아래서 X_test의 첫 번째 샘플이 거치는 노드는 0, 26, 80번

등의 노드이다. apply() 함수는 최종적으로 도착한 리프노드의 인덱스를 출력하는데 이들을 이용하면 어떤 데이터값에 대하여 클래스를 결정하는 과정을 추적할 수 있다.

```
model_dct.decision_path(np.array(X_test)[0].reshape(1,-1)).todense()
```

```
array([186])
```

decision_path() 함수와 apply() 함수를 사용하여 다음과 같이 샘플데이터에 대하여 결정나무에서 거치는 과정을 추적할 수 있다.

```
feature = model_dct.tree_.feature
threshold = model_dct.tree_.threshold
node_indicator = model_dct.decision_path(X_test)
leaf_id = model_dct.apply(X_test)

sample_id = 0
#`sample_id`가 통과하는 노드의 ID를 얻습니다. 즉`sample_id` 행
node_index = node_indicator.indices[node_indicator.indptr[sample_id]:
                                    node_indicator.indptr[sample_id + 1]]

print('Rules used to predict sample {id}:\n'.format(id=sample_id))
for node_id in node_index:
# 리프노드인 경우 다음 노드로 계속
    if leaf_id[sample_id] == node_id:
        continue
# 샘플 0의 분할기능값이 임계값 미만인지 확인
    if (np.array(X_test)[sample_id, feature[node_id]] <= threshold[node_id]):
        threshold_sign = "<="
    else:
        threshold_sign = ">"

    print("decision node {node} : (X_test[{sample}, {feature}] = {value}) "
          "{inequality} {threshold})".format(
              node=node_id,
              sample=sample_id,
              feature=feature[node_id],
              value=np.array(X_test)[sample_id, feature[node_id]],
              inequality=threshold_sign,
              threshold=threshold[node_id]))
```

```
Rules used to predict sample 0:

decision node 0 : (X_test[0, 36] = 16.0) > 0.5)
decision node 26 : (X_test[0, 21] = 15.0) > 0.5)
decision node 80 : (X_test[0, 60] = 8.0) > 5.5)
decision node 120 : (X_test[0, 33] = 0.0) <= 3.5)
decision node 121 : (X_test[0, 43] = 10.0) > 1.5)
decision node 175 : (X_test[0, 27] = 0.0) <= 8.5)
decision node 176 : (X_test[0, 34] = 0.0) <= 5.5)
decision node 177 : (X_test[0, 50] = 12.0) > 0.5)
decision node 185 : (X_test[0, 45] = 0.0) <= 11.0)
```

특성변수 중요도

결정나무 분류기가 모형의 산출물로써 생성하는 .feature_importance_ 속성값을 이용하여 특성변수의 중요도를 그리면 다음과 같다. 가장자리 부근의 픽셀의 중요도는 낮고 가운데 부분의 픽셀의 중요도는 높다는 것을 알 수 있다.

```
def draw_feature_importance(X_train, feature_importance):
  sorted_idx = np.argsort(feature_importance)
  pos = np.arange(sorted_idx.shape[0])+0.5
  fig = plt.figure(figsize=(6, 10))
  plt.subplot(1, 1, 1)
  plt.barh(pos, feature_importance[sorted_idx], align="center")
  plt.yticks(pos, np.array(range(0,65))[sorted_idx])
  plt.title("Feature Importance")
  fig.tight_layout()
  plt.show()
```

```
draw_feature_importance(X_train,model_dct.feature_importances_)
```

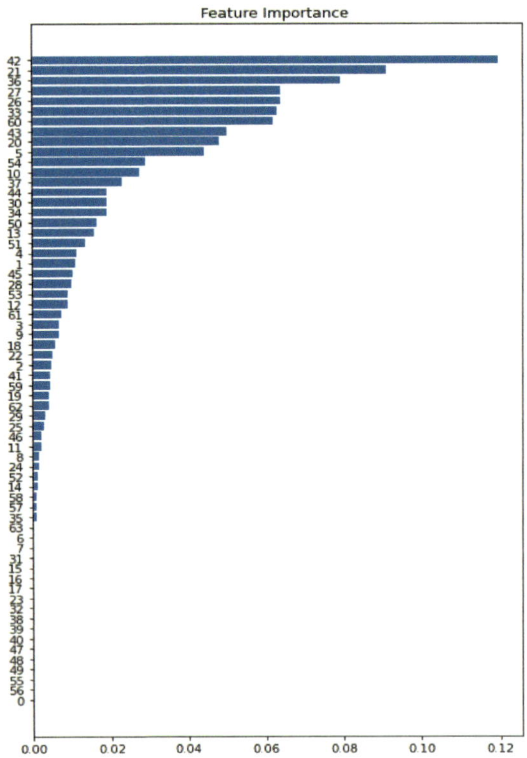

5. 비모수모형 회귀 예제 : 의료보험료 지출

```
import pandas as pd
import numpy as np
from sklearn.preprocessing import OneHotEncoder, LabelEncoder, StandardScaler
from sklearn.model_selection import KFold, StratifiedKFold, train_test_split, GridSearchCV,\
  cross_val_score
from sklearn.metrics import mean_squared_error, r2_score, mean_absolute_error
import matplotlib.pyplot as plt
import seaborn as sns
import warnings
from sklearn.neighbors import KNeighborsRegressor
from sklearn.tree import DecisionTreeRegressor

%matplotlib inline
warnings.filterwarnings(action='ignore')
```

데이터 다운로드 및 분할

```
#df = pd.read_csv('https://drive.google.com/uc?id=177ByiZbuSobV-W9gyVFBLUt9mprdhX7z')

url="https://drive.google.com/file/d/177ByiZbuSobV-W9gyVFBLUt9mprdhX7z/view?usp=sharing"
path='https://drive.google.com/uc?id='+url.split('/')[-2]
df=pd.read_csv(path)
```

```
# Dummy variable
categorical_columns = ['sex','children', 'smoker', 'region']
df_encode = pd.get_dummies(data = df, prefix = 'OHE', prefix_sep='_',
               columns = categorical_columns,
               drop_first =True,
              dtype='int8')
```

```
cols = ['age', 'bmi', 'charges']
for col in cols:
    std = StandardScaler()
    std.fit(df_encode[[col]])
    df_encode[col] = std.transform(df_encode[[col]])

X = df_encode.drop(['charges'], axis=1)
y = df_encode['charges']

X_train, X_test, y_train, y_test = train_test_split(X, y, test_size=0.25, shuffle=False)
```

결정나무 모형

본문에서 α로 표현되는 비용-복잡도 모수인 ccp_alpha를 0.0015로 하는 결정나무 회귀모형을 생성한다. fit() 함수로 학습을 수행하고 predict() 함수로 입력값에 대한 예측을 수행한다.

```
dtr = DecisionTreeRegressor(ccp_alpha=0.0015)
dtr.fit(X_train, y_train) # train 데이터 학습
print("Train R2:", dtr.score(X_train,y_train))
print("Test R2:", dtr.score(X_test,y_test))
```

```
Train R2: 0.868376993710969
Test R2: 0.8367703727735003
```

```
dtr.get_params()
```

```
{'ccp_alpha': 0.0015,
 'criterion': 'squared_error',
 'max_depth': None,
 'max_features': None,
 'max_leaf_nodes': None,
 'min_impurity_decrease': 0.0,
 'min_samples_leaf': 1,
 'min_samples_split': 2,
 'min_weight_fraction_leaf': 0.0,
 'random_state': None,
 'splitter': 'best'}
```

결정나무 그리기

학습이 완료된 결정나무 회귀모형의 결정트리는 다음 그림과 같이 깊이는 5, 리프노드의 총수는 11개로 구성된다.

```
from sklearn import tree

fig = plt.figure(figsize=(20,12))
_ = tree.plot_tree(dtr,
                   feature_names=dtr.feature_names_in_,
                   filled=True)
```

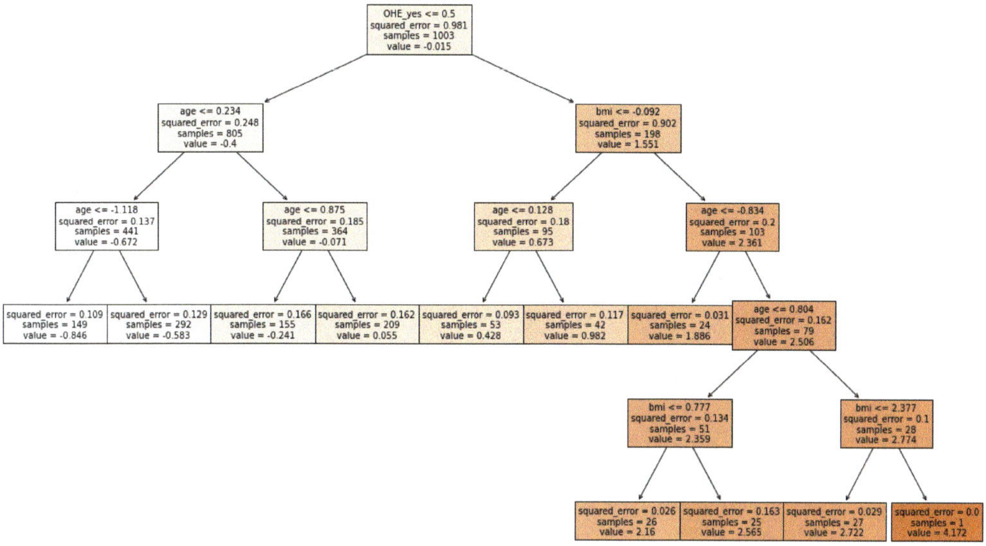

get_depth(), det_n_leaves() 함수는 결정나무의 깊이와 리프노드의 개수를 출력한다.

```
print(dtr.get_depth())
print(dtr.get_n_leaves())
```

```
5
11
```

결정과정 추적

decision_path() 함수는 입력데이터에 대하여 클래스를 분류하는 과정에서 거치는 노드를 one-hot-encoder 형태로 출력한다. 아래에서 X_test의 첫 번째 샘플이 거치는 노드는 0,1,5번 노드이다. apply() 함수는 최종적으로 도착한 리프노드의 인덱스를 출력하는데 이들을 이용하면 어떤 데이터값에 대하여 클래스를 결정하는 과정을 추적할 수 있다.

```
dtr.decision_path(np.array(X_test)[0].reshape(1,-1)).todense()
```

```
matrix([[1, 1, 0, 0, 0, 1, 1, 0, 0, 0, 0, 0, 0, 0, 0, 0, 0, 0, 0, 0, 0]])
```

```
dtr.apply(np.array(X_test)[0].reshape(1,-1))
```

```
array([6])
```

```
feature = dtr.tree_.feature
threshold = dtr.tree_.threshold
node_indicator = dtr.decision_path(X_test)
leaf_id = dtr.apply(X_test)

sample_id = 0
#`sample_id`가 통과하는 노드의 ID를 얻는다. 즉`sample_id` 행
node_index = node_indicator.indices[node_indicator.indptr[sample_id]:
                                    node_indicator.indptr[sample_id + 1]]

print('Rules used to predict sample {id}:\n'.format(id=sample_id))
for node_id in node_index:
# 리프노드인 경우 다음 노드로 계속
    if leaf_id[sample_id] == node_id:
        continue
# 샘플 0의 분할기능값이 임계값 미만인지 확인
    if (np.array(X_test)[sample_id, feature[node_id]] <= threshold[node_id]):
        threshold_sign = "<="
    else:
        threshold_sign = ">"

    print("decision node {node} : (X_test[{sample}, {feature}] = {value}) "
          "{inequality} {threshold})".format(
              node=node_id,
              sample=sample_id,
              feature=feature[node_id],
              value=np.array(X_test)[sample_id, feature[node_id]],
              inequality=threshold_sign,
              threshold=threshold[node_id]))
```

```
Rules used to predict sample 0:

decision node 0 : (X_test[0, 8] = 0.0) <= 0.5)
decision node 1 : (X_test[0, 0] = 0.6260702563898223) > 0.23446370661258698)
decision node 5 : (X_test[0, 0] = 0.6260702563898223) <= 0.8752744197845459)
```

변수의 중요도

```
def draw_feature_importance(X_train, feature_importance):
  sorted_idx = np.argsort(feature_importance)
  pos = np.arange(sorted_idx.shape[0])+0.5
  fig = plt.figure(figsize=(6, 4))
  plt.subplot(1, 1, 1)
  plt.barh(pos, feature_importance[sorted_idx], align="center")
  plt.yticks(pos, np.array(X_train.columns)[sorted_idx])
  plt.title("Feature Importance")
  fig.tight_layout()
  plt.show()
```

```
feature_importance = dtr.feature_importances_
draw_feature_importance(X_train, feature_importance)
```

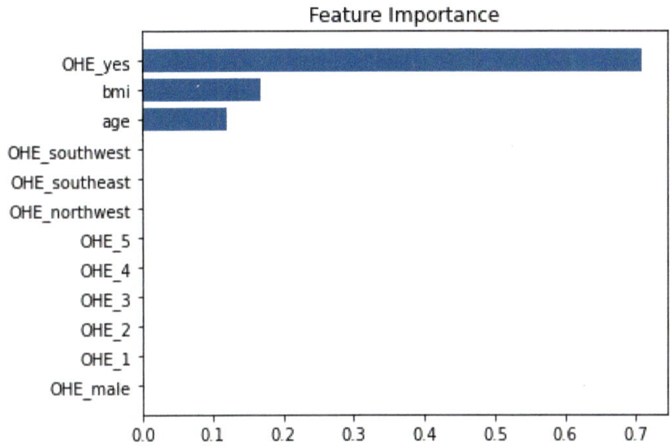

실제값과 예측값을 비교

```
def plot_regression(pred, y_test):
  df_tmp = pd.DataFrame({'prediction': pred, 'actual': y_test})
  df_tmp = df_tmp.sort_values(by='actual').reset_index(drop=True)

  plt.figure(figsize=(8, 6))
  plt.scatter(df_tmp.index, df_tmp['prediction'], marker='x', color='r')
  plt.scatter(df_tmp.index, df_tmp['actual'], alpha=0.7, marker='o', color='black')
  plt.title(" Regression: Pred vs. Actual", fontsize=15)
  plt.legend(['prediction', 'actual'], fontsize=12)
  plt.show()

  print("MSE :",mean_squared_error(y_test, pred))
```

```
dtr2 =  DecisionTreeRegressor(ccp_alpha=0.0015)
dtr2.fit(X_train, y_train)
pred = dtr2.predict(X_test)

plot_regression(pred, y_test)
```

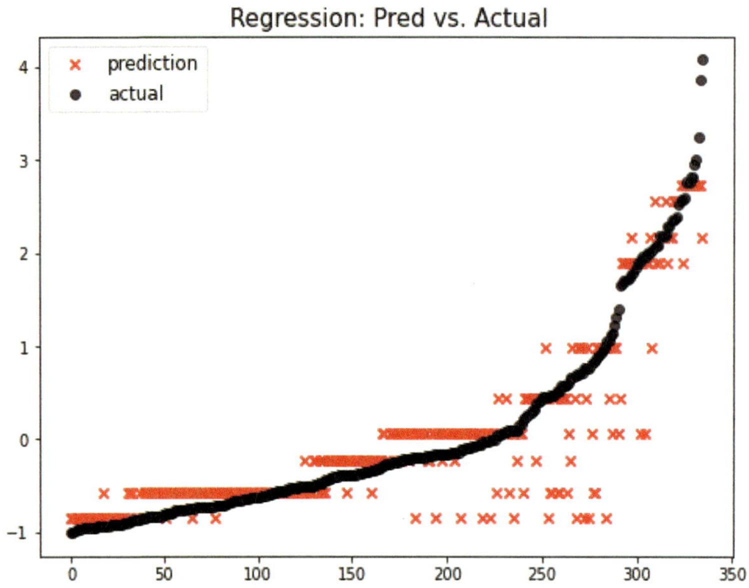

새로운 변수 도입

체질량 지수와 흡연여부의 복합적 영향을 반영하기 위하여 's_bmi' 변수를 추가하였다. 이 변수는 흡연자들은 원래의 체질량 지수를 가지고 비흡연자들의 경우 0의 값을 가지도록 하였다.

```
categorical_columns = ['sex','children', 'smoker', 'region']
df_encode2 = pd.get_dummies(data = df, prefix = 'OHE', prefix_sep='_',
               columns = categorical_columns,drop_first =True,dtype='int8')
a=np.min(df_encode2['bmi'])
df_encode2['s_bmi'] = np.where(df_encode2['OHE_yes']==1, df_encode2['bmi']-a,0 )

cols = ['age', 'bmi', 'charges', 's_bmi']
for col in cols:
    std = StandardScaler()
    std.fit(df_encode2[[col]])
    df_encode2[col] = std.transform(df_encode2[[col]])
```

```
X = df_encode2.drop(['charges'], axis=1)
y = df_encode2['charges']

X_train, X_test, y_train, y_test = train_test_split(X, y, test_size=0.25,shuffle=False)
```

결정나무 모형

```
dtr2 =  DecisionTreeRegressor(ccp_alpha=0.0015)
dtr2.fit(X_train, y_train)

print("Train R2:", dtr2.score(X_train,y_train))
print("Test R2:", dtr2.score(X_test,y_test))
```

```
Train R2: 0.8650440285910435
Test R2: 0.8276604395778271
```

6. 비모수모형 분류 실습 : 펭귄 분류

```
import numpy as np
import pandas as pd
import seaborn as sns
import matplotlib.pyplot as plt
from sklearn.linear_model import LogisticRegression
from sklearn.model_selection import train_test_split
from sklearn.neighbors import KNeighborsClassifier
from sklearn import svm, datasets, metrics
from sklearn.tree import DecisionTreeClassifier
from subprocess import check_output
from sklearn.discriminant_analysis import QuadraticDiscriminantAnalysis, \
    LinearDiscriminantAnalysis
from sklearn.metrics import confusion_matrix
from sklearn.metrics import ConfusionMatrixDisplay
from sklearn.naive_bayes import GaussianNB
import warnings
%matplotlib inline
warnings.filterwarnings(action='ignore')
```

1. 다운로드 및 분할

1.1 아래 주소에 있는 penguins_size.csv 파일을 읽어들이시오.

```
url="https://drive.google.com/file/d/1g0afKFUUVEv6H0GktP53XewAL9Ox_59U/view?
usp=sharing"
```

1.2 데이터프레임 클래스의 isnull().sum() 함수를 이용하여 결측치를 구하고 SimpleImputer 클래스를 이용하여 가장 빈도가 높은 데이터로 결측치를 보완하시오

1.3 범주형 변수인 성별을 숫자형 변수로 변환하시오.

1.4 StandardScaler 클래스를 이용하여 숫자형 변수들에 대하여 feature scaling을 수행하시오.

1.5 테스트데이터의 비율을 30%로 설정하여 학습용 데이터와 테스트데이터로 분할하시오.

2. K-NN 모형을 이용한 분류

2.1 n_neighbors 모수를 3으로 하는 K-최근접 이웃 모형을 생성하고 학습용 데이터로 학습을 수행하고 테스트용 데이터에 대하여 예측을 수행하시오. 예측의 정확도를 계산하고 혼잡 행렬을 그리시오.

2.2 K값의 변동에 따른 정확도의 변화를 도식화하시오.

2.3 kneighbors() 함수를 이용하여 테스트용 데이터의 첫 번째 원소(X_test.head(1))의 K개의 최근접 이웃을 찾고 각 이웃까지의 거리와 이웃의 인덱스를 찾으시오.

3. 결정나무 분류기에 의한 분류

3.1 max_depth 모수의 값은 3, min_samples_split 모수의 값은 4인 결정나무 분류모형을 생성하시오. 학습용데이터로 학습을 수행하고 테스트용 데이터에 대하여 예측을 수행하시오. 예측의 정확도를 계산하고 혼잡매트릭스를 그리시오.

3.2 tree 클래스의 plot_tree() 함수를 사용하여 최종적으로 구한 결정나무를 그리시오.

3.3 get_depth(), get_n_leaves() 함수를 이용하여 결정나무의 깊이와 리프노드의 개수를 출력하시오.

3.4 아래의 함수를 이용하여 최종 결정나무를 텍스트로 표현하시오.

```
n_nodes = model_dt.tree_.node_count
children_left = model_dt.tree_.children_left
children_right = model_dt.tree_.children_right
feature = model_dt.tree_.feature
threshold = model_dt.tree_.threshold

node_depth = np.zeros(shape=n_nodes, dtype=np.int64)
is_leaves = np.zeros(shape=n_nodes, dtype=bool)
stack = [(0, 0)]  # 루트 노드 ID (0)와 깊이 (0)로 시작
while len(stack) > 0:
    #`pop`은 각 노드가 한 번만 방문하도록
    node_id, depth = stack.pop()
    node_depth[node_id] = depth

    # 노드의 왼쪽과 오른쪽 자식이 같지 않으면 분할.
    # node
    is_split_node = children_left[node_id] != children_right[node_id]
    # 분할 노드인 경우 'stack'에 왼쪽 및 오른쪽 자식과 깊이를 추가
    # 반복할 수 있도록?
    if is_split_node:
        stack.append((children_left[node_id], depth + 1))
        stack.append((children_right[node_id], depth + 1))
    else:
        is_leaves[node_id] = True

print("The binary tree structure has {n} nodes and has "
      "the following tree structure:\n".format(n=n_nodes))
for i in range(n_nodes):
    if is_leaves[i]:
        print("{space}node={node} is a leaf node.".format(
            space=node_depth[i] * "\t", node=i))
    else:
        print("{space}node={node} is a split node: "
              "go to node {left} if X[:, {feature}] <= {threshold} "
              "else to node {right}.".format(
                  space=node_depth[i] * "\t",
                  node=i,
                  left=children_left[i],
                  feature=feature[i],
                  threshold=threshold[i],
                  right=children_right[i]))
```

3.5 decision_path() 함수와 apply() 함수를 이용하여 첫 번째 테스트데이터(X_test.head(1)) 에 대한 클래스를 분류하는 과정에서 거쳐가는 노드를 추적하시오.

3.6 결정나무 분류기는 모형의 산출물로써 .feature_importance_ 라는 이름의 결과를 생성하는데 이는 분류기에 적용된 특성변수의 중요도를 나타낸다. 아래 함수를 사용하여 특성변수의 중요도를 도식화하시오.

```
def draw_feature_importance(X_train, feature_importance):
  sorted_idx = np.argsort(feature_importance)
  pos = np.arange(sorted_idx.shape[0])+0.5
  fig = plt.figure(figsize=(6, 3))
  plt.subplot(1, 1, 1)
  plt.barh(pos, feature_importance[sorted_idx], align="center")
  plt.yticks(pos, np.array(X_train.columns)[sorted_idx])
  plt.title("Feature Importance")
  fig.tight_layout()
  plt.show()
```

4. 결정경계 그리기

함수 정의

```
def make_meshgrid(x, y, h=.02):
    x_min, x_max = x.min() - 1, x.max() + 1
    y_min, y_max = y.min() - 1, y.max() + 1
    xx, yy = np.meshgrid(np.arange(x_min, x_max, h), np.arange(y_min, y_max, h))
    return xx, yy

def plot_contours(ax, clf, xx, yy, **params):
    Z = clf.predict(np.c_[xx.ravel(), yy.ravel()])
    Z = Z.reshape(xx.shape)
    out = ax.contourf(xx, yy, Z, **params)
    return out

def plot_decision_boundary(clf,X,y):
  fig, ax = plt.subplots()
  # Set-up grid for plotting.
  X0, X1 = X[:, 0], X[:, 1]
  xx, yy = make_meshgrid(X0, X1)

  plot_contours(ax, clf, xx, yy, cmap=plt.cm.coolwarm, alpha=0.8)
  ax.scatter(X0, X1, c=y, cmap=plt.cm.coolwarm,  s=20, edgecolors='k')

  ax.set_ylabel('x_1')
  ax.set_xlabel('x_0')
  ax.set_xticks(())
  ax.set_yticks(())
  ax.set_title('Decision Boundary')
  #ax.legend(loc="lower right")
  plt.show()
```

```
X=np.array(penguins[['culmen_length_mm','culmen_depth_mm']])
y=np.array(penguins['species'])
le = LabelEncoder()
y=le.fit_transform(y)
```

4.1 위 함수를 이용하고 부리의 길이와 부리의 폭 등 2개의 특성변수로 입력으로 하는 K-최근접 이웃 모형을 만들고 결정경계를 그리시오.

4.2 위 함수를 이용하고 부리의 길이와 부리의 폭 등 2개의 특성변수로 입력으로 하는 결정나무 분류모형을 만들고 결정경계를 그리시오.

7. 비모수모형 회귀 실습 : 중고차 가격

```
import pandas as pd
import numpy as np
from sklearn.preprocessing import OneHotEncoder, LabelEncoder, StandardScaler
from sklearn.model_selection import KFold, StratifiedKFold, train_test_split, GridSearchCV, \
    cross_val_score
from sklearn.metrics import mean_squared_error, r2_score, mean_absolute_error
import matplotlib.pyplot as plt
import seaborn as sns
import warnings
from sklearn.neighbors import KNeighborsRegressor
from sklearn.tree import DecisionTreeRegressor

%matplotlib inline
warnings.filterwarnings(action='ignore')
```

1. 다운로드

1.1 아래 주소에 있는 car_data.csv 파일을 다운로드하여 데이터프레임 형식으로 저장하라.

```
url="https://drive.google.com/file/d/1P4-FLm6rCYrxXXMMwc7uQrif1wA4xULm/view?
usp=sharing"
```

1.2 'Age'라는 특성변수를 추가하고 'Year' 특성변수값을 이용하여 차량운행연수를 정의하시오. 그리고 'Year' 특성변수를 삭제하시오.

1.3 특성변수명 .value_counts() 함수를 사용하여 각 범주형 특성변수들이 갖는 값들의 빈도를 구하시오.

2. 데이터 전처리 및 분할

2.1 판매자 타입, 구동계 타입, 연료종류 등의 범주형 특성변수들을 숫자형으로 변환하시오.

2.2 StandardScaler 클래스를 이용하여 숫자형 변수들에 대하여 feature scaling을 수행하시오.

2.3 전체 데이터의 25%를 테스트용으로 사용하는 것으로 하여 학습용 데이터와 테스트용 데이터로 구분하시오.

3. 결정나무 모형

3.1 ccp_alpha 모수의 값을 0.0015로 설정하여 결정나무 회귀모형을 만들고 학습용 데이터로 학습하고 테스트용 데이터에 대하여 R^2를 구하시오.

3.2 최종 산출물인 결정트리를 plot_tree() 함수를 이용하여 그리시오.

3.3 get_depth(), det_n_leaves() 함수를 실행하여 결정트리의 깊이와 리프노드의 개수를 출력하시오.

3.4 draw_feature_importance() 함수를 이용하여 각 특성변수의 중요도를 그리시오.

3.5 테스트용 데이터에 대하여 실제값과 예측값을 그림으로 비교하시오. plot_regression() 함수를 이용하여 중고차 가격의 크기순으로 나열하고 순서 인덱스를 x축으로, 중고차 가격을 y축으로 하는 산포도를 그리시오.

Chapter 06

편향-분산과 앙상블 모형

(bias-variance & ensemble model)

Chapter

06 편향-분산과 앙상블 모형 (bias-variance & ensemble model)

1. 편향과 분산(bias-variance)

머신러닝 지도학습의 목적은 시험데이터 x에 대해 출력라벨 y를 예측(추정)하는 함수 $h(x)$을 규명하는 것이다. 예측오류(또는 손실) $L[h(x)]$는 모형(함수) $h(x)$와 출력의 y의 차이로서 분류 문제에서는 분류오류확률(misclassification error probability)을, 회귀 문제에서는 기대오차제곱(expected squared error)을 척도로 사용한다.

$$L[h(x)] = \begin{cases} \int_{x,y} (h(x) - y)^2 p(x,y)\, dxdy, & \text{회귀문제의 경우,} \\ p(h(x) \neq y), & \text{분류문제의 경우.} \end{cases}$$

그런데 데이터 (x, y)의 확률분포 $p(x, y)$는 일반적으로 알려져 있지 않아 $L[h(x)]$을 구할 수 없다. 따라서 미지의 확률분포 $p(x, y)$의 표본으로 구성된 훈련데이터 $D = \{(x^{(i)}, y^{(i)})\}_{i=1}^{N}$를 이용한 경험적 손실(empirical loss) $L^E[(h(x)]$를 대신 이용한다. 경험적 손실의 척도로는 아래에 주어진 잔차제곱평균과 분류오류비율을 회귀 문제와 분류 문제의 척도로 각각 이용한다.

$$L^E[h(x)] = \begin{cases} \frac{1}{N}\sum_{i=1}^{N}(h(x^{(i)}) - y^{(i)})^2, & \text{회귀문제의 경우,} \\ \frac{1}{N}\sum_{i=1}^{N}1\{h(x^{(i)}) \neq y^{(i)}\}, & \text{분류문제의 경우.} \end{cases}$$

간단한 예로, 다음과 같은 예측함수를 생각해 보자.

$$h(x) = \begin{cases} y^{(i)}, & x = x^{(i)}, i = 1, \cdots, N, \\ \text{임의의 숫자, 그렇지 않으면.} \end{cases}$$

회귀 문제를 가정하면 위에 주어진 예측함수의 경험적 손실 $L^E[h(x)]$은 0이다. 하지만, 새로운 입력데이터 x^{new}에 대한 예측값은 임의의 숫자가 될 수 있어서 $L[h(x)]$은 매우 큰 값이 된다. 즉, 예측함수가 훈련데이터에는 완전히 적합하지만 새로운 데이터에 대한 예측 정확도는 현저히 떨어져서 과적합(overfitting)의 문제가 발생하게 되며 그림 6-1 은 분류와 회귀 문제에서 과적합된 예를 보여준다. 이렇게 훈련데이터에 모형이 과적합되면 시험데이터에 대한 예측오류는 커질 수 있다. 하지만, 역으로 학습모형이 지나치게 제한되면 훈련데이터에 적절하게 적합되지 못하는 과소적합(underfitting)의 문제가 발생할 수 있다. 따라서 과적합과 과소적합 문제를 동시에 고려한 균형 잡힌 예측모형을 찾는 것이 필요하다(그림 6-2). 이를 위하여 과적합과 과소적합의 개념과 밀접히 연관된 분산(variance)과 편향(bias)에 대해 먼저 알아본다.

그림 6-1 과적합된 모형의 예

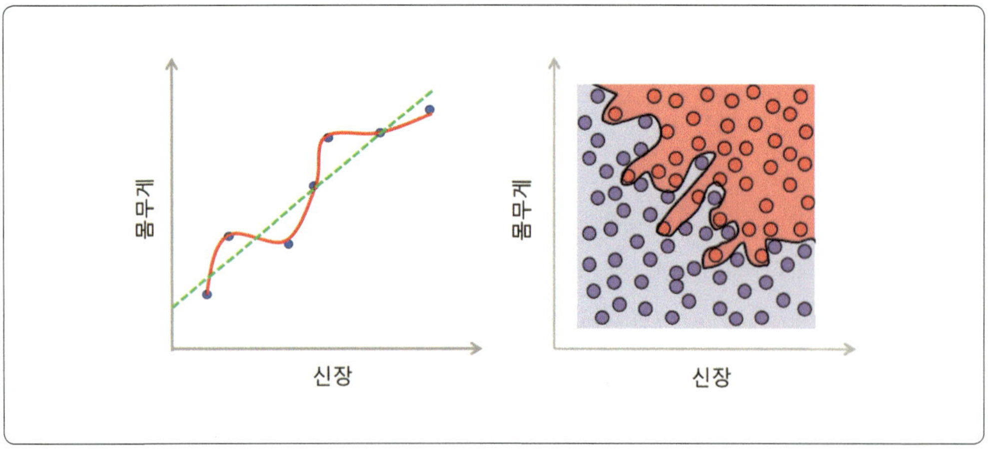

그림 6-2 과적합, 과소적합 그리고 균형된 적합

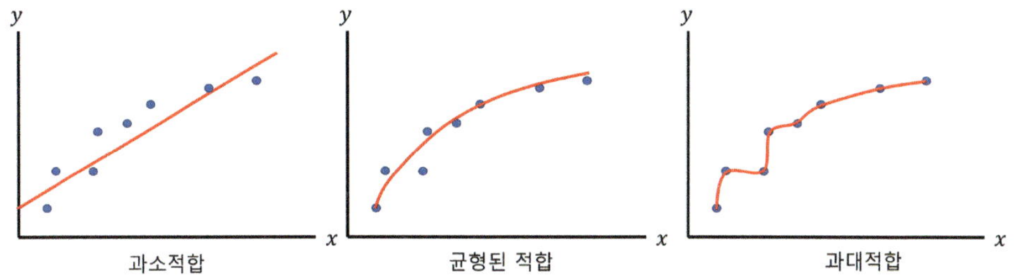

2. 편향-분산 분해(bias-variance decomposition)

학습모형이 시험데이터에 적절히 적합되어 분산이 작은 것이 바람직하지만, 이때 모형이 과소적합되는 고편향의 문제가 발생할 수 있는데, 이를 편향-분산 상충(tradeoff) 관계라 한다. 편향-분산 분해(decomposition)는 편향, 분산 및 노이즈(noise)로 구분된 학습모형의 오류를 수학적으로 유도하여 그 원인에 대한 정확한 이해를 목적으로 한다.

훈련데이터 D에 속한 데이터 $(x^{(i)}, y^{(i)})$ 각각이 미지의 결합확률분포 $p(x, y)$의 $i.i.d$이면, D의 확률분포 $p(D)$는 $p(D) = \prod_{i=1}^{N} p(x^{(i)}, y^{(i)})$이다. h_D을 확률분포 $p(D)$에서 추출된 훈련데이터로 학습된 모형이라고 하면, $h_D(x)$는 시험데이터 x에 대해 예측한 결과를 의미한다. 그림 6-3 은 동일한 학습모형을 독립적인 3개의 훈련데이터를 이용하여 학습시키고 시험데이터 x(녹색)에 대해 예측한 결과를 보여준다. 이는 모형의 예측결과(라벨) $h_D(x)$는 훈련데이터에 따라 각각 다르게 나타날 수 있는 확률변수임을 보여준다.

그림 6-3 훈련데이터 표본에 따른 분류 결과

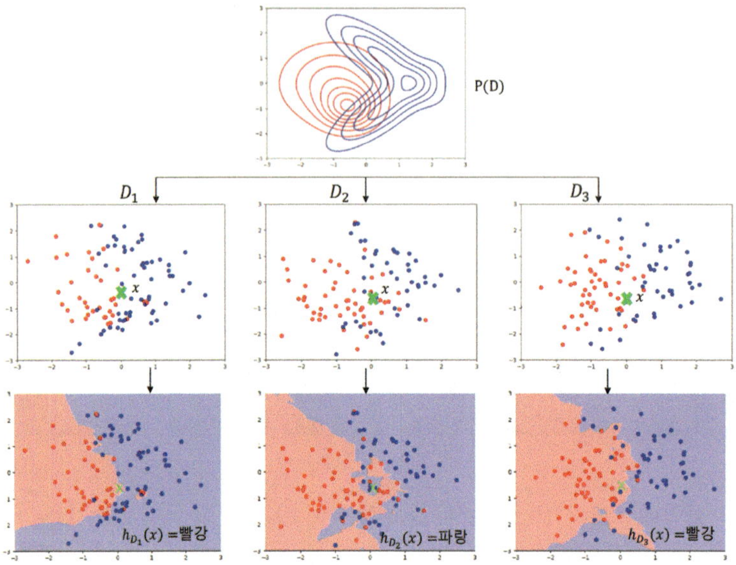

그림 6-4는 확률분포 $p(x, y)$에서 추출된 훈련데이터로 학습된 모형 h_D의 성능을 훈련데이터와는 독립적으로 $p(x, y)$에서 추출된 시험데이터 (x, y)로 평가하는 과정을 보여준다. 특정 시험데이터 x에 대해 예측 $h_D(x)$은 확률변수이고 모형의 예측값 $h_D(x)$와 시험데이터 y는 서로 독

그림 6-4 예측함수와 예측오류(손실)

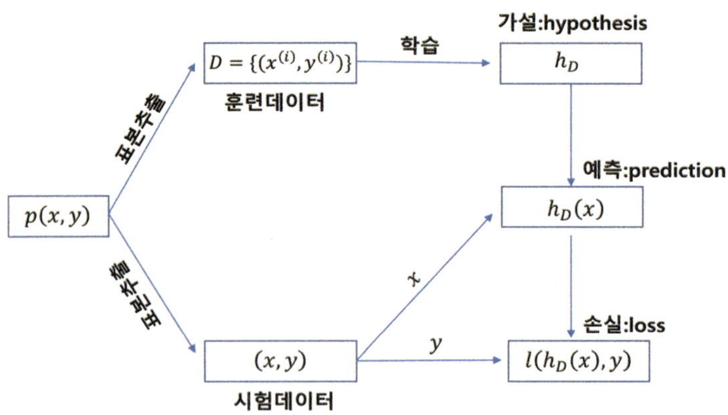

럽이기 때문에 특정 시험데이터 x에서 손실(또는 예측오류) $l(h_D(x), y)$ 역시 확률변수이다. 손실함수의 수학적 형태는 분류 또는 회귀($y \in R$)에 따라 달라지는데, 설명의 편의를 위해 아래에는 회귀의 손실함수인 잔차제곱 $l(h_D(x), y) = (h_D(x) - y)^2$을 가정한다.

예측함수 h_D가 주어졌을 때 일반화오류(generalization error)인 기대시험오류(expected test error)는 다음과 같다.

$$E_{(x,y)\sim P}[(h_D(x)-y)^2] = \int_x \int_y (h_D(x)-y)^2 p(x,y)\,dxdy$$

확률변수 $h_D(x)$의 기댓값은 확률변수 $p(D)$에서 독립적으로 추출된 훈련데이터로 학습된 각각의 모형으로 예측된 값의 평균으로, 기대예측(expected prediction)이라고 부른다. 그림 6-5 에서 짙은 부분은 높은 확률밀도를 가지는 영역을 나타낸다.

기대예측: $E_{D\sim P(D)}[h_D(x)] = \int_D h_D(x)p(D)\,dD$

그림 6-5 기대예측

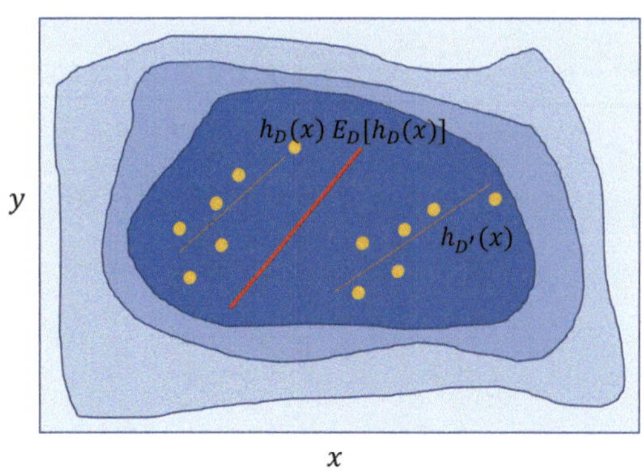

훈련데이터 D와 시험데이터 (x, y)는 각각 확률분포가 $p(D)$와 $p(x, y)$인 확률변수로서, 예측함수 h_D에 대해 별도의 조건이 주어지지 않은 기대시험오류(또는 기대일반화오류)는 다음과 같다.

$$
\begin{aligned}
&E_{\substack{(x,y)\sim P \\ D\sim P(D)}}\left[(h_D(x)-y)^2\right] = \int_D\int_x\int_y (h_D(x)-y)^2 p(x,y)\,dxdyP(D)\,dD \\
&= \int_D\int_x\int_y (h_D(x)-E_D[h_D(x)]+E_D[h_D(x)]-y)^2 p(x,y)\,dxdyP(D)\,dD \\
&= \underbrace{\int_D\int_x\int_y (h_D(x)-E_D[h_D(x)])^2 p(x,y)\,dxdyP(D)\,dD}_{(1)} \\
&\quad + 2\underbrace{\int_D\int_x\int_y (h_D(x)-E_D[h_D(x)])(E_D[h_D(x)]-y)p(x,y)\,dxdyP(D)\,dD}_{(2)} \\
&\quad + \underbrace{\int_D\int_x\int_y (E_D[h_D(x)]-y)^2 p(x,y)\,dxdyP(D)\,dD}_{(3)}
\end{aligned}
$$

위 식에서 (2)번항을 다시 정리하면 다음과 같다.

$$
(2) \rightarrow \int_x\int_y \underbrace{\int_D (h_D(x)-E_D[h_D(x)])P(D)\,dD}_{(4)}(E_D[h_D(x)]-y)p(x,y)\,dxdy
$$

여기서 (4)번항은 아래에 나타난 바와 같이 0이므로 (2)번항 전체는 0이다.

$$
(4) \rightarrow \int_D h_D(x)P(D)\,dD - E_D[h_D(x)]\int_D P(D)\,dD = E_D[h_D(x)] - E_D[h_D(x)] = 0
$$

(3)번항에서 적분은 확률변수 D와 관계 없기 때문에 다음과 같이 정리할 수 있다.

$$
\begin{aligned}
(3) \rightarrow &\int_x\int_y (E_D[h_D(x)]-y)^2 p(x,\,y)\,dxdy \\
&= \int_x\int_y (E_D[h_D(x)]-E_y[y\mid x]+E_y[y\mid x]-y)^2 p(x,y)\,dxdy \\
&= \int_x\int_y (E_D[h_D(x)]-E_y[y\mid x])^2 p(x,y)\,dxdy \\
&\quad + 2\underbrace{\int_x\int_y (E_D[h_D(x)]-E_y[y\mid x])(E_y[y\mid x]-y)p(x,y)\,dxdy}_{(5)} \\
&\quad + \int_x\int_y (E_y[y\mid x]-y)^2 p(x,y)\,dxdy
\end{aligned}
$$

위 식에서 (5)번항을 다시 적으면

$$(5) \rightarrow \int_x \underbrace{\int_y (E_y[y \mid x] - y) p(y \mid x) dy}_{(6)} (E_D[h_D(x)] - E_y[y \mid x]) p(x) dx$$

위 식의 (6)번항을 다시 적으면 아래와 같이 0이 되므로 (5)번항은 0이다.

$$(6) \rightarrow E_y(y \mid x) \int_y p(y \mid x) dy - \int_y yp(y \mid x) dy = E_y(y \mid x) - E_y(y \mid x) = 0$$

따라서 기대시험오류(expected test error)는 다음과 같이 분산, 편향 그리고 노이즈(noise)의 3가지 요소로 분해된다.

$$\underbrace{E\left[(h_D(x) - y)^2\right]}_{\text{기대시험오류}} = \underbrace{\int_D \int_x \int_y (h_D(x) - E_D[h_D(x)])^2 p(x,y) dxdyP(D) dD}_{Variance}$$
$$+ \underbrace{\int_x \int_y (E_D[h_D(x)] - E_y[y \mid x])^2 p(x,y) dxdy}_{Bias} + \underbrace{\int_x \int_y (E_y[y \mid x] - y)^2 p(x,y) dxdy}_{Noise}$$

위 3가지 요소를 더 간단하게 표현하면,

$$E[(h_D(x) - y)^2] = \int_D \int_x (h_D(x) - E_D[h_D(x)])^2 dxP(D) dD \int_y p(x,y) dy$$
$$+ \int_x (E_D[h_D(x)] - E_y[y \mid x])^2 dx \int_y p(x,y) dy + \int_x \int_y (E_y[y \mid x] - y)^2 p(x,y) dxdy$$
$$= \int_x \int_D (h_D(x) - E_D[h_D(x)]^2 p(x) dxP(D) dD + \int_x (E_D[h_D(x)] - E_y[y \mid x])^2 p(x) dx$$
$$+ \int_x \int_y (E_y[y \mid x] - y)^2 p(x,y) dxdy$$
$$= \underbrace{E_{x,D}[(h_D(x) - E_D[h(x)]^2]}_{Variance} + \underbrace{E_x[(E_D[h_D(x)] - E_y[y \mid x])^2]}_{Bias} + \underbrace{E_{x,y}[(E_y[y \mid x] - y)^2]}_{Noise}$$

기대시험오류의 3가지 요소 중에서 노이즈는 예측함수 h_D와 훈련데이터 D와는 무관하고 확률분포 $p(x, y)$만 관계되어 통제가 불가능한 오차로 기대시험오류의 하한(lower bound)이 된다. 편향은 x에 관한 $E_D[h_D(x)]$와 $E_y[y|x]$의 차이의 기댓값으로서 이를 줄이기 위해서는 $h_D(x)$가 $E_y[y|x]$에 정확히 근사할 수 있도록 가급적 유연한(복잡한) 형태의 모형을 가져야 한다. 유연한 $h_D(x)$는 보다 많은 훈련데이터의 특성을 포착해서 편향을 줄일 수 있다. $h_D(x)$가 유연하다는 것은 데이터의 변동성에 대한 대응 능력이 크다는 것으로, 이는 $h_D(x)$와 기댓값 $E_D[h_D(x)]$의 차이를 크게 하는 요인이 되어 분산을 증가시키게 된다. 이렇게 편향과 분산은 동시에 감소시킬 수 없는 상충 관계에 있으므로 학습모형의 특성과 훈련데이터의 규모 등을 고려해서 이 두 가지 요소를 적절하게 제어하는 것이 필요하다.

그림 6-6 기대예측과 편향

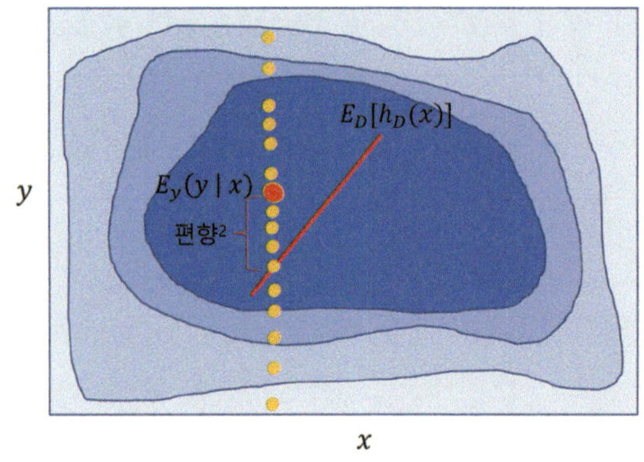

그림 6-7 은 사인함수에서 랜덤하게 추출된 20개의 표본으로 구성된 훈련데이터 50세트 각각을 선형 회귀모형에 적합시키고 3가지 요소로 분해한 결과를 보여준다.

그림 6-7 편향-분산 분해: 선형 회귀모형의 예[1)]

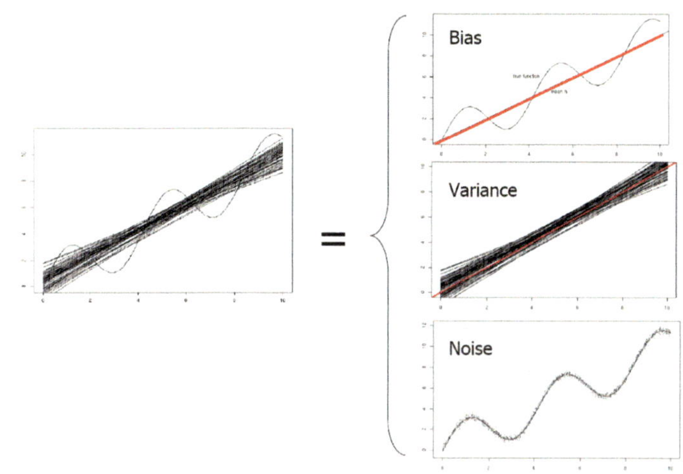

h^*를 노이즈 오류를 제외한 다른 두 종류의 오류가 없는 최적(optimal)의 예측함수라고 가정하자. 그리고 훈련데이터를 통해 학습된 h_D와 h^*의 기대시험오류를 $L(h_D)$와 $L(h^*)$으로 각각 표시하자. $L(h_D)$와 $L(h^*)$에는 노이즈 오류가 공통으로 포함되어 있으므로, $L(h_D)$와 $L(h^*)$의 차이는 온전히 $L(h_D)$의 분산과 편향만이 남는다. H를 가설함수공간(집합)이라고 하면 $L(h_D) - L(h^*)$을 다음과 같이 분해할 수 있다.

$$L(h_D) - L(h^*) = (\text{분산}) + (\text{편향}) = \underbrace{(L(h_D) - inf_{h \in H} L(h))}_{(\text{추정오류}: estimation\ error)} + \underbrace{(inf_{h \in H} L(h) - L(h^*))}_{\text{근사화오류}(approximation\ error)}$$

위에서 $inf_{h \in H} L(h)$은 주어진 가설함수집합에서 기대시험오류가 가장 작은 추정함수의 오류를 나타낸다. 그러면 추정오류(estimation error)는 훈련데이터의 변동성으로, 그리고 근사오류(approximation error)는 학습모형의 범위를 제한함으로써 발생되는 오류로 해석할 수 있다. 추정오류는 분산에, 그리고 근사오류는 편향에 대응되어 분산-편향 분해의 내용과 맥을 같이 한다. 다음 그림 6-7 에서 가설함수공간 $H' (\supset H)$에서 학습된 예측함수가 H에서 학습된 함수와 비교하여 훈련데이터에 보다 적합한 학습이 이루어져서 근사오류(편향)는 축소될 수 있지만

1) 출처: https://analyticsindiamag.com/what-is-bias-variance-decomposition-and-when-is-it-used/

그림 6-8 가설함수공간에 따른 추정오류와 근사오류

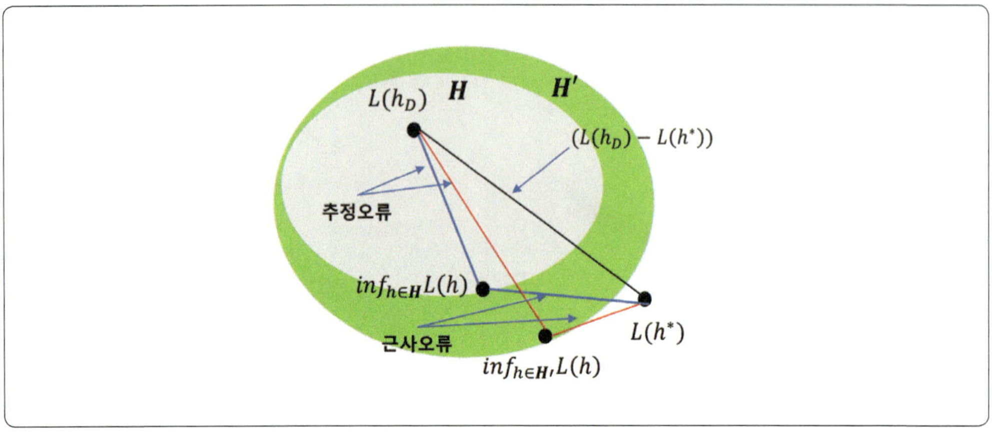

추정오류(분산)는 오히려 확대될 수 있음을 보여준다.

최근접 이웃(K-NN) 모형에서는 K가 작을수록, 결정나무에서는 깊이(depth)가 깊을수록, 그리고 회귀모형에서는 다항식의 차수가 클수록 가설함수공간은 넓어진다고 말할 수 있다. 이는 모형의 복잡도가 증가하여 데이터의 변동성을 수용하는 모형의 능력이 강화된다고도 말할 수 있다. 그림 6-9는 모형의 복잡도와 분산, 편향의 관계를 요약해서 보여준다.

그림 6-9 모형의 복잡도와 분산, 편향의 관계

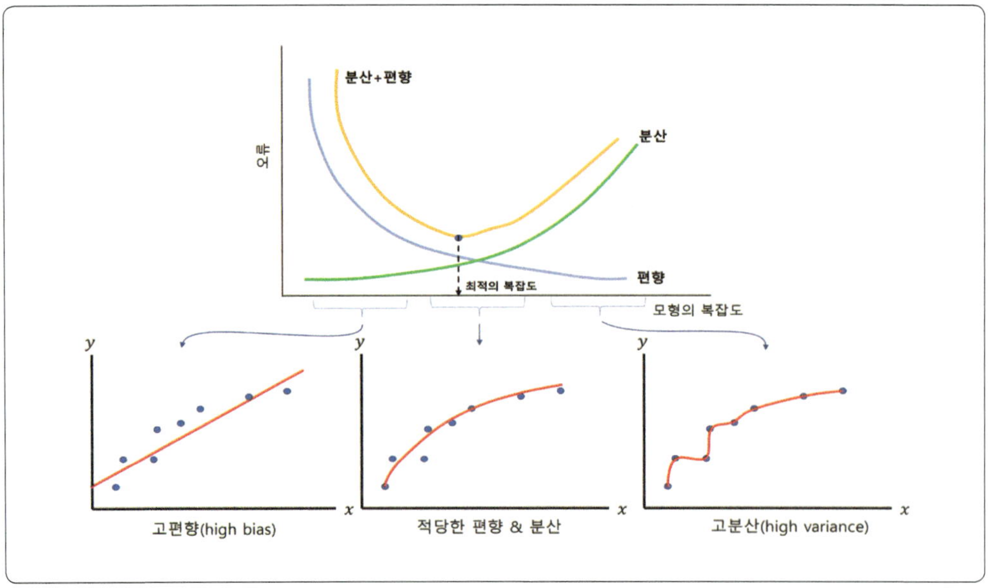

일반적으로 데이터와 관련된 확률분포를 알지 못하기 때문에 이론적인 분산과 편향을 구할 수 없는 경우가 대부분이다. 학습모형의 성능이 요구수준에 미치지 못하면, 그 원인이 어디에 있는지 분석하기 위해 훈련데이터와 시험데이터를 바탕으로 구할 수 있는 훈련오류와 시험오류를 이용한다. 다음 그림 6-10 은 훈련데이터에 포함된 표본의 수에 따른 시험오류(고분산)와 훈련오류(고편향)를 보여준다. 훈련오류는 허용수준 이하이지만 시험오류는 허용수준에 비해 상당히 높은 영역 I에서 오류의 주요 원인은 고분산에 있다. 이는 훈련데이터의 표본을 증가시키거나 보다 간단한 가설모형의 사용 또는 다음에 소개되는 배깅(bagging) 등의 기법을 사용해서 문제를 개선할 수 있다. 영역 II는 시험오류가 훈련오류에 근접하지만 수준이 허용 이상인 영역으로, 더욱 복잡한 모형의 사용(예를 들어, 비선형모형), 특성변수의 증가 또는 아래에서 소개되는 부스팅(boosting) 등을 이용해서 성능을 개선할 수 있다.

그림 6-10 표본의 수에 따른 훈련오류와 시험오류

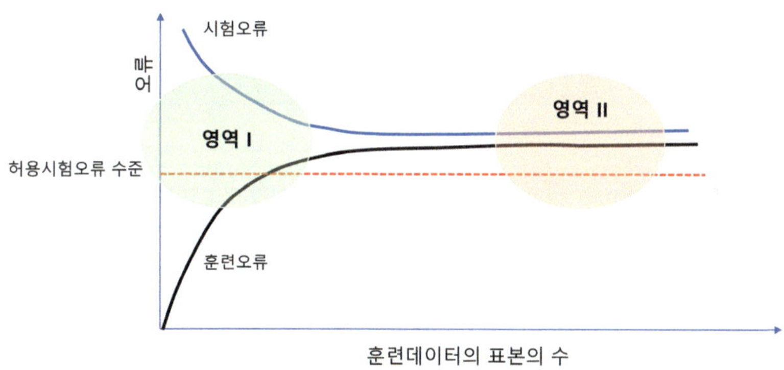

3. 앙상블(ensemble) 모형

앙상블은 기본학습자(base learner)라 불리는 비교적 간단한 모형들을 조합하거나 다양한 훈련데이터 등을 이용하여 예측 능력의 향상을 도모하는 기법이다. 독립적으로 추출된 복수의 훈련데이터를 이용하면 편향에 영향을 주지 않고 분산을 감소시킬 수 있으며, 또한 여러 모형의 학습결과를 통합하면 단일 모형에 비해 적합 능력을 향상시켜 편향을 줄일 수 있다. 앙상블 기법의 종류는 그 목적과 범위 그리고 방법에 따라 구분되는데, 대표적인 것으로 배깅(bagging), 랜덤포레스트(random forest), 부스팅(boosting) 등이 있다.

가. 배깅(bagging)

배깅(bagging, bootstrap aggregation)은 복수의 훈련집합 각각으로 가설모형을 학습시키고 학습된 모형의 추정결과를 종합하여 앙상블 모형의 최종 추정결과로 정하는 방법이다. 확률분포 $p(D)$가 미지이기 때문에 가지고 있는 훈련데이터로부터 임의복원추출(부트스트랩, bootstrap)로 복수 개의 훈련데이터를 확보한다. 그림 6-11 에서는 M개의 훈련데이터를 생성하고, 훈련데이터 m에 대해서 가설모형 h_m의 학습을 통해 예측된 (출력)라벨 $y_m(x)$을 보여준다. 분류 문제의 경우에는 다수결(majority)로 최종 출력라벨을 결정한다. 회귀 문제의 경우 최종 라벨 $y_f(x)$는 예측된 M개의 $y_m(x)$을 평균하여 다음과 같이 결정된다.

그림 6-11 배깅의 개요

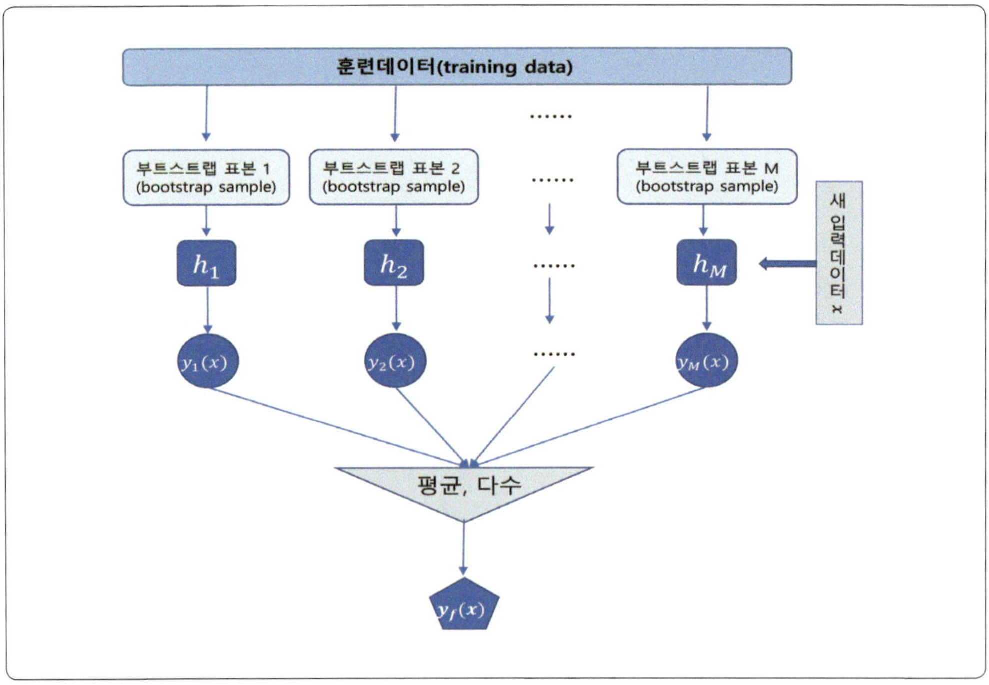

$$y_f(x) = \frac{1}{M}\sum_{m=1}^{M} y_m(x)$$

여러 개의 학습결과를 평균하는 배깅은 개별 기본학습자(모형)의 분산을 효과적으로 감소시키지만 그 정도는 기본학습자의 종류에 따라 다르다. 배깅의 효과는 데이터의 변동에 민감하여 분산이 큰 기본학습자인 경우에 그 효과가 보다 크게 나타나는데, K값이 작은 K-NN과 결정나무가 여기에 해당된다. 일부에서는 배깅을 다음과 같이 결정나무를 위한 앙상블 방법으로 좁혀서 소개하기도 한다.

[결정나무를 위한 배깅 절차]

〈훈련단계〉

- For $m=1:M$
  - (원) 훈련데이터 D에서 임의복원추출로 훈련데이터 D_m을 생성한다.
  - 훈련표본 D_m으로 결정나무 h_m을 학습시키고 저장한다.

〈시험단계〉

- 시험 데이터 x에 대해,
  - 결정나무 각각에 대해 출력(라벨) $y_m(x)$을 결정한다. ($m=1, 2, \cdots, M$)
  - 회귀 문제에서는 평균, 분류 문제에서는 다수결로 최종 출력라벨 $y_f(x)$를 결정한다.

예를 들어 훈련데이터 $D = \{(x^{(1)}, y^{(1)}), (x^{(2)}, y^{(2)}), (x^{(3)}, y^{(3)}), (x^{(4)}, y^{(4)})\}$에 대해 부트스트랩에 의해 다음과 같이 3가지 훈련데이터가 생성하였다고 가정하자.

$$D_1 = \{(x^{(1)}, y^{(1)}), (x^{(2)}, y^{(2)}), (x^{(3)}, y^{(3)}), (x^{(3)}, y^{(3)})\}$$
$$D_2 = \{(x^{(1)}, y^{(1)}), (x^{(4)}, y^{(4)}), (x^{(4)}, y^{(4)}), (x^{(4)}, y^{(4)})\}$$
$$D_3 = \{(x^{(1)}, y^{(1)}), (x^{(1)}, y^{(1)}), (x^{(2)}, y^{(2)}), (x^{(2)}, y^{(2)})\}$$

$y_m(x)$이 부트스트랩 훈련데이터 D_m으로 학습된 결정나무의 입력데이터 x에 관한 출력라벨이면($m=1, 2, 3$), 배깅에 의한 출력은 다음과 같다(회귀의 경우).

$$y_f(x) = \frac{1}{3}\sum_{m=1}^{3} y_m(x)$$

나. 랜덤포레스트(random forest)

배깅은 분산을 줄이는 데 효과적이지만, 훈련데이터에 상관관계가 존재할 때에는 분산감소 효과가 제한적인 것으로 알려져 있다. 또한 일부 특성변수(노드)의 영향이 매우 큰 경우에는 유사한 또는 동일한 결정나무가 반복적으로 학습되어 분산감소 효과를 제한하는 원인이 되기도 한다. 랜덤포레스트(random forest)는 랜덤하게 추출된 복수의 훈련데이터를 사용한다는 점에서 배깅의 일종으로 분류되기도 하지만, 모든 특성변수가 분기의 후보가 되는 전통적인 배깅과는 달리 랜덤하게 선택된 일부 특성변수만이 결정나무의 생성(즉, 분기)에 참여한다는 점에서 차이가 있다. 또한 부트스트랩으로 다양성(diversity)이 커진 훈련데이터를 이용하여 결정나무의 구성에 다양성을 추가함으로써 결정나무의 분산감소 효과를 증대시킬 수 있다. 특성변수의 수가 p개일 때, 분기가 고려되는 특성변수 $q(\le p)$개가 랜덤하게 선택되는데, 분류 문제에서는 $q = \sqrt{p}$, 회귀 문제에서는 $q = p/3$값이 자주 사용된다. 랜덤포레스트의 과정은 다음과 같이 요약할 수 있으며, 랜덤포레스트는 배깅과 달리 결정나무 모형만을 위한 앙상블 기법임에 유의한다.

[랜덤포레스트 절차]

〈훈련단계〉

- For $m=1:M$
  - (a) (원) 훈련데이터 D에서 임의복원추출로 훈련데이터 D_m을 생성한다.
  - (b) 훈련표본 D_m에 대해 나무생성 정지조건(즉, 사전 가지치기)을 만족할 때까지 다음과 같은 과정의 반복을 통해 결정나무를 생성한다.

– p개의 입력변수 중에서 q개를 임의로 선택한다.

– 선택된 q개의 변수 중에서 분기기준을 충족하는 변수를 선택하여 분기를 실행한다.

<시험단계>

- 시험 데이터 x에 대해,
  - 개별 결정나무에 대해 출력(라벨) $y_m(x)$을 결정한다. $(m=1, 2, \cdots, M)$
  - 평균(회귀 문제) 또는 다수결(분류 문제)에 의해 최종 출력라벨 $y_f(x)$를 결정한다.

동일한 분포를 따르는 확률변수 $y_i(i=1, 2, \cdots, M)$의 분산이 σ^2이고 상관계수가 ρ일 때, 확률변수의 평균 $\sum_{i=1}^{M} y_i / M$의 분산은 다음과 같다.

$$Var\left(\frac{1}{M}\sum_{i=1}^{M} y_i\right) = \frac{1}{M}(1-\rho)\sigma^2 + \rho\sigma^2$$

만약 확률변수 y_i가 서로 독립이면(즉, $\rho=0$), 평균화에 따른 분산은 σ^2/M이다. 하지만 상관계수가 0이 아니면 분산 감소 효과는 이보다 줄어든다. 확률변수 y_i를 훈련데이터 D_i에 대응된 출력라벨$(y_m(x))$로 생각하면, 부트스트랩을 통해 생성된 훈련데이터들은 상관관계가 존재하기 때문에 배깅 기법의 분산 감소 효과와 그 한계를 위 식을 통해 수학적으로 확인할 수 있다. 랜덤포레스트는 분기를 위한 입력변수의 무작위 선택을 통해서 결정나무의 상관관계를 감소시킨다. 하지만 입력변수 중에서 일부만이 분기 대상이 되어 결정나무의 편향은 다소 증가할 수 있다. 그림 6-12 (a)는 랜덤포레스트에서 임의로 선택되는 입력변수의 수(q)에 따라 상관관계가 증가하는 것을 보여주며, 그림 6-12 (b)는 q에 따른 분산의 감소와 편향의 증가 효과를 함께 보여준다.

그림 6-12 입력변수의 수에 따른 랜덤포레스트의 성능[2)]

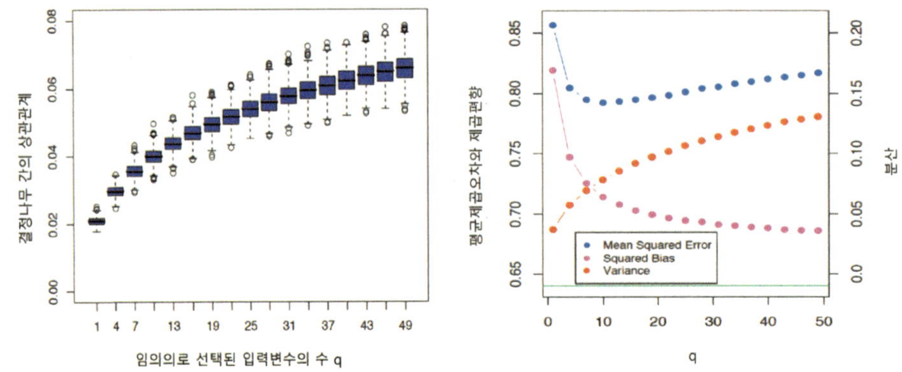

(a) (b)

다. 부스팅(boosting)

배깅은 생성된 훈련데이터 각각에 분류기(classifier)를 독립적으로 학습시키기 때문에 병렬형(parallel) 앙상블이라고 하며, 최종 출력은 개별 분류기 출력의 평균으로 정한다. 반면 부스팅(boosting)은 직전 단계에서 잘못 분류된 오류를 순차적으로(sequential) 조정하는 방식으로 일련의 학습이 이루어지고, 최종 출력은 각 단계의 출력을 가중평균하여 결정한다. 부스팅은 여러 약학습자(weak learner, 또는 기본학습자)의 결합을 통해 강학습자(strong learner)로 만드는 과정이다. 여기서 약학습자는 무작위 선택보다는 예측 능력이 약간 좋은 정도로, 예측 능력은 약하지만 계산이 간단하고 일관된 결과를 제시하는 학습알고리즘(또는 분류기)을 의미한다. 가산모형(additive model)은 부스팅을 위한 탐색적(greedy) 방법으로, 가산모형 $H_T(x)$은 다음과 같이 약학습자 h_t의 선형 결합으로 이루어진다. 즉,

$$H_T(x) = \sum_{t=1}^{T} \alpha_t h_t(x)$$

여기서 $h_t : x \rightarrow \{-1, 1\}$인 약학습자 그리고 $\alpha_t \in R, t = 1, \cdots, T$

2) 출처: T. Hastie, R. Tibshirani & J. Friedman (2009), Elements of Statistical Learning, Springer

가산모형의 적합을 위한 일반적인 탐색 절차의 개요는 다음과 같다.

[가산모형의 탐색 절차]

- 초기화: $H_0(x)=0$
- For $t=1$ to T
  - t번째 학습자(h_t) 선택과 가중치(α_t) 계산

    $(h_t, \alpha_t) = argmin_{h,\alpha} \sum_{i=1}^{N} L(H_{t-1}(x^{(i)} + \alpha h(x^{(i)}, y^{(i)})))$, 여기서 $L(\cdot)$은 손실함수
  - $H_t = H_{t-1} + \alpha_t h_t$

1) 아다부스트(AdaBoost)

약학습자의 단점을 보완하기 위한 가산모형의 구체적인 구현 방법에 따라 부스팅의 종류가 구분된다. 대표적인 방법 중 하나인 아다부스트(AdaBoost, Adaptive Boosting)에서는 입력데이터에 부여되는 가중치($w_t^{(i)}$)를 단계별로 조정하여 약학습자의 단점을 순차적으로 보완한다. 다음 그림 6-13 은 아다부스트의 개요를 보여준다. 첫 단계에서는 각 입력데이터의 가중치(중요

그림 6-13 아다부스트의 개요

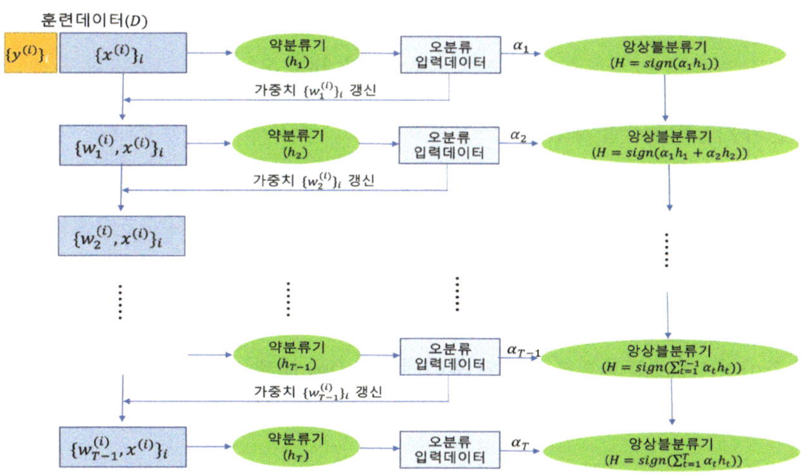

표 6-1 아다부스트 실행 과정의 예

입력데이터	가중치($w_t^{(i)}$)		
	t=1 ①	t=2 ⑥	t=3
a	0.2	0.2*exp(-0.6931) = 0.1	0.1*exp(-0.5493) = 0.06
b	0.2	0.2*exp(-0.6931) = 0.1	0.1*exp(-0.5493) = 0.06
c	0.2	0.2*exp(0.6931) = 0.4	0.4*exp(-0.5493) = 0.23
d	0.2	0.2*exp(-0.6931) = 0.1	0.1*exp(0.5493) = 0.17
e	0.2	0.2*exp(-0.6931) = 0.1	0.1*exp(0.5493) = 0.17

분류기	분류오류 ②	가중분류오류합($\sum_{i=1}^{5} w_t^{(i)} I[h(x^{(i)}) \neq y^{(i)}]$)		
		t=1 ③	t=2 ⑦	t=3
x_1<2	d, e	0.40	0.20	0.35
x_1<4	c, d, e	0.60	0.60	0.58
x_1<6	c	0.20	0.40	0.23
x_1>2	a, b, c	0.60	0.60	0.35
x_1>4	a, b	0.40	0.20	0.12
x_1>6	a, b, d, e	0.80	0.40	0.46
err_t		0.2000 ④	0.2500	0.1667
α_t		0.6931 ⑤	0.5493	0.8047

그림 6-15 는 많은 문헌에서 다루어진 예제로서, 선형적으로 분리가 가능하지 않은 10개의 표본으로 구성된 훈련데이터 D_1를 대상으로 아다부스트를 적용하는 과정을 보여준다. 약분류기는 앞에서와 같이 결정나무 그루터기이며, 강분류기 $H(x)$를 구하는 과정은 앞 예제와 동일하다. 앞선 예제와는 달리 각 단계의 분류기는 수평 또는 수직 직선으로 사전에 주어졌다. 표 6-2 에서는 그림 6-15 에서 보여주는 과정을 숫자로 보여준다. 표 6-2 에서 음영부분은 분류기 선택에 따라 분류오류가 발생하는 입력데이터를 표시한다. 예를 들어, 첫 단계(t=1)에서 5, 6, 7번 입력데이터에 대해서는 분류오류가 발생한 것을 의미한다.

그림 6-15 아다부스트를 위한 예: 선형적으로 분리가 불가능한 경우[3]

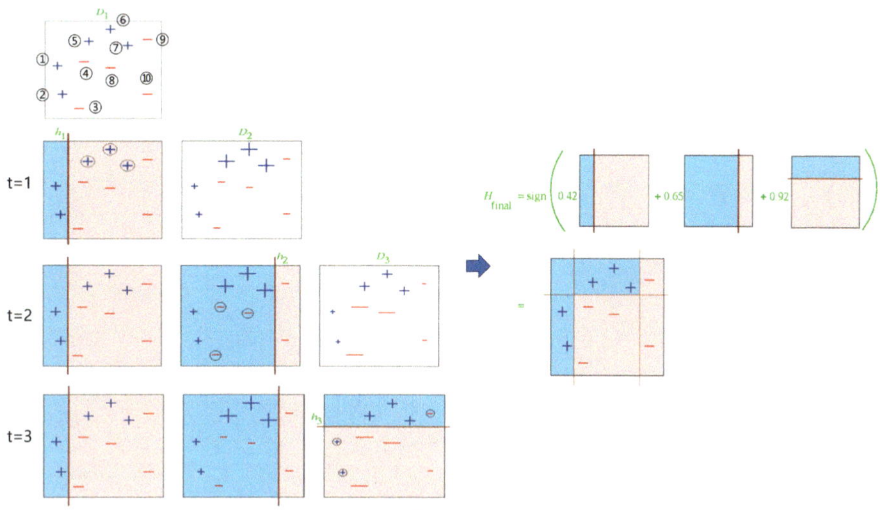

표 6-2 그림 6-15에 대한 상세 과정

(i)	$t=1$		$t=2$		$t=3$	
	$w_1^{(i)}$	err_1, α_1	$w_2^{(i)}$	err_2, α_2	$w_3^{(i)}$	err_3, α_3
1	0.1		0.071		0.045	
2	0.1		0.071		0.045	
3	0.1	$err_1=0.3$	0.071	$err_2=0.21$	0.167	$err_3=0.136$
4	0.1		0.071		0.167	
5	0.1		0.167		0.106	
6	0.1		0.167		0.106	
7	0.1		0.167		0.106	
8	0.1	$\alpha_1=0.42$	0.071	$\alpha_2=0.65$	0.167	$\alpha_3=0.923$
9	0.1		0.071		0.045	
10	0.1		0.071		0.045	

아다부스트는 가산모형의 탐색적 절차를 구체화한 것으로, 손실함수를 지수함수(exponential function) $L(h(x), y) = exp(-h(x)y)$로 가정한다. 아래에서는 아다부스트의 상세절차에 대

3) 출처: A Tutorial on Boosting by Yoav Freund and Rob Schapire

한 이론적 배경을 알아본다. 단계 t에서 손실함수를 최소화하는 약학습자 h_t와 가중치 α_t는 다음과 같다.

$$(h_t, \alpha_t) = argmin_{h\in H,\alpha} \underbrace{\sum_{i=1}^{N} exp(-[H_{t-1}(x^{(i)}) + \alpha h(x^{(i)})]y^{(i)})}_{(1)}$$

$$(1) = \sum_{i=1}^{N} exp(-H_{t-1}(x^{(i)})y^{(i)} - \alpha h(x^{(i)})y^{(i)})$$

$$= \sum_{i=1}^{N} exp(-H_{t-1}(x^{(i)})y^{(i)}) exp(-\alpha h(x^{(i)})y^{(i)})$$

$$= \sum_{i=1}^{N} w_t^{(i)} exp(-\alpha h(x^{(i)})y^{(i)}), \text{ 여기서 } w_t^{(i)} = exp(-H_{t-1}(x^{(i)})y^{(i)})$$

$$\text{그런데, } exp(-\alpha h(x^{(i)})y^{(i)}) = \begin{cases} exp(-\alpha), \text{ 만약 } h(x^{(i)}) = y^{(i)}, \\ exp(+\alpha), \text{ 만약 } h(x^{(i)}) \neq y^{(i)}. \end{cases}$$

따라서,

$$\sum_{i=1}^{N} w_t^{(i)} exp(-\alpha h(x^{(i)})y^{(i)}) = e^{-\alpha}\sum_{i=1}^{N} w_t^{(i)} I\{h(x^{(i)}) = y^{(i)}\} + e^{\alpha}\sum_{i=1}^{N} w_t^{(i)} I\{h(x^{(i)}) \neq y^{(i)}\}$$

$$= (e^{\alpha} - e^{-\alpha})\sum_{i=1}^{N} w_t^{(i)} I\{h(x^{(i)}) \neq y^{(i)}\} + e^{-\alpha}\sum_{i=1}^{N} w_t^{(i)}[I\{h(x^{(i)}) \neq y^{(i)}\} + I\{h(x^{(i)}) = y^{(i)}\}]$$

$$= (e^{\alpha} - e^{-\alpha})\sum_{i=1}^{N} w_t^{(i)} I\{h(x^{(i)}) \neq y^{(i)}\} + e^{-\alpha}\sum_{i=1}^{N} w_t^{(i)}$$

$$\text{결국, } (h_t, \alpha_t) = argmin_{h\in H,\alpha} (e^{\alpha} - e^{-\alpha})\sum_{i=1}^{N} w_t^{(i)} I\{h(x^{(i)}) \neq y^{(i)}\} + \underbrace{e^{-\alpha}\sum_{i=1}^{N} w_t^{(i)}}_{(2)}$$

먼저, h에 대한 최적화를 생각하면, (2)는 h에 무관하므로,

$$h_t = argmin_{h\in H} \sum_{i=1}^{N} w_t^{(i)} exp(-\alpha h(x^{(i)})y^{(i)}) = argmin_{h\in H} \sum_{i=1}^{N} w_t^{(i)} I\{h(x^{(i)}) \neq y^{(i)}\}$$

위에서 $\sum_{i=1}^{N} w_t^{(i)} I\{h(x^{(i)}) \neq y^{(i)}\}$은 바로 가중분류오류합으로, 이 값이 가장 작은 약분류자가 h_t로 선택된다. 일단, h_t가 선택되면 α의 최적값은 다음 같이 구한다.

$$min_{h\in H} \sum_{i=1}^{N} w_t^{(i)} exp(-\alpha h(x^{(i)})y^{(i)}) = \sum_{i=1}^{N} w_t^{(i)} I\{h_t(x^{(i)}) \neq y^{(i)}\}\text{이므로,}$$

$$
\begin{aligned}
& min_{\alpha}\, min_{h \in H} \sum_{i=1}^{N} w_t^{(i)} exp(-\alpha h(x^{(i)}) y^{(i)}) \\
& = min_{\alpha} \left\{ (e^{\alpha} - e^{-\alpha}) \sum_{i=1}^{N} w_t^{(i)} I\{h_t(x^{(i)}) \neq y^{(i)}\} + e^{-\alpha} \sum_{i=1}^{N} w_t^{(i)} \right\} \\
& = min_{\alpha} \left\{ \underbrace{(e^{\alpha} - e^{-\alpha}) err_t \left(\sum_{i=1}^{N} w_t^{(i)} \right) + e^{-\alpha} \left(\sum_{i=1}^{N} w_t^{(i)} \right)}_{(3)} \right\}
\end{aligned}
$$

식(3)의 α에 대한 일차도함수를 0으로 놓으면, 아다부스트에서 약분류기의 가중치를 다음 식으로부터 구할 수 있다.

$$
e^{2\alpha} = \frac{1 - err_t}{err_t} \Rightarrow \alpha = \frac{1}{2} log\left(\frac{1 - err_t}{err_t} \right)
$$

입력데이터의 가중치 $w_{t+1}^{(i)}$의 갱신을 위한 식은 다음에 의한다.

$$
\begin{aligned}
& w_{t+1}^{(i)} = exp(-H_t(x^{(i)}) y^{(i)}) = exp(-[H_{t-1}(x^{(i)}) + \alpha_t h_t(x^{(i)})] y^{(i)}) \\
& = exp(-H_{t-1}(x^{(i)}) y^{(i)}) exp(-\alpha_t h_t(x^{(i)}) y^{(i)}) = w_t^{(i)} exp(-\alpha_t h_t(x^{(i)}) y^{(i)})
\end{aligned}
$$

2) 경사부스팅(gradient boosting): 회귀 문제

아다부스트는 이전 분류기의 오류를 다음 단계 분류기에 반영하기 위한 척도로서 입력데이터의 가중치를 사용하는 가산모형이다. 이전 약분류기의 약점을 가중치가 큰 입력데이터의 분류능력 부족으로 보고 이를 완화하는 약분류기를 추가하는 방식이다. 경사부스팅은 아다부스트와는 달리 잔차(residual)를 약분류기의 약점을 나타내는 척도로 보고 잔차의 적합을 강화시키는 방향으로 약분류기를 추가하는 가산모형으로 그 절차는 다음과 같다.

[경사부스팅 절차]

- 입력:
  - 훈련데이터 $D = \{(x^{(i)}, y^{(i)})\}_{i=1}^{N}$
  - 손실함수(loss function) $L(y^{(i)}, h(x^{(i)}))$
  - 반복의 횟수: T
  - 학습률: α, $(0 < \alpha \leq 1)$
- 모델 초기화: $F_0(x) = argmin_\gamma \sum_{i=1}^{N} L(y^{(i)}, \gamma)$

  (만약, $L(y, h(x)) = \frac{1}{2}(y - h(x))^2$이면, $F_0(x) = \sum_{i=1}^{N} y^{(i)}/N$)
- For $t=1$ to T
  - 유사잔차(pseudo residual) 계산: $r_t^{(i)} = -\left[\frac{\partial L(y^{(i)}, F(x^{(i)}))}{\partial F(x^{(i)})}\right]_{F(x)=F_{t-1}(x)}, i = 1, \cdots, N$
  - 약학습자 $h_t(x)$(예, 결정나무)를 유사잔차에 적합. 즉, 약학습자를 $\{(x^{(i)}, r_t^{(i)})\}_{i=1}^{N}$으로 학습(결정나무: R_{jt}는 결정나무의 j번째 잎노드, $j=1, \cdots, J_t$, 여기서 J_t는 잎노드의 수)
  - 다음의 최적화 문제에 대한 최적해 γ_t을 구한다.

    $\gamma_t = argmin_\gamma \sum_{i=1}^{N} L(y^{(i)}, F_{t-1}(x^{(i)}) + \gamma h_t(x^{(i)}))$

    (결정나무: $j(=1, \cdots, J_t)$에 대해, $\gamma_{jt} = argmin_\gamma \sum_{x^{(i)} \in R_{jt}} L(y^{(i)}, F_{t-1}(x^{(i)}) + \gamma)$)
  - 모형갱신: $F_t(x) = F_{t-1}(x) + \gamma_t h_t(x)$

    (결정나무: $F_t(x) = F_{t-1}(x) + \alpha \sum_{j=1}^{J_t} \gamma_{jt} 1(x \in R_{jt})$)
- 출력: $F_T(x)$

결정나무가 약학습자로 사용되는 경우 경사부스팅 절차는 좀 더 간단하게 표현될 수 있는데, 위에서는 이를 괄호로 따로 구분하여 표기하였다. 다른 조건이 같다면, 약학습자의 학습과 최적계수 γ_t를 구하는 계산시간이 경사부스팅의 복잡성을 결정한다. 회귀분석에서 약학습자로는 결정나무를, 그리고 손실함수로는 잔차제곱(squared residual)을 널리 사용하는데, 이는 복잡성을 줄이는 데 효과적이기 때문이다. 아래에서는 회귀 문제의 예를 들어 경사부스팅 과정에 대해 설명한다(표 6-3).

표 6-3 경사부스팅의 계산 과정 예: 회귀 문제

i	$x^{(i)}$			$y^{(i)}$	$r_1^{(i)}$	$r_2^{(i)}$	$r_3^{(i)}$
	$x_1^{(i)}$	$x_2^{(i)}$	$x_3^{(i)}$				
1	5	서울	30	1.50	1.50−0.5875= 0.9125	1.50−0.6788= 0.8213	0.7391
2	10	부산	20	0.50	0.50−0.5875=−0.0875	0.50−0.5788=−0.0788	−0.0709
3	6	대구	20	0.25	0.25−0.5875=−0.3375	0.25−0.5463=−0.2963	−0.2591
4	5	대전	10	0.10	0.10−0.5875=−0.4875	0.10−0.5463=−0.4463	−0.4091

손실함수는 아래와 같이 잔차제곱으로 가정하며, 여기서 계수 1/2을 곱한 것은 미분 과정에서 계산의 편의를 위한 것으로 결과에 영향을 미치지는 않는다.

$$L(y, F) = \frac{1}{2}(y - F)^2$$

<모델 초기화>

모델 초기화 단계에서 $F_0(x) = argmin_\gamma \sum_i L(y^{(i)}, \gamma)$은 다음과 같다.

$$\sum_i L(y^{(i)}, \gamma) = \frac{1}{2}(1.5 - \gamma)^2 + \frac{1}{2}(0.5 - \gamma)^2 + \frac{1}{2}(0.25 - \gamma)^2 + \frac{1}{2}(0.1 - \gamma)^2$$

$$\frac{\partial \sum_i L(y^{(i)}, \gamma)}{\partial \gamma} = (1.5 - \gamma) + (0.5 - \gamma) + (0.25 - \gamma) + (0.1 - \gamma) = 0$$

$$\rightarrow \gamma = \frac{1.5 + 0.5 + 0.25 + 0.1}{4} = 0.5875$$

$$F_0(x) = 0.5875$$

손실함수를 잔차제곱으로 하면, $F_0(x) = \sum_i y^{(i)} / N$으로 출력라벨의 평균이 된다.

<단계 t=1>

$$r_1^{(i)} = -\left[\frac{\partial L(y^{(i)}, F(x^{(i)}))}{\partial F(x^{(i)})}\right]_{F(x)=F_0(x)}, i = 1, \cdots, N$$

$$r_1^{(i)} = -\frac{d}{dF_0(x^{(i)})}\left(\frac{1}{2}(y^{(i)} - F_0(x^{(i)})^2\right) = (y^{(i)} - F_0(x^{(i)})) = y^{(i)} - 0.5875, i = 1, 2, 3, 4$$

음의 경사(negative gradient)는 손실함수를 감소시키는 방향으로, 바로 잔차=(실측값−추정값)와 같다. 이 같은 잔차와 경사의 관계로부터 경사부스팅이라는 명칭이 유래되었다. 그림 6-16 은 잔차를 출력라벨로 하는 훈련데이터$\{(x^{(i)}, r_1^{(i)})\}_{i=1}^{N}$으로 학습시킨 결정나무를 보여준다. 편의상 잎노드가 3개인 결정나무를 선택하였다. 잎노드가 3이므로 $J_1=3$, R_{j1}은 잎노드 j에 속한 입력데이터의 집합이다.

그림 6-16 경사부스팅에서 학습된 결정나무(회귀): 단계 1

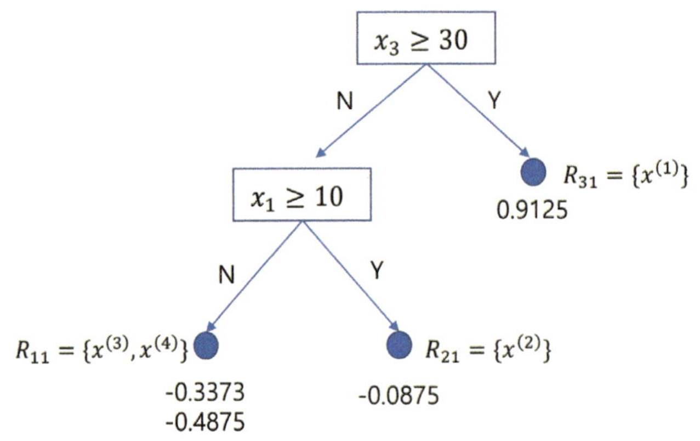

γ_{jt}는 잎노드 j의 손실함수(즉, 입력데이터의 잔차제곱합)를 최소로 하는 새로이 추가되는 약분류기의 기여도로, 아래와 같이 잎노드 j에 속한 입력데이터의 잔차(또는 -경사)의 평균값이 된다.

$$\gamma_{11} = argmin_{\gamma} \sum_{x^{(i)} \in R_{11}} L(y^{(i)}, F_0(x^{(i)}) + \gamma)$$

$$\sum_{x^{(i)} \in R_{11}} L(y^{(i)}, F_0(x^{(i)}) + \gamma) = \sum_{x^{(i)} \in R_{11}} L(y^{(i)}, 0.5875 + \gamma)$$

$$= \frac{1}{2}(0.25 - (0.5875 + \gamma))^2 + \frac{1}{2}(0.1 - (0.5875 + \gamma))^2$$

$$= \underbrace{\frac{1}{2}(-0.3375 - \gamma)^2 + \frac{1}{2}(-0.4875 - \gamma)^2}_{A}$$

$$\frac{d}{d\gamma}(A) = 0 \rightarrow \gamma_{11} = \frac{-0.3375 - 0.4875}{2} = -0.4125$$

$$\gamma_{21} = argmin_{\gamma} \sum_{x^{(i)} \in R_{21}} L(y^{(i)}, F_0(x^{(i)}) + \gamma)$$

$$\sum_{x^{(i)} \in R_{21}} L(y^{(i)}, 0.5875 + \gamma) = \frac{1}{2}(0.5 - (0.5875 + \gamma))^2 = \underbrace{\frac{1}{2}(-0.0875 - \gamma)^2}_{B}$$

$$\frac{d}{d\gamma}(B) = 0 \rightarrow \gamma_{21} = -0.0875$$

$$\gamma_{31} = 0.9125$$

그림 6-17 경사부스팅 과정(회귀)에서 예측함수의 갱신: 단계 1

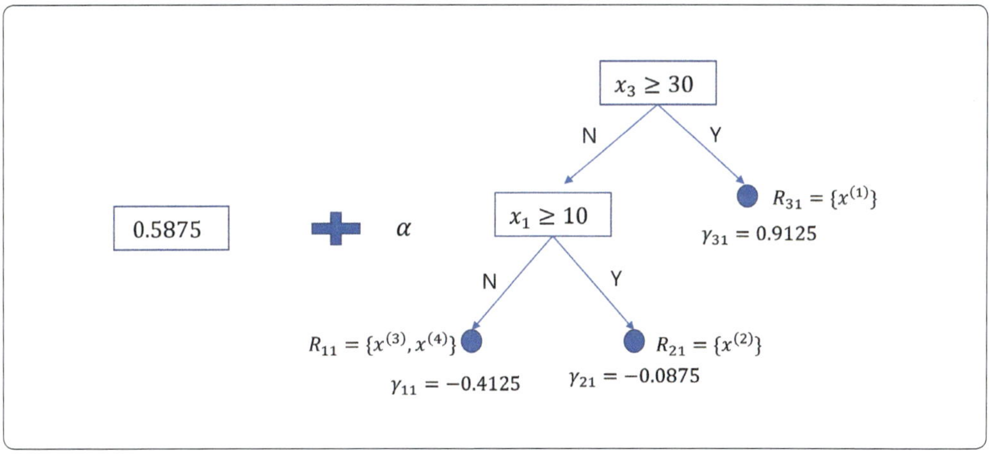

t=1 단계에서 갱신된 예측함수는 다음과 같다. 이때 학습률 α는 현 단계에서 이루어지는 예측함수의 조정분에 대한 가중치로, 작은 값(<0.1)을 사용하면 모형의 일반화 능력은 향상되지만 계산시간은 증가한다.

$$F_1(x^{(1)}) = F_0(x^{(1)}) + \alpha\gamma_{31} = 0.5875 + 0.1 \times 0.9125 = 0.6788$$

$$F_1(x^{(2)}) = F_0(x^{(2)}) + \alpha\gamma_{21} = 0.5875 + 0.1 \times (-0.0875) = 0.5788$$

$$F_1(x^{(3)}) = F_0(x^{(3)}) + \alpha\gamma_{11} = 0.5875 + 0.1 \times (-0.4125) = 0.5463$$

$$F_1(x^{(4)}) = F_0(x^{(4)}) + \alpha\gamma_{11} = 0.5875 + 0.1 \times (-0.4125) = 0.5463$$

<단계 t=2>

위와 동일한 방법으로 다음을 구할 수 있다.

$$r_2^{(i)} = -\frac{d}{dF_1(x^{(i)})}\left(\frac{1}{2}(y^{(i)} - F_1(x^{(i)})^2\right) = (y^{(i)} - F_1(x^{(i)}),\ i = 1, 2, 3, 4$$

단계 2에서 학습된 결정나무의 구조는 설명의 편의를 위해 단계 1과 같다고 가정하였다. 실제로는 다른 구조의 나무가 생성될 수 있음에 유의한다(그림 6-18).

그림 6-18 경사부스팅 과정(회귀)에서 예측함수의 갱신: 단계 2

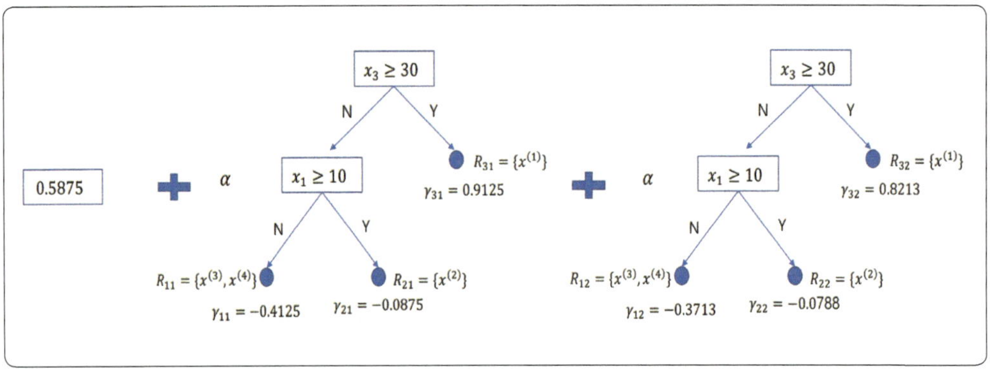

$$F_2(x^{(1)}) = F_1(x^{(1)}) + \alpha\gamma_{32} = 0.6788 + 0.1 \times 0.8213 = 0.7609$$

$$F_2(x^{(2)}) = F_1(x^{(2)}) + \alpha\gamma_{22} = 0.5888 + 0.1 \times (-0.0788) = 0.5709$$

$$F_2(x^{(3)}) = F_1(x^{(3)}) + \alpha\gamma_{12} = 0.5463 + 0.1 \times (-0.3713) = 0.5091$$

$$F_2(x^{(4)}) = F_1(x^{(4)}) + \alpha\gamma_{12} = 0.5463 + 0.1 \times (-0.3713) = 0.5091$$

표 6-3에서 보듯이, 각 출력라벨의 실측치와 예측치의 (절대적인) 차이인 잔차(음의 경사)가 반복이 진행됨에 따라 감소하고 있음을 확인할 수 있다. 만약 t=2이면, 위에 주어진 예측함수로 새로운 입력데이터의 예측을 수행할 수 있다. 예를 들어, x^{new}=(7, 부산, 20)에 대한 예측값 $H(x^{new})(=F_2(x^{new}))$은 0.5091이다.

제곱손실은 계산의 편리함으로 복잡성을 줄일 수 있어 널리 적용되지만 이상치(outlier)에 다소 민감하다는 단점이 있어 절대손실(absolute loss)이나 후버손실(Huber loss) 등을 손실함수로 사용하기도 한다. 한편, 경사부스팅의 계산 부담을 줄이면서도 성능을 향상시킬 수 있는 방안으로 서브표본화(subsampling) 기법을 사용할 수 있다. 이는 훈련데이터 중에서 일부 입력데이터만으로 약분류기(결정나무)를 학습시키는 기법으로, 입력데이터의 선택은 각 단계마다 비복원 임의추출로 이루어진다. 서브표본화 비율이 작아지면 분산은 감소되고 편향은 증가하는데, 학습률과 적절하게 조합하여 사용하면 의미 있는 성능 개선 효과가 있는 것으로 알려져 있다.

$$L(y,F)=\begin{cases}\frac{1}{2}(y-F)^2, & \text{제곱손실,}\\ |y-F|, & \text{절대손실,}\\ \begin{cases}\frac{1}{2}(y-F)^2 & |y-F|\le\delta,\\ \delta(|y-F|-\delta/2) & |y-F|>\delta,\end{cases} & \text{후버손실.}\end{cases}$$

3) 경사부스팅 : 분류 문제

분류 문제를 위한 경사부스팅의 기본절차는 회귀 문제와 동일하지만, 출력라벨이 이산형이기 때문에 세부내용에는 차이가 있다. 아래에서는 이진분류에 대한 경사부스팅 과정을 예제를 통해 설명한다. 먼저, 출력라벨 $y^{(i)}\in\{0,1\},\forall i$로 가정하고 확률변수 $p=p(y=1)$가 주어졌을 때, 표본에 대한 로그우도(log likelihood)는 다음과 같다(교차엔트로피[cross-entropy]).

$$\sum_i[y^{(i)}\,log\,p+(1-y^{(i)})\,log(1-p)]$$

따라서 최대로그우도(maximun log likelihood) 추정은 위 함수에 (-1)을 곱한 함수를 최소화하는 것과 동일하다. 따라서 손실함수 $L(y,p)$은 다음과 같이 정의될 수 있다.

$$\begin{aligned}L(y,p)&=-[y\,log(p)+(1-y)\,log(1-p)]\\&=-[\text{관측치}\times log(p)+(1-\text{관측치})\,log(1-p)]\\L(y,p)&=-y\,log(p)-(1-y)\,log(1-p)=-y(log\,p-log(1-p))-log(1-p)\\&=-y\,log\frac{p}{1-p}-log(1-p)=-y\,log(odds)-\underbrace{log(1-p)}_{(1)}\end{aligned}$$

$$(1) \rightarrow log\left(1 - \frac{e^{log(odds)}}{1+e^{log(odds)}}\right) = log\left(\frac{1}{1+e^{log(odds)}}\right) = -log(1+e^{log(odds)})$$

$$L(y,p) = -y\,log(odds) + log(1+e^{log(odds)})$$

따라서 손실함수는 관측치(y)와 $log(odds)$의 함수로 표현될 수 있다. 즉,

$$L(y, log(odds)) = -y\,log(odds) + log(1+e^{log(odds)})$$

경사부스팅의 초기화 단계에서 $F_0(x)$을 구해보자.

$$F_0(x) = argmin_p \sum_{i=1}^{N} L(y^{(i)}, p) = argmin_{log(odds)} \sum_{i=1}^{N} L(y^{(i)}, log(odds))\text{이므로,}$$

$$\frac{d}{d\,log(odds)} L(y, log(odds)) = \frac{d}{d\,log(odds)} \sum_{i=1}^{N} [-y^{(i)} log(odds) + log(1+e^{log(odds)})] = 0$$

$$\rightarrow \frac{e^{log(odds)}}{1+e^{log(odds)}} (=p) = \frac{\sum_{i=1}^{N} y^{(i)}}{N}$$

표 6-4에 제시된 3개의 표본으로 구성된 훈련데이터를 예로 들어 분류를 위한 경사부스팅 과정을 살펴보자.

표 6-4 경사부스팅의 계산 과정 예: 분류 문제

i	$x^{(i)}$			$y^{(i)}$	$r_1^{(i)}$	$r_2^{(i)}$
	$x_1^{(i)}$	$x_2^{(i)}$	$x_3^{(i)}$			
	팝콘선호여부	나이	선호색깔	영화선호여부		
1	Yes	12	파랑	Yes (1)	1−0.67= 0.33	0.13
2	No	87	녹색	Yes (1)	1−0.67= 0.33	0.48
3	No	44	파랑	No (0)	0−0.67=−0.67	−0.52

$$p = \frac{\sum_{i=1}^{N} y^{(i)}}{N} = \frac{2}{3} = 0.667,\ log(odds) = log\frac{p}{1-p} = log\left(\frac{2/3}{1/3}\right) = log\left(\frac{2}{1}\right) = 0.6931$$

경사부스팅 절차의 초기예측값 $F_0(x)$는 다음과 같다.

$F_0(x) = log\left(\frac{2}{1}\right) = 0.6931$. 여기서 예측치 $F_0(x)$의 단위는 $log(odds)$이다.

<단계 t=1>

$L(y^{(i)}, log(odds)) = -y^{(i)} log(odds) + log(1 + e^{log(odds)})$이므로 유사잔차 $r_1^{(i)}$는 다음과 같다.

$$r_1^{(i)} = -\left[\frac{\partial L(y^{(i)}, F(x^{(i)}))}{\partial F(x^{(i)})}\right]_{F(x)=F_0(x)} = -\left(-y^{(i)} + \frac{e^{log(odds)}}{1 + e^{log(odds)}}\right) = y^{(i)} - p,\ i = 1, \cdots, N$$

그림 6-19 경사부스팅에서 유사잔차와 예측된 확률(분류)

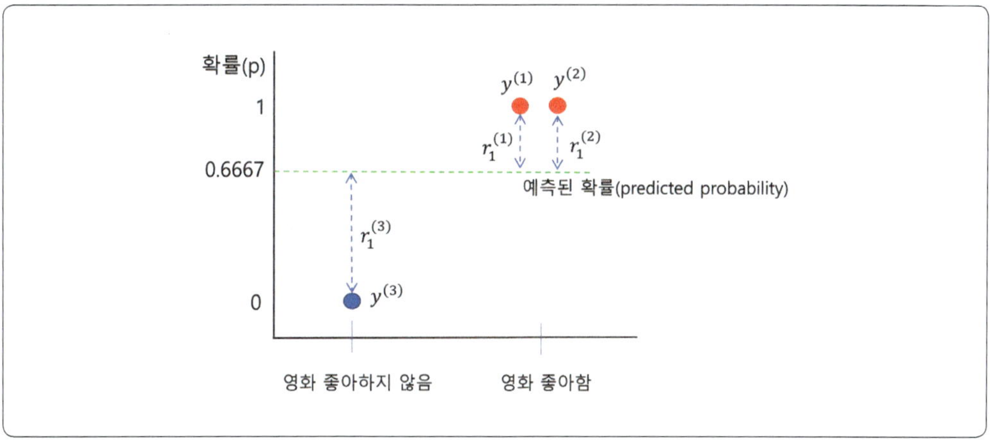

그림 6-20은 $\{(x^{(i)}, r_1^{(i)})\}_{i=1}^{N}$으로 학습된 결정나무로서, 편의상 약학습자는 결정나무 그루터기로 가정하였다. 잎노드가 2이므로 J_1=2, R_{j1}은 잎노드 j에 속한 입력데이터의 집합이다.

그림 6-20 경사부스팅에서 학습된 결정나무(분류): 단계 1

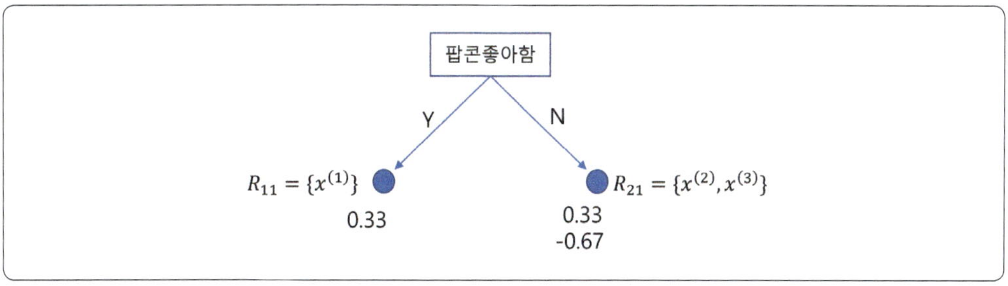

$$\gamma_{jt} = argmin_\gamma \sum_{x^{(i)} \in R_{jt}} L(y^{(i)}, F_{t-1}(x^{(i)}) + \gamma)$$
$$= argmin_\gamma \sum_{x^{(i)} \in R_{jt}} -y^{(i)}[F_{t-1}(x^{(i)}) + \gamma] + log(1 + e^{F_{t-1}(x^{(i)})+\gamma})$$

$\dfrac{d(L(y^{(i)}, F_{t-1}(x^{(i)}) + \gamma)}{d\gamma}$을 정확하게 구하는 것은 너무 복잡하므로, 다음과 같이 테일러 확장(Taylor expansion)을 이용해 근사화한다.

$$L(y^{(i)}, F_{t-1}(x^{(i)}) + \gamma) \approx L(y^{(i)}, F_{t-1}(x^{(i)})) + \frac{d}{dF()}L(y^{(i)}, F_{t-1}(x^{(i)}))\gamma + \frac{1}{2}\frac{d^2}{dF()^2}L(y^{(i)}, F_{t-1}(x^{(i)}))\gamma^2$$
$$\frac{d}{d\gamma}L(y^{(i)}, F_{t-1}(x^{(i)}) + \gamma) \approx \frac{d}{dF()}L(y^{(i)}, F_{t-1}(x^{(i)})) + \frac{d^2}{dF()^2}L(y^{(i)}, F_{t-1}(x^{(i)}))\gamma = 0$$
$$\rightarrow \gamma = \frac{\frac{d}{dF()}L(y^{(i)}, F_{t-1}(x^{(i)}))}{\frac{d^2}{dF()^2}L(y^{(i)}, F_{t-1}(x^{(i)}))}$$

$$\frac{d}{dF()}L(y^{(i)}, F_{t-1}(x^{(i)})) = y^{(i)} - p^{(i)}$$
$$\frac{d^2}{dF()^2}L(y^{(i)}, F_{t-1}(x^{(i)})) = \frac{d^2}{d\,log(odds)^2}(-y^{(i)}log(odds) + log(1 + e^{log(odds)}))$$
$$= \frac{e^{log(odds)}}{(1 + e^{log(odds)})} \times \frac{1}{(1 + e^{log(odds)})} = p^{(i)}(1 - p^{(i)})$$

$$\gamma_{jt} = \frac{\sum_{x^{(i)} \in R_{jt}} (y^{(i)} - p^{(i)})}{\sum_{x^{(i)} \in R_{jt}} p^{(i)}(1 - p^{(i)})}$$

위 식을 이용해 γ_{11}과 γ_{21}을 구하면,

$$\gamma_{11} = \sum_{x^{(i)} \in R_{11}} \frac{y^{(i)} - p^{(i)}}{p^{(i)}(1 - p^{(i)})} = \frac{y^{(1)} - p^{(1)}}{p^{(1)}(1 - p^{(1)})} = \frac{r^{(1)}}{p(1 - p)} = \frac{0.33}{0.67(1 - 0.67)} = 1.5$$
$$\gamma_{21} = \frac{\sum_{x^{(i)} \in R_{21}} (y^{(i)} - p^{(i)})}{\sum_{x^{(i)} \in R_{21}} p^{(i)}(1 - p^{(i)})} = \frac{(y^{(2)} - p^{(2)}) + (y^{(3)} - p^{(3)})}{p^{(2)}(1 - p^{(2)}) + p^{(3)}(1 - p^{(3)})}$$

$$= \frac{0.33 + (-0.67)}{0.67(1-0.67) + 0.67(1-0.67)} = -0.77$$

t=1 단계에서 갱신된 예측함수는 다음과 같으며, 예측함수의 단위는 $log(odds)$이고 학습률 $\alpha = 0.8$임에 유의한다.

$$F_1(x^{(1)}) = F_0(x^{(1)}) + \alpha\gamma_{11} = 0.69 + 0.8 \times 1.5 = 1.89$$
$$F_1(x^{(2)}) = F_0(x^{(2)}) + \alpha\gamma_{21} = 0.69 + 0.8 \times (-0.77) = 0.07$$
$$F_1(x^{(3)}) = F_0(x^{(3)}) + \alpha\gamma_{21} = 0.69 + 0.8 \times (-0.77) = 0.07$$

<단계 t=2>

$$r_2^{(1)} = -\left[\frac{\partial L(y^{(1)}, F(x))}{\partial F(x)}\right]_{F(x)=F_1(x^{(1)})} = -\left(-y^{(1)} + \frac{e^{1.89}}{1+e^{1.89}}(=p^{(1)})\right) = 1 - 0.8688 = 0.1312$$
$$r_2^{(2)} = -\left[\frac{\partial L(y^{(2)}, F(x))}{\partial F(x)}\right]_{F(x)=F_1(x^{(2)})} = -\left(-y^{(2)} + \frac{e^{0.07}}{1+e^{0.07}}(=p^{(2)})\right) = 1 - 0.5175 = 0.4875$$
$$r_2^{(3)} = -\left[\frac{\partial L(y^{(3)}, F(x))}{\partial F(x)}\right]_{F(x)=F_1(x^{(3)})} = -\left(-y^{(3)} + \frac{e^{0.07}}{1+e^{0.07}}(=p^{(3)})\right) = 0 - 0.5175 = -0.5175$$

그림 6-21은 훈련데이터 $\{(x^{(i)}, r_2^{(i)})\}_{i=1}^N$으로 학습된 결정나무이다.

그림 6-21 경사부스팅에서 학습된 결정나무(분류): 단계 2

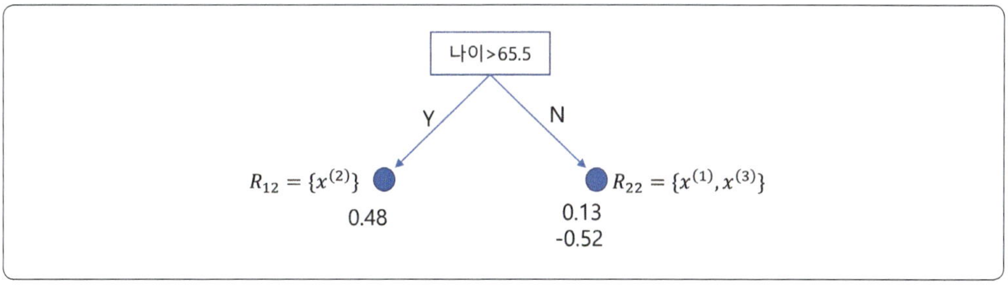

$$\gamma_{12} = \sum_{x^{(i)} \in R_{12}} \frac{y^{(2)} - p^{(2)}}{p^{(2)}(1-p^{(2)})} = \frac{r^{(2)}}{p^{(2)}(1-p^{(2)})} = \frac{0.48}{0.52(1-0.52)} = 1.9231 \approx 1.9$$

$$\gamma_{22} = \frac{\sum_{x^{(i)} \in R_{22}} (y^{(i)} - p^{(i)})}{\sum_{x^{(i)} \in R_{22}} p^{(i)}(1 - p^{(i)})} = \frac{(y^{(1)} - p^{(1)}) + (y^{(3)} - p^{(3)})}{p^{(1)}(1 - p^{(1)}) + p^{(3)}(1 - p^{(3)})}$$

$$= \frac{0.13 + (-0.52)}{0.87(1 - 0.87) + 0.52(1 - 0.52)} = -1.0753 \approx -1.1$$

$$F_2(x^{(1)}) = F_1(x^{(1)}) + \alpha\gamma_{22} = 1.89 + 0.8 \times (-1.1) = 1.01$$

$$F_2(x^{(2)}) = F_1(x^{(2)}) + \alpha\gamma_{12} = 0.07 + 0.8 \times 1.9 = 1.59$$

$$F_2(x^{(3)}) = F_1(x^{(3)}) + \alpha\gamma_{22} = 0.07 + 0.8 \times (-1.1) = -0.81$$

그림 6-22 경사부스팅 과정(분류)에서 예측함수의 갱신: 단계 2

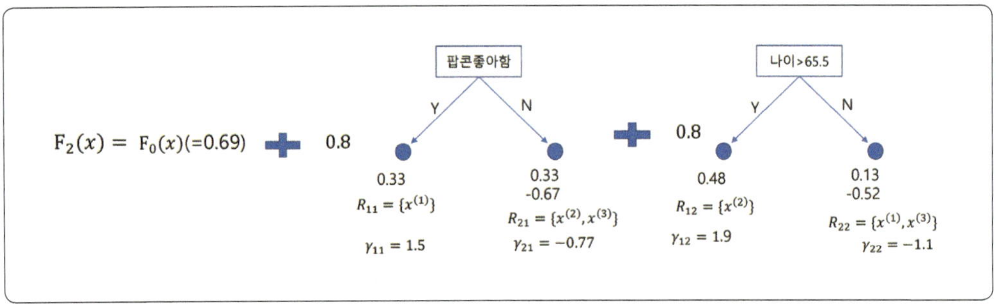

만약 T=2, 입력데이터 $x^{(new)} = (x_1^{(new)}, x_2^{(new)}, x_3^{(new)}) = (yes, 80, red)$의 예측값(log(odds))은,

예측값(log(odds))= $log\left(\frac{2}{1}\right)(= 0.69) + 0.8(1.5) + 0.8(1.9) = 3.41$

예측확률 $p = \frac{e^{log(odds)}}{1 + e^{log(odds)}} = 0.7732$

그림 6-23 경사부스팅(분류)에서 새로운 입력에 대한 예측

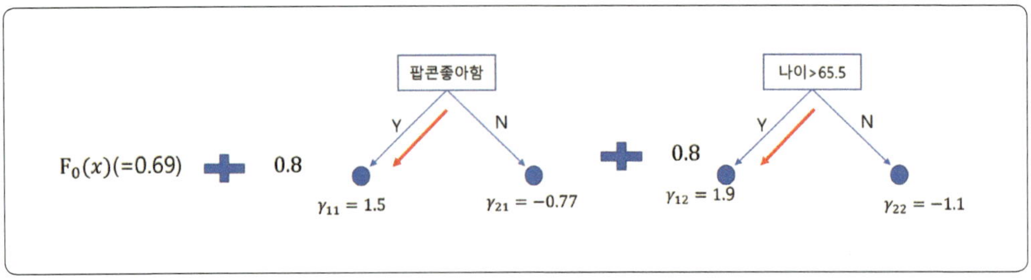

만약 영화의 선호여부를 결정하는 임계값을 0.5로 설정하면(즉, $p>0.5$이면) $y=1$이고, 예측 확률이 0.7732로 0.5보다 크므로 $y^{(new)}=1$로 예측된다.

4. 앙상블 분류 예제 : 붓꽃 분류

데이터 다운로드 및 분할

```
import pandas as pd
import numpy as np
from sklearn.preprocessing import OneHotEncoder, LabelEncoder, StandardScaler
from sklearn.model_selection import KFold, StratifiedKFold, train_test_split, GridSearchCV,\
  cross_val_score
from sklearn.metrics import mean_squared_error, r2_score, mean_absolute_error
from sklearn.tree import DecisionTreeClassifier
from sklearn.ensemble import BaggingClassifier,RandomForestClassifier, AdaBoostClassifier,\
  GradientBoostingClassifier
from sklearn.metrics import confusion_matrix
from sklearn.metrics import ConfusionMatrixDisplay
import matplotlib.pyplot as plt
import seaborn as sns
import warnings
from scipy import stats
from sklearn import datasets
from sklearn.inspection import permutation_importance
from sklearn.tree import export_graphviz, plot_tree
from pydotplus import graph_from_dot_data
from IPython.display import Image
import graphviz

%matplotlib inline

warnings.filterwarnings(action='ignore')
```

```
data= datasets.load_iris()
iris = pd.DataFrame(data.data)
iris.columns =  ['Sepal_L','Sepal_W', 'Petal_L','Petal_W']
iris['Species'] = pd.DataFrame(data.target)

np.random.seed(99)
train, test = train_test_split(iris, test_size = 0.3)
```

```
X_train = train.drop(columns=["Species"])
y_train = train.Species
X_test = test.drop(columns=["Species"])
y_test = test.Species
```

앙상블 모형을 통한 분류 문제 접근법

앙상블 모형으로 분류 문제를 접근하는 절차는 두 단계로 나눠진다. 먼저, 앙상블 모형에 사용되는 여러 가지 초모수를 결정한다. 본 예제에서는 여러 가지 조합의 초모수를 적용해 보고 평가 척도가 가장 우수한 초모수를 찾는 GridSearchCV를 사용한다. 다음으로 GridSearchCV로 찾은 가장 우수한 초모수를 다시 앙상블 모형에 적용하여 분류 문제를 풀게 된다.

함수 정의

다음은 혼잡행렬을 그리기 위한 함수이다.

```
def draw_confusion_matrix(model, pred, y_test):
  cm = confusion_matrix(y_test, pred, labels=model.classes_)
  disp = ConfusionMatrixDisplay(confusion_matrix=cm,display_labels=model.classes_)
  disp.plot()
  plt.show()
```

다음은 분류기가 결과물로 출력하는 .feature_importance_속성으로 특성변수들의 중요도를 차트로 그리는 함수이다. 특성변수들의 중요도를 차트로 그리는 함수이다. Permutation Importance는 모델을 훈련시킨 후 훈련된 모델이 특정 특성변수를 사용하지 않았을 때의 성능 손실을 의미하여 특성변수의 중요도를 나타내는 또 다른 지표이다.

```
def draw_feature_importance(model, X_train, y_train, X_test, y_test):
  feature_importance = model.feature_importances_
  sorted_idx = np.argsort(feature_importance)
  pos = np.arange(sorted_idx.shape[0]) + 0.5
  fig = plt.figure(figsize=(12, 4))
  plt.subplot(1, 2, 1)
  plt.barh(pos, feature_importance[sorted_idx], align="center")
  plt.yticks(pos, np.array(X_train.columns)[sorted_idx])
  plt.title("Feature Importance")

  result = permutation_importance(
      model, X_test, y_test, n_repeats=10, random_state=42, n_jobs=2
  )
  sorted_idx = result.importances_mean.argsort()
  plt.subplot(1, 2, 2)
  plt.boxplot(
```

```
        result.importances[sorted_idx].T,
        vert=False,
        labels=np.array(X_train.columns)[sorted_idx],
    )
    plt.title("Permutation Importance")
    fig.tight_layout()
    plt.show()
```

다음은 단계적으로 최종 학습모형에 접근하는 아다부스트, 경사부스팅의 경우 입력데이터에 대하여 단계별로 예측값을 제공하는 staged_predict() 함수를 이용하여 단계별 분류성적을 그리는 함수이다.

```
def draw_accuracy(s_model, model,X_train,y_train,X_test, y_test) :

    train_score= np.zeros((s_model.best_params_['n_estimators'],), dtype=np.float64)
    test_score = np.zeros((s_model.best_params_['n_estimators'],), dtype=np.float64)

    for i, y_pred in enumerate(model.staged_predict(X_test)):
        matches = (y_test == y_pred)
        test_score[i]= matches.sum()/float(len(y_test))

    for i, y_pred in enumerate(model.staged_predict(X_train)):
        matches = (y_train == y_pred)
        train_score[i]= matches.sum()/float(len(y_train))

    fig = plt.figure(figsize=(6, 4))
    plt.subplot(1, 1, 1)
    plt.title('Accuracy')
    plt.plot(
        np.arange(s_model.best_params_['n_estimators']) + 1,
    #    train_score,"b-",
       train_score,"b-",
        label="Training Set",
    )
    plt.plot(
        np.arange(s_model.best_params_["n_estimators"]) + 1,
        test_score, "r-",
        label="Test Set"
    )
    plt.legend(loc="lower right")
    plt.xlabel("Boosting Iterations")
    plt.ylabel("Accuracy")
    fig.tight_layout()
    plt.show()
```

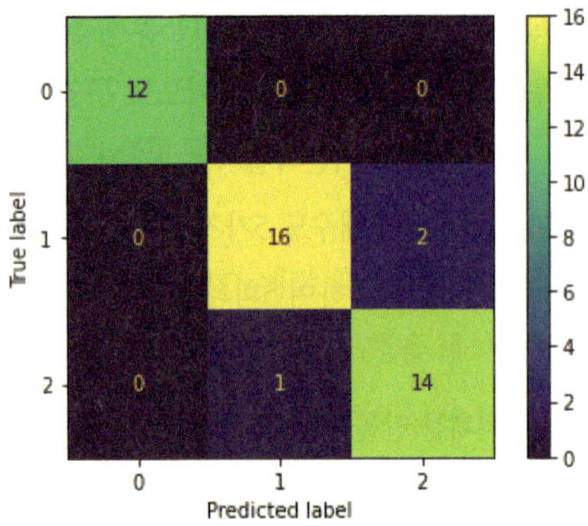

약학습자 그리기

.n_estimators개의 각 샘플집합에 대하여 기본학습자(.base_estimator_)로부터 새로운 약학습자를 생성하게 되고 이는 .estimators_[] 배열에 저장된다. 약학습자는 결정나무 형태를 지니고 있으며 아래 그림은 첫 번째 약학습자를 나타낸다.

```
fig = plt.figure(figsize=(15,15))
_ = plot_tree(bac_best.estimators_[0], feature_names=data.feature_names,
              class_names=data.target_names,filled=True, rounded=True)
```

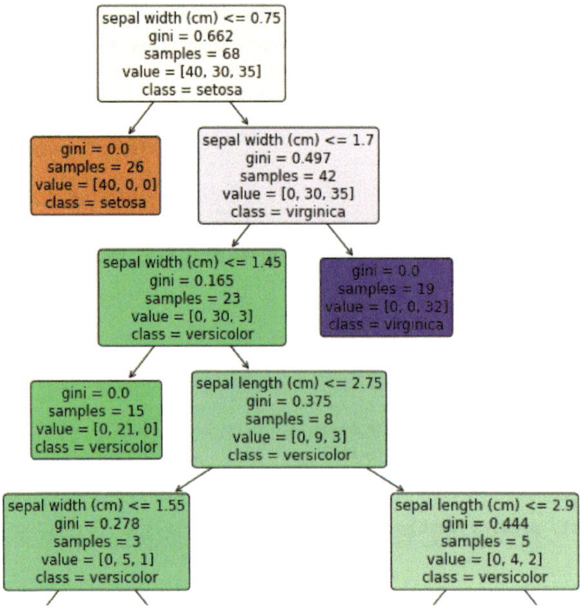

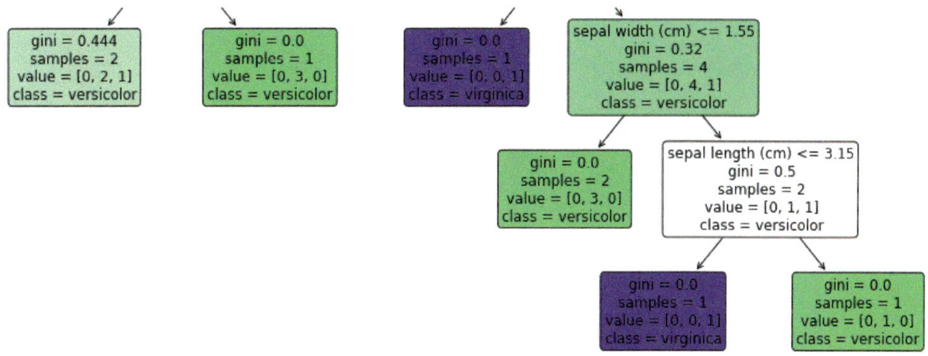

랜덤포레스트 분류

초모수 결정

분류 문제에 대한 랜덤포레스트 클래스는 RandomForestClassifier이다(회귀 문제의 경우 RandomForestRegressor 클래스). RandomForestClassifier 클래스의 객체를 생성할 때 결정트리의 갯수(n_estimators), 트리의 깊이(max_depth), 노드를 분할하기 위한 최소한의 수(min_samples_split), 리프노드가 되기 위한 최소한의 샘플수(min_samples_leaf) 등 여러 가지 초모수가 입력으로 투입된다.

```
rfc = RandomForestClassifier(random_state=42)
rfc_params = {
    'n_estimators': [50, 80, 100, 200, 300],
    'max_depth': [3, 5, 7, 9],
    'min_samples_split': [2, 3, 4, 5],
    'min_samples_leaf': [1, 2, 3, 5],
    'random_state': [42],
    'max_features' : [2]
}

rfc_search = GridSearchCV(rfc, param_grid=rfc_params, cv=5, n_jobs=-1)
rfc_search.fit(X_train, y_train)

print('Best score: {}, Best params: {}'.format(rfc_search.best_score_, rfc_search.best_params_))
```

```
Best score: 0.980952380952381, Best params: {'max_depth': 3, 'max_features': 2, 'min_samples_lea
f': 1, 'min_samples_split': 4, 'n_estimators': 200, 'random_state': 42}
```

학습 및 테스트

원 분류 문제에 대하여 찾은 초모수를 랜덤포레스트 분류모형에 적용하여 학습한다.

```
rfc_best = RandomForestClassifier(**rfc_search.best_params_)
rfc_best.fit(X_train, y_train)

print("Train Accuracy:", rfc_best.score(X_train,y_train))
print("Test Accuracy:", rfc_best.score(X_test,y_test))

pred = rfc_best.predict(X_test)

draw_confusion_matrix(rfc_best, pred, y_test)
```

```
Train Accuracy: 0.9714285714285714
Test Accuracy: 0.9555555555555556
```

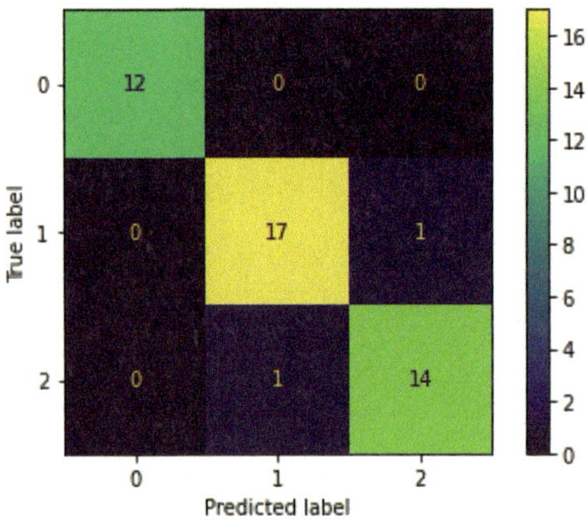

약학습자 그리기

.n_estimators개의 각 샘플에 대하여 기본 결정나무(.base_estimator_)로부터 새로운 약학습자를 생성하게 되고 이는 .estimators_[] 배열에 저장된다. 약학습자는 결정나무 형태를 지니고 있으며 아래 그림은 생성된 첫 번째 약학습자를 나타낸다.

```
fig = plt.figure(figsize=(8,8))
_ = plot_tree(rfc_best.estimators_[0], feature_names=data.feature_names,
              class_names=data.target_names,filled=True, rounded=True)
```

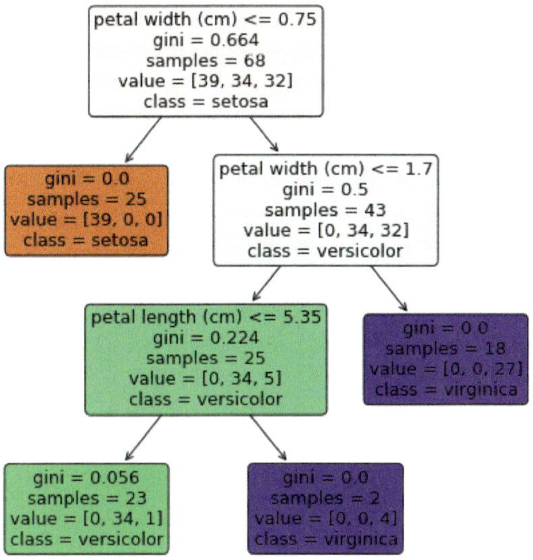

변수의 중요도 그리기

```
draw_feature_importance(rfc_best, X_train, y_train, X_test, y_test)
```

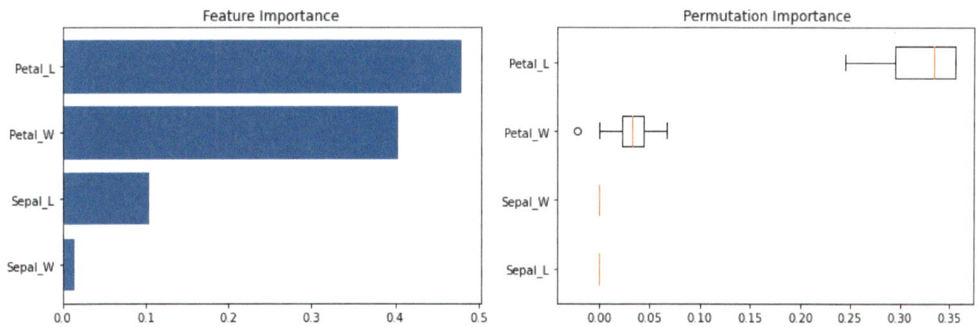

아다부스트 분류

초모수 결정

분류 문제에 대한 아다부스트 클래스는 AdaBoostClassifier이다(회귀 문제의 경우 AdaBoostRegressor 클래스). AdaBoostClassifier 클래스의 객체를 생성할 때 학습률, 결정트리의 개수, 트리의 깊이, 노드를 분할하기 위한 최소한의 수, 리프노드가 되기 위한 최소한의 샘플 수 등 여러 가지 초모수가 입력으로 투입된다. 나머지 초모수들은 고정시키고 학습률, 결정트리의 개수 및 트리의 깊이를 바꿔가면서 우수한 초모수를 찾기로 한다.

```
abc = AdaBoostClassifier(random_state=42)
dtc_3=DecisionTreeClassifier(max_depth=3, min_samples_leaf= 5, min_samples_split=2)
dtc_5=DecisionTreeClassifier(max_depth=5, min_samples_leaf= 5, min_samples_split=2)
dtc_8=DecisionTreeClassifier(max_depth=8, min_samples_leaf= 5, min_samples_split=2)

abc_params = {
    'base_estimator' : [dtc_3, dtc_5, dtc_8],
    'learning_rate': [0.01, 0.05, 0.1],
    'n_estimators': [50, 80, 100, 200, 300],
    'random_state': [42]
}

abc_search = GridSearchCV(abc, param_grid=abc_params, cv=5, n_jobs=-1)
abc_search.fit(X_train, y_train)

print('Best score: {}, Best params: {}'.format(abc_search.best_score_, abc_search.best_params_))
```

```
Best score: 0.980952380952381, Best params: {'base_estimator': DecisionTreeClassifier(max_depth=
3, min_samples_leaf=5), 'learning_rate': 0.01, 'n_estimators': 80, 'random_state': 42}
```

학습 및 테스트

원 분류 문제에 대하여 찾은 초모수를 아다부스트 분류모형에 적용하여 학습한다.

```
abc_best = AdaBoostClassifier(**abc_search.best_params_)
abc_best.fit(X_train, y_train)

print("Train Accuracy:", abc_best.score(X_train,y_train))
print("Test Accuracy:", abc_best.score(X_test,y_test))

pred = abc_best.predict(X_test)

draw_confusion_matrix(abc_best, pred, y_test)
```

```
Train Accuracy: 1.0
Test Accuracy: 0.9555555555555556
```

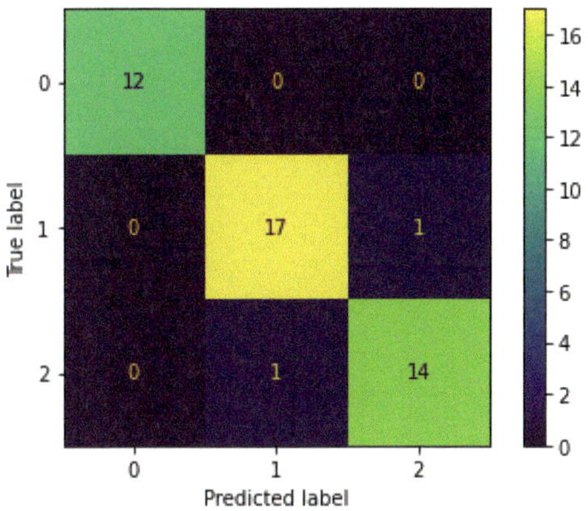

iteration 진행에 따른 정확도 그리기

아다부스트 분류기가 진행되는 동안 각 iteration에서의 훈련데이터 및 테스트데이터의 정확도는 다음 그림과 같다.

```
draw_accuracy(abc_search, abc_best,X_train, y_train, X_test, y_test)
```

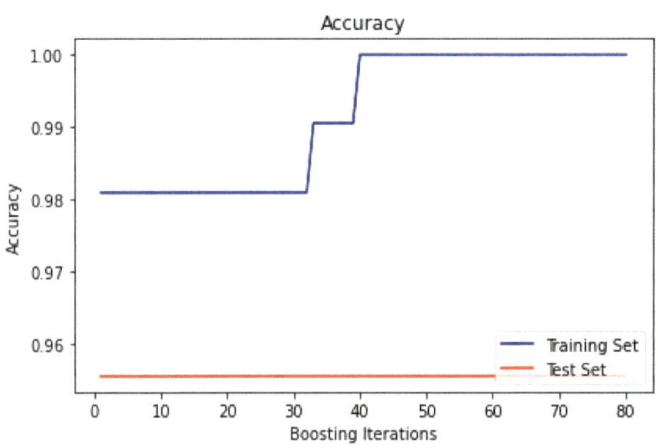

약학습자 그리기

기본이 되는 학습자는 .base_estimator_에 저장되고 각 단계별로 기본학습자로부터 생성되는 약학습자는 .estimators_[] 배열에 저장된다. 아래 그림은 첫 번째 단계에서 생성된 약학습자를 나타낸다.

```
fig = plt.figure(figsize=(8,8))
_ = plot_tree(abc_best.estimators_[0], feature_names=data.feature_names,
              class_names=data.target_names,filled=True)
```

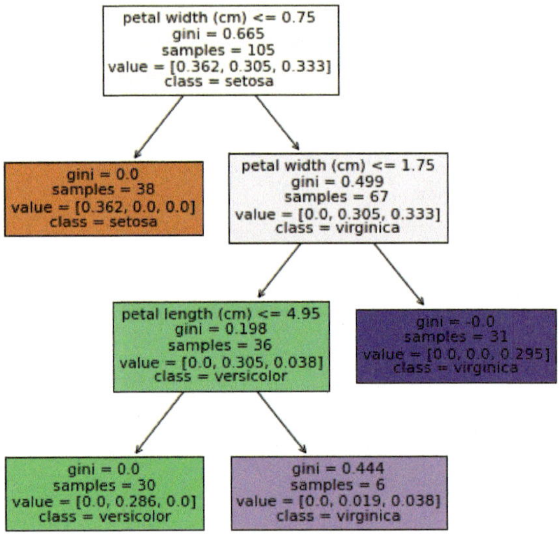

변수의 중요도 그리기

```
draw_feature_importance(abc_best, X_train, y_train, X_test, y_test)
```

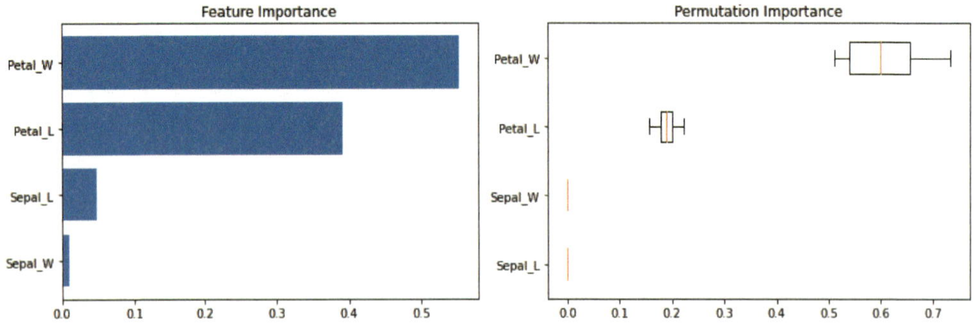

경사부스팅 분류

초모수 결정

분류 문제에 대한 경사부스팅 클래스는 GradientBoostingClassifier이다(회귀 문제의 경우 GradientBoostingRegressor 클래스). GradientBoostingClassifier 클래스의 객체를 생성할 때도 학습률, 결정트리의 개수, 트리의 깊이, 노드를 분할하기 위한 최소한의 수, 리프노드가 되기 위한 최소한의 샘플수 등 여러 가지 초모수가 입력으로 투입된다.

```
gbc = GradientBoostingClassifier(random_state=42)
gbc_params = {
    'learning_rate': [0.01, 0.05, 0.1],
    'n_estimators': [50, 80, 100, 200, 300],
    'max_depth': [3, 5, 7, 9],
    'min_samples_split': [2, 3, 4, 5],
    'min_samples_leaf': [1, 2, 3, 5],
    'random_state': [42]
}

gbc_search = GridSearchCV(gbc,param_grid=gbc_params, cv=5, n_jobs=-1)
gbc_search.fit(X_train, y_train)

print('Best score: {}, Best params: {}'.format(gbc_search.best_score_, gbc_search.best_params_))
```

```
Best score: 0.9619047619047618, Best params: {'learning_rate': 0.01, 'max_depth': 3, 'min_sample
s_leaf': 3, 'min_samples_split': 2, 'n_estimators': 50, 'random_state': 42}
```

학습 및 테스트

분류 문제에 대하여 .best_params_에 저장된 초모수를 경사부스팅에 적용하여 학습한다.

```
gbc_best = GradientBoostingClassifier(**gbc_search.best_params_)
gbc_best.fit(X_train, y_train)

print("Train accuracy:", gbc_best.score(X_train,y_train))
print("Test accuracy:", gbc_best.score(X_test,y_test))
pred = gbc_best.predict(X_test)

draw_confusion_matrix(gbc_best, pred, y_test)
```

```
Train accuracy: 0.9904761904761905
Test accuracy: 0.9555555555555556
```

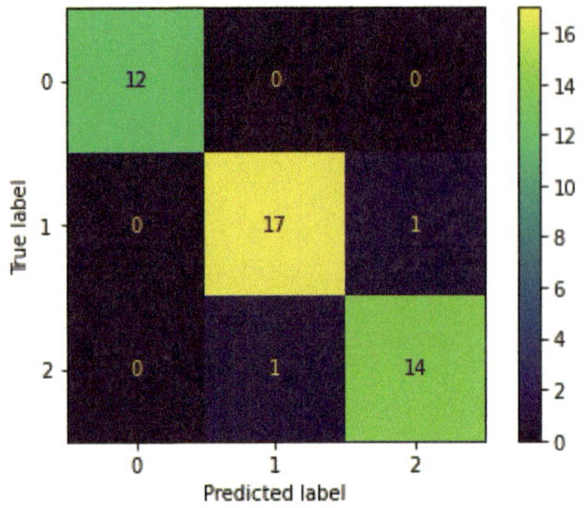

iteration 진행에 따른 정확도 그리기

경사부스팅이 진행되는 동안 각 iteration에서의 학습데이터 및 테스트데이터의 정확도는 다음 그림과 같다.

```
draw_accuracy(gbc_search,gbc_best,X_train,y_train,X_test, y_test)
```

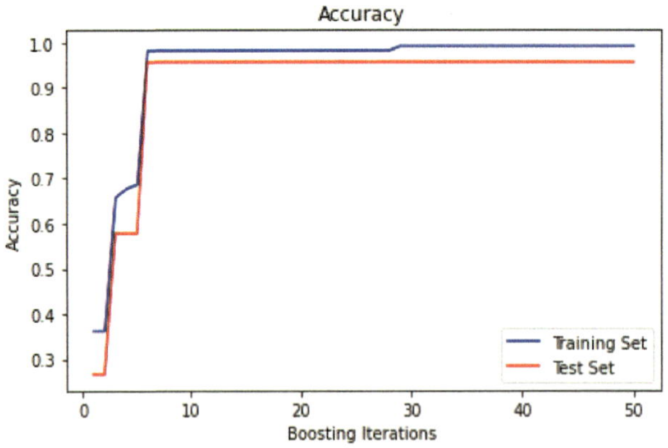

약학습자 그리기

각 iteration에서 추가되는 결정나무 형태의 약학습자는 .estimator_ 에 저장된다. 아래 그림은 첫 번째 및 두 번째 단계에서 추가되는 약학습자를 나타낸다.

```
fig = plt.figure(figsize=(6,6))
_ = plot_tree(gbc_best.estimators_[0,0], feature_names=data.feature_names,
              class_names=data.target_names,filled=True)
fig = plt.figure(figsize=(12,7))
_ = plot_tree(gbc_best.estimators_[1,0], feature_names=data.feature_names,
              class_names=data.target_names,filled=True)
```

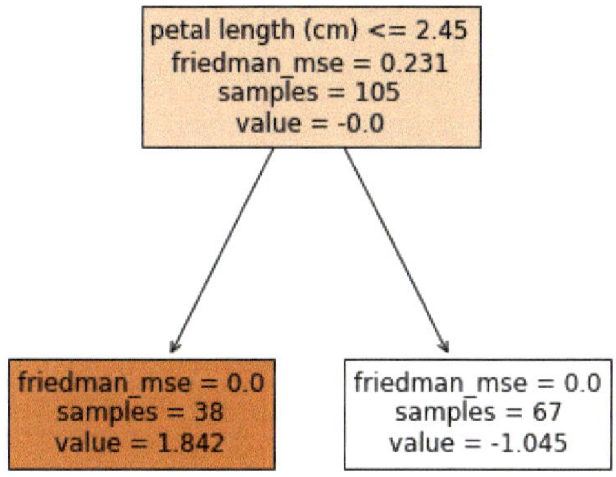

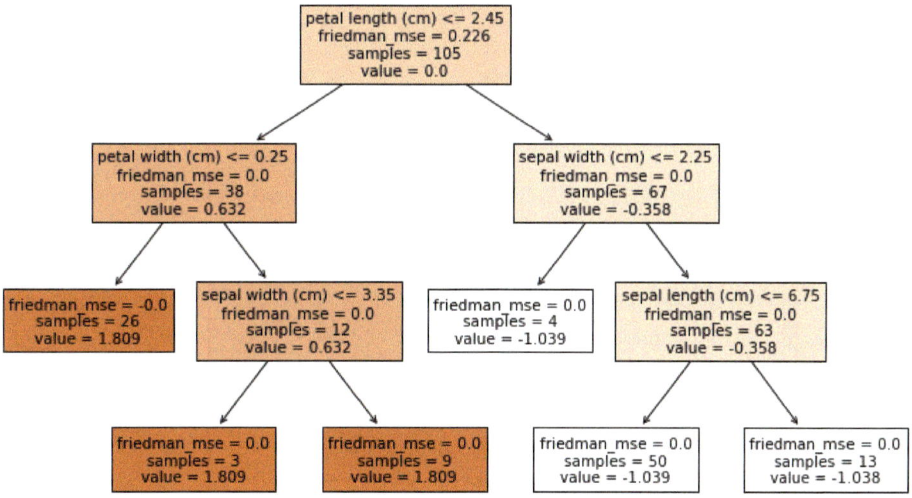

변수의 중요도 그리기

```
draw_feature_importance(gbc_best, X_train, y_train, X_test, y_test)
```

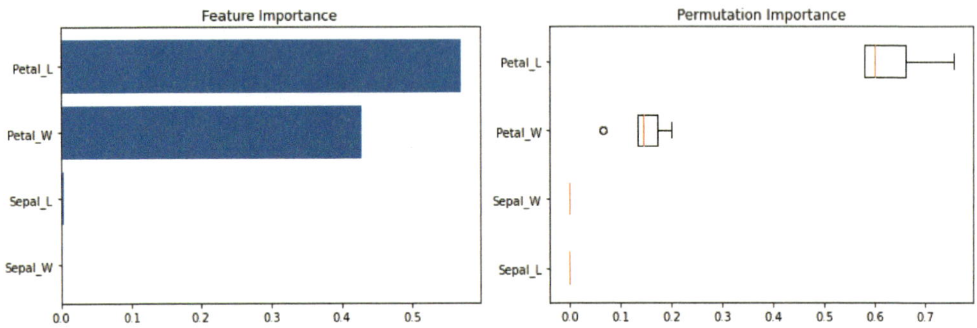

5. 앙상블 회귀 예제 : 의료보험료 지출

```
import pandas as pd
import numpy as np
from sklearn.preprocessing import OneHotEncoder, LabelEncoder, StandardScaler
from sklearn.model_selection import KFold, StratifiedKFold, train_test_split, GridSearchCV,\
  cross_val_score
from sklearn.metrics import mean_squared_error, r2_score, mean_absolute_error
from sklearn.linear_model import LinearRegression, ElasticNet
from sklearn.tree import DecisionTreeRegressor
from sklearn.ensemble import BaggingRegressor, RandomForestRegressor, AdaBoostRegressor,\
  GradientBoostingRegressor
import matplotlib.pyplot as plt
import seaborn as sns
import warnings
from sklearn.tree import export_graphviz, plot_tree
from pydotplus import graph_from_dot_data
from IPython.display import Image
from sklearn.inspection import permutation_importance
%matplotlib inline
import graphviz

warnings.filterwarnings(action='ignore')
```

데이터 다운로드 및 분할

독립변수의 개수가 너무 많으면 모형에 대한 도식적 이해가 불편하고 앙상블 과정에 소요되는 시간이 길어지기 때문에 선형 회귀모형 분석을 통하여 설명력이 떨어지는 독립변수는 제외하고 5개만 남겨 두었다.

```
url="https://drive.google.com/file/d/177ByiZbuSobV-W9gyVFBLUt9mprdhX7z/view?usp=sharing"
path='https://drive.google.com/uc?id='+url.split('/')[-2]
df=pd.read_csv(path)
```

	age	sex	bmi	children	smoker	region	charges
0	19	female	27.900	0	yes	southwest	16884.92400
1	18	male	33.770	1	no	southeast	1725.55230
2	28	male	33.000	3	no	southeast	4449.46200
3	33	male	22.705	0	no	northwest	21984.47061
4	32	male	28.880	0	no	northwest	3866.85520

```
categorical_columns = ['sex','children', 'smoker', 'region']
df_encode2 = pd.get_dummies(data = df, prefix = 'OHE', prefix_sep='_',
               columns = categorical_columns,
               drop_first =True,
              dtype='int8')

cols = ['age', 'bmi', 'charges']
for col in cols:
    std = StandardScaler()
    std.fit(df_encode2[[col]])
    df_encode2[col] = std.transform(df_encode2[[col]])

X = df_encode2.drop(['charges'], axis=1)
y = df_encode2['charges']

X_train, X_test, y_train, y_test = train_test_split(X, y, test_size=0.25,shuffle=False)

X_train=X_train.drop(['OHE_male', 'OHE_1', 'OHE_3', 'OHE_5', 'OHE_northwest', \
                      'OHE_southeast','OHE_southwest' ], axis=1)
X_test=X_test.drop(['OHE_male', 'OHE_1', 'OHE_3', 'OHE_5', 'OHE_northwest', \
                    'OHE_southeast','OHE_southwest' ], axis=1)
X_train.head()
```

	age	bmi	OHE_2	OHE_4	OHE_yes
0	-1.438764	-0.453320	0	0	1
1	-1.509965	0.509621	0	0	0
2	-0.797954	0.383307	0	0	0
3	-0.441948	-1.305531	0	0	0
4	-0.513149	-0.292556	0	0	0

함수 정의

다음은 테스트데이터에 대하여 실제값과 회귀모형의 예측값을 좌표에 나타내는 함수이다.

```
def plot_result(pred, y_test):
  df_tmp = pd.DataFrame({'prediction': pred, 'actual': y_test})
  df_tmp = df_tmp.sort_values(by='actual').reset_index(drop=True)

  plt.figure(figsize=(8, 6))
  plt.scatter(df_tmp.index, df_tmp['prediction'], marker='x', color='r')
  plt.scatter(df_tmp.index, df_tmp['actual'], alpha=0.7, marker='o', color='black')
  plt.title("Pred vs. Actual", fontsize=15)
  plt.legend(['prediction', 'actual'], fontsize=12)
  plt.show()
  print("MSE :",mean_squared_error(y_test, pred))
```

다음은 각종 앙상블 모형에서 사용되는 생성되는 결정나무 형태의 약학습자를 그리는 함수이다.

```
def draw_weak_learner(sub_tree):
    dot_data=export_graphviz(sub_tree,
                    max_depth=3,
                    rounded=True, filled=True, impurity=False,proportion=True)
    display(graphviz.Source(dot_data))
```

다음은 앙상블 모형의 최종 결과의 속성값으로 feature_importance_를 제공하는 경우 이를 도식화하기 위한 함수이다.

```
def draw_feature_importance(model, X_train, y_train, X_test, y_test):
  feature_importance = model.feature_importances_
  sorted_idx = np.argsort(feature_importance)
  pos = np.arange(sorted_idx.shape[0]) + 0.5
  fig = plt.figure(figsize=(12, 4))
  plt.subplot(1, 2, 1)
  plt.barh(pos, feature_importance[sorted_idx], align="center")
  plt.yticks(pos, np.array(X_train.columns)[sorted_idx])
  plt.title("Feature Importance")

  result = permutation_importance(
      model, X_test, y_test, n_repeats=10, random_state=42, n_jobs=2
  )
  sorted_idx = result.importances_mean.argsort()
  plt.subplot(1, 2, 2)
  plt.boxplot(
      result.importances[sorted_idx].T,
      vert=False,
      labels=np.array(X_train.columns)[sorted_idx],
  )
  plt.title("Permutation Importance")
  fig.tight_layout()
  plt.show()
```

배깅 회귀

초모수 결정

회귀 문제에 대한 배깅 클래스는 BaggingRegressor이며, 배깅 회귀의 초모수는 배깅 분류와 동일하다.

```
bar = BaggingRegressor(random_state=42)
```

가장 우수한 성과를 내는 초모수를 찾기 위하여 GridSearchCV를 사용한다. 가장 우수한 초모수는 .best_params_ 변수에, 평가척도값은 .best_score_변수에 저장된다.

```
lr= LinearRegression()
dtr_3=DecisionTreeRegressor(max_depth=3, min_samples_leaf= 5, min_samples_split=2)
dtr_5=DecisionTreeRegressor(max_depth=5, min_samples_leaf= 5, min_samples_split=2)
dtr_8=DecisionTreeRegressor(max_depth=8, min_samples_leaf= 5, min_samples_split=2)
bar_params = {
    'base_estimator': [None, lr, dtr_3,dtr_5,dtr_8],
    'max_samples': [0.5, 1.0],
```

```
    'max_features' : [0.5, 1.0],
    'n_estimators':[10,20,30,40,50]
}

bar_search = GridSearchCV(bar, param_grid=bar_params, cv=5, n_jobs=-1, verbose=2)
bar_search.fit(X_train, y_train)
print(bar_search.best_score_)
best_mse = bar_search.best_score_
best_rmse = np.sqrt(best_mse)

print('Best score: {}, Best params: {}'.format(round(best_rmse, 4), bar_search.best_params_))
```

```
Fitting 5 folds for each of 100 candidates, totalling 500 fits
0.8606695311979158
Best score: 0.9277, Best params: {'base_estimator': DecisionTreeRegressor(max_depth=5, min_sampl
es_leaf=5), 'max_features': 1.0, 'max_samples': 1.0, 'n_estimators': 40}
```

학습 및 테스트

학습과 테스트 데이터에 대하여 가장 우수한 결과를 내는 초모수를 배깅 회귀모형에 적용하여 학습과 테스트를 수행한다.

```
bar_best = BaggingRegressor(**bar_search.best_params_)
bar_best.fit(X_train, y_train)

print("Train R2:", bar_best.score(X_train,y_train))
print("Test R2:", bar_best.score(X_test,y_test))

pred = bar_best.predict(X_test)
plot_result(pred, y_test)
```

```
Train R2: 0.8829584615127692
Test R2: 0.8459712877437418
```

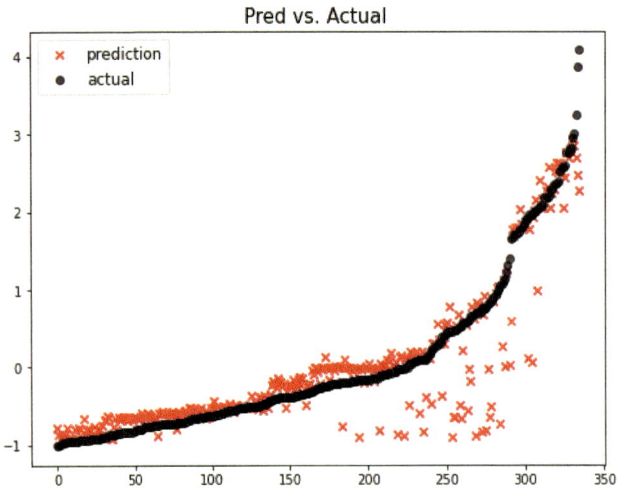

약학습자 그리기

.n_estimators개의 각 샘플집합에 대하여 기본학습자(.base_estimator_)로부터 학습과정을 수행하여 약학습자를 생성하게 되고 이는 .estimators_[] 배열에 저장된다. 약학습자가 결정나무 형태인 경우 다음 그림과 같이 출력할 수 있다. 아래 그림은 첫 번째 약학습자를 도식화한 것으로 편의상 3단계 깊이까지만 나타내었다.

```
fig = plt.figure(figsize=(30,6))
_ = plot_tree(bar_best.estimators_[0], feature_names=X_train.columns, max_depth=3,\
              filled=True, rounded=True)
```

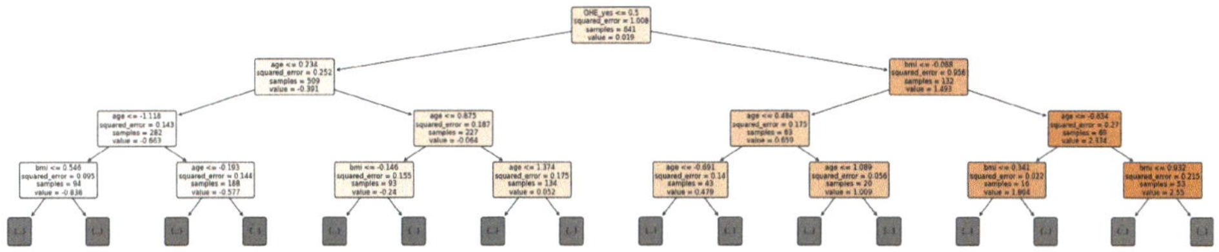

랜덤포레스트 회귀

초모수 결정

회귀 문제에 대한 랜덤포레스트 클래스는 RandomForestRegressor이며, 랜덤포레스트 회귀에서의 초모수는 랜덤포레스트 분류와 동일하다.

```
rfr = RandomForestRegressor(random_state=42)
```

우수한 초모수를 찾기 위한 각 모수들의 후보값은 아래와 같이 설정하였다.

```
rfr_params = {
    'n_estimators': [50, 80, 100, 200, 300],
    'max_depth': [3, 5, 7, 9],
    'min_samples_split': [2, 3, 4, 5],
    'min_samples_leaf': [1, 2, 3, 5],
    'random_state': [42],
    'max_features' : [0.5]
}
```

```
rfr_search = GridSearchCV(rfr, param_grid=rfr_params, cv=5, scoring='neg_mean_squared_error',\
                          n_jobs=-1)
rfr_search.fit(X_train, y_train)
best_mse = (-1) * rfr_search.best_score_
best_rmse = np.sqrt(best_mse)

print('Best score: {}, Best params: {}'.format(round(best_rmse, 4), rfr_search.best_params_))
```

```
Best score: 0.3768, Best params: {'max_depth': 7, 'max_features': 0.5, 'min_samples_leaf': 1, 'm
in_samples_split': 5, 'n_estimators': 80, 'random_state': 42}
```

학습 및 테스트

가장 우수한 결과를 내는 초모수를 랜덤포레스트 모형에 적용하여 학습과 테스트를 수행한다.

```
rfr_best = RandomForestRegressor(**rfr_search.best_params_)
rfr_best.fit(X_train, y_train)

print("Train R2:", rfr_best.score(X_train,y_train))
print("Test R2:", rfr_best.score(X_test,y_test))

pred = rfr_best.predict(X_test)

plot_result(pred, y_test)
```

```
Train R2: 0.9003021296014913
Test R2: 0.8401307439152225
```

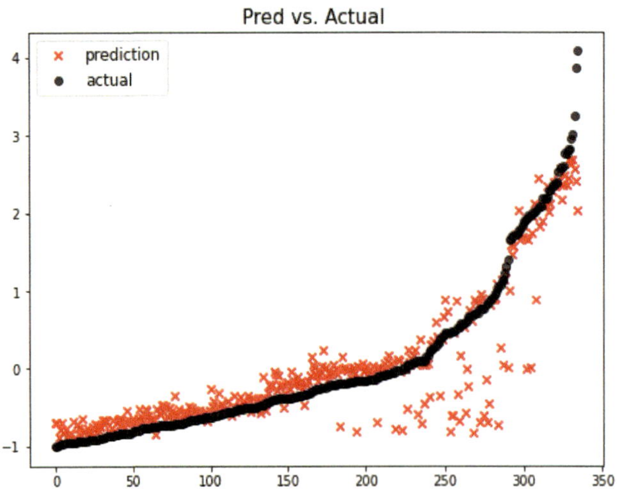

약학습자 그리기

.n_estimators개의 각 샘플에 대하여 기본학습자(.base_estimator_)로부터 새로운 약학습자를 생성하게 되고 이는 .estimators_[] 배열에 저장된다. 약학습자는 결정나무 형태를 지니고 있으며 아래 그림은 첫 번째 생성된 약학습자를 나타낸다.

```
fig = plt.figure(figsize=(25,6))
_ = plot_tree(rfr_best.estimators_[0], feature_names=X_train.columns, max_depth=3,\
              filled=True, rounded=True)
```

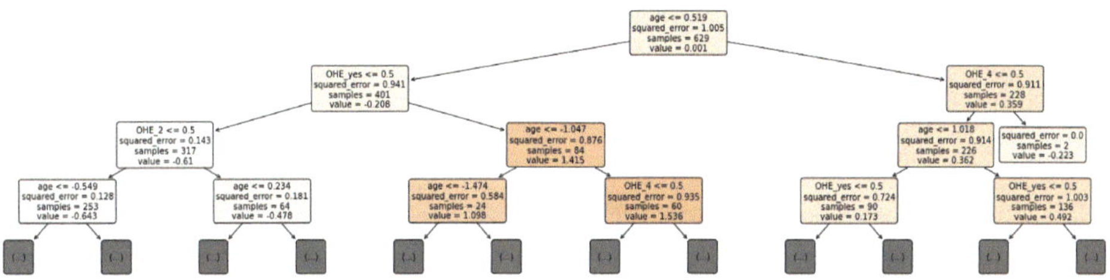

변수의 중요도 그리기

```
draw_feature_importance(rfr_best, X_train, y_train, X_test, y_test)
```

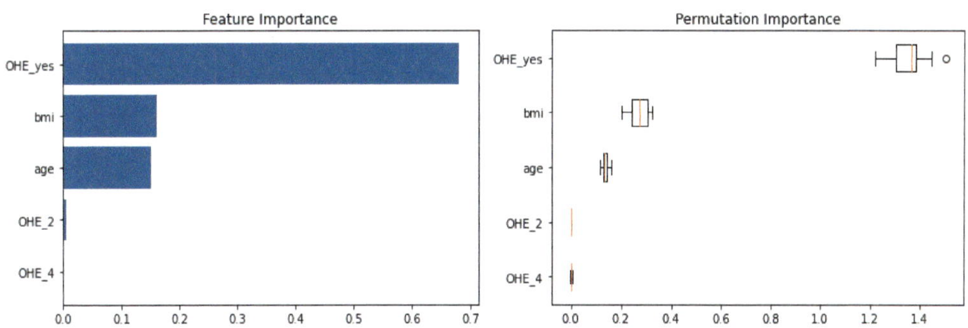

아다부스트 회귀

초모수 결정

회귀 문제를 처리하기 위한 아다부스트 클래스는 AdaBoostRegressor이다. 아다부스트 분류 모형에는 없는 'loss'모수는 iteration이 끝난 후 각 입력데이터의 가중치($w_t^{(i)}$)를 업데이트하기 위하여 사용되는 손실함수의 종류를 나타낸다.

아다부스트 회귀는 학습의 결과로 생성되는 '.estimator_weights_[]'는 각 단계별 약학습자에 지정된 가중치(본문에서는 α_t로 표시)를 나타낸다.

```
abr = AdaBoostRegressor(random_state=42)
```

```
dtr_3=DecisionTreeRegressor(max_depth=3, min_samples_leaf= 5, min_samples_split=2)
dtr_5=DecisionTreeRegressor(max_depth=5, min_samples_leaf= 5, min_samples_split=2)
dtr_8=DecisionTreeRegressor(max_depth=8, min_samples_leaf= 5, min_samples_split=2)

abr_params = {
    'base_estimator' : [dtr_3, dtr_5, dtr_8],
    'learning_rate': [0.01, 0.05, 0.1],
    'n_estimators': [50, 80, 100, 200, 300],
    'random_state': [42]
}

abr_search = GridSearchCV(abr, param_grid=abr_params, cv=5, scoring='neg_mean_squared_error',\
                          n_jobs=-1)
abr_search.fit(X_train, y_train)
best_mse = (-1) * abr_search.best_score_
best_rmse = np.sqrt(best_mse)

print('Best score: {}, Best params: {}'.format(round(best_rmse, 4), abr_search.best_params_))
```

```
Best score: 0.3692, Best params: {'base_estimator': DecisionTreeRegressor(max_depth=5, min_sampl
es_leaf=5), 'learning_rate': 0.01, 'n_estimators': 50, 'random_state': 42}
```

```
abr_best = AdaBoostRegressor(**abr_search.best_params_)
abr_best.fit(X_train, y_train)

print(abr_best.estimator_weights_)
```

```
[0.02182955 0.02207732 0.02215497 0.02107279 0.02106692 0.02173612
 0.02172057 0.02195741 0.02153906 0.0215411  0.02161648 0.02123941
 0.02191052 0.01893153 0.02113494 0.02073848 0.02136829 0.02011787
 0.02135805 0.02077955 0.02067611 0.02079981 0.02097867 0.02078824
 0.02024016 0.0197376  0.01964246 0.02029169 0.0205622  0.01921128
 0.01951655 0.01923865 0.0197994  0.0185346  0.02008447 0.01949022
 0.01942592 0.01950114 0.01788029 0.0177112  0.01881135 0.01954406
 0.01773769 0.01931315 0.01961423 0.01875855 0.01979356 0.01765994
 0.01664271 0.01851561]
```

학습 및 테스트

```
print("Train R2:", abr_best.score(X_train,y_train))
print("Test R2:", abr_best.score(X_test,y_test))

plot_result(pred, y_test)
```

```
Train R2: 0.8825887556846136
Test R2: 0.8407784283368418
```

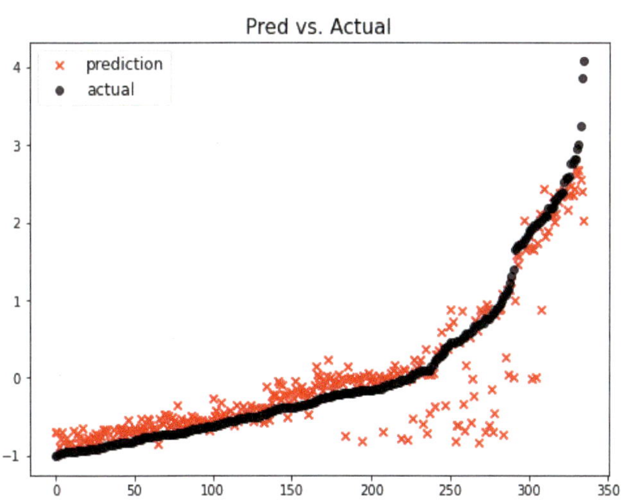

약학습자 그리기

기본이 되는 학습자는 .base_estimator_에 저장되고 각 단계별로 기본학습자로부터 생성되는 약학습자는 .estimators_[] 배열에 저장된다. 아래 그림은 첫 번째 약학습자를 도식화한 것이다.

```
fig = plt.figure(figsize=(30,6))
_ = plot_tree(abr_best.estimators_[0], feature_names=X_train.columns, max_depth=3,filled=True,\
              rounded=True)
```

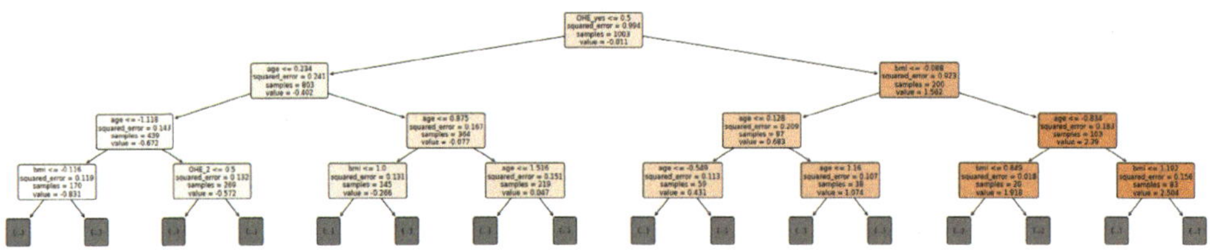

변수의 중요도 그리기

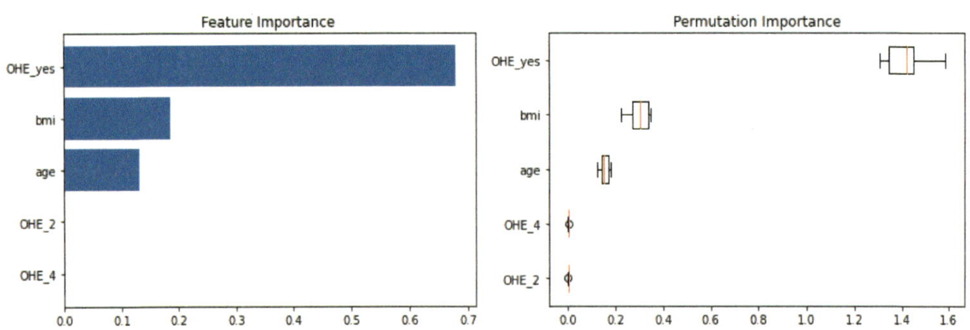

iteration에 따른 loss 변화

아다부스팅이 진행되는 동안 각 iteration에서의 훈련데이터 및 테스트데이터의 loss(MSE)는 다음 그림과 같다. iteration이 진행될수록 loss는 줄어들고 훈련데이터의 loss가 테스트데이터보다는 작다는 것을 확인할 수 있다. 마지막 iteration에서의 loss는 위에서 구한 MSE와 일치한다. 여기서, .staged_predict()는 각 단계에서의 예측값을 벡터로 반환한다.

```
def draw_deviance(model_em, model_b, X_train, y_train, X_test, y_test):
  test_score = np.zeros((model_em.best_params_['n_estimators'],), dtype=np.float64)
  for i, y_pred_1 in enumerate(model_b.staged_predict(X_test)):
      test_score[i] = mean_squared_error(y_test, y_pred_1)

  train_score = np.zeros((model_em.best_params_['n_estimators'],), dtype=np.float64)
  for i, y_pred_2 in enumerate(model_b.staged_predict(X_train)):
      train_score[i] = mean_squared_error(y_train, y_pred_2)


  fig = plt.figure(figsize=(6, 4))
  plt.subplot(1, 1, 1)
  plt.title('Loss')
  plt.plot(
      np.arange(model_em.best_params_['n_estimators']) + 1,
      train_score,"b-",
      label="Training",
  )
  plt.plot(
      np.arange(model_em.best_params_["n_estimators"]) + 1,
     test_score, "r-",
     label="Test"
  )
  plt.legend(loc="upper right")
  plt.xlabel("Boosting Iterations")
  plt.ylabel("Deviance")
  fig.tight_layout()
  plt.show()

draw_deviance(abr_search,abr_best,X_train,y_train,X_test,y_test)
```

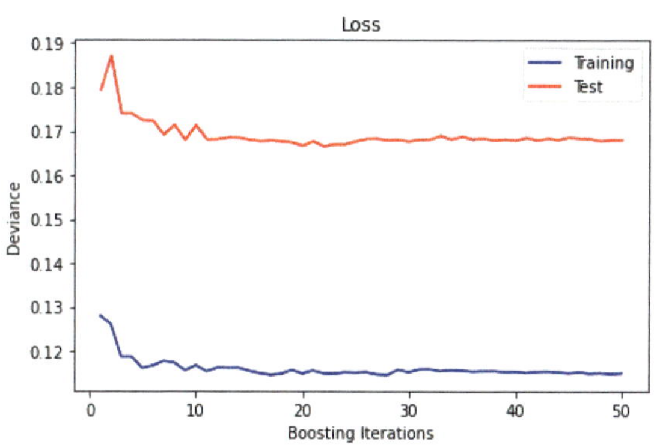

경사부스팅 회귀

초모수 결정

회귀 문제에 대한 경사부스팅 클래스는 GradientBoostingRegressor이고 분류를 위한 GradientBoostingClassifier 클래스와 유사한 종류의 초모수를 가진다.

```
gbr = GradientBoostingRegressor(random_state=42)
```

```
gbr_params = {
    'learning_rate': [0.01, 0.05, 0.1],
    'n_estimators': [50, 80, 100, 200, 300],
    'max_depth': [3, 5, 7, 9],
    'min_samples_split': [2, 3, 4, 5],
    'min_samples_leaf': [1, 2, 3, 5],
    'random_state': [42]
}

gbr_search = GridSearchCV(gbr, param_grid=gbr_params, cv=5, scoring='neg_mean_squared_error',\
                          n_jobs=-1)
gbr_search.fit(X_train, y_train)
best_mse = (-1) * gbr_search.best_score_
best_rmse = np.sqrt(best_mse)

print('Best score: {}, Best params: {}'.format(round(best_rmse, 4), gbr_search.best_params_))
```

```
Best score: 0.3661, Best params: {'learning_rate': 0.05, 'max_depth': 3, 'min_samples_leaf': 5,
'min_samples_split': 2, 'n_estimators': 100, 'random_state': 42}
```

학습 및 테스트

```
gbr_best = GradientBoostingRegressor(**gbr_search.best_params_)
gbr_best.fit(X_train, y_train)

print("Train R2:", gbr_best.score(X_train,y_train))
print("Test R2:", gbr_best.score(X_test,y_test))

plot_result(pred, y_test)
```

```
Train R2: 0.8827287250564316
Test R2: 0.8473455176099602
```

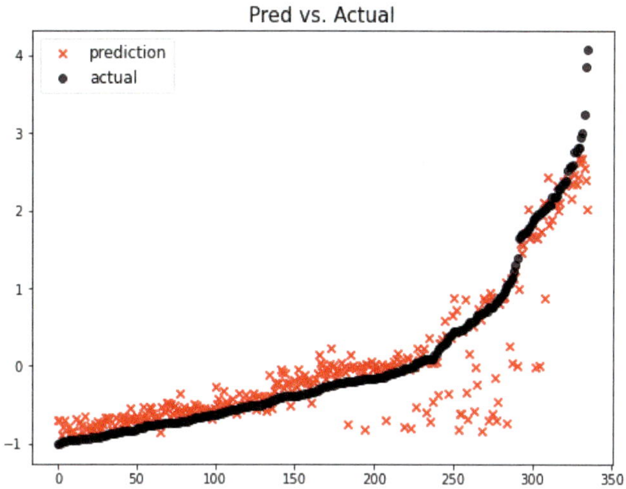

약학습자 그리기

각 iteration에서 추가되는 의사결정나무 형태의 약학습자는 .estimator_ 에 저장된다. 아래 그림은 첫 번째 및 두 번째 단계에서 추가되는 약학습자를 나타낸다.

```
fig = plt.figure(figsize=(30,6))
_ = plot_tree(gbr_best.estimators_[0,0], feature_names=X_train.columns, max_depth=3, \
              filled=True,rounded=True)
fig = plt.figure(figsize=(30,6))
_ = plot_tree(gbr_best.estimators_[1,0], feature_names=X_train.columns, max_depth=3, \
              filled=True,rounded=True)
```

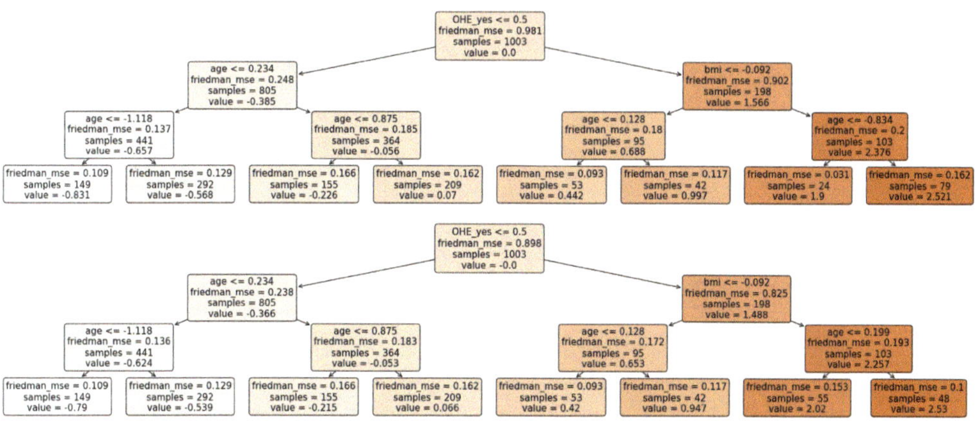

변수의 중요도 그리기

```
draw_feature_importance(gbr_best, X_train, y_train, X_test, y_test)
```

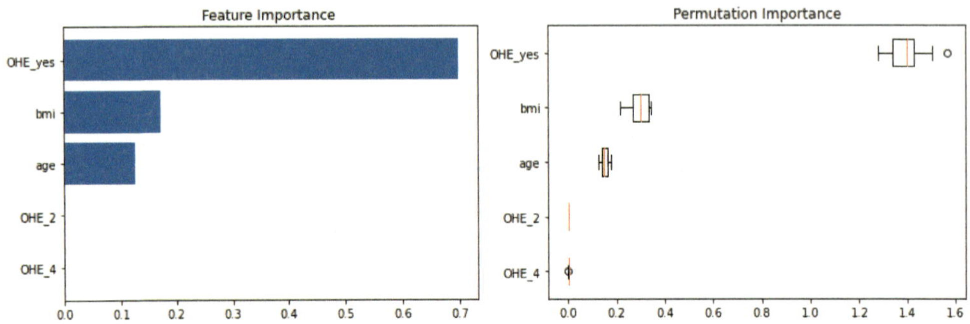

iteration에 따른 loss 변화

```
draw_deviance(gbr_search,gbr_best,X_train,y_train,X_test,y_test)
```

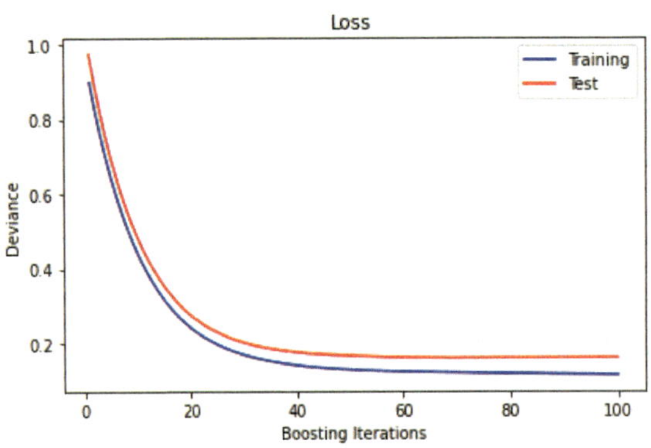

6. 앙상블 분류 실습 : 펭귄 분류

1. 데이터 파일 다운로드 및 분할

```
import pandas as pd
import numpy as np
from sklearn.preprocessing import OneHotEncoder, LabelEncoder, StandardScaler
from sklearn.model_selection import KFold, StratifiedKFold, train_test_split, GridSearchCV,\
   cross_val_score
from sklearn.metrics import mean_squared_error, r2_score, mean_absolute_error
from sklearn.linear_model import LinearRegression, ElasticNet
from sklearn.tree import DecisionTreeClassifier
from sklearn.ensemble import BaggingClassifier,RandomForestClassifier, AdaBoostClassifier, \
   GradientBoostingClassifier
from sklearn.metrics import confusion_matrix
from sklearn.metrics import ConfusionMatrixDisplay
import matplotlib.pyplot as plt
import seaborn as sns
import warnings
from sklearn import datasets
from sklearn.inspection import permutation_importance
from sklearn.tree import export_graphviz
from pydotplus import graph_from_dot_data
from IPython.display import Image
import graphviz

%matplotlib inline
warnings.filterwarnings(action='ignore')
```

1.1 아래 주소에 있는 penguins_size.csv 파일을 다운로드하여 데이터프레임 형식으로 저장하시오.

```
url="https://drive.google.com/file/d/1g0afKFUUVEv6H0GktP53XewAL9Ox_59U/view?
usp=sharing"
```

1.2 데이터프레임 클래스의 isnull().sum() 함수를 이용하여 결측치를 구하고 SimpleImputer 클래스를 이용하여 가장 빈도가 높은 데이터로 결측치를 대체하시오.

1.3 범주형 변수인 성별을 숫자형 변수로 변환하시오.

1.4 StandardScaler 클래스를 이용하여 숫자형 변수들에 대하여 feature scaling을 수행하시오.

1.5 테스트용 데이터의 비율을 30%로 설정하여 학습데이터와 테스트데이터로 분할하시오.

2. 배깅 분류

2.1 BaggingClassifier() 생성자를 통하여 객체를 생성하고 아래와 같은 초모수 집합을 사용하여 GridSearchCV 객체를 만드시오. GridSearchCV 객체의 fit() 함수를 실행하시오. fit() 함수의 결과물로 반환된 객체의 .best_params_ 및 best_score_ 속성에 저장된 초모수 집합 중에서 가장 우수한 성능의 초모수 조합과 성능을 출력하시오.

```
-- 초모수 집합 --
dtc_3=DecisionTreeClassifier(max_depth=3, min_samples_leaf= 5, min_samples_split=2)
dtc_5=DecisionTreeClassifier(max_depth=5, min_samples_leaf= 5, min_samples_split=2)
dtc_8=DecisionTreeClassifier(max_depth=8, min_samples_leaf= 5, min_samples_split=2)

bac_params = {
    'base_estimator': [None, dtc_3,dtc_5,dtc_8],
    'max_samples': [0.5, 1.0],
    'max_features' : [0.5, 1.0],
    'n_estimators':[10,20,30,40,50]
}
```

2.2 펭귄 분류 문제에 대하여 찾은 초모수를 배깅 분류에 적용하여 학습하고 draw_confusion_matrix()를 이용하여 테스트데이터에 대한 오차행렬을 그리시오.

2.3 .n_estimators개의 각 샘플집합에 대하여 기본 의사결정나무(.base_estimator_)로부터 새로운 약학습자를 생성하게 되고 이는 .estimators_[] 배열에 저장된다. 약학습자는 의사결정나무 형태를 지니고 있는데 draw_weak_learner() 함수를 이용하여 생성된 첫 번째 약학습자를 그리시오.

3. 랜덤포레스트 분류

3.1 RandomForestClassifier() 생성자를 통하여 객체를 생성하고 아래와 같은 초모수 집합을 사용하여 GridSearchCV 객체를 만드시오. GridSearchCV 객체의 fit() 함수를 실행하시오. fit()함수의 결과물로 반환된 객체의 .best_params_및 best_score_ 속성에 저장된 초모수 집합 중에서 가장 우수한 성능의 초모수 조합과 성능을 출력하시오.

```
-- 초모수 집합 --
rfc_params = {
    'n_estimators': [50, 80, 100, 200, 300],
    'max_depth': [3, 5, 7, 9],
    'min_samples_split': [2, 3, 4, 5],
    'min_samples_leaf': [1, 2, 3, 5],
    'random_state': [42],
    'max_features' : [2]
}
```

3.2 펭귄 분류 문제에 대하여 찾은 초모수를 랜덤포레스트 분류에 적용하여 학습하고 draw_confusion_matrix()를 이용하여 테스트데이터에 대한 오차행렬을 그리시오.

3.3 .n_estimators개의 각 샘플집합에 대하여 기본 의사결정나무(.base_estimator_)로부터 새로운 약학습자를 생성하게 되고 이는 .estimators_[] 배열에 저장된다. 약학습자는 의사결정나무 형태를 지니고 있는데 draw_weak_learner() 함수를 이용하여 생성된 첫 번째 약학습자를 그리시오.

3.4 draw_feature_importance() 함수를 이용하여 랜덤포레스트 분류에서의 특성변수 중요도를 그리시오.

4. 아다부스트 분류

4.1 AdaBoostClassifier() 생성자를 통하여 객체를 생성하고 아래와 같은 초모수 집합을 사용하여 GridSearchCV 객체를 만드시오. GridSearchCV 객체의 fit() 함수를 실행하시오. fit() 함수의 결과물로 반환된 객체의 .best_params_및 best_score_ 속성에 저장된 초모수 집합 중에서 가장 우수한 성능의 초모수 조합과 성능을 출력하시오.

```
-- 초모수 집합 --
dtc_3=DecisionTreeClassifier(max_depth=3, min_samples_leaf= 5, min_samples_split=2)
dtc_5=DecisionTreeClassifier(max_depth=5, min_samples_leaf= 5, min_samples_split=2)
dtc_8=DecisionTreeClassifier(max_depth=8, min_samples_leaf= 5, min_samples_split=2)

abc_params = {
    'base_estimator' : [dtc_3, dtc_5, dtc_8],
    'learning_rate': [0.01, 0.05, 0.1],
    'n_estimators': [50, 80, 100, 200, 300],
    'random_state': [42]
}
```

4.2 펭귄 분류 문제에 대하여 찾은 초모수를 아다부스트 분류에 적용하여 학습하고 draw_confusion_matrix()를 이용하여 테스트데이터에 대한 오차행렬을 그리시오.

4.3 draw_accuracy() 아다부스트 분류가 진행되는 동안 각 iteration에서의 학습데이터 및 테스트데이터에 정확도를 그리시오.

4.4 기본이 되는 학습자는 .base_estimator_에 저장되고 각 단계별로 기본학습자로부터 생성되는 약학습자는 .estimators_[] 배열에 저장된다. draw_weak_learner() 함수를 이용하여 첫 번째 약학습자를 그리시오.

4.5 draw_feature_importance() 함수를 이용하여 아다부스트 분류에서 특성변수의 중요도를 그리시오.

5. 경사부스팅 분류

5.1 GradientBoostingClassifier() 생성자를 통하여 객체를 생성하고 아래와 같은 초모수 집합을 사용하여 GridSearchCV 객체를 만드시오. GridSearchCV 객체의 fit() 함수를 실행하시오. fit() 함수의 결과물로 반환된 객체의 .best_params_ 및 best_score_ 속성에 저장된 초모수 집합 중에서 가장 우수한 성능의 초모수 조합과 성능을 출력하시오.

```
-- 초모수 집합 --
gbc_params = {
    'learning_rate': [0.01, 0.05, 0.1],
    'n_estimators': [50, 80, 100, 200, 300],
    'max_depth': [3, 5, 7, 9],
    'min_samples_split': [2, 3, 4, 5],
    'min_samples_leaf': [1, 2, 3, 5],
    'random_state': [42]
}
```

5.2 펭귄 분류 문제에 대하여 찾은 초모수를 경사부스팅 분류에 적용하여 학습하고 draw_confusion_matrix()를 이용하여 테스트데이터에 대한 오차행렬을 그리시오.

5.3 draw_accuracy() 경사부스팅 분류가 진행되는 동안 각 iteration에서의 학습데이터 및 테스트데이터에 정확도를 그리시오.

5.4 각 iteration에서 추가되는 의사결정나무 형태의 약학습자는 .estimator_ 에 저장된다. draw_weak_learner() 함수를 이용하여 첫 번째 및 두 번째 단계에서 추가되는 약학습자를 그리시오.

5.5 draw_feature_importance() 함수를 이용하여 경사부스팅 분류에서의 특성변수 중요도를 그리시오.

7. 앙상블 회귀 실습 : 중고차 가격

선형 회귀 문제예제 및 데이터 전처리

```
import pandas as pd
import numpy as np
from sklearn.preprocessing import OneHotEncoder, LabelEncoder, StandardScaler
from sklearn.model_selection import KFold, StratifiedKFold, train_test_split, GridSearchCV, \
   cross_val_score
from sklearn.metrics import mean_squared_error, r2_score, mean_absolute_error
from sklearn.linear_model import LinearRegression, ElasticNet
from sklearn.tree import DecisionTreeRegressor
from sklearn.ensemble import BaggingRegressor, RandomForestRegressor, AdaBoostRegressor, \
   GradientBoostingRegressor
import matplotlib.pyplot as plt
import seaborn as sns
import warnings
from mpl_toolkits.mplot3d import Axes3D
from sklearn.tree import export_graphviz
from pydotplus import graph_from_dot_data
from IPython.display import Image
from sklearn.inspection import permutation_importance
import graphviz
%matplotlib inline

warnings.filterwarnings(action='ignore')
```

1. 파일 다운로드

1.1 아래 주소에 있는 car_data.csv 파일을 다운로드하여 데이터프레임 형식으로 저장하라.

```
url="https://drive.google.com/file/d/1P4-FLm6rCYrxXXMMwc7uQrif1wA4xULm/view?
usp=sharing"
```

1.2 'Age'라는 특성변수를 추가하고 'Year' 특성변수값을 이용하여 차량운행연수를 정의하시오. 그리고 'Year' 특성변수를 삭제하시오.

1.3 특성변수명 .value_counts() 함수를 사용하여 각 범주형 특성변수들이 갖는 값들의 빈도를 구하시오.

2. 데이터 전처리 및 분할

2.1 판매자 타입, 구동계 타입, 연료종류 등의 범주형 특성변수들을 숫자형으로 변환하시오.

2.2 StandardScaler 클래스를 이용하여 숫자형 변수들에 대하여 feature scaling을 수행하시오.

2.3 전체 데이터의 25%를 테스트용으로 사용하는 것으로 하여 학습용 데이터와 테스트용 데이터로 구분하시오.

3. 배깅 회귀

3.1 BaggingRegressor() 생성자를 통하여 객체를 생성하고 아래와 같은 초모수 집합을 사용하여 GridSearchCV 객체를 만드시오. GridSearchCV 객체의 fit() 함수를 실행하시오. fit() 함수의 결과물로 반환된 객체의 .best_params_ 및 best_score_ 속성에 저장된 초모수 집합 중에서 가장 우수한 성능의 초모수 조합과 성능을 출력하시오.

```
-- 초모수 집합 --
lr= LinearRegression()
dtr_3=DecisionTreeRegressor(max_depth=3, min_samples_leaf= 5, min_samples_split=2)
dtr_5=DecisionTreeRegressor(max_depth=5, min_samples_leaf= 5, min_samples_split=2)
dtr_8=DecisionTreeRegressor(max_depth=8, min_samples_leaf= 5, min_samples_split=2)
bar_params = {
    'base_estimator': [None, lr, dtr_3,dtr_5,dtr_8],
    'max_samples': [0.5, 1.0],
    'max_features' : [0.5, 1.0],
    'n_estimators':[10,20,30,40,50]
}
```

3.2 찾은 초모수를 중고차 가격 예측 회귀 문제에 대하여 배깅 회귀모형에 적용하여 학습하고 plot_result() 함수를 이용하여 테스트용 데이터에 대하여 실제값과 예측값을 그림으로 비교하시오. 중고차 가격의 크기순으로 나열하고 순서 인덱스를 x축으로, 중고차 가격을 y축으로 하는 산포도를 그리시오.

3.3 .n_estimators개의 각 샘플집합에 대하여 기본학습자(.base_estimator_)는 학습과정을 수행하여 약학습자를 생성하게 되고 이는 .estimators_[] 배열에 저장된다. 약학습자는 결정나무 형태를 지니고 있는데 draw_weak_learner() 함수를 이용하여 첫 번째 생성된 약학습자를 출력하시오.

4. 랜덤포레스트 회귀

4.1 RandomForestRegressor() 생성자를 통하여 객체를 생성하고 아래와 같은 초모수 집합을 사용하여 GridSearchCV 객체를 만드시오. GridSearchCV 객체의 fit() 함수를 실행하시오. fit()함수의 결과물로 반환된 객체의 .best_params_ 및 best_score_ 속성에 저장된 초모수 집합 중에서 가장 우수한 성능의 초모수 조합과 성능을 출력하시오.

```
-- 초모수 집합 --
rfr_params = {
    'n_estimators': [50, 80, 100, 200, 300],
    'max_depth': [3, 5, 7, 9],
    'min_samples_split': [2, 3, 4, 5],
    'min_samples_leaf': [1, 2, 3, 5],
    'random_state': [42],
    'max_features' : [0.5]
}
```

4.2 찾은 초모수를 중고차 가격 예측 회귀 문제에 대하여 배깅 회귀모형에 적용하여 학습하고 plot_result() 함수를 이용하여 테스트용 데이터에 대하여 실제값과 예측값을 그림으로 비교하시오. 중고차 가격의 크기순으로 나열하고 순서 인덱스를 x축으로, 중고차 가격을 y축으로 하는 산포도를 그리시오.

4.3 .n_estimators개의 각 샘플에 대하여 기본 의사결정나무(.base_estimator_)로부터 새로운 약학습자를 생성하게 되고 이는 .estimators_[] 배열에 저장된다. 약학습자는 의사결정나무 형태를 지니고 있는데 draw_weak_learner() 함수를 이용하여 첫 번째 생성된 약학습자를 그리시오.

4.4 draw_feature_importance() 함수를 이용하여 각 특성변수의 중요도를 그리시오.

5. 아다부스트 회귀

5.1 AdaBoostRegressor() 생성자를 통하여 객체를 생성하고 아래와 같은 초모수 집합을 사용하여 GridSearchCV 객체를 만드시오. GridSearchCV 객체의 fit() 함수를 실행하시오. fit() 함수의 결과물로 반환된 객체의 .best_params_ 및 best_score_ 속성에 저장된 초모수 집합 중에서 가장 우수한 성능의 초모수 조합과 성능을 출력하시오.

```
-- 초모수 집합 --
dtr_3=DecisionTreeRegressor(max_depth=3, min_samples_leaf= 5, min_samples_split=2)
dtr_5=DecisionTreeRegressor(max_depth=5, min_samples_leaf= 5, min_samples_split=2)
dtr_8=DecisionTreeRegressor(max_depth=8, min_samples_leaf= 5, min_samples_split=2)

abr_params = {
    'base_estimator' : [dtr_3, dtr_5, dtr_8],
    'learning_rate': [0.01, 0.05, 0.1],
    'n_estimators': [50, 80, 100, 200, 300],
    'random_state': [42]
}
```

5.2 찾은 초모수를 중고차 가격 예측 회귀 문제에 대하여 아다부스트 회귀모형에 적용하여 학습하고 각 단계별 약학습자에 지정된 가중치(본문에서의 α_t)를 출력하시오.
또한, plot_result() 함수를 이용하여 테스트용 데이터에 대하여 실제값과 예측값을 그림으로 비교하시오. 중고차 가격의 크기순으로 나열하고 순서 인덱스를 x축으로, 중고차 가격을 y축으로 하는 산포도를 그리시오.

5.3 기본이 되는 학습자는 .base_estimator_에 저장되고 각 단계별로 기본학습자로부터 생성되는 약학습자는 .estimators_[] 배열에 저장된다. draw_weak_learner() 함수를 이용하여 첫 번째 약학습자를 나타낸다.

5.4 draw_feature_importance() 함수를 이용하여 각 특성변수의 중요도를 그리시오.

5.5 draw_deviance() 함수를 이용하여 iteration에 진행됨에 따른 손실의 변화를 그리시오.

6. 경사부스팅

6.1 GradientBoostingRegressor() 생성자를 통하여 객체를 생성하고 아래와 같은 초모수 집합을 사용하여 GridSearchCV 객체를 만드시오. GridSearchCV 객체의 fit() 함수를 실행하시오. fit() 함수의 결과물로 반환된 객체의 .best_params_ 및 best_score_ 속성에 저장된 초모수 집합 중에서 가장 우수한 성능의 초모수 조합과 성능을 출력하시오.

```
-- 초모수 집합 --
gbr_params = {
    'learning_rate': [0.01, 0.05, 0.1],
    'n_estimators': [50, 80, 100, 200, 300],
    'max_depth': [3, 5, 7, 9],
    'min_samples_split': [2, 3, 4, 5],
    'min_samples_leaf': [1, 2, 3, 5],
    'random_state': [42]
}
```

6.2 찾은 초모수를 중고차 가격 예측 회귀 문제에 대하여 경사부스팅 회귀모형에 적용하여 학습하고 각 단계별 약학습자에 지정된 가중치(본문에서의 α_i)를 출력하시오.
또한, plot_result() 함수를 이용하여 테스트용 데이터에 대하여 실제값과 예측값을 그림으로 비교하시오. 중고차 가격의 크기순으로 나열하고 순서 인덱스를 x축으로, 중고차 가격을 y축으로 하는 산포도를 그리시오.

6.3 각 iteration에서 추가되는 의사결정나무 형태의 약학습자는 .estimator_ 에 저장된다. draw_weak_learner() 함수를 이용하여 첫 번째 및 두 번째 단계에서 추가되는 약학습자를 그리시오.

6.4 draw_feature_importance() 함수를 이용하여 각 특성변수의 중요도를 그리시오.

6.5 draw_deviance() 함수를 이용하여 iteration에 진행됨에 따른 손실의 변화를 그리시오.

Chapter 07

신경망

(neural networks)

Chapter 07 신경망 (neural networks)

1. 기본개념과 단일뉴론

전통적인 지도학습모형 대부분은 입력변수 x에 대해 선형함수 $h_w(x)=w^Tx$을 가정하고 있다. 입력변수의 차원(dimension)을 확대하는 방식으로 선형 모형의 한계를 보완하기 위해 기본함수(또는 특성맵[feature map]) $\phi(x)$를 이용하는 모형 $h_w(x) = w^T\phi(x)$이 활용되기도 한다. 하지만 이 또한 모수 w에 대해서는 선형을 가정하고 있어 적용에 한계가 있다. 그리고 모형 $h_w(x) = w^T\phi(x)$에서 $\phi(x)$는 학습이 시행되기 전에 미리 결정되어야 하며 이는 모형 설계자의 전문지식과 경험에 의존한다는 문제점을 가지고 있다. 뿐만 아니라 이미지 인식과 같이 원 입력데이터의 차원이 충분히 큰 경우에 기본함수 $\phi(x)$로 인한 (특성) 차원의 증가는 바람직하지 않다.

신경망은 입력변수 x뿐만 아니라 모수 w에 대해서도 비선형인 학습모형으로, 입력데이터의 특성을 학습을 통해 자동으로 추출하여 결정하는 모형이다. 즉, 학습 설계자에 의해 $\phi(x)$가 주어지는 것이 아니라 모형에서 $\phi(x)$가 학습되는 것으로 볼 수 있다. 먼저, 가장 간단한 구조의 신경망에 대해 알아본다.

로지스틱(logistic) 회귀모형 $h_w(x) = \sigma(w^Tx + b)$은 선형식 $w^Tx + b$의 시그모이드

(sigmoid) 함수 $\sigma(z) = 1/(1+exp(-z))$로서 다음 그림 7-1 은 로지스틱 모형을 신경망으로 표현한다. 개별 입력변수는 하나의 입력노드에 대응되며, 노드 1은 편향(bias) b를 위한 가

그림 7-1 단일뉴런 모형

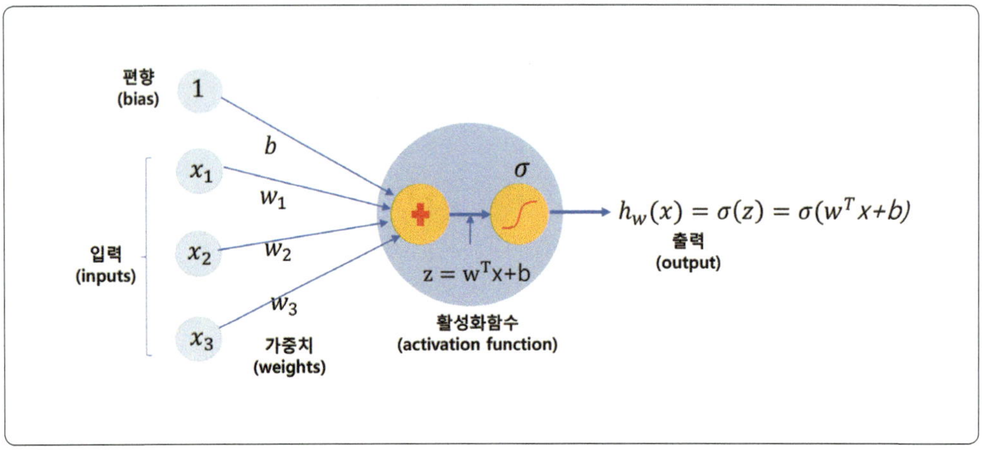

그림 7-2 AND와 OR 연산자를 위한 단일뉴런 모형

AND

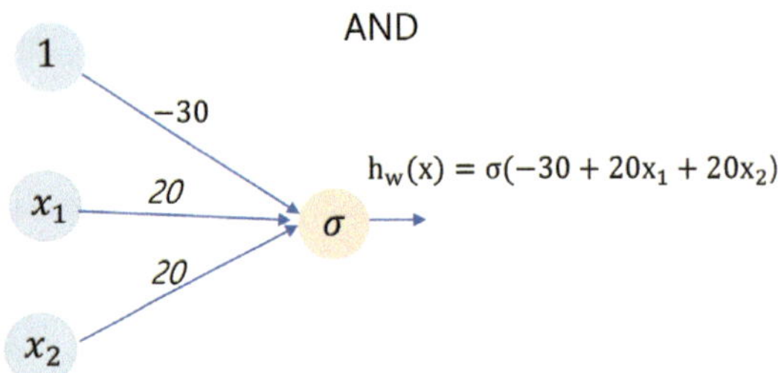

x_1	x_2	$h_w(x)$
0	0	$\sigma(-30) \approx 0$
0	1	$\sigma(-10) \approx 0$
1	0	$\sigma(-10) \approx 0$
1	1	$\sigma(10) \approx 1$

(a)

OR

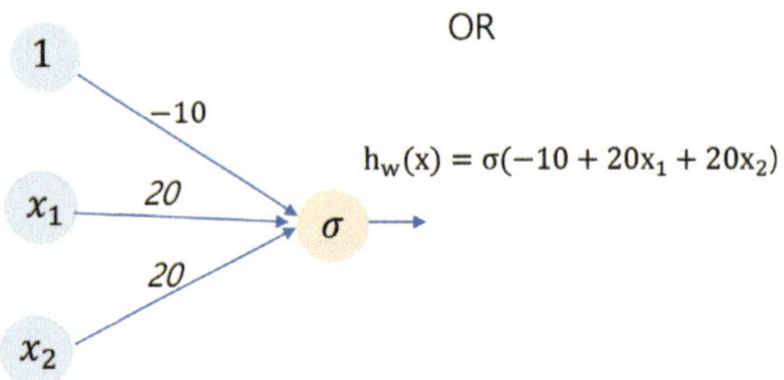

x_1	x_2	$h_w(x)$
0	0	$\sigma(-10) \approx 0$
0	1	$\sigma(10) \approx 1$
1	0	$\sigma(10) \approx 1$
1	1	$\sigma(20) \approx 1$

(b)

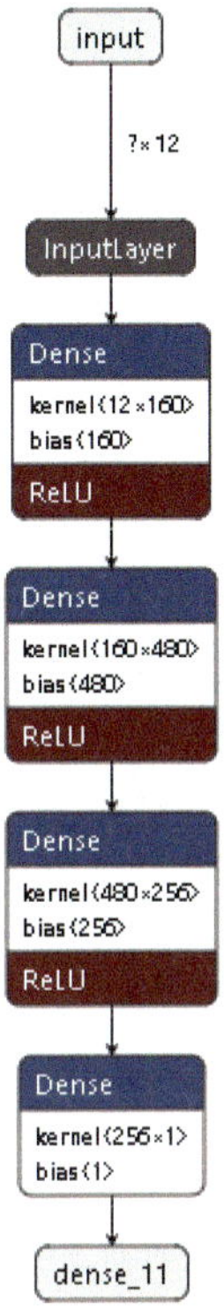

학습 및 테스트

학습

다른 머신러닝 모형과 동일하게 fit() 함수를 사용하고 학습데이터와 epoch가 모수로 주어진다. epoch는 전체 데이터세트에 대해 한 번의 학습과정이 완료되는 것을 의미하여 epochs = 100이라면 전체 데이터를 100번 사용해서 학습을 거친다. 메모리의 한계와 속도 저하 때문에 대부분의 경우에는 한 번의 epoch에서 모든 데이터를 한꺼번에 넣을 수는 없다. 그래서 데이터를 나누어서 주게 되는데 이때 몇 번 나누어서 주는가를 iteration, 각 iteration마다 주는 데이터 사이즈를 batch size라고 한다. verbose 파라미터는 학습과정에서 발생하는 상세한 정보들을 어떤 식으로 출력할 것인지를 나타낸다. 0은 출력하지 않고, 1은 자세히, 2는 함축적인 정보만 출력한다. 별도의 검정용 데이터를 설정하지 않고 테스트데이터를 검정용 데이터로 하여 학습을 하도록 하였다.

fit() 함수를 통한 학습과정에서 결과물로 생성되는 각 epoch에서의 성능평가값은 History 클래스의 객체인 hist에 저장하고 있다. hist 객체에 저장된 각 epoch에서의 평가척도를 접근하기 위해서는 history() 메소드를 사용하고 각 epoch에서의 평가척도(loss와 mse)는 다음 그림과 같다.

```
EPOCHS = 100

hist = model.fit(X_train, y_train,  epochs=EPOCHS, validation_split = 0.2)
```

```
Epoch 1/100
26/26 [==============================] - 3s 12ms/step - loss: 0.9422 - mse: 0.9422 - val_loss:
0.2045 - val_mse: 0.2045
Epoch 2/100
26/26 [==============================] - 0s 5ms/step - loss: 0.1648 - mse: 0.1648 - val_loss: 0.
1594 - val_mse: 0.1594
Epoch 3/100
26/26 [==============================] - 0s 5ms/step - loss: 0.1833 - mse: 0.1833 - val_loss: 0.
2119 - val_mse: 0.2119
...
Epoch 99/100
26/26 [==============================] - 0s 6ms/step - loss: 0.1071 - mse: 0.1071 - val_loss: 0.
1883 - val_mse: 0.1883
Epoch 100/100
26/26 [==============================] - 0s 6ms/step - loss: 0.0923 - mse: 0.0923 - val_loss: 0.
1712 - val_mse: 0.1712
```

epoch가 증가하면서 학습의 완성도가 높아짐에 따라 학습용 데이터에 대한 MSE값은 지속적으로 감소하지만 검정용 데이터에 대한 MSE값은 정체되는 현상을 보이고 있다.

```
plt.figure(figsize=(8,12))

fig, loss_ax = plt.subplots()
#acc_ax = loss_ax.twinx()

loss_ax.plot(hist.history['val_mse'], 'y', label='val_MSE')
loss_ax.plot(hist.history['mse'], 'b', label='MSE')

loss_ax.set_xlabel('epoch')
loss_ax.set_ylabel('loss')

loss_ax.legend(loc='upper right')

plt.show()
```

```
<Figure size 576x864 with 0 Axes>
```

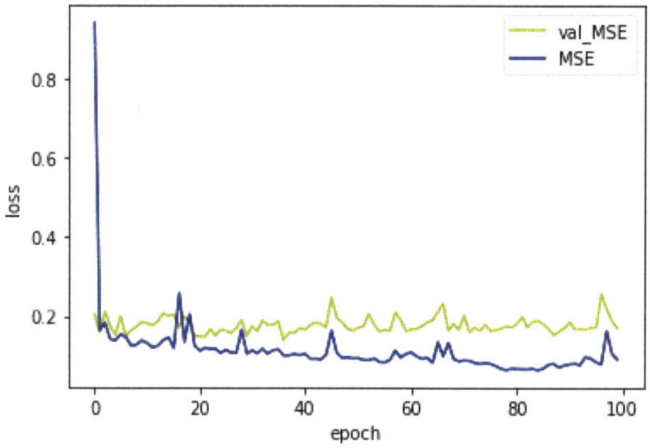

평가 및 테스트

```
loss, mse = model.evaluate(X_test, y_test, verbose=2)
```

```
11/11 - 0s - loss: 0.2321 - mse: 0.2321 - 40ms/epoch - 4ms/step
```

```
pred = model.predict(X_train).flatten()

df_tmp = pd.DataFrame({'prediction': pred, 'actual': y_train})
df_tmp = df_tmp.sort_values(by='actual').reset_index(drop=True)

plt.figure(figsize=(9, 7))
plt.scatter(df_tmp.index, df_tmp['prediction'], marker='x', color='r')
plt.scatter(df_tmp.index, df_tmp['actual'], alpha=0.7, marker='o', color='black')
plt.title("Train set: Pred vs. Actual", fontsize=15)
plt.legend(['prediction', 'actual'], fontsize=12)
plt.show()

print("MSE :",mean_squared_error(y_train, pred))
print("R square :",r2_score(y_train, pred))
```

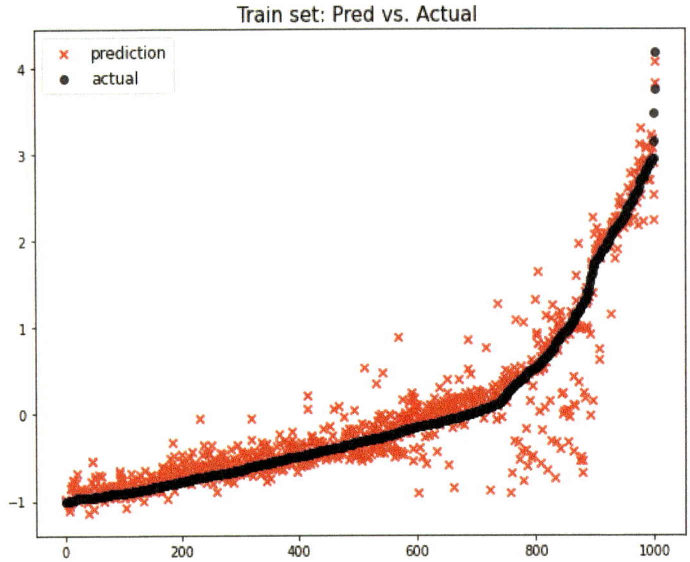


```
MSE : 0.09291157383352203
R square : 0.9052417704239046
```

```
pred = model.predict(X_test).flatten()

df_tmp = pd.DataFrame({'prediction': pred, 'actual': y_test})
df_tmp = df_tmp.sort_values(by='actual').reset_index(drop=True)

plt.figure(figsize=(9, 7))
plt.scatter(df_tmp.index, df_tmp['prediction'], marker='x', color='r')
plt.scatter(df_tmp.index, df_tmp['actual'], alpha=0.7, marker='o', color='black')
plt.title("Test set: Pred vs. Actual", fontsize=15)
plt.legend(['prediction', 'actual'], fontsize=12)
plt.show()

print("MSE :",mean_squared_error(y_test, pred))
print("R square :",r2_score(y_test, pred))
```

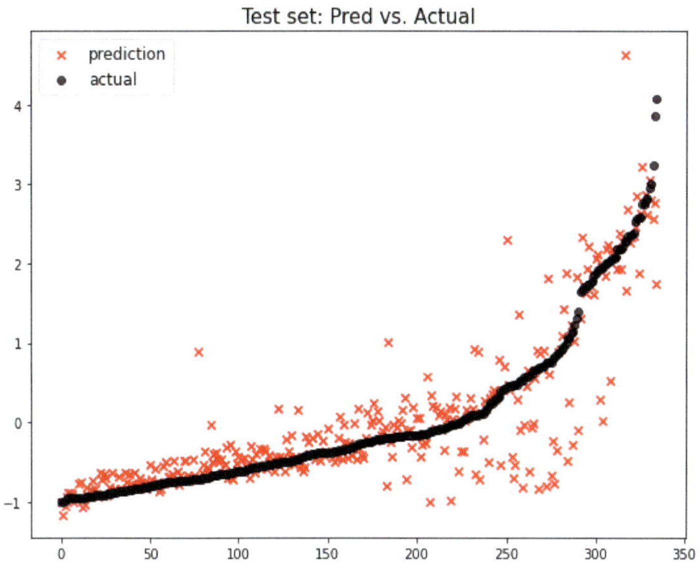


```
MSE : 0.23210391162319263
R square : 0.7801422020940785
```

조기종료(Early Stopping)

조기종료 설계

과적합을 방지하기 위하여 EarlyStopping이라는 콜백함수를 사용하여 적절한 시점에 학습을 조기종료시키는 방법을 사용한다. fit 함수에서 EalryStopping 콜백함수를 지정하는 방법은 EarlyStopping 객체를 생성하여 조기종료를 담당하게 하는 것이다. EarlyStopping 생성자의 모수는 다음과 같다.

- monitor : 조기종료여부를 판단하기 관찰하는 항목으로서 val_loss나 val_accuracy가 주로 사용된다. (기본값 : val_loss)
- min_delta : 개선되고 있다고 판단하기 위한 최소 변화량을 나타내어 만약 변화량이 min_delta 보다 적은 경우에는 개선이 없다고 판단한다. (기본값 = 0)
- patience : 성능이 개선되지 않는다고 바로 멈추는 것이 아니라 patience 설정값에 해당하는 epoch만큼 기다린 후 멈추게 된다. (기본값 = 0)
- mode : 관찰항목에 대해 개선이 없다고 판단하기 위한 기준을 설정한다. monitor에서 설

정한 항목이 val_loss 이면 값이 감소되지 않을 때 종료하여야 하므로 min으로 설정하고, val_accuracy의 경우에는 max로 설정해야 한다. (기본값 = auto)

조기종료와 더불어 가장 우수한 성능을 내는 모델을 저장하는 ModelCheckpoint 클래스가 사용된다. 이는 monitor 모수값을 모니터링하면서, 이전 epoch에 비해 성능이 개선된 경우 모수들을 저장한다.

```
model = keras.Sequential()
model.add(layers.Dense(160, activation='relu', input_shape=[len(X_train.keys())]))
model.add(layers.Dense(480, activation='relu'))
model.add(layers.Dense(256, activation='relu'))
model.add(layers.Dense(256, activation='relu'))
model.add(layers.Dense(1))

opt2 = tf.keras.optimizers.RMSprop(0.01)
opt1 = tf.keras.optimizers.Adam(learning_rate=0.01)

model.compile(loss='mse',optimizer=opt1, metrics=['mse'])
```

```
from keras.callbacks import EarlyStopping, ModelCheckpoint

early_stopping = EarlyStopping(monitor = 'val_loss', min_delta = 0, patience = 50,\
                               mode = 'auto')
mc = ModelCheckpoint('best_model.h5', monitor='val_loss', mode='min', save_best_only=True)
```

```
hist1 = model.fit(X_train, y_train, epochs = EPOCHS, validation_split = 0.2, \
                  callbacks = [early_stopping,mc])
model_1=load_model('best_model.h5')
```

```
Epoch 1/100
26/26 [==============================] - 1s 14ms/step - loss: 1.4027 - mse: 1.4027 - val_loss:
0.5017 - val_mse: 0.5017
Epoch 2/100
26/26 [==============================] - 0s 7ms/step - loss: 0.2527 - mse: 0.2527 - val_loss: 0.
2041 - val_mse: 0.2041
Epoch 3/100
26/26 [==============================] - 0s 6ms/step - loss: 0.1803 - mse: 0.1803 - val_loss: 0.
1775 - val_mse: 0.1775
...
Epoch 62/100
26/26 [==============================] - 0s 5ms/step - loss: 0.0779 - mse: 0.0779 - val_loss: 0.
1784 - val_mse: 0.1784
```

```
plt.figure(figsize=(8,12))

fig, loss_ax = plt.subplots()
#acc_ax = loss_ax.twinx()

loss_ax.plot(hist1.history['val_mse'], 'y', label='val_MSE')
loss_ax.plot(hist1.history['mse'], 'b', label='MSE')

loss_ax.set_xlabel('epoch')
loss_ax.set_ylabel('loss')

loss_ax.legend(loc='upper right')

plt.show()
```

```
<Figure size 576x864 with 0 Axes>
```

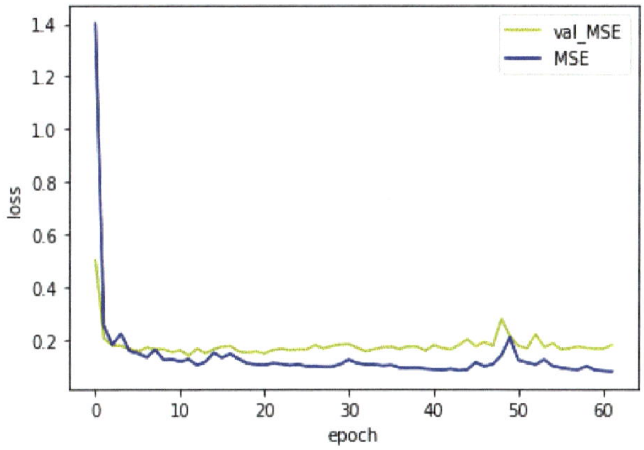

평가 및 테스트

```
loss, mse = model_1.evaluate(X_test, y_test, verbose=2)
```

```
11/11 - 0s - loss: 0.2037 - mse: 0.2037 - 151ms/epoch - 14ms/step
```

```
pred = model_1.predict(X_train).flatten()

df_tmp = pd.DataFrame({'prediction': pred, 'actual': y_train})
df_tmp = df_tmp.sort_values(by='actual').reset_index(drop=True)

plt.figure(figsize=(9, 7))
plt.scatter(df_tmp.index, df_tmp['prediction'], marker='x', color='r')
plt.scatter(df_tmp.index, df_tmp['actual'], alpha=0.7, marker='o', color='black')
plt.title("Train set: Pred vs. Actual", fontsize=15)
plt.legend(['prediction', 'actual'], fontsize=12)
plt.show()

print("MSE :",mean_squared_error(y_train, pred))
print("R square :",r2_score(y_train, pred))
```

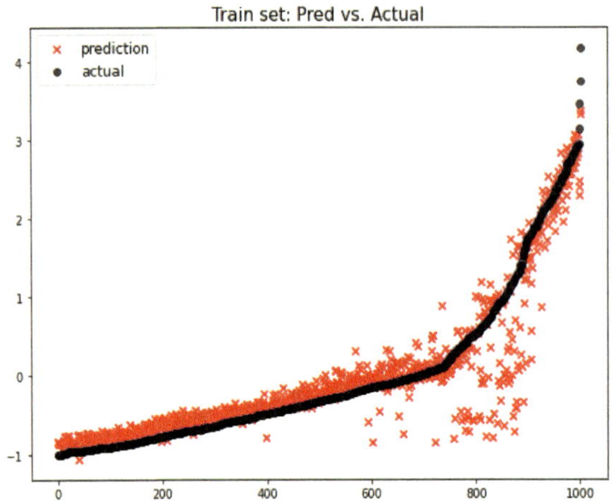

MSE : 0.10730276021682143
R square : 0.8905645532924362

```
pred = model_1.predict(X_test).flatten()

df_tmp = pd.DataFrame({'prediction': pred, 'actual': y_test})
df_tmp = df_tmp.sort_values(by='actual').reset_index(drop=True)

plt.figure(figsize=(9, 7))
plt.scatter(df_tmp.index, df_tmp['prediction'], marker='x', color='r')
plt.scatter(df_tmp.index, df_tmp['actual'], alpha=0.7, marker='o', color='black')
plt.title("Test set: Pred vs. Actual", fontsize=15)
plt.legend(['prediction', 'actual'], fontsize=12)
plt.show()

print("MSE :",mean_squared_error(y_test, pred))
print("R square :",r2_score(y_test, pred))
```

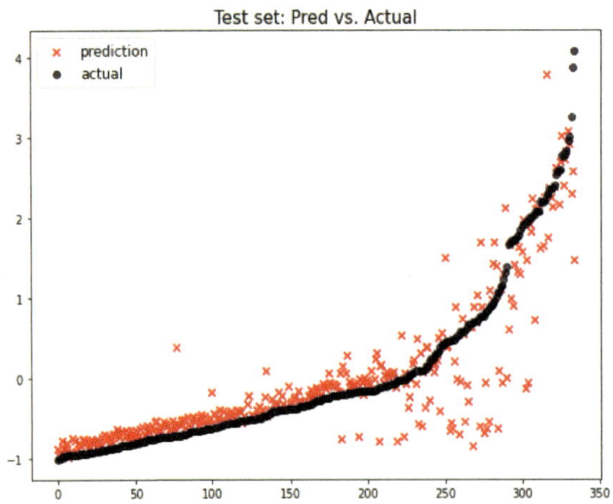

MSE : 0.20367883121681674
R square : 0.80706753712932

7. 딥러닝 분류 예제 : MNIST 패션아이템 분류

패션아이템 이미지 분류 문제는 신발, 셔츠, 가방 등 10종류의 패션아이템 이미지를 알아 맞히는 문제이다. 패션 MNIST 데이터세트는 고전 MNIST 데이터세트인 손글씨 숫자와 동일한 포맷인 (28×28 픽셀)의 해상도를 가지고 있으며 각 이미지는 개별 패션 품목을 나타낸다. 즉, 패션 MNIST 데이터세트는 70,000개의 흑백 이미지로 구성되어 있으며 각 이미지는 10개의 패션 아이템으로 분류된다.

패션-MNIST 샘플 (Zalando, MIT License).

```
import tensorflow as tf
import numpy as np
import matplotlib.pyplot as plt
from keras.models import load_model
from tensorflow.keras.utils import plot model
```

패션 MNIST 데이터세트 임포트하기

TensorFlow에서 직접 Fashion MNIST에 액세스할 수 있다.

```
fashion_mnist = tf.keras.datasets.fashion_mnist

(train_images, train_labels), (test_images, test_labels) = fashion_mnist.load_data()
```

```
Downloading data from https://storage.googleapis.com/tensorflow/tf-keras-datasets/train-labels-i
dx1-ubyte.gz
32768/29515 [=================================] - 0s 0us/step
40960/29515 [==========================================] - 0s 0us/step
Downloading data from https://storage.googleapis.com/tensorflow/tf-keras-datasets/train-images-i
dx3-ubyte.gz
26427392/26421880 [==============================] - 0s 0us/step
26435584/26421880 [==============================] - 0s 0us/step
Downloading data from https://storage.googleapis.com/tensorflow/tf-keras-datasets/t10k-labels-id
x1-ubyte.gz
16384/5148 [==========================================================================================
===========] - 0s 0us/step
Downloading data from https://storage.googleapis.com/tensorflow/tf-keras-datasets/t10k-images-id
x3-ubyte.gz
4423680/4422102 [==============================] - 0s 0us/step
4431872/4422102 [==============================] - 0s 0us/step
```

```
train_images.shape
```

```
(60000, 28, 28)
```

```
train_labels
```

```
array([9, 0, 0, ..., 3, 0, 5], dtype=uint8)
```

```
test_images.shape
```

```
(10000, 28, 28)
```

```
len(train_labels)
```

```
60000
```

load_data() 함수를 호출하여 데이터를 가져오고 있으며, 훈련용 6만 개, 테스트용 1만 개의 이미지로 구성되어 있음을 알 수 있다. 레이블은 0에서 9까지의 정수값을 가지고 있으며 이는 다음과 같이 이미지에 있는 아이템의 분류를 나타낸다.

레이블	클래스
0	T-shirt/top
1	Trouser
2	Pullover
3	Dress
4	Coat
5	Sandal
6	Shirt
7	Sneaker
8	Bag
9	Ankle boot

데이터세트에 라벨은 정수로만 저장되어 있기 때문에 이미지 분류를 출력할 때 사용하기 위해 별도의 변수를 만들어 저장한다.

```
item_names = ['T-shirt/top', 'Trouser', 'Pullover', 'Dress', 'Coat',
              'Sandal', 'Shirt', 'Sneaker', 'Bag', 'Ankle boot']
```

훈련용 데이터의 첫 번째 이미지를 출력해 보았다. 모든 이미지는 28×28 크기로 조정되어 있으며, 각 픽셀의 값은 0~255 사이의 값을 가진다.

```
plt.figure()
plt.imshow(train_images[0])
plt.colorbar()
plt.grid(False)
plt.show()
```

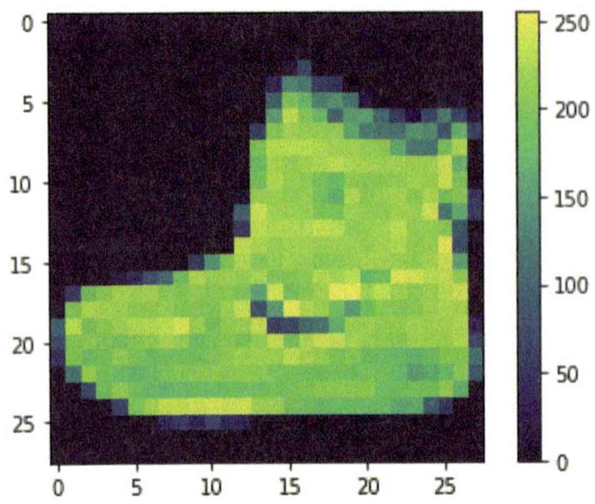

훈련용 데이터세트에서 처음 25개 이미지와 아이템 이름을 출력한다.

```
plt.figure(figsize=(10,10))
for i in range(25):
    plt.subplot(5,5,i+1)
    plt.xticks([])
    plt.yticks([])
    plt.grid(False)
    plt.imshow(train_images[i], cmap=plt.cm.binary)
    plt.xlabel(item_names[train_labels[i]])
plt.show()
```

데이터 전처리

먼저 테스트용 데이터세트를 검정용 데이터와 테스트용 데이터로 분할한다. 여기서는 로드한 테스트용 데이터 중 80%는 검정용으로 배정하였다.

```
val_count=8000

val_images = test_images[:val_count]
val_labels = test_labels[:val_count]
test_images = test_images[val_count:]
test_labels = test_labels[val_count:]
```

```
test_images.shape
```

```
(2000, 28, 28)
```

신경망모델에 투입하기 전에 픽셀값의 범위를 0~1 사이로 조정한다.

```
train_images = train_images / 255.0
val_images = val_images / 255.0
test_images = test_images / 255.0
```

신경망모델 구성

Sequential 모델은 add() 함수를 이용하여 입력층에서부터 출력층으로 한 계층씩 순차적으로 쌓아간다.

입력층은 이미지 정보를 입력받기 위하여 784개(28×28)의 노드로 구성되는데 이때 2차원 배열의 이미지를 1차원 배열로 펼치는 Flatten() 함수를 사용한다. 첫 번째 은닉층은 128개의 노드로 구성되고 활성화함수는 ReLu를 사용한다. 마지막 출력층은 10개의 패션 아이템으로 분류하기 위하여 10개의 노드로 구성하였다. 출력층은 소프트맥스 출력함수를 사용하여 각 노드의 값은 해당 패션 아이템이 속할 확률을 의미하여 출력노드들의 출력값의 합은 1이 된다.

```
model = tf.keras.Sequential([
    tf.keras.layers.Flatten(input_shape=(28, 28)),
    tf.keras.layers.Dense(128, activation='relu'),
    tf.keras.layers.Dense(128, activation='relu'),
    tf.keras.layers.Dense(10, activation='softmax')
])
```

loss는 최적화 과정에서 최소화될 손실함수를 설정하는 것으로 본 예제에서는 다중클래스에 one-hot-encode 형식으로 결과값을 출력하기 때문에 SparseCategoricalCrossentropy가 사용된다. optimizer는 'adam'으로, metrics는 'accuracy'로 설정한다.

```
model.compile(optimizer='adam',
              loss=tf.keras.losses.SparseCategoricalCrossentropy(from_logits=False),
              metrics=['accuracy'])
```

신경망모델 그리기

summary() 함수와 keras.utils 모듈의 plot_model() 함수를 이용하여 신경망모형을 시각화할 수 있다.

```
model.summary()
```

```
Model: "sequential"
_________________________________________________________________
 Layer (type)                Output Shape              Param #
=================================================================
 flatten (Flatten)           (None, 784)               0

 dense (Dense)               (None, 128)               100480

 dense_1 (Dense)             (None, 128)               16512

 dense_2 (Dense)             (None, 10)                1290

=================================================================
Total params: 118,282
Trainable params: 118,282
Non-trainable params: 0
_________________________________________________________________
```

```
plot_model(model, to_file='dl_fashion.png', show_shapes=True)
```

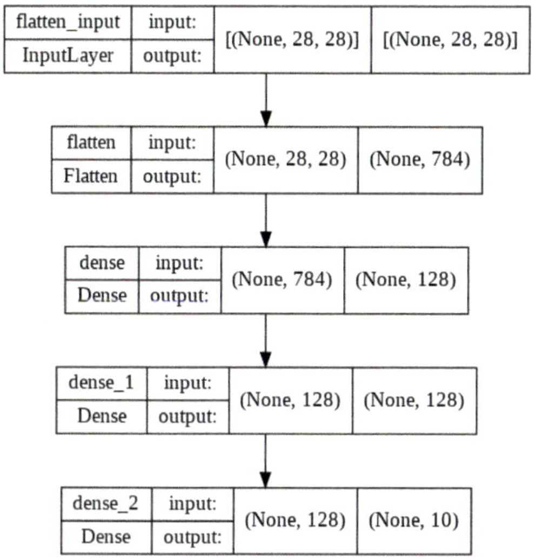

훈련 및 테스트

본 예제에서는 별도의 검정용 데이터를 설정하지 않고 테스트데이터를 검정용 데이터로 하여 학습을 하였고 epochs는 40으로 설정하였다.

```
hist=model.fit(train_images, train_labels, validation_data=(val_images, val_labels), \
               epochs=40, verbose=2)
```

```
Epoch 1/40
1875/1875 - 6s - loss: 0.4894 - accuracy: 0.8253 - val_loss: 0.4172 - val_accuracy: 0.8479 - 6s/
epoch - 3ms/step
Epoch 2/40
1875/1875 - 3s - loss: 0.3645 - accuracy: 0.8679 - val_loss: 0.4050 - val_accuracy: 0.8534 - 3s/
epoch - 2ms/step
Epoch 3/40
1875/1875 - 3s - loss: 0.3308 - accuracy: 0.8778 - val_loss: 0.3825 - val_accuracy: 0.8576 - 3s/
epoch - 2ms/step
...
Epoch 40/40
1875/1875 - 3s - loss: 0.1069 - accuracy: 0.9586 - val_loss: 0.5355 - val_accuracy: 0.8905 - 3s/
epoch - 2ms/step
```

모델이 훈련되는 과정에서 평가지표를 출력한다. epoch가 진행되면서 학습데이터뿐만 아니라 검정용 데이터에 대한 정확도는 증가하고 손실은 감소하는 것을 확인할 수 있다.

```
fig, loss_ax = plt.subplots()
acc_ax = loss_ax.twinx()

loss_ax.plot(hist.history['val_loss'], 'r', label='validation loss')
loss_ax.plot(hist.history['loss'], 'y', label='train loss')

acc_ax.plot(hist.history['accuracy'], 'b', label='train acc')
acc_ax.plot(hist.history['val_accuracy'], 'g', label='validation acc')


loss_ax.set_xlabel('epoch')
loss_ax.set_ylabel('loss')
acc_ax.set_ylabel('accuray')

loss_ax.legend(loc='lower left')
acc_ax.legend(loc='upper left')

plt.show()
```

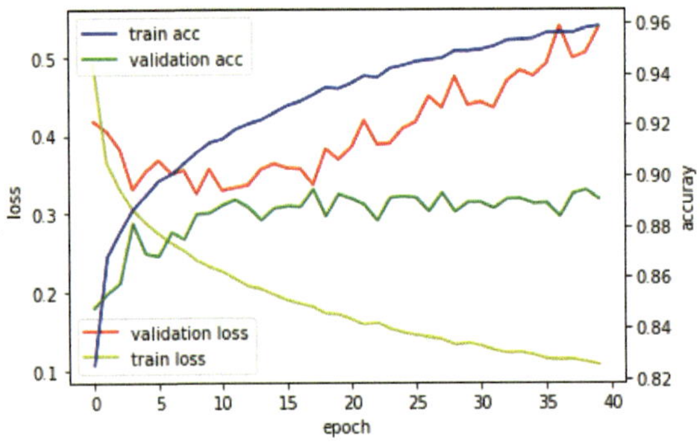

모델의 evaluate() 함수를 사용하여 학습된 모델을 테스트데이터세트에 적용했을 때의 결과를 평가한다.

```
test_loss, test_acc = model.evaluate(test_images,  test_labels, verbose=2)

print('\nTest loss:', test_loss)
print('\nTest accuracy:', test_acc)
```

```
63/63 - 0s - loss: 0.5097 - accuracy: 0.8955 - 257ms/epoch - 4ms/step

Test loss: 0.5097482800483704

Test accuracy: 0.8955000042915344
```

훈련된 모델의 predict() 함수를 사용하여 이미지에 대한 예측을 수행할 수 있다. 테스트세트에 있는 첫 번째 이미지의 레이블을 예측하였다. 예측은 출력노드에 있는 노드들의 출력물인 10

개의 숫자 배열로 나타나게 되는데 이들은 해당 이미지가 10개의 품목에 속할 확률을 나타낸다.

```
predictions = model.predict(test_images)
```

```
print(predictions[0])
print(sum(predictions[0]))
print(np.argmax(predictions[0]))
print(item_names[np.argmax(predictions[0])])
```

```
[7.9615512e-21 1.7299669e-17 3.1623200e-23 8.0674031e-26 4.1057195e-21
 1.2747716e-08 1.2939474e-16 1.0000000e+00 3.9683592e-16 6.0604698e-17]
1.0000000127477164
7
Sneaker
```

```
def plot_image(i, predictions_array, true_label, img):
    true_label, img = true_label[i], img[i]
    plt.grid(False)
    plt.xticks([])
    plt.yticks([])

    plt.imshow(img, cmap=plt.cm.binary)

    predicted_label = np.argmax(predictions_array)
    if predicted_label == true_label:
        color = 'blue'
    else:
        color = 'red'

    plt.xlabel("{} {:2.0f}% ({})".format(item_names[predicted_label], \
          100*np.max(predictions_array), item_names[true_label]), color=color)

def plot_value_array(i, predictions_array, true_label):
    true_label = true_label[i]
    plt.grid(False)
    plt.xticks(range(10))
    plt.yticks([])
    thisplot = plt.bar(range(10), predictions_array, color="#777777")
    plt.ylim([0, 1])
    predicted_label = np.argmax(predictions_array)

    thisplot[predicted_label].set_color('red')
    thisplot[true_label].set_color('blue')
```

아래 그림은 테스트 이미지의 초기 15개 이미지에 대한 예측결과와 모형의 예측에 대한 신뢰도를 나타낸다. 제대로 예측한 레이블은 파란색이고 잘못 예측한 레이블은 빨간색으로 표시하였다.

```
num_rows = 5
num_cols = 3
num_images = num_rows*num_cols
plt.figure(figsize=(2*2*num_cols, 2*num_rows))
for i in range(num_images):
  plt.subplot(num_rows, 2*num_cols, 2*i+1)
  plot_image(i, predictions[i], test_labels, test_images)
  plt.subplot(num_rows, 2*num_cols, 2*i+2)
  plot_value_array(i, predictions[i], test_labels)
plt.tight_layout()
plt.show()
```

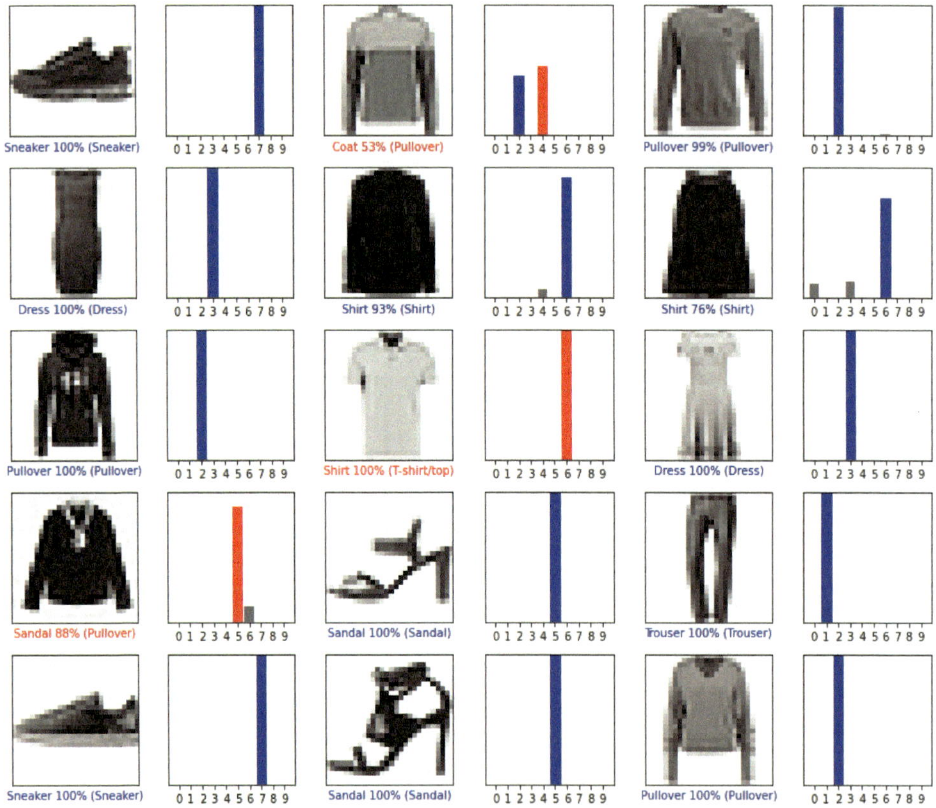

8. 딥러닝 회귀 실습 : 중고차 가격

```
import pandas as pd
import numpy as np
from sklearn.preprocessing import OneHotEncoder, LabelEncoder, StandardScaler
from sklearn.model_selection import KFold, StratifiedKFold, train_test_split, GridSearchCV, \
  cross_val_score
from sklearn.metrics import mean_squared_error, r2_score, mean_absolute_error
import matplotlib.pyplot as plt
import seaborn as sns
import warnings
from scipy import stats
import tensorflow as tf
from tensorflow import keras
from keras import layers
from sklearn.metrics import mean_squared_error, r2_score, mean_absolute_error
from tensorflow.keras.utils import plot_model
from keras.models import load_model

%matplotlib inline

warnings.filterwarnings(action='ignore')
```

1. 파일 다운로드

1.1 아래 주소에 있는 car_data.csv 파일을 다운로드하여 데이터프레임 형식으로 저장하라.

```
url="https://drive.google.com/file/d/1P4-FLm6rCYrxXXMMwc7uQrif1wA4xULm/view?
usp=sharing"
```

1.2 'Age'라는 특성변수를 추가하고 'Year' 특성변수값을 이용하여 차량운행연수를 정의하시오. 그리고 'Year' 특성변수를 삭제하시오.

1.3 특성변수명 .value_counts() 함수를 사용하여 각 범주형 특성변수들이 갖는 값들의 빈도를 구하시오.

2. 데이터 전처리 및 분할

2.1 판매자 타입, 구동계 타입, 연료종류 등의 범주형 특성변수들을 숫자형으로 변환하시오.

2.2 StandardScaler 클래스를 이용하여 숫자형 변수들에 대하여 feature scaling을 수행하시오.

2.3 전체 데이터의 25%를 테스트용으로 사용하는 것으로 하여 학습용 데이터와 테스트용 데이터로 구분하시오.

3. 신경망(Neural Network)모델 구성

3.1 중고차에 대한 예측모형을 구현하기 위하여 keras 모듈의 Sequnctial() 함수를 통하여 객체를 생성하고 생성된 객체의 add() 함수로 입력계층부터 은닉계층, 출력계층까지 추가하여 아래와 같은 구조의 신경망모델을 구성하시오. 각 계층에서의 활성화함수는 'relu'로 설정하시오.

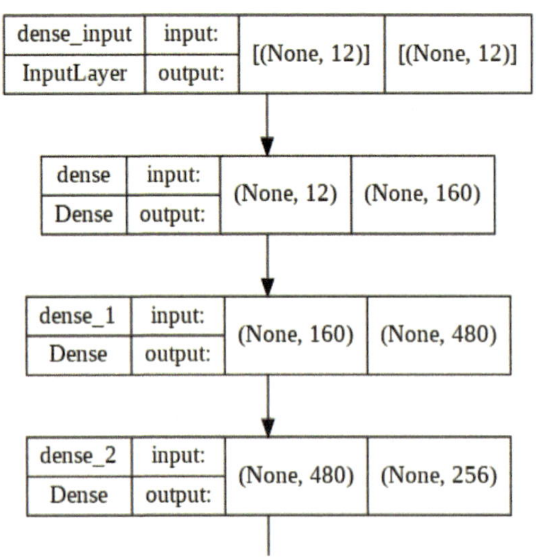

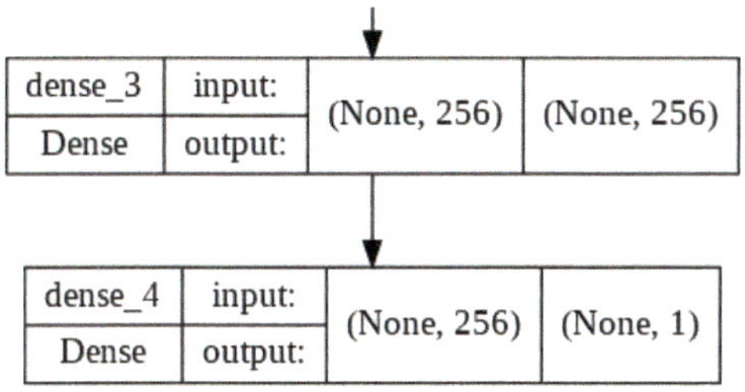

3.2 모델 구성 후 위에서 생성된 Sequential 객체의 compile() 함수를 통하여 모델 학습과정을 설정하시오. 이때 loss 모수는 'mse'로, coptimizer 모수는 'Adam'으로, metrics 모수는 ['mse']로 설정하시오.

3.3 Sequential 객체의 summary() 함수를 이용하여 신경망모형의 구성도를 그리시오.

3.4 plot_model() 함수를 이용하여 신경망모형을 시각화하시오.

3.5 Sequential 객체의 save() 함수로 신경망모형을 저장하고 load_model() 함수로 다시 로드하시오. 또한 Netron app을 설치하여 생성한 모형을 읽어들이시오.

4. 학습 및 테스트

4.1 생성된 Sequential 객체의 fit() 함수를 사용하여 학습을 진행하시오. 학습용 데이터(X_train, y_train)를 입력으로 하고 epochs값은 100으로 하고 검증을 위한 데이터세트는 20%를 사용하도록 설정하시오. fit() 함수는 History 객체를 반환하는데 이를 변수에 저장하시오.

4.2 fit() 함수가 반환한 History 객체에 저장된 각 epoch에서의 성능평가치들을 그림으로 출력하시오.

4.3 학습된 모형의 evalute() 함수를 이용하여 테스트용 데이터에 대한 성능평가치를 출력하시오.

4.4 학습된 모형의 predict() 함수를 이용하여 테스트용 데이터에 대한 예측치를 구하고 실제치와 더불어 산포도로 출력하시오.

5. 조기 종료(Early Stopping)

5.1 과적합을 방지하기 위한 EarlyStopping 객체를 생성하시오. 조기종료를 위해 관찰하는 항목(monitor 모수)으로써 val_loss로 설정하고 조기종료를 위해 기다리는 에포크(patience 모수)는 50으로 설정하시오. 가장 우수한 성능을 내는 모델을 저장하는 ModelCheckpoint 객체를 생성하시오. (이때, 저장할 모형의 이름은 생성자의 첫 번째 인자로 주어지고, 모니터링할 성능평가 척도(monitor 모수)는 val_loss로, save_best_only=True로 설정하여 가장 우수한 성능을 내는 모형만 저장하도록 한다.)

5.2 fit() 함수를 사용하여 학습을 진행하시오.(이때, callbacks 모수의 값을 위에서 생성한 두 객체이름으로 설정한다. ModelCheckpoint 객체에서 지정한 모형의 이름을 load_model() 함수로 읽어들이시오.)

5.3 fit() 함수가 반환한 History 객체에 저장된 각 epoch에서의 성능평가치들을 그림으로 출력하시오.

5.4 성능이 가장 우수한 모형의 evalute() 함수를 이용하여 테스트용 데이터에 대한 성능평가치를 출력하시오.

5.5 성능이 가장 우수한 모형의 predict() 함수를 이용하여 테스트용 데이터에 대한 예측치를 구하고 실제치와 더불어 산포도로 출력하시오.

9. 딥러닝 분류 실습 : MNIST 손글씨 인식

```
import tensorflow as tf
import numpy as np
import matplotlib.pyplot as plt
from keras.models import load_model
from tensorflow.keras.utils import plot_model
from sklearn.model_selection import train_test_split
from keras.datasets import mnist
from sklearn.metrics import confusion_matrix,classification_report
from sklearn.metrics import ConfusionMatrixDisplay
import warnings

%matplotlib inline
warnings.filterwarnings(action='ignore')
```

1. 데이터 다운로드 및 전처리

1.1 mnist 객체의 load_data() 함수를 이용하여 (28×28) 픽셀의 해상도로 저장된 손글씨 파일을 다운로드하고 학습용 데이터와 테스트용 데이터로 구분하시오. 또한 각 데이터들의 형상(shape)을 출력하시오.

1.2 학습용 데이터의 처음 9개 이미지를 (3×3) 격자에 그리시오.

1.3 학습용 및 테스트용 데이터에 속한 각 이미지의 픽셀값에 255로 나누어 0~1 사이 값으로 변환하시오.

2. 신경망모델 구성

2.1 손글씨에 대한 인식모형을 구현하기 위하여 keras 모듈의 Sequnctial() 함수를 통하여 객체를 생성하고 생성된 객체의 add() 함수로 입력계층부터 은닉계층, 출력계층까지 추가하여 아래와 같은 구조의 신경망모델을 구성하시오. 은닉계층에서의 활성화함수는 'relu'로 설정하고 출력계층은 'softmax'로 설정하시오.

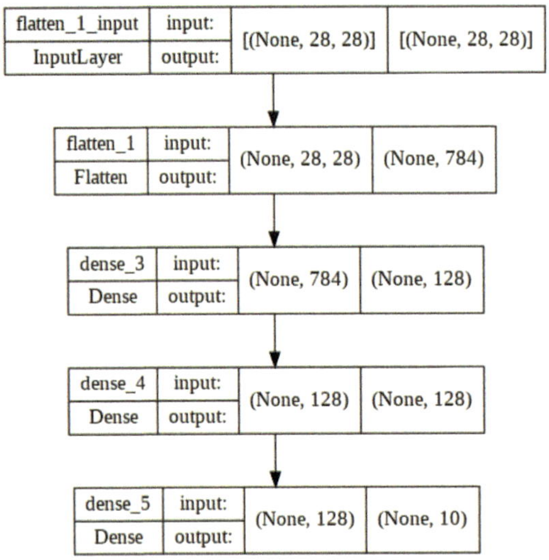

2.2 모델 구성 후 위에서 생성된 Sequential 객체의 compile() 함수를 통하여 모델 학습과정을 설정하시오. 이때 loss 모수는 'SparseCategoricalCrossentropy'로, coptimizer 모수는 'Adam'으로, metrics 모수는 ['accuracy']로 설정하시오.

2.3 Sequential 객체의 summary() 함수를 이용하여 신경망모형의 구성도를 그리시오.

2.4 utils 모듈의 plot_model() 함수를 이용하여 신경망모형을 시각화하시오.

2.5 Sequential 객채의 save() 함수로 신경망모형을 저장하고 load_model() 함수로 다시 로드하시오. 또한 Netron app을 설치하여 생성한 모형을 읽어 들이시오.

3. 학습 및 테스트

3.1 생성된 Sequential 객체의 fit() 함수를 사용하여 학습을 진행하시오. 학습용 데이터(X_train, y_train)를 입력으로 하고 epochs값은 50으로 하고 검증을 위한 데이터세트는 20%를 사용하도록 설정하시오. fit() 함수가 반환하는 History 객체를 변수에 저장하시오.

3.2 fit() 함수가 반환한 History 객체에 저장된 각 epoch에서의 성능평가치들을 그림으로 출력하시오.

3.3 학습된 모형의 evalute() 함수를 이용하여 테스트용 데이터에 대한 성능평가치를 출력하시오.

3.4 학습한 모형의 predict() 함수를 이용하여 테스트용 데이터에 대한 손글씨 인식을 구하시오. 또한, 아래의 두 함수를 이용하여 성능결과 리포트를 출력하고 혼잡행렬을 그리시오.

```
def result_report(predicted,y_test):
  matches = (predicted == y_test)
  print('일치 :', matches.sum())
  print('전체 :', len(matches))
  print('비율 :', matches.sum() / float(len(matches)))
  print('성능평가 리포트 :\n', classification_report(y_test, predicted))
```

```
def draw_confusion_matrix(y_test,predicted):
  cm = confusion_matrix(y_test, predicted)
  disp = ConfusionMatrixDisplay(confusion_matrix=cm)
  disp.plot()
```

3.5 테스트데이터를 입력으로 하여 학습된 모형의 predict() 함수를 실행하시오. 반환된 배열의 첫 번째 원소(1차원 배열)를 출력하시오. 1차원 배열인 첫 번째 원소의 합을 구하시오. 또한, 1차원 배열의 원소 중에서 가장 큰 값을 가지는 원소의 인덱스를 구하고 테스트데이터의 첫 번째 원소(X_test[0])를 그림으로 나타내시오. 이상의 결과를 바탕으로 출력층의 함수가 'softmax'인 신경망모델의 동작과정을 설명하시오.

4. 조기 종료(Early Stopping)

4.1 과적합을 방지하기 위한 EarlyStopping 객체를 생성하시오. 조기종료를 위해 관찰하는 항목(monitor 모수)으로서 val_loss로 설정하고 조기종료를 위해 기다리는 에포크(patience 모수)는 50으로 설정하시오. 가장 우수한 성능을 내는 모델을 저장하는 ModelCheckpoint 객체를 생성하시오. (이때, 저장할 모형의 이름은 생성자의 첫 번째 인자로 주어지고, 모니터링할 성능평가 척도(monitor 모수)는 val_loss로, save_best_only=True로 설정하여 가장 우수한 성능을 내는 모형만 저장하도록 한다.)

4.2 fit() 함수를 사용하여 학습을 진행하시오. (이때, callbacks 모수의 값을 위에서 생성한 두 객체 이름으로 설정한다.) ModelCheckpoint 객체에서 지정한 모형의 이름을 load_model() 함수로 읽어들이시오.

4.3 fit() 함수가 반환한 History 객체에 저장된 각 epoch에서의 성능평가치들을 그림으로 출력하시오.

4.4 성능이 가장 우수한 모형의 evalute() 함수를 이용하여 테스트용 데이터에 대한 성능평가치를 출력하시오.

4.5 성능이 가장 우수한 모형의 predict() 함수를 이용하여 테스트용 데이터에 대한 손글씨 인식을 구하시오. 또한, 아래의 두 함수를 이용하여 성능결과 리포트를 출력하고 혼잡행렬을 그리시오.

```
def result_report(predicted,y_test):
  matches = (predicted == y_test)
  print('일치 :', matches.sum())
  print('전체 :', len(matches))
  print('비율 :', matches.sum() / float(len(matches)))
  print('성능평가 리포트 :\n', classification_report(y_test, predicted))
```

```
def draw_confusion_matrix(y_test,predicted):
  cm = confusion_matrix(y_test, predicted)
  disp = ConfusionMatrixDisplay(confusion_matrix=cm)
  disp.plot()
```

Chapter 08

비지도학습

(unsupervised learning)

Chapter

08 비지도학습 (unsupervised learning)

지도학습(supervised learning)에서는 주어진 입력데이터 $\{(x^{(i)}, y^{(i)})\}_i$에서 특성 데이터 $x^{(i)}$와 출력(레이블) $y^{(i)}$ 간의 대응관계를 학습한다. 반면, 비지도학습(unsupervised learning)에서는 특성 데이터 $\{x^{(i)}\}_i$에서 숨겨져 있는 패턴을 찾아 군집화하거나, 지도학습에 앞서 차원축소(dimension reduction)를 하는 것 등이 학습의 목적이다.

그림 8-1 지도학습과 비지도학습 비교

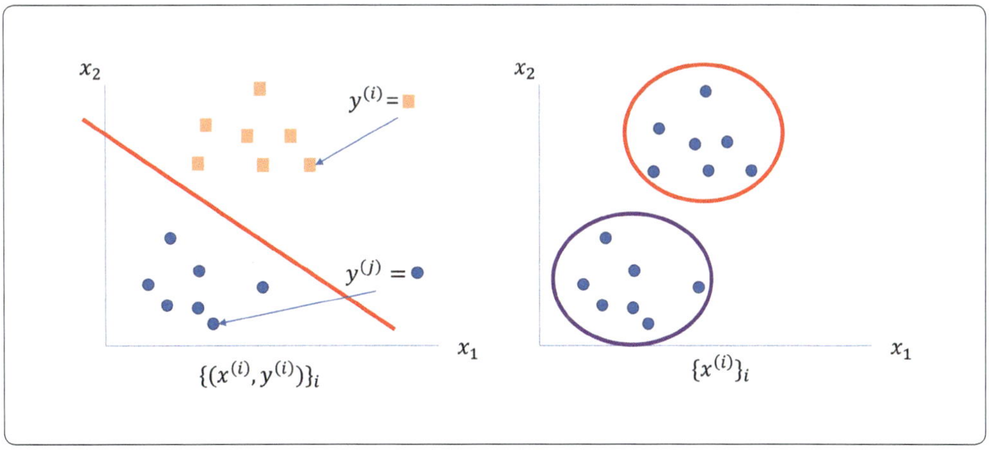

1. 군집화(clustering)

군집화는 레이블이 없는 (훈련)데이터에 숨어있는 특성을 분석하여 동일한 또는 유사한 특성을 가진 데이터끼리 묶어서 군집(cluster)으로 분류하고, 새로운 입력데이터에 대해 소속 군집을 결정하는 것이다. 군집화는 상품구매의 패턴에 관한 자료를 이용해서 시장세분화(market segmentation) 분석을 수행한다든지, 사회관계망(SNS)에서 이루어지는 활동을 통해 개인의 소속 커뮤니티를 유추하거나, 특정 주제의 신문기사를 탐색하고, DNA 배열이 유사한 유전자를 분류하는 등 매우 다양한 분야에서 사용되는 머신러닝 기법이다. 군집화는 다음과 같이 요약할 수 있다.

- 입력
  - 훈련데이터: $D = \{x^{(i)}\}_{i=1}^{N}, x^{(i)} \in R^d$
  - 군집의 수 K
- 출력
  - $(\mu_k)_{k=1}^{K}$: μ_k는 군집 k의 대푯값(예를 들어, 평균, 중앙값)
  - $\hat{y}^{(i)} \in \{1, 2, \cdots, K\}$: $x^{(i)}$의 소속 군집

그림 8-2 군집화의 의미

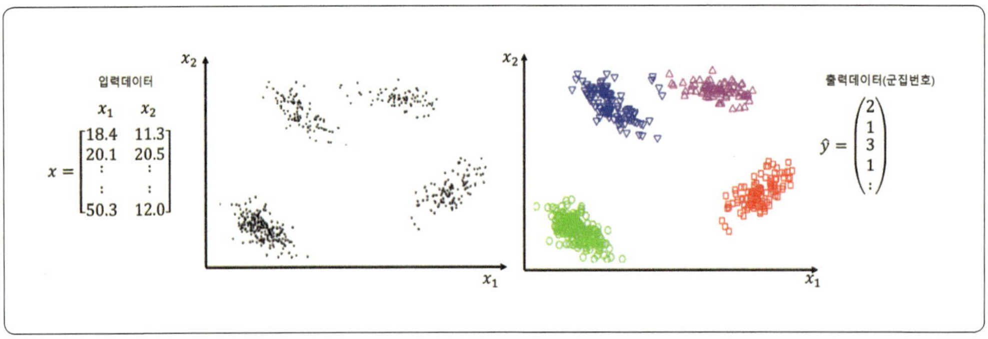

가. *K*-평균(*K*-means)

대표적인 군집화 방법인 *K*-평균(*K*-means)의 절차는 다음과 같다.

[*K*-평균 해법]

[단계 0] 초기화(initialize): 임의로 중심점(centroid) $(\mu_k)_{k=1}^{K}$을 선택한다. $\mu_k \in R^d$

[단계 1] 군집할당(cluster assignment) 갱신: 각 데이터를 가장 가까운 중심점에 할당한다.

모든 입력데이터 $x^{(i)}$에 대해, $c^{(i)} := argmin_k \| x^{(i)} - \mu_k \|, i = 1, \cdots, N.$

[단계 2] 각 군집의 중심점을 갱신한다.

$$\mu_k = \frac{\sum_{i=1}^{N} 1\{c^{(i)} = k\} x^{(i)}}{\sum_{i=1}^{N} 1\{c^{(i)} = k\}}, k = 1, 2, \cdots, K$$

[단계 3] 수렴할 때까지 [단계 1]과 [단계 2]를 반복한다.

그림 8-3 *K*-평균 과정

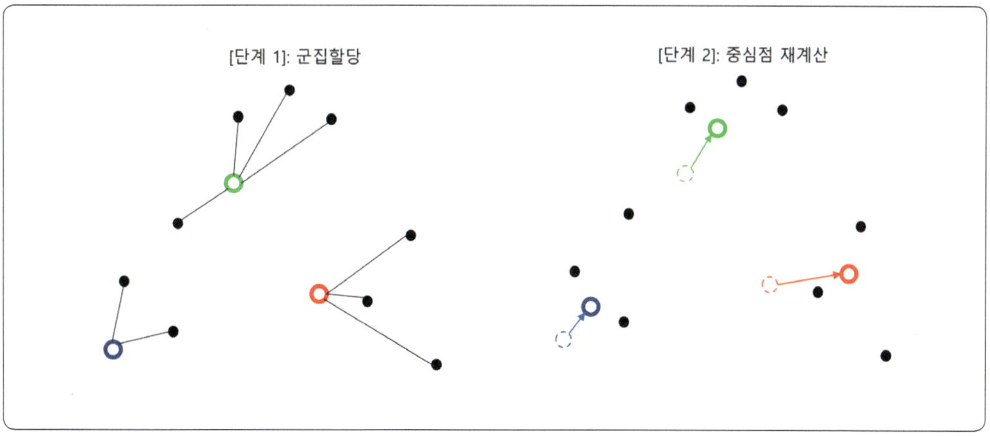

위에서 $c^{(i)}$는 데이터 $x^{(i)}$에 가장 가까운 군집을 의미한다. *K*-평균 해법은 아래에 주어진 소위 왜곡측정(distortion measure) 함수 $J(c, \mu)$을 목적함수(objective function)로 하는 최소화 문제의 휴리스틱 해법이다. $J(c, \mu)$는 데이터가 할당된 군집의 중심점과 데이터 간 거리의 제곱합이다.

$$J(c,\mu) = \sum_{i=1}^{N} \left\| x^{(i)} - \mu_{c^{(i)}} \right\|^2$$

만약, 군집의 중심점 $\mu_k(k = 1, \cdots, K)$가 주어졌다면 입력데이터 $x^{(i)}$ 각각을 가장 가까운 거리에 있는 중심점에 할당하면 $J(c, \mu)$은 최소화된다([단계 1]). 한편, 이번에는 $c^{(i)}$가 주어졌다고 가정하면, 아래에서 설명된 바와 같이 [단계 2]에서 결정되는 μ_k는 $J(c,\mu)$를 최소화한다. 동일한 군집에 속한 데이터의 평균을 중심점(μ_k)으로 정하기 때문에 K-평균이라는 이름이 유래되었다.

$$\frac{dJ(c, \mu)}{d\mu_{c^{(i)}(=k)}} = 0 \rightarrow 2\sum_{i=1}^{N}(x^{(i)} - \mu_k) = 0 \rightarrow \mu_k = \frac{\sum_{i=1}^{N} 1\{c^{(i)} = k\}x^{(i)}}{\sum_{i=1}^{N} 1\{c^{(i)} = k\}}$$

[단계 1] 및 [단계 2]를 통해 목적함수는 점진적으로 감소하기 때문에 수렴은 보장이 된다. 단, $J(c,\mu)$은 볼록함수(convex function)가 아니기 때문에 해법을 통해 얻은 국부해(local solution)가 전역해(global solution)임이 보장되지 않는다. 한편, 입력데이터 각각을 거리가 가장 가까운 군집에 할당하는 [단계 1]의 계산복잡도는 $O(NdK)$이고, 모든 군집의 중심점을 갱신하는 [단계 2]의 계산복잡도 역시 $O(NdK)$가 되어, 단일 반복의 계산복잡도는 $O(NdK)$이 된다. 그림 8-4는 임의로 선택된 중심점에서 시작하여 수렴이 완료되기까지 군집화하는 과정을 보여준다(K=2).

그림 8-4 K-평균 군집화 과정의 예($K=2$)

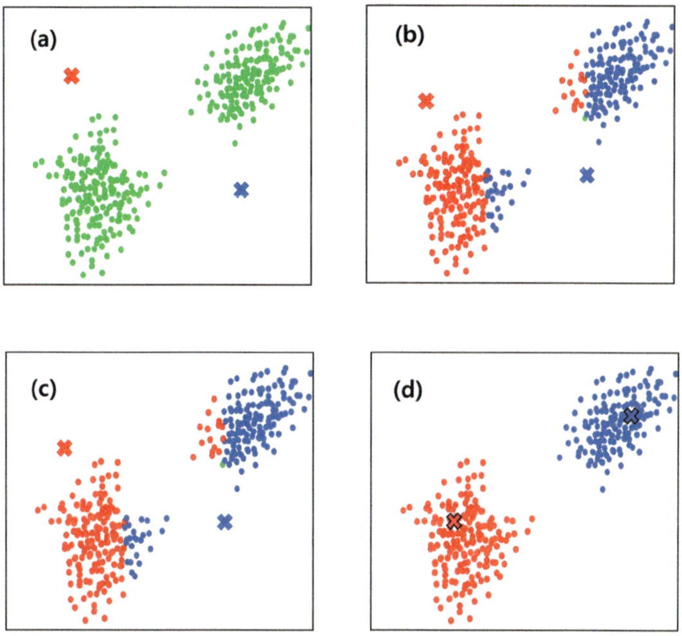

그림 8-5 K-평균 군집화에서 적정한 K값

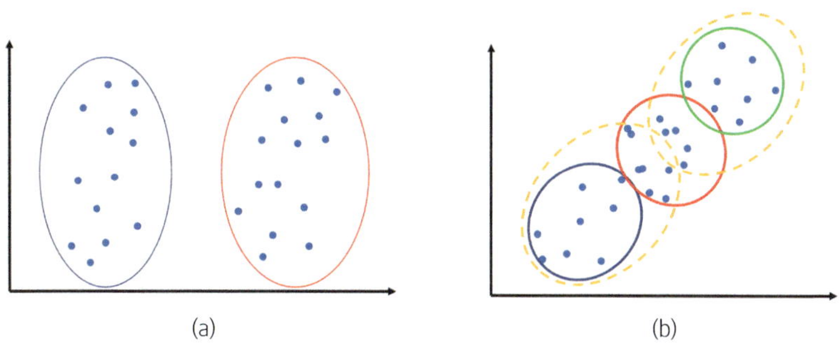

그림 8-5 (a) 에 주어진 데이터의 경우 $K=2$인 군집화가 비교적 직감적으로 바람직해 보인다. 하지만 그림 8-5 (b) 에 적합한 K값은 그림 8-5 (a) 와 같이 그리 분명하지 않다. 적합한 K값을 결정하는 기준으로 목적함수 $J(c,\mu)$가 사용될 수 있는데, 일반적으로 $J(c,\mu)$는 K가 커질수

록 감소한다. 하지만 너무 큰 K값으로 군집이 지나치게 세분화되면, 군집화로부터 의미 있는 결과를 찾기가 어려워진다. 사실, K-평균 해법에서 군집의 수(K)를 결정하는 최적의 방법은 존재하지 않으며, 학습설계자의 지식이나 휴리스틱 방법에 의존할 수밖에 없다. 팔꿈치(elbow) 기법은 K값 결정을 위한 휴리스틱 방법으로서, K값에 따라 $J(c,\mu)$의 감소가 급격히 작아지는 변곡점을 적정 K로 결정하는 방법이다. 그림 8-6 은 K값에 따른 $J(c,\mu)$을 나타낸 예로 $K=3$이 변곡점이 된다. 하지만, 모든 K에 대해 감소 기울기가 거의 동일한 경우가 생길 수 있어서 팔꿈치 기법으로 적정한 K값을 항상 정할 수 있는 것은 아니다.

그림 8-6 K-평균 군집화에서 적정 K값을 위한 팔꿈치 기법

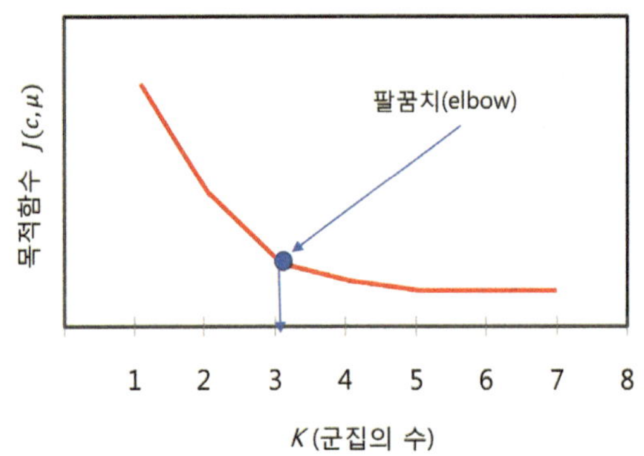

K-평균의 최종해는 국부해로, 초기해에 따라 최종해 또는 실행시간이 영향을 받는다. 그림 8-7 은 동일한 데이터에 대한 3가지 다른 초기해($K=3$)를 보여주고 있다. 그림 8-7 (a) 는 그림 8-7 (b), (c) 보다 바람직한 초기해를 나타내며 목적함수값이 우수한 해를 다른 두 경우보다 빠르게 찾을 가능성이 높다. K-평균 해법의 초기해 문제에 대한 전통적인 접근법은 독립적인 해법을 충분한 수만큼 실행하는 것이다. 물론 각 실행의 초기해는 독립적으로 랜덤하게 선택된다. 그리고 실행 결과 중에서 목적함수 $J(c,\mu)$가 가장 작은 해를 최종해로 선택한다.

그림 8-7 *K*-평균 군집화에서 초기값의 영향

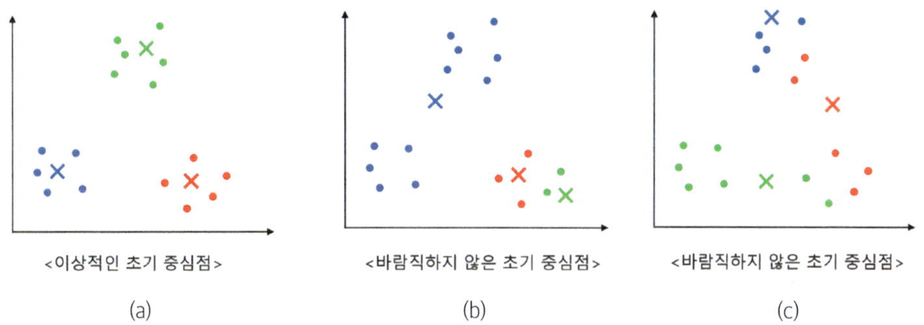

초기해가 *K*-평균 해법의 성능에 미치는 영향을 고려하여 소위 *K*-평균++(*K*-means++)라는 초기해 생성 기법이 제안되었다.

[*K*-평균++(초기해)]

- $\{x^{(i)}\}_{i=1}^{N}$에서 임의로 선택하여 이를 μ_1으로 한다.
- For $j=2, \cdots, K$
  - 입력데이터 $x^{(i)}$와 $\mu_{j'}$와의 거리 $d(i, j')$을 계산한다.
    여기서, $d(i, j') = \| x^{(i)} - \mu_{j'} \|, i = 1, \cdots, N, j' = 1, \cdots, j-1$
  - 각 i에 대해($i=1, \cdots, N$) $d^{(i)}$를 계산한다. 여기서 $d^{(i)} = min_{j'}\{d(i, j')\}$
  - 확률 p_i를 $x^{(i)}$에 할당하고, 샘플링을 통해 선택된 입력데이터를 μ_j로 정한다.
    여기서 $p_i = \frac{d_i^2}{\sum_{i=1}^{N} d_1^2}, i = 1, \cdots, N$

K-평균++기법에서는 초기 중심점을 입력데이터 중에서 선택한다. 입력데이터 $x^{(i)}$ 각각에 대해 이미 결정된(선택된) 중심점 $\mu_1, \cdots, \mu_{j-1}$와의 거리를 계산한다. 이 중에서 가장 가까운 거리에 반비례하는 확률을 $x^{(i)}$가 j번째 중심점 μ_j로 선택될 확률로 정한다. 따라서 μ_j는 이전 중심점들과 떨어진 점이 선택될 가능성이 커지기 때문에 서로 가까운 초기 중심점 생성으로 발생하

는 문제점을 개선할 수 있다. 그림 8-8 은 선택이 완료된 중심점과의 거리에 따라 데이터에 부여된 확률의 차이를 원의 크기로 보여준다.

그림 8-8 K-평균++기법에서 중심점 선택을 위한 차등적 확률 부여의 예

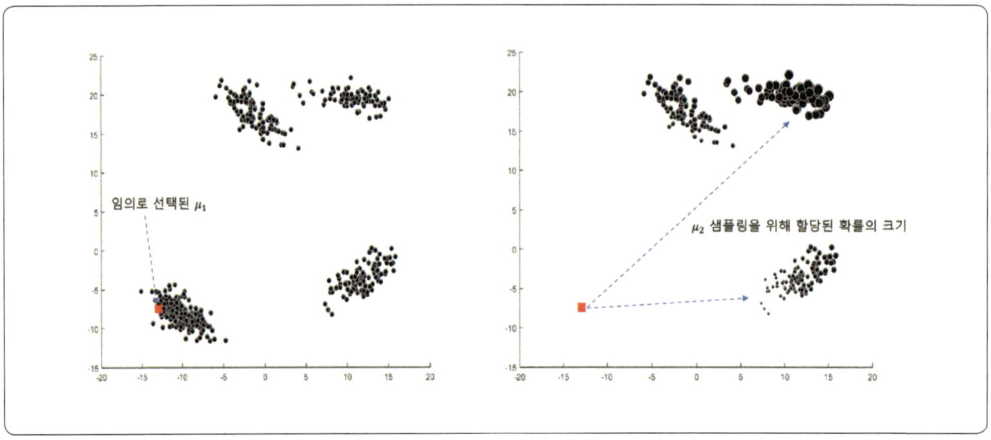

아래에서는 이미지(image)에 사용된 색의 종류를 지정된 수로 축소하는 소위 벡터 양자화(vector quantization)에 K-평균 군집화를 활용한 예를 소개한다. 일반적으로 컬러 이미지의 픽셀(pixel) 색상은 삼원색(RGB)으로 표현되는데, 삼원색 각각에 8bit를 할당하면 픽셀당 24bit가 대응되어 256개의 색상이 구분될 수 있다. 해상도(resolution)를 2048×1536으로 하면, 픽셀의 수는 약 3.1백만 개로 이미지 저장을 위해 약 9.4Mbyte의 저장용량이 필요하다. 픽셀 각각을 입력데이터에 대응시키면, 훈련데이터에 속한 입력데이터의 수는 약 3.1백만 개며, 입력데이터 각각은 24bit 벡터가 된다. 만약 군집의 수 $K = 2^m$, $m = 1, 2, \cdots$으로 결정한다고 하자. 예를 들어, $m=2$이면 군집의 수(색상의 수) $K=4$이며, 색상 구분을 위해 필요한 비트의 수는 2($=\log_2 2^m$)개이다. 따라서 (압축된) 이미지의 저장용량은 8bit($m \times K$)가 된다. 그림 8-9 는 K에 따른 이미지의 화질 변화를 보여준다.

그림 8-9 K-평균을 이용한 이미지의 벡터양자화

나. K-메도이드(K-medoid)

K-평균 군집화의 목적함수 $J(c, \mu)$은 유클리디안(euclidean distance) 거리를 가정하고 있다. 하지만 필요에 따라 맨해튼 거리(manhattan distance), 해밍 거리(hamming distance) 등 다양한 거리척도(distance measure)가 사용될 수 있다. 단, 거리척도가 유클리디안이 아니면, K-평균 해법의 [단계 2]에 주어진 군집중심점 μ_k은 더 이상 최소제곱추정량(least square estimator)이 되지 않음에 유의한다.

K-평균에서는 군집의 대푯값으로 평균을 사용하는데, 응용 분야에 따라서는 대푯값으로 평균이 적합하지 않은 경우가 있다. K-메도이드(medoid)는 군집을 대표하는 값이 입력데이터 중 하나가 선택되도록 제한하는 군집화 방법이다. 최소제곱추정량을 중심값(대푯값)으로 사용하지 않기 때문에 K-메도이드에서 거리척도는 유클리디안에 국한되지 않는다. 또한 그림 8-10에 나타난 바와 같이 K-평균 방법에 비해 대푯값이 이상치(outlier)에 덜 민감하다는 것은 K-메도이드 방법의 또 다른 장점이다.

그림 8-10 K-평균과 K-메도이드의 이상치에 대한 대푯값 반응 비교

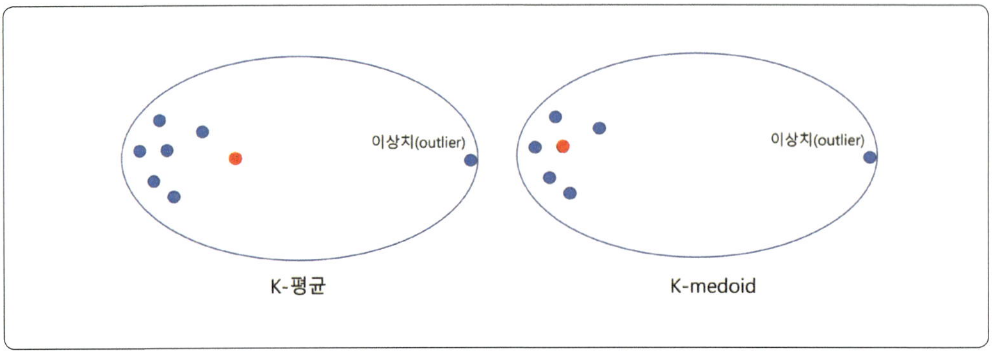

K-메도이드의 해법인 PAM(Partitioning Around Medoid)의 기본적인 절차는 아래와 같이 K-평균과 유사하다.

[PAM]

[단계 0] 초기화(initialize): $\{x^{(i)}\}_{i=1}^{N}$에서 임의로 K개를 선택하고 이를 $x^{(p_1)}, \cdots, x^{(p_K)}$으로 하자. 그리고 군집 k의 대푯값 μ_k는 다음과 같이 정한다. $\mu_k = x^{(p_k)}, k = 1, \cdots, K$

[단계 1] 군집할당 갱신: 각 데이터를 가장 가까운 대푯값에 할당한다.

모든 입력데이터 $x^{(i)}$에 대해, $c^{(i)} := argmin_k d(x^{(i)}, \mu_k), i = 1, \cdots, N$

[단계 2] 각 $k(= 1, \cdots, K)$에 대해,

$$\mu_k = x^{(i^*)}, i^* = argmin_{i:c^{(i)}=k} \sum_{j:c^{(j)}=k} d(x^{(i)}, x^{(j)})$$

[단계 3] 수렴할 때까지 [단계 1]과 [단계 2]를 반복한다.

다. 계층적 군집화(hierarchical clustering)

응집형 계층적 군집화(agglomerative hierarchical clustering)는 K-평균 군집화와 달리 사전에 군집의 수를 지정하지 않는다. 훈련데이터 각각을 군집 하나로 취급하고 거리가 가까운(또는 유사성이 높은) 군집끼리 묶어 가면서(병합하면서) 최종적으로는 모든 입력데이터가 단일 군집에 포함될 때까지 군집병합을 진행하는 방식이다. 이같이 군집의 범위가 개별 데이터에

서 전체 훈련데이터로 확대되기 때문에 상향식(bottom-up) 계층적 군집화라고도 한다. 다음 그림 8-11 은 5개의 데이터로 구성된 훈련데이터에 대한 계층적 군집화 과정을 보여주며 이러한 그림을 댄드로그램(dendrogram)이라 한다. 일단 군집화가 완료된 후 적합한 군집의 수 *K*는 팔꿈치 기법 등을 통해 결정한다.

그림 8-11 계층적 군집화에서 군집과정의 예

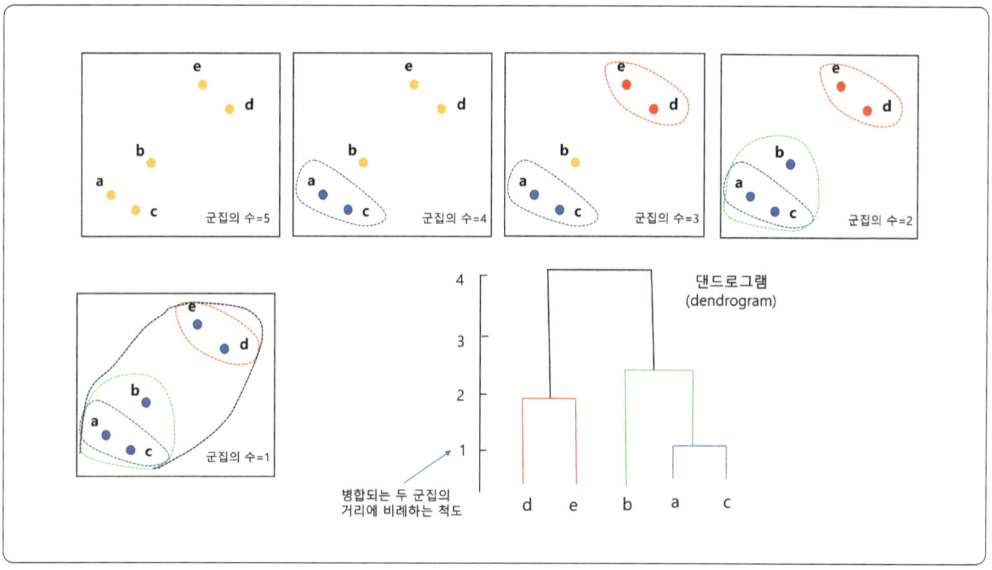

계층적 군집화에서 거리 개념은 *K*-메도이드와 같이 매우 넓고 다양한 의미를 지니며 응용 분야에 따라 다르게 정의될 수 있음에 유의한다. 문헌에 따라서는 거리라는 용어 대신에 비유사성(dissimilarity)이라는 용어를 사용하기도 한다. 한편, 계층형 군집화에서 댄드로그램은 적합한 군집 수의 결정 등 군집 분석에 유용한 정보를 제공해준다. 그림 8-12 에서 입력데이터 *a*와 *f*의 유사성(거리)은 입력데이터 *e*와 *g*의 유사성(거리)과 비슷하다는 것을 댄드로그램의 세로축 값을 비교함으로써 알 수 있다. 또한 데이터 *i*와 *b*의 유사성은 데이터 *b*와 {*h*, *e*, *g*}의 유사성에 비해 적다는 사실을 알 수 있다. 그리고 적색과 청색 군집을 병합하면 댄드로그램의 세로축 값이 크게 증가하는데, 이는 두 군집 간에 비유사성이 매우 크다는 것으로 해석할 수 있다.

그림 8-12 계층적 군집화에서 댄드로그램의 해석

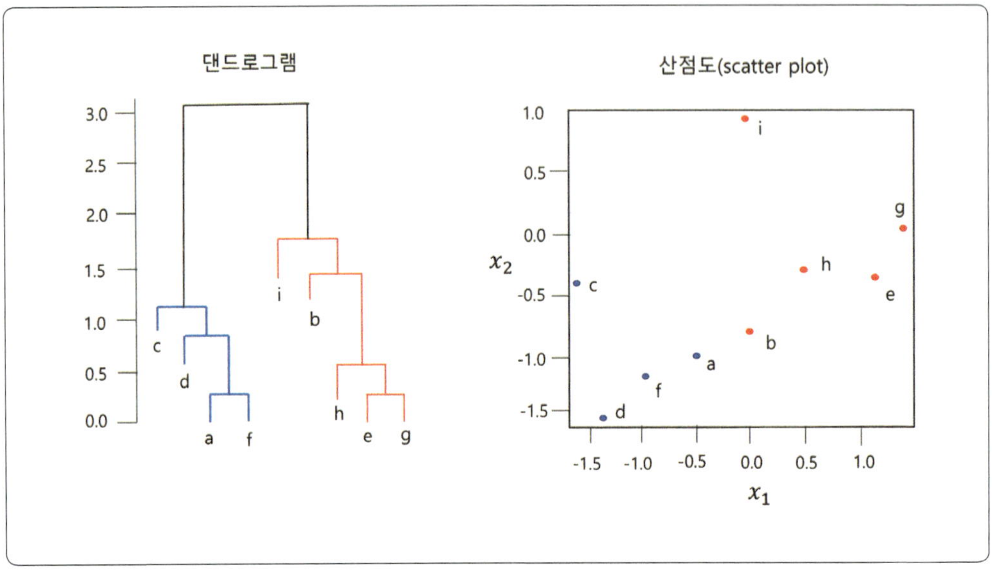

계층적 군집화 과정에서 초기 군집은 데이터 각각으로 설정되기 때문에 개별 데이터 간 거리(또는 비유사성)로 병합이 이루어진다. 하지만 이후부터는 병합의 단위가 군집이 되어 군집과 군집 간의 거리가 별도로 정의되어야 한다. 연결법(linkage)은 군집과 군집의 비유사성(거리)을 산정하는 방법을 지칭하는데 대표적인 것들은 다음과 같다.

- 단일 연결법(single linkage): $d_{single}(A, B) := min_{i \in A,\, j \in B}\, d(x^{(i)}, x^{(j)})$
- 완전 연결법(complete linkage): $d_{complete}(A, B) := max_{i \in A,\, j \in B}\, d(x^{(i)}, x^{(j)})$
- 평균 연결법(average linkage): $d_{average}(A, B) := \frac{1}{|A||B|} \sum_{i \in A,\, j \in B} d(x^{(i)}, x^{(j)})$
- 중심점 연결법(centroid linkage): $d_{centroid}(A, B) := \| \mu_A - \mu_B \|^2$
- 왈드 연결법(Wald linkage): $d_{Wald}(A, B) := \sum_{i \in A \cup B} \| x^{(i)} - \mu_{A \cup B} \|^2$

$$- \sum_{i \in A} \| x^{(i)} - \mu_A \|^2 - \sum_{i \in B} \| x^{(i)} - \mu_B \|^2 = \frac{|A||B|}{|A|+|B|} \| \mu_A - \mu_B \|^2$$

여기서 A와 B는 군집을, 그리고 $d(A, B)$는 두 군집 사이의 거리(비유사성)를 나타낸다. 단일 연결법은 군집 A와 B 각각에 속한 데이터 쌍에서 가장 가까운 데이터 쌍의 거리를 군집의 거리로 정하는 방식이다. 따라서 이를 최소거리(minimum distance) 연결법이라고도 하는데, 두 군집에서 최소거리에 있는 한 쌍의 데이터만 근접하면 두 군집이 병합되므로, 통합된 군집에서 데이터의 분포가 퍼져있는 모양을 가지는 경향이 있다. 한편, 완전 연결법에서는 가장 거리가 먼 두 데이터 사이의 거리를 군집의 거리로 정의하며, 최대거리(maximum distance) 연결법이라고도 부른다. 이 경우는 병합된 군집 내에서 데이터들이 서로 밀집되는 경향을 보인다. 평균 연결법은 군집 A와 B 사이 모든 데이터 간 거리의 평균을 두 군집의 거리로 정하여 단일 및 완전 연결법의 단점을 보완한 것이다. 하지만 평균값 자체의 해석이 모호하게 되고, 거리척도의 종류에 따라 군집의 결과가 크게 달라지는 한계가 있다. 중심점 연결법은 군집의 중심점 사이 거리를 기준으로 서로 다른 군집을 병합하는데, 유클리디안 거리척도에서만 이용될 수 있다. 마지막으로 왈드 연결법에서는 군집의 병합이 가져오는 오차제곱합(sum of squared error)의 증분으로 거리를 정한다. 이 방법 역시 유클리디안 거리척도에서만 이용될 수 있다. 그림 8-13은 다섯 가지 연결법을 그림으로 비교한다.

그림 8-13 계층적 군집화에서 다양한 군집 간 거리척도

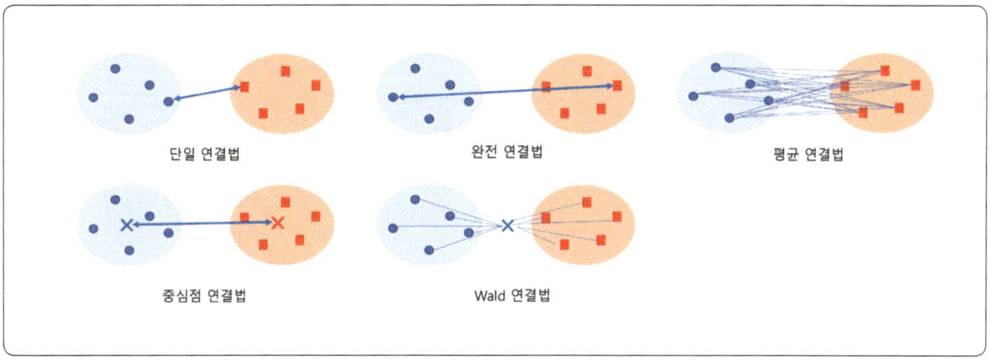

라. 밀도기반 군집화(density-based clustering): DBSCAN

앞에서 소개한 군집화 방법은 개별 데이터가 하나의 군집에만 속하는 분할적 군집화(partitioning clustering)이다. K-평균과 K-메도이드에서 군집화는 미리 규정된 프로토타입(즉, 대푯값, 중심값)과 각 데이터의 거리(또는 비유사성)를 기준으로 이루어지기 때문에 프로토타입 기반(prototype-based) 분할적 군집화라 한다. 연속형 데이터의 경우 프로토타입은 평균, 중

앙값 등이 될 수 있으며, 이산형이면 최빈값이나 메도이드가 된다. 이들을 *K*-중심(*K*-centroid) 군집화 방식으로 부르기도 한다. 하지만 비교적 큰 밀도(density) 차이로 데이터가 분포되어 있거나 군집의 모양이 비선형적인 경우 *K*-중심 군집화의 성능은 한계가 있다(그림 8-14).

그림 8-14 데이터 밀도와 데이터 분포 모양에 따른 *K*-중심 군집화의 한계

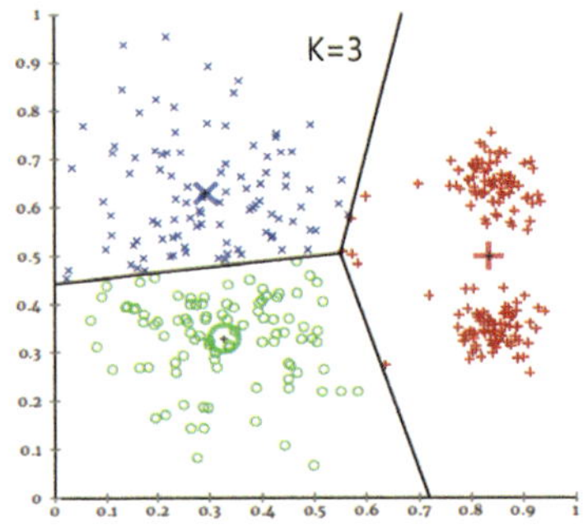

데이터의 밀도가 다른 경우

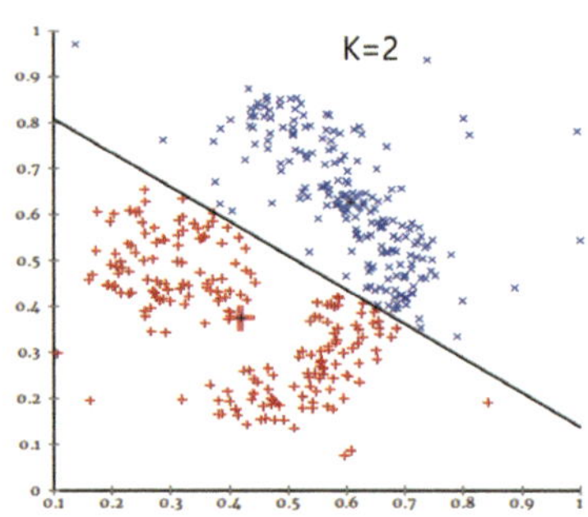

데이터의 분포의 모양이 구형(볼록집합)이 아닌 경우

DBSCAN(Density-Based Spatial Clustering of Applications with Noise)은 비선형 군집을 포함해 다양한 분포 형태를 가진 데이터를 인접한 데이터의 밀도를 기준으로 군집화하는 밀도기반(density-based) 분할적 군집화 방법이다. DBSCAN에서 밀도는 이웃반경 ϵ과 최소이웃수(*minPts*) 등 두 가지 초모수로 결정된다. 데이터 p의 ϵ-이웃(neighbor) $N_\epsilon(p)$는 데이터 p와의 거리가 ϵ 이하인 데이터의 집합으로 정의된다, 즉 $N_\epsilon(p) = \{q \mid dist(p, q) \le \epsilon\}$이며, $N_\epsilon(p)$에는 자신도 포함되는 것에 유의한다. 만약 $N_\epsilon(p) \ge min\,Pts$이면, 데이터 p의 밀도를 고밀도(high density)로 구분하는데, 데이터의 밀도에 따라 데이터의 종류를 코어(core), 경계(border), 노이즈(noise)의 3가지로 구분한다.

- 코어: ϵ-이웃(neighbor)의 수가 *minPts* 이상인 데이터
- 경계: 코어는 아니지만, 자신이 다른 코어의 ϵ-이웃인 경우
- 노이즈: 코어도 경계도 아닌 데이터

그림 8-15 DBSCAN에서 밀도에 따른 데이터 종류

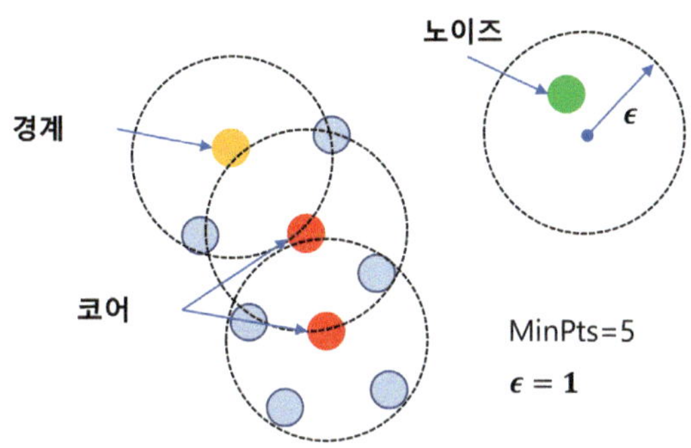

경계와 노이즈를 데이터 간의 밀도 관계를 표시하는 그래프를 이용해 규정할 수 있다. 만약 데이터 p가 코어이고 데이터 q가 p의 ϵ-이웃이면 (즉, $q \in N_\epsilon(p)$), 데이터 q는 데이터 p로부터 '직접 도달 가능하다(directly reachable)'라고 말하고 이를 $p \rightarrow q$로 표시한다. 각 데이터가 노드(node)로 표시된 그래프에서, $p \rightarrow q$이면, 노드 p와 q 사이는 방향성 아크(directed arc)가 존재한다. 또한 만약 데이터 p와 q 사이에 방향성 경로(directed path)가 존재하면 데이터 q는 데이터 p로부터 '도달 가능하다(reachable)'고 하며 이를 $p \Rightarrow q$로 표시한다. 방향성 아크의 출발점은 코어만 가능하므로 데이터 q를 제외하고 경로상에 있는 모든 데이터는 코어가 되어야 한다. 즉, 그래프에서 다른 노드로부터 도달할 수 있는 경로가 존재하는 코어가 아닌 데이터는 경계가 되며, 자신에게 도달할 수 있는 다른 데이터가 존재하지 않는 것은 노이즈이다. 이를 수식으로 표현하면 다음과 같다.

$$\text{데이터 } p\text{는} \begin{cases} \text{코어}, & \text{만약 } N_\epsilon(p) \geq min\,Pts, \\ \text{경계}, & \text{만약 } N_\epsilon(p) < min\,Pts \;\&\; q \Rightarrow p\text{인 데이터 } q\text{가 존재}, \\ \text{노이즈}, & \text{만약 } N_\epsilon(p) < min\,Pts \;\&\; q \Rightarrow p\text{인 데이터 } q\text{가 존재하지 않음}. \end{cases}$$

그림 8-16 그래프상에서 DBSCAN 데이터 종류 구분

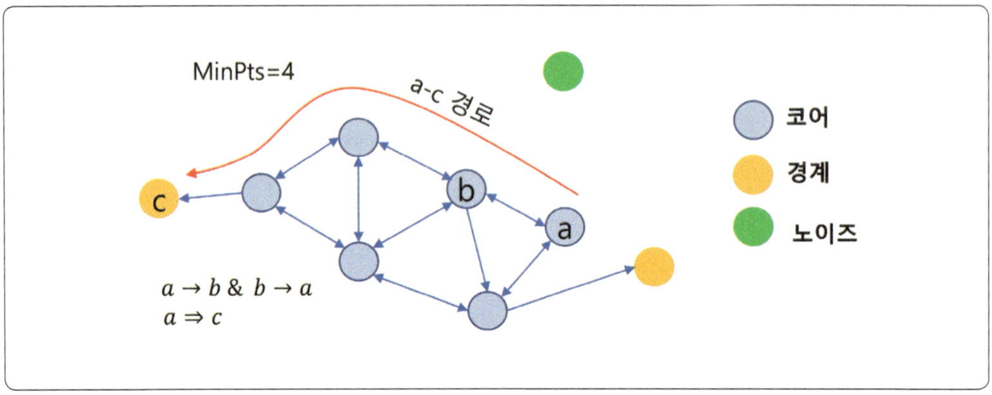

그림 8-17 DBSCAN에서 데이터의 밀도에 의한 데이터 종류 구분의 예[1)]

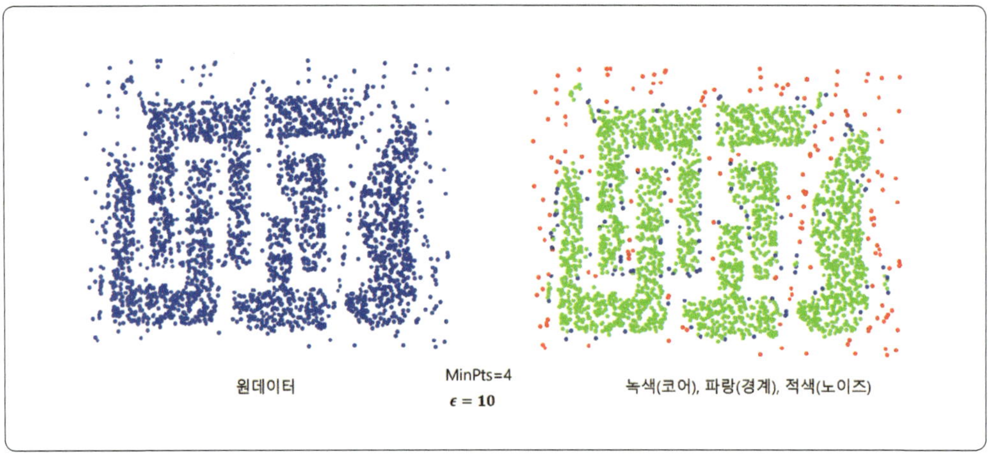

[DBSCAN 기본절차]

[단계 1] 데이터를 코어, 경계, 노이즈로 구분하여 라벨링하고 노이즈를 제거한다.

[단계 2] 군집에 할당되지 않은 코어 각각에 대응되는 새로운 군집을 생성한다. 생성된 군집의 코어에 연결된 경로가 존재하는 데이터를 코어가 속한 군집에 할당한다.

[단계 3] 경계 데이터를 가장 인접한 코어가 속한 군집에 할당한다.

[단계 4] 방문하지 않은 데이터가 있으면 [단계 2]와 [단계 3]을 반복한다.

1) 출처: https://medium.com/@agarwalvibhor84/lets-cluster-data-points-using-dbscan-278c5459bee5

그림 8-18 은 *K*-평균과 비교하여 DBSCAN 군집화의 장점을 잘 보여주고 있다. 하지만 DBSCAN은 초모수 ϵ과 *minPts*에 상당히 민감하게 반응하기 때문에 군집화에 앞서서 적절한 초모수 결정을 위한 사전분석이 세밀하게 이루어져야 한다.

그림 8-18 *K*-평균과 DBSCAN의 군집 결과 비교의 예

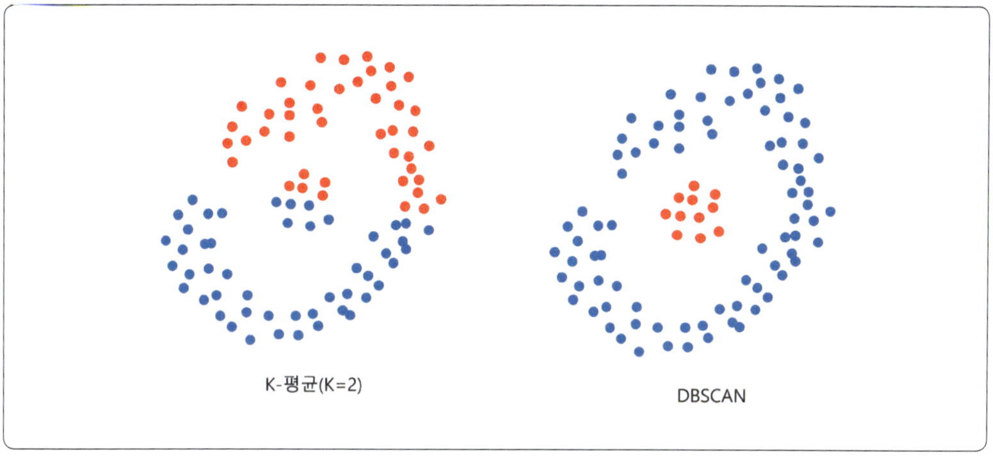

마. 가우시안 혼합모델(GMM, Gaussian Mixture Model)

개별 데이터를 특정 군집에 확정적으로 할당하는 군집화(hard clustering)와는 다르게, 데이터가 각 군집에 포함될 확률을 부여하는 것을 소프트 군집화(soft clustering)라고 한다. 앞에서 살펴본 모든 군집화 방법은 전자에 속하는 반면 아래에서 소개할 GMM은 후자에 속한다. 그림 8-19 (a) 는 평균과 분산이 서로 다른 세 개의 정규(가우시안)분포에서 생성된 표본을 색깔(라벨)로 구분하여 보여준다. 그런데 각 표본이 어느 분포로부터 생성된 것인지를 구분한 정보를 분실했다고 가정해 보자. 그러면 그림 8-19 (b) 와 같이 표본이 생성된 분포가 구분되지 않는, 즉 라벨이 없는 데이터만이 존재하게 된다. GMM은 이와 같이 상이한 분포에서 생성된 데이터가 혼재된 경우에 적용하는 군집화 방법이다. 그림 8-19 (c) 는 GMM의 결과로 원데이터의 특성이 상당히 잘 반영되어 있다.

그림 8-19 GMM 군집화의 의미

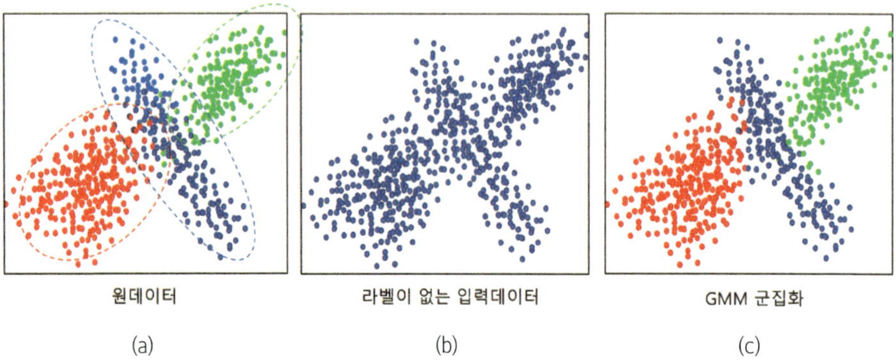

확률변수 $x(\in R^d)$가 평균이 μ이고 공분산(covariance) 행렬이 Σ인 가우시안 분포를 따른다고 하면 확률변수 x의 확률밀도함수($N(x \mid \mu, \Sigma)$)는 다음과 같다.

$$N(x \mid \mu, \Sigma) = (2\pi)^{-d/2} \mid \Sigma \mid exp\left(-\frac{1}{2}(x-\mu)^T \Sigma^{-1}(x-\mu)\right)$$

GMM에서는 데이터가 서로 다른 모수를 가진 복수의 가우시안 분포에서 생성된다고 가정한다. 따라서 입력데이터 x의 확률분포 $p(x)$는 다음과 같이 정의된다.

$$p(x) = \sum_{k=1}^{K} w_k N(x \mid \mu_k, \Sigma_k)$$

여기서 K는 가우시안 분포의 종류의 수, μ_k와 Σ_k은 각각 k번째 가우시안 분포의 평균과 공분산 행렬을 나타낸다. 그리고 w_k는 k번째 가우시안 분포가 전체 분포 $p(x)$에 기여하는 혼합 가중치(mixture weight)로 다음의 조건을 만족한다.

$$\sum_{k=1}^{K} w_k = 1, w_k \geq 0, k = 1, \cdots, K$$

확률변수 x와 z의 결합확률분포(joint distribution function) $p(x, z) = p(z)p(x \mid z)$에서 z를 1에서 K 사이의 값을 취하는 이산형 확률변수라고 하고 z의 확률분포를 $p(z = k) = w_k$라고 하면, 결합확률분포 $p(x, z)$의 한계분포(marginal distribution)는 바로 GMM의 확률분포 $p(x)$가 된다(그림 8-20 참조).

그림 8-20 GMM의 결합확률과 한계확률

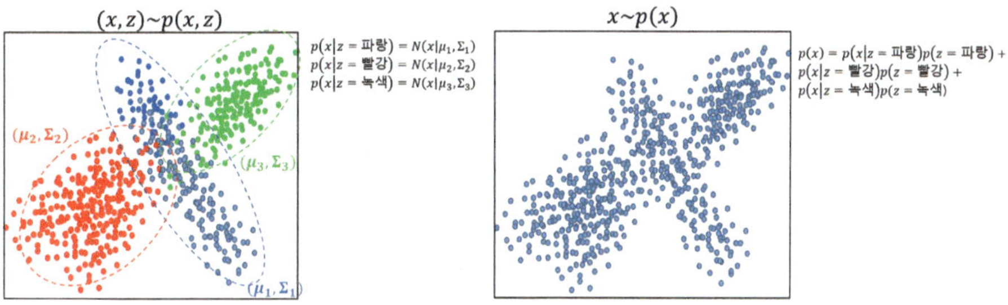

GMM에서 데이터 $x^{(i)}$는 임의로 $\{1, \cdots, K\}$에서 선택된 $z^{(i)}$에 따라 결정된 가우시안 분포에서 생성된다고 가정한다. 그림 8-21은 가우시안 혼합분포로부터 생성된 데이터를 보여준다. 이때, $z^{(i)}$는 숨어있는(또는 관측되지 않은) 잠재변수(latent variable)이다.

그림 8-21 GMM에서 가우시안 혼합분포에서 생성된 표본

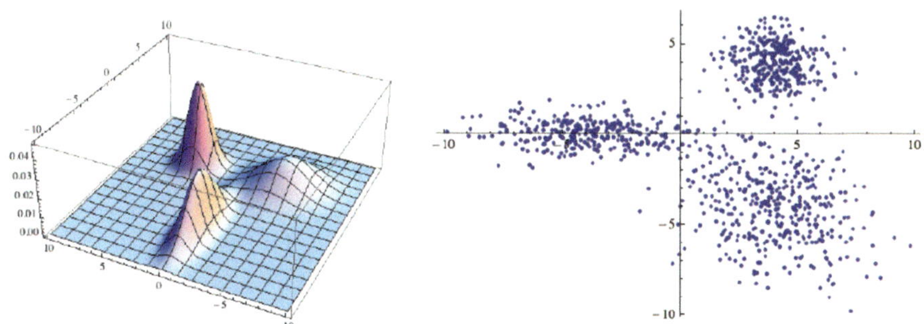

추정모수를 w, μ, Σ로 표시할 때(여기서 $w = \{w_k\}_{k=1}^{K}$, $\mu = \{\mu_k\}_{k=1}^{K}$, $\Sigma = \{\Sigma_k\}_{k=1}^{K}$), 훈련 데이터 $\{x^{(i)}\}_{i=1}^{N}$에 대한 우도(likelihood) $l(w, \mu, \Sigma)$는 다음과 같다.

$$l(w, \mu, \Sigma) = \sum_{i=1}^{N} log\, p(x^{(i)}; w, \mu, \Sigma) = \sum_{i=1}^{N} log \sum_{z^{(i)}=1}^{K} p(x^{(i)} \mid z^{(i)}; \mu, \Sigma)\, p(z^{(i)}; w)$$

그런데 잠재변수가 있기 때문에 $l(w, \mu, \Sigma)$을 최대로 하는 확정적인 형태(closed form)의 최대우도추정치(maximum likelihood estimates)를 구할 수 없다. 하지만 모든 $x^{(i)}$에 대해 잠재변수 $z^{(i)}$가 주어지면, $l(w, \mu, \Sigma)$는 다음과 같이 간단히 표현될 수 있으며, 모수 w, μ, Σ의 최대우도추정치는 각 모수에 대한 일차 미분을 통해 아래와 같이 쉽게 구할 수 있다.

$$l(w, \mu, \Sigma) = \sum_{i=1}^{N} log\, p(x^{(i)} \mid z^{(i)}; \mu, \Sigma) + log\, p(z^{(i)}; w)$$

$$\mu_k = \frac{\sum_{i=1}^{N} 1\{z^{(i)} = k\} x^{(i)}}{\sum_{i=1}^{N} 1\{z^{(i)} = k\}} \tag{8-1}$$

$$\Sigma_k = \frac{\sum_{i=1}^{N} 1\{z^{(i)} = k\}(x^{(i)} - \mu_k)(x^{(i)} - \mu_k)^T}{\sum_{i=1}^{N} 1\{z^{(i)} = k\}} \tag{8-2}$$

$$w_k = \frac{1}{N}\sum_{i=1}^{N} 1\{z^{(i)} = k\} \tag{8-3}$$

하지만 잠재변수 $z^{(i)}$는 알지 못하므로, GMM에서는 EM(Expectation Maximization) 해법을 이용해 모수를 추정한다. EM 해법은 [E-단계]와 [M-단계]의 두 단계로 구성되는데, [E-단계]에서는 미지의 $z^{(i)}$를 추측하고, 이를 바탕으로 [M-단계]에서는 GMM 모형의 모수를 갱신한다. EM 해법의 절차는 다음과 같다.

[EM 해법]

- [초기화] 모수 $w = \{w_k\}_{k=1}^K$, $\mu = \{\mu_k\}_{k=1}^K$, $\Sigma = \{\Sigma_k\}_{k=1}^K$를 초기화한다.
- 다음 단계를 수렴할 때까지 반복한다.
  – [E-단계] 모수 w, μ, Σ가 주어져 있다고 가정하고, 모든 i와 k에 대해 다음을 계산한다.

$$\gamma_k^{(i)} := p(z^{(i)} = k \mid x^{(i)}; w, \mu, \Sigma) = \frac{w_k N(x^{(i)} \mid \mu_k, \Sigma_k)}{\sum_{j=1} w_j N(x^{(i)} \mid \mu_j, \Sigma_j)}, \; i = 1, \cdots, N, \; k = 1, \cdots, K$$

  – [M-단계] $\gamma_k^{(i)}$가 주어졌을 때, 모수 w, μ, Σ을 다음과 같이 재계산(갱신)한다.

$$\mu_k = \frac{\sum_{i=1}^{N} \gamma_k^{(i)} x^{(i)}}{\sum_{i=1}^{N} \gamma_k^{(i)}} \tag{8-4}$$

$$\Sigma_k = \frac{\sum_{i=1}^{N} \gamma_k^{(i)} (x^{(i)} - \mu_k)(x^{(i)} - \mu_k)^T}{\sum_{i=1}^{N} \gamma_k^{(i)}} \tag{8-5}$$

$$w_k = \frac{1}{N} \sum_{i=1}^{N} \gamma_k^{(i)}, \; \forall k \tag{8-6}$$

[E-단계]에서 $\gamma_k^{(i)}$는 $x^{(i)}$가 주어졌을 때 $z^{(i)}$의 사후확률(posterior probability)로서 베이즈 정리로 다음과 같이 구한 것이다.

$$\begin{aligned}\gamma_k^{(i)} := p(z^{(i)} = k \mid x^{(i)}; w, \mu, \Sigma) &= \frac{p(x^{(i)} \mid z^{(i)} = k; \mu, \Sigma) p(z^{(i)} = k; w)}{\sum_{j=1}^{K} p(x^{(i)} \mid z^{(i)} = j; \mu, \Sigma) p(z^{(i)} = j; w)} \\ &= \frac{N(x^{(i)} \mid \mu_k, \Sigma_k) w_k}{\sum_{j=1}^{K} N(x^{(i)} \mid \mu_j, \Sigma_j) w_j}\end{aligned}$$

식 (8-4)~(8-6)에서 $\gamma_k^{(i)}$을 지시함수(indicator function) $1\{z^{(i)}=k\}$으로 대체하면 식 (8-1)~(8-3)이 된다. 따라서 확률값인 $\gamma_k^{(i)}$은 0 또는 1의 이진값을 갖는 $1\{z^{(i)}=k\}$에 대한 일종의 "소프트(soft)" 추측으로 해석될 수 있다. 물론 수렴해가 구해지면 다음과 같이 데이터 $x^{(i)}$에 대해 "하드(hard)" 추측(또는 군집)을 결정할 수 있다.

$$\gamma_k^{(i)} = \begin{cases} 1, \text{ 만약 } k = k^* \\ 0, \text{ 그렇지 않으면} \end{cases}, \text{ 여기서 } k^* = argmax_{k=1,\cdots,K}\,\gamma(z_k^{(i)}) \text{ , 여기서}$$

그림 8-22 GMM과 K-평균의 예시적 비교[2)]

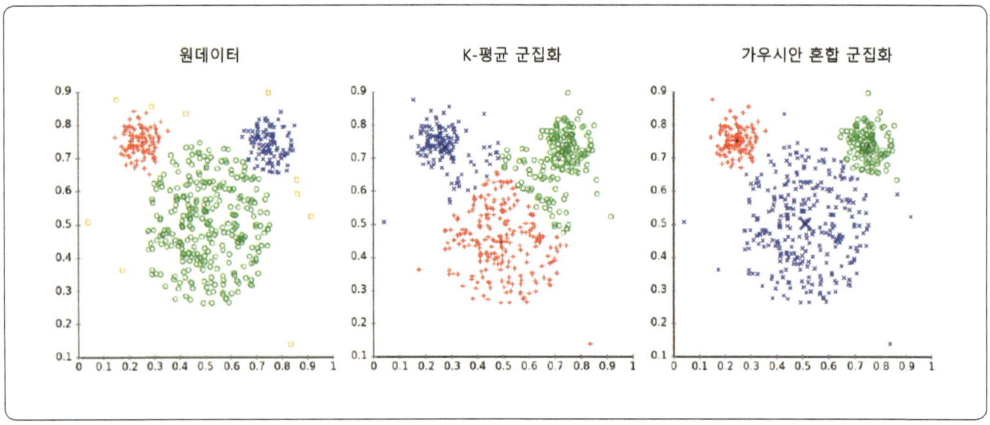

그림 8-22 는 GMM과 K-평균 군집을 비교하고 있는데, 데이터를 군집에 할당할 때 데이터의 분산이 중심점(평균)과의 거리와 함께 반영되는 GMM이 분산이 상이한 데이터 묶음이 혼재할 때 더욱 좋은 성능을 보이는 것을 확인할 수 있다.

2. 차원축소(dimension reduction)

가. 기본개념

차원축소는 차원이 d인 (고차원) 입력데이터 $x^{(i)}(\in R^d)$를 데이터의 특성을 가급적 보존하면

2) 출처: https://en.wikipedia.org/wiki/K-means_clustering

서 차원 $k(k \leq d)$로 줄이는 것을 의미한다. 불필요한 특성(feature)의 제거로 분석모형의 효율성을 높이거나 다차원 데이터의 도식화 등 매우 다양한 목적으로 차원축소가 이용되며, 대표적인 기법으로 주성분 분석(PCA, Principal Component Analysis)이 있다.

그림 8-23 은 2차원 평면(plane)상에 있는 데이터를 1차원 선(line)에 직각으로 투사(正射, projection)하여 차원을 축소한 두 가지 예를 보여준다. 직감적으로 보면, 그림 8-23 에서 (a)가 (b)보다 바람직한 투사로 보이는데, 이는 (2차원) 원데이터와 정사영된 데이터 사이의 유클리디안 거리(euclidean distance)가 (a)가 짧아 보이기 때문이다. 여기서, 직선과 원데이터 간 수직거리(vertical distance)를 기준으로 모수 추정이 이루어지는 선형 회귀(linear regression)와는 차이가 있음에 유의한다(그림 8-23 (c)).

그림 8-23 (a) 가 보다 바람직한 정사로 보이는 또 다른 직관적인 이유는 직선에 정사된 점(point)들이 좁은 범위에 집중되어있는 그림 8-23 (b) 와는 다르게 넓게 퍼져있어서 축소된 차원에서 점들이 서로 명확하게 구분된다는 점이다. 어느 기준이 되든지 정사를 위해서는 직선을 찾아야 하며, 절편이 고려되지 않는다면 이는 방향(direction, 또는 기울기)를 찾는 문제로 좁혀진다. 일단 방향을 알아내면 정사되는 점의 위치는 방향에 상수를 곱하여 결정된다.

그림 8-23 차원축소에서 투영과 선형 회귀에서 수직거리와의 차이

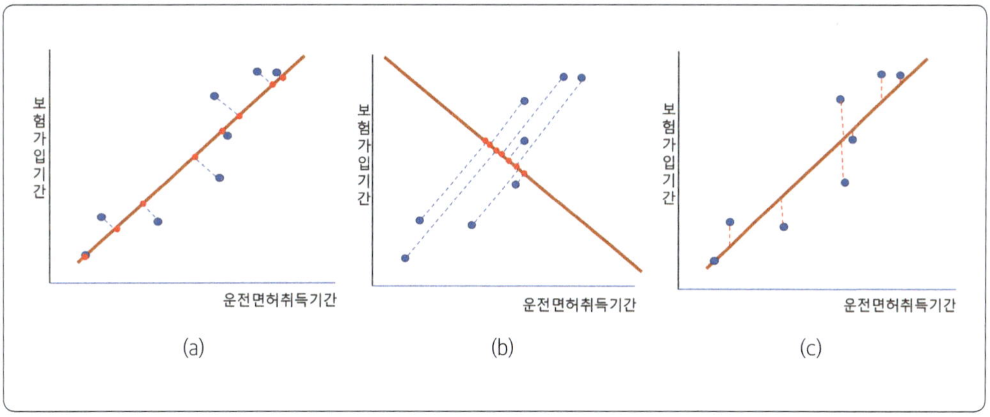

그림 8-24 는 3차원 데이터 $x^{(i)}$를 2차원 평면(plane)에 정사한 예이다. 2차원 데이터를 1차원에 정사하는 논리를 여기에 그대로 적용하면, 기준에 부합하는 선의 기울기를 탐색하는 것은 평면을 생성(span)하는 두 개의 방향벡터 u_1과 u_2을 찾는 것에 해당한다. 앞에서 제시한 기준,

즉 원데이터와의 유클리디안 거리가 가장 가까운 평면(또는 방향벡터)을 찾는 것이 PCA이다. 이렇게 개념적으로는 비교적 쉽게 이해할 수 있지만 PCA에 대해 제대로 이해하기 위해서는 선형대수학에 관한 지식이 요구된다.

그림 8-24 3차원에서 차원축소

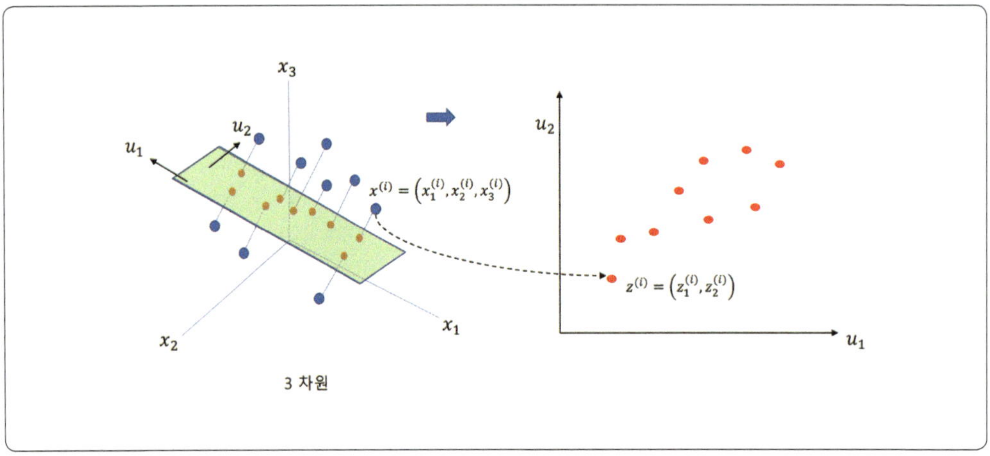

나. 주성분 분석

주어진 입력데이터 $D = \{x^{(i)}\}_{i=1}^{N}$, $x^{(i)} \in R^d$에 대해 $\mu_j = \frac{1}{N}\sum_{i=1}^{N} x_j^{(i)} (j = 1, \cdots, d)$이라고 하자. μ_j는 특성 j의 평균으로서 $x_j^{(i)}$를 $x_j^{(i)} - \mu_j (i = 1, \cdots, N)$로 대체하면 데이터의 평균은 0이 된다(zero-centered). 아래에서 $D = \{x^{(i)}\}_{i=1}^{N}$은 모든 특성에 대해 이와 같은 사전처리가 이미 이루어진 데이터라고 가정한다. PCA의 목적은 차원이 $k (< d)$인 부분공간(subspace) 중에서 $x^{(i)}$을 가장 잘 표현할 수 있는 부분공간 S를 찾는 것이다. 즉, 원데이터의 분포를 최대한 보존하면서 서로 직교하는 새 기저(축)를 찾아서, 고차원의 데이터들을 선형 연관성이 없는 저차원 공간으로 변환하는 것으로 해석할 수 있다.

$\{u_j\}_{j=1}^{k} (u_j \in R^d)$을 부분공간 S의 정규직교기저(orthonormal basis)라고 하자. 즉, $u_i^T \cdot u_i = 1$, $u_i^T \cdot u_j = 0, i \neq j$. 그러면, 데이터 $x^{(i)} \in R^d$가 부분공간 S에 정사된 벡터 $z^{(i)}$는 다음과 같다.

$$z^{(i)} = (x^{(i)T} u_1, \cdots, x^{(i)T} u_k) \in R^k$$

그리고 역대응(inverse mapping)으로 $z^{(i)}$로부터 재구성(reconstruction)된 원데이터 $x^{(i)}$의 근사벡터 $\hat{x}^{(i)}$는 다음과 같다.

$$\hat{x}^{(i)}(\in R^d) = \sum_{j=1}^{k} z_j^{(i)} u_j$$

그림 8-25 는 5개의 2차원 데이터 $\{x^{(1)}, \cdots, x^{(5)}\}$를 방향이 u_1인 1차원으로 정사된 예를 보여준다. 방향 u_1의 분산만이 1차원 평면에 반영되고, 방향 u_2의 분산에 대한 정보는 차원축소로 상실되어 버린다. 그리고 입력데이터마다 이러한 상실의 정도가 다르므로 차원이 축소된 1차원 데이터를 다시 2차원으로 재구성해도 원데이터와의 차이(즉, 재구성 오류[reconstruction error])가 불가피하다.

그림 8-25 2차원에서 1차원으로 차원축소에 따른 재구성 오류의 예

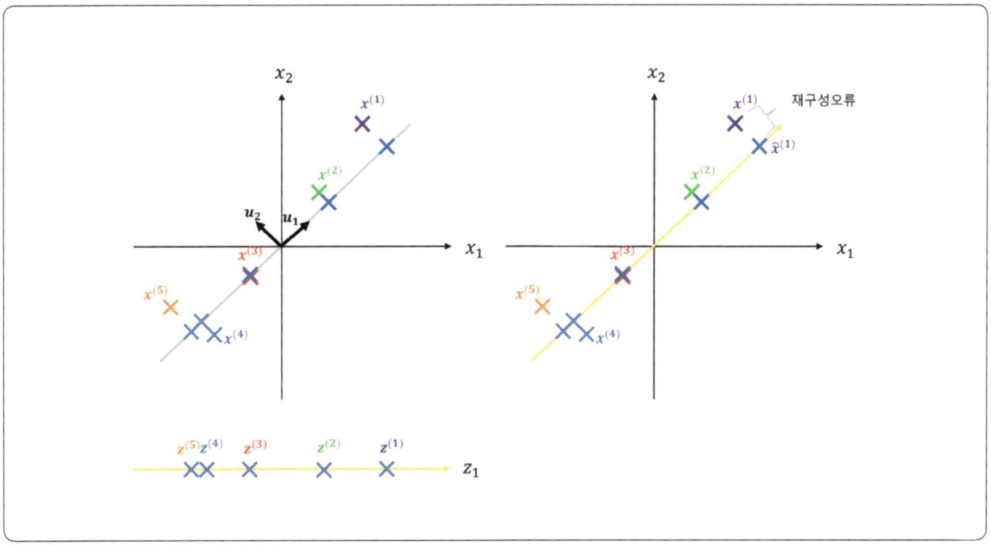

그림 8-26 은 3차원에서 1차원으로의 차원축소로 인한 재구성 오류에 대한 예이다. 그림 8-26 (a) 에서 3차원 데이터 $x^{(1)}, x^{(2)}, x^{(3)}$은 방향($u_1$)이 모두 같은 하나의 직선상에 놓이는 점으로 좌표계 (x_1, x_2, x_3)에서 $x^{(1)}, x^{(2)}, x^{(3)}$의 벡터성분(vector component)은 모두 0이 아니다. 하지만 방향 u_1을 포함한 새로운 좌표계 (u_1, u_2, u_3)에서 $x^{(i)}$에 대응되는 점을 각각 $z^{(i)}$

$(i = 1, 2, 3)$이라고 하면, $z^{(i)}$의 u_2와 u_3축에 대응되는 성분은 모두 0이다. 이는 1차원(u_1)으로 차원축소가 이루어져도 재구성 오류가 없음을 의미한다. 하지만 그림 8-26 (b)와 같은 3차원 데이터에 대해서는 1차원으로는 $x^{(3)}$를 제대로 표현할 방법이 없으므로 재구성 오류가 불가피하게 발생한다.

그림 8-26 3차원에서 1차원 차원 축소와 재구성 오류의 예

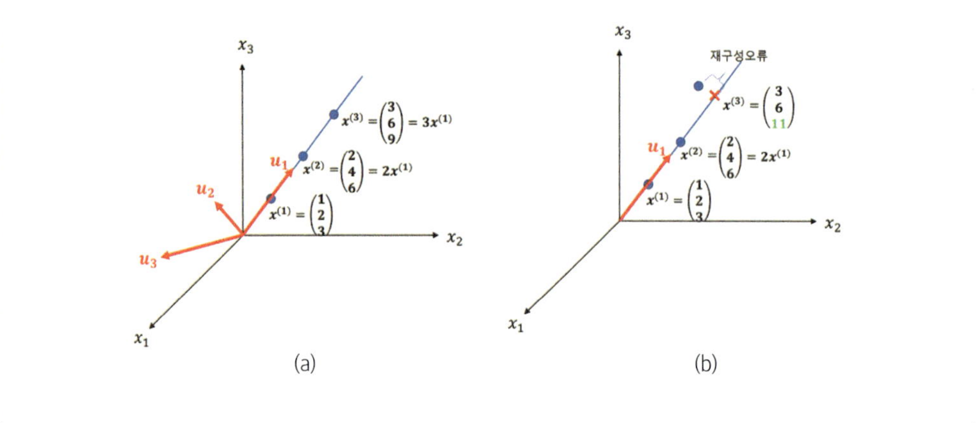

차원 d를 차원 k로 $(d-k)$ 차원이 축소되는 경우, 원데이터와 재구성된 데이터의 차이인 재구성 오류 J_k는 다음과 같다.

$$J_{(d-k)} = \sum_{i=1}^{N} \| x^{(i)} - \hat{x}^{(i)} \|^2 = \sum_{i=1}^{N} \sum_{j=1}^{d} (x_j^{(i)} - \hat{x}_j^{(i)})^2$$

만약 $k=d$이면(즉, 차원축소가 이루어지지 않으면) 완전한 재구성이 되므로 재구성 오류는 0이 된다. 따라서 다음과 같이 재구성 오류를 달리 표현할 수 있다.

$$J_{(d-k)} = \sum_{i=1}^{N} \| x^{(i)} - \hat{x}^{(i)} \|^2 = \sum_{i=1}^{N} \left\| \sum_{j=1}^{d} z_j^{(i)} u_j - \sum_{j=1}^{k} z_j^{(i)} u_j \right\|^2 = \sum_{i=1}^{N} \left\| \sum_{j=k+1}^{d} z_j^{(i)} u_j \right\|^2$$
$$= \sum_{i=1}^{N} \left(\sum_{j=k+1}^{d} z_j^{(i)} u_j \right)^T \left(\sum_{r=k+1}^{d} z_r^{(i)} u_r \right) = \sum_{i=1}^{N} \sum_{j=k+1}^{d} \sum_{r=k+1}^{d} z_j^{(i)} z_r^{(i)} u_j^T u_r$$
$$= \sum_{i=1}^{N} \sum_{j=k+1}^{d} (z_j^{(i)})^2 \quad (\because u_i^T u_i = 1, u_i^T u_j = 0 (i \neq j))$$

즉, 전체 차원(full dimension)에서 정사되어 차원축소로 버려지는 차원(특성)의 계수들의 제곱합이 재구성 오류가 된다. 아래에서는 재구성 오류와 특성변수의 공분산(covariance)과의 관계를 살펴본다. $z_j^{(i)} = x^{(i)T} u_j$이므로,

$$J_{(d-k)} = \sum_{i=1}^{N}\sum_{j=k+1}^{d}(z_j^{(i)})^2 = \sum_{i=1}^{N}\sum_{j=k+1}^{d} u_j^T x^{(i)} x^{(i)T} u_j = \sum_{j=k+1}^{d} u_j^T \left(\sum_{i=1}^{N} x^{(i)} x^{(i)T}\right) u_j = N\sum_{j=k+1}^{d} u_j^T \Sigma u_j,$$

여기서 Σ은 특성변수의 공분산으로

$$\Sigma = \frac{1}{N}\sum_{i=1}^{N}(x^{(i)} - u)(x^{(i)} - u)^T = \frac{1}{N}\sum_{i=1}^{N} x^{(i)} x^{(i)T} = \frac{1}{N}\sum_{i=1}^{N}\begin{bmatrix} x_1^{(i)} x_1^{(i)} & \cdots & x_1^{(i)} x_d^{(i)} \\ \vdots & \cdots & \vdots \\ x_d^{(i)} x_1^{(i)} & \cdots & x_d^{(i)} x_d^{(i)} \end{bmatrix}$$

그러면 재구성 오류 $J_{(d-k)}$을 최소로 하는 정규직교기저는 어떻게 결정하는가? 사실 재구성 오류 $J_{(d-k)}$을 최소로 하는 부분공간 S의 정규직교기저는 공분산 Σ의 고유벡터(eigenvector)가 된다. 설명의 편의를 위해 $k = d - 1$인 경우를 살펴보자. 재구성 오류 $J_{(1)} = N u_d^T \Sigma u_d$을 최소화하는 u_d를 찾는 비선형 최적화 문제는 다음과 같다.

$$\begin{aligned} &min_{u_d}\; u_d^T \Sigma u_d \\ &s.t. \quad u_d^T u_d = 1 \end{aligned}$$

위 최적화 문제의 라그랑지안(Lagrangian) 함수는 $L(u_d, \lambda) = u_d^T \Sigma u_d - \lambda(u_d^T u_d - 1)$이다.

$$\frac{\partial}{\partial u_d} L(u_d, \lambda) = 0 \rightarrow \Sigma u_d = \lambda u_d$$

즉, u_d는 공분산 Σ의 고유벡터이고 λ는 대응되는 고유값(eigenvalue)임을 알 수 있다. 따라서 $J_{(1)}$의 최소는 다음과 같다.

$$J_{(1)} = N u_d^T \lambda u_d = N\lambda \ (\because u_d^T u_d = 1)$$

그런데 위에 주어진 최적화 문제의 실행가능영역(feasible region)은 볼록집합(convex set)이 아니어서 복수의 국부해가 존재할 수 있는데, 이는 바로 공분산 Σ의 고유값이 복수 개(d) 존재하는 것과 관련이 있다. 따라서 공분산 Σ의 고유값 중에서 가장 작은 고유값을 취할 때, $J_{(1)}$은 최소가 된다. 동일한 논리가 $k(< d)$에 대해서 다음과 같이 일반화된다.

$$J_{(d-k)} = N\sum_{j=k+1}^{d}\lambda_j \ (\lambda_j \text{는 } \Sigma\text{의 고유값})$$

d개의 고유값 중에서 작은 것부터 순서대로 $(n-k)$개의 고유값을 택하면 $J_{(d-k)}$은 최소가 된다. 즉 $\lambda_1 \geq \cdots \geq \lambda_k \geq \underbrace{\lambda_{k+1} \cdots \geq \lambda_d}_{\text{제거된 기저(고유벡터)에 대응}}$ 에서 $(n-k)$개의 고유값으로 $\lambda_{k+1}, \cdots, \lambda_d$을 선택한다. 요약하면, 재구성 오류가 (근사적으로) 최소가 되는 차원이 $k(< d)$인 부분공간 S의 정규직교기저(제거되지 않는 고유벡터)는 공분산 Σ의 고유값에서 큰 순서대로 택한 $k(< d)$개의 고유값에 대응되는 고유벡터로 이루어진다.

재구성 오류 최소화와 함께 부분공간을 선택하는 또 다른 기준으로 정사된 점들의 분산($Varance_{(d-k)}$)이 최대가 되도록 할 수도 있다. 아래로부터 분산을 최대로 하는 공분산 Σ의 고유벡터는 재구성 오류를 최소화하는 것과 동일함을 확인할 수 있다.

$$\begin{aligned} Varance_{(d-k)} &= \sum_{i=1}^{N}\sum_{j=1}^{k}(z_j^{(i)} - \bar{z}_j)^2 = \sum_{i=1}^{N}\sum_{j=1}^{k}(u_j^T x^{(i)} - u_j^T \bar{x}) \\ &= \sum_{j=1}^{k} u_j^T \left(\sum_{i=1}^{N} x^{(i)} x^{(i)T}\right) u_j = N\sum_{j=1}^{k} u_j^T \Sigma u_j = N\sum_{j=1}^{k}\lambda_j \\ &\quad (\lambda_1 \geq \cdots \geq \lambda_k \geq \underbrace{\lambda_{k+1} \cdots \geq \lambda_d}_{\text{제거된 기저(고유벡터)에 대응}}) \end{aligned}$$

위의 두 가지 기준에 대한 논의를 종합하면,

$$J_{(d-k)}(\text{복원오류}) + Variace_{(d-k)} = N\sum_{j=1}^{k}\lambda_j = N \cdot trace(\Sigma)$$

[PCA 절차 1]

- 입력데이터 $D = \{x^{(i)}\}_{i=1}^{N}$ (zero-centered data)
- 공분산 $\Sigma = \frac{1}{N}\sum_{i=1}^{N} x^{(i)} x^{(i)T}$을 계산한다.
- 큰 값부터 차례로 선택된 k개의 Σ의 고유값 각각에 대응하는 고유벡터 $u_1, \cdots, u_k$을 찾는다. 이를 주성분(principal component)이라고 한다.
- 정사된 벡터 $z^{(i)} = (x^{(i)T} u_1, \cdots, x^{(i)T} u_k)$를 구하며, 이를 PCA 점수(score)라고 한다.

고유벡터는 기저벡터를 구성하게 되며, 기저벡터의 선형결합(linear combination)으로 원데이터를 표현하는 계수(coefficient)가 PCA 점수이다. 다르게 말하면, PCA 점수는 고유벡터로 구성된 새로운 좌표계(coordinate system)로 변환된 원데이터를 의미한다.

주어진 [PCA 절차 1]의 수행을 위해서는 수치적 연산에 부담이 큰 공분산행렬 Σ을 구해야 한다. 아래에 주어진 [PCA 절차 2]에서는 입력데이터(zero-centered) 행렬 $X \in R^{N \times d}$의 특이값 분해(SVD, Singular Value Decomposition)를 이용하여 Σ의 계산을 피할 수 있다. 아래에 주어진 SVD에서 행렬 $U(V)$의 열벡터는 행렬 $X^T X(XX^T)$의 정규직교 고유벡터이다. 그리고 공분산행렬 $\Sigma = \frac{1}{N} X^T X$의 고유값 $\lambda_j (j = 1, \cdots, d)$와 X의 특이값의 관계는 $\lambda_j = s_j^2 / N$이다.

[PCA 절차 2]

- 입력데이터 $D = \{x^{(i)}\}_{i=1}^{N}$ (zero-centered data)
- 입력데이터 행렬 $X = USV^T$의 SVD를 계산한다$(rank(X) = p(\leq min(N, d))$.

  여기서, $X \in R^{N \times d}, U \in R^{N \times N}, S \in R^{N \times d}, V \in R^{d \times d}$,

  $$S = \begin{pmatrix} \hat{\Sigma} & 0 \\ 0 & 0 \end{pmatrix}, \hat{\Sigma} = diag(s_1, s_2, \cdots, s_p), s_1 \geq s_2 \geq \cdots \geq s_p > 0,$$

  s_j는 행렬 X의 특이값(singular value)이다.
- 행렬 X의 특이값 중 큰 값부터 순서대로 $k(\leq p)$개의 특이값 $s_1 \geq \cdots \geq s_k > 0$과 이에 대응하는 행렬 V^T의 행벡터 $v_1, \cdots, v_k$를 주성분으로 선택한다.

- 정사된 벡터 $z^{(i)} = (x^{(i)T} v_1, \cdots, x^{(i)T} v_k)$를 구한다.

주성분의 수 k는 얼마로 결정해야 하는가? 시각화가 차원축소의 목적이라면 $k=2$ 또는 3으로 정하지만, 그렇지 않다면 데이터의 분산 특성이 최대한 유지되는 것이 바람직하다. 앞에서 보았듯이, 주성분의 수가 k일 때 보전되는 분산은 $\sum_{j=1}^{k} \lambda_j$이므로, 분산이 보존되는 비율은 $\sum_{j=1}^{k} \lambda_j / \sum_{j=1}^{d} \lambda_j$으로 정의할 수 있으며 일반적으로 90~95%가 적당한 것으로 알려져 있다.

아래에서 PCA를 얼굴인식(face recognition)에 활용한 예를 소개한다. 입력데이터 행렬 X에서 행은 얼굴 이미지를 그리고 열의 수는 이미지별 픽셀이다. 하나의 이미지가 $p \times q$ 픽셀로 나누어지면, 각 열의 수는 $p \times q$개가 되어 입력데이터 $x^{(i)}$의 차원은 $p \times q$가 된다. 그리고 이미지의 수가 N개이면 행렬 X의 크기는 $N \times (p \times q)$이다.

그림 8-27 얼굴 인식을 위한 eigenface의 입력데이터 구조

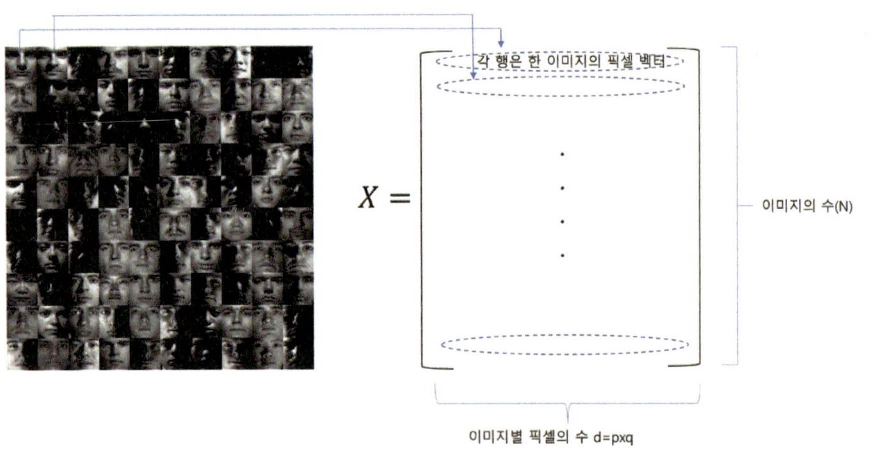

일단, 입력데이터 $\{x^{(i)}\}_{i=1}^{N}$에서 각 행의 평균 μ_j를 차감하여 다음과 같이 중심화된 입력데이터를 생성한다.

$$X = \begin{bmatrix} -x^{(1)}- \\ -x^{(2)}- \\ \vdots \\ -x^{(N)}- \end{bmatrix}, \text{ 중심화된 } X = \begin{bmatrix} -(x^{(1)}-\mu)- \\ -(x^{(2)}-\mu)- \\ \vdots \\ -(x^{(N)}-\mu)- \end{bmatrix}$$

그림 8-28 얼굴 인식을 위한 중심화된 입력데이터

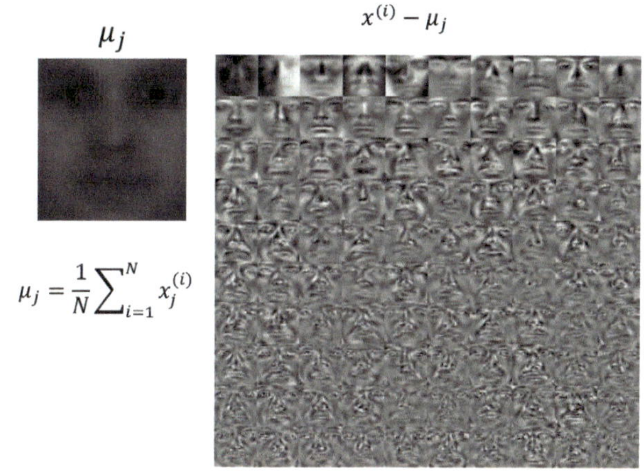

차원이 $p \times q$인 N개의 데이터에 대해 PCA를 수행하면, 주성분(PC_k) 벡터들을 얻을 수 있으며, 주성분 벡터들을 이미지로 해석한 것을 eigenface라고 한다. 차원($p \times q$)이 1024인 데이터에 대해, 고유값이 큰 것부터 순서대로 100개의 eigenface를 나열하면 아래 그림과 같다. 앞에 있는 eigenface는 얼굴의 전반적인 형태와 관련된 데이터들에 공통된 요소를, 그리고 뒤에 있는 eigenface는 세부적인 차이 정보를 나타낸다.

그림 8-29 PCA를 이용한 얼굴 인식에서 eigenface의 의미

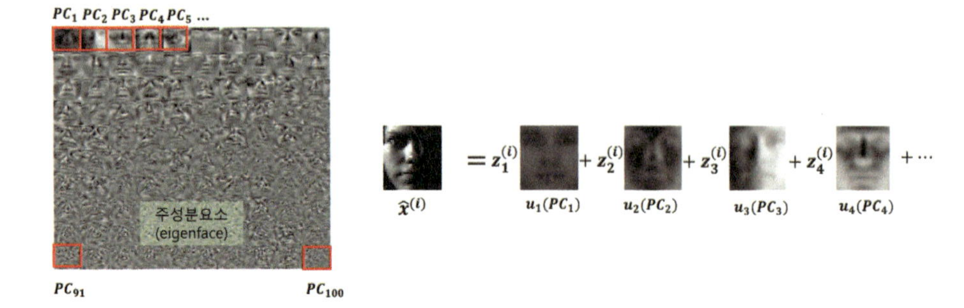

재구성된 데이터 $\hat{x}^{(i)}$는 주성분 벡터의 선형결합으로 표현되는데, 주성분 벡터의 수(k)는 분산의 보존비율을 고려해 결정한다. 그림 8-30 은 k=0, 1, 2인 경우의 재구성을 비교하여 보여주고 있다.

그림 8-30 주성분 벡터의 수에 따른 보존되는 분산비율

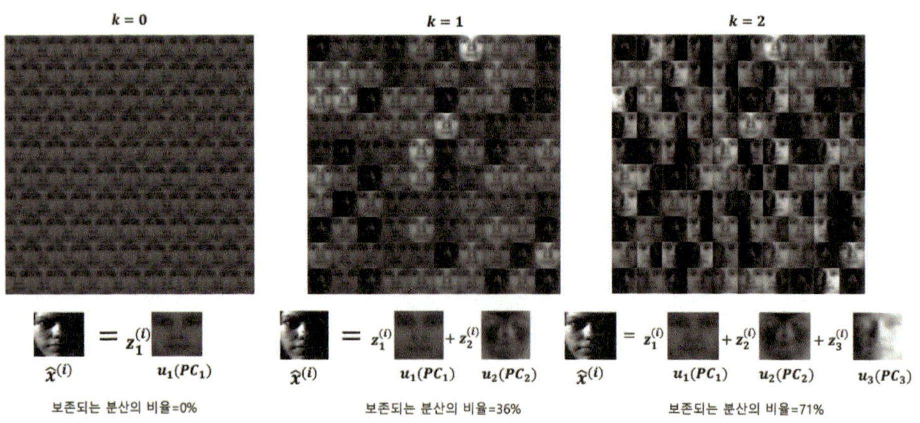

또한 그림 8-31 에서 보듯이 분산의 95%가 보존되는 수준인 k=54로 하면 1024인 원데이터의 차원을 54로 축소하게 된다.

그림 8-31 얼굴 인식을 위한 주성분 분석 수행 결과

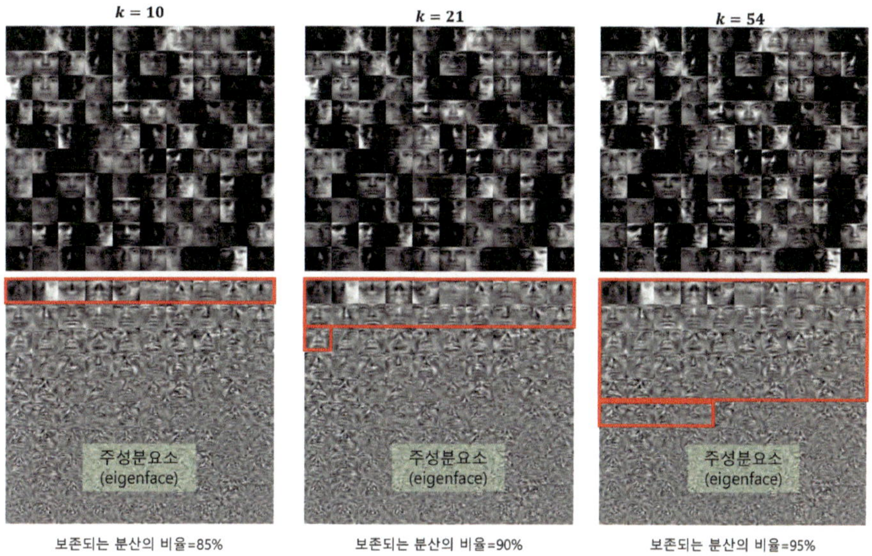

3. 군집화 예제 : 고객 군집화

쇼핑몰에 방문하는 고객을 성별, 나이, 소득수준 및 소비지수 등의 특성변수를 바탕으로 여러 개의 군집(클러스터)으로 세분화(segment)하고자 한다.

```
!pip install kneed
```

```
Looking in indexes: https://pypi.org/simple, https://us-python.pkg.dev/colab-wheels/public/simpl
e/
Requirement already satisfied: kneed in /usr/local/lib/python3.7/dist-packages (0.8.1)
Requirement already satisfied: scipy>=1.0.0 in /usr/local/lib/python3.7/dist-packages (from knee
d) (1.7.3)
Requirement already satisfied: numpy>=1.14.2 in /usr/local/lib/python3.7/dist-packages (from kne
ed) (1.21.6)
```

```
import numpy as np
import pandas as pd
import matplotlib.pyplot as plt
import seaborn as sns
from sklearn.cluster import KMeans
from mpl_toolkits.mplot3d import Axes3D
from sklearn.preprocessing import StandardScaler, MinMaxScaler
from sklearn.ensemble import GradientBoostingClassifier
from sklearn.model_selection import KFold, StratifiedKFold, train_test_split, GridSearchCV,\
 cross_val_score
from scipy.cluster.hierarchy import linkage, dendrogram
from sklearn.cluster import AgglomerativeClustering, DBSCAN
from sklearn.neighbors import NearestNeighbors
from kneed import KneeLocator

plt.style.use('seaborn')
sns.set_palette("hls")

import warnings
warnings.filterwarnings('ignore')
```

```
#df = pd.read_csv('https://drive.google.com/uc?id=gBVdBsV9XzBm6VOT96W271BK8DU3e')

url="https://drive.google.com/file/d/1yD-gBVdBsV9XzBm6VOT96W271BK8DU3e/view?usp=sharing"
path='https://drive.google.com/uc?id='+url.split('/')[-2]
#print("▶ 공유파일 링크변환 경로명 : ", path)
mall_df=pd.read_csv(path)
del mall_df['CustomerID']
mall_df.head()
```

	Gender	Age	Annual Income (k$)	Spending Score (1-100)
0	Male	19	15	39
1	Male	21	15	81
2	Female	20	16	6
3	Female	23	16	77
4	Female	31	17	40

```
mall_df.shape
```

```
(200, 4)
```

전처리

고객 ID는 필요 없는 정보이므로 삭제하고, 텍스트형 변수인 성별정보를 정수로 변환한다.

```
mall_df['Gender'].replace({'Male':0, 'Female':1}, inplace=True)
mall_df['Annual_Income']=mall_df['Annual Income (k$)']
mall_df['Spend_Index']=mall_df['Spending Score (1-100)']
del mall_df['Annual Income (k$)'], mall_df['Spending Score (1-100)']
```

결측치를 확인하고, 특성변수 간의 상관관계를 분석한다. 변수 간의 상관관계는 낮은 것으로 판단된다.

```
mall_df.isnull().sum()
```

```
Gender           0
Age              0
Annual_Income    0
Spend_Index      0
dtype: int64
```

```
corr = mall_df.corr()
sns.heatmap(corr, annot=True, cmap='coolwarm')
```

```
<matplotlib.axes._subplots.AxesSubplot at 0x7f0eff93e490>
```

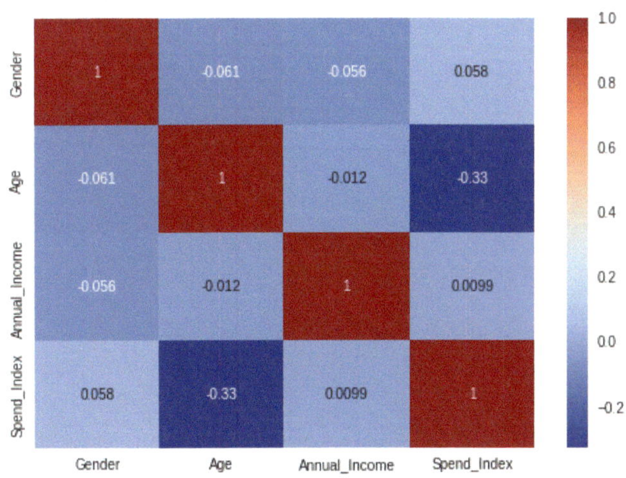

데이터 분석

나이와 소득으로 산포도(scatter plot)를 그렸다. 전반적으로 나이가 증가함에 따라 연간소득이 증가하다 40대를 넘어서면서부터 감소하는 형태를 보이긴 하지만 클러스터로 분할하는 경계선을 긋기는 어려워 보인다. 그리고 성별이 소득수준과 나이에 영향을 주는 것 같지도 않다.

```
plt.figure(figsize=(10,5))
sns.scatterplot(x='Age', y='Annual_Income', data=mall_df, hue='Gender')
```

```
<matplotlib.axes._subplots.AxesSubplot at 0x7f0efd017d50>
```

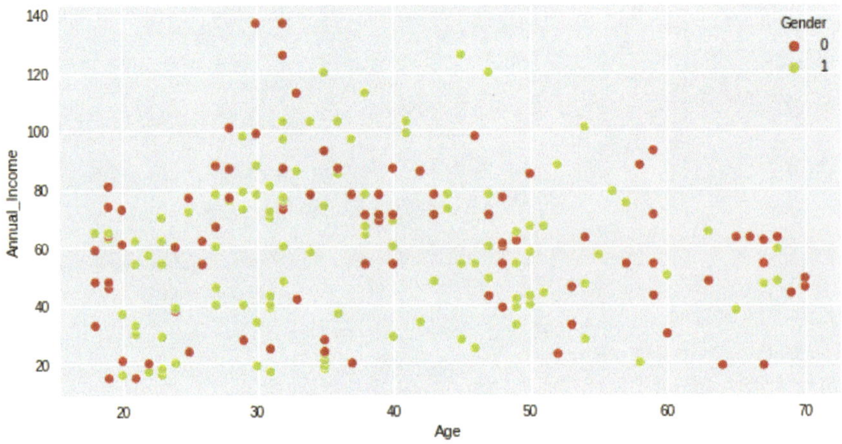

이번에는 나이와 소비수준을 기준으로 산포도를 그렸다. 20~40대 사이인 경우 소비수준이 넓게 퍼져 있다가 40대를 지나면서 소비수준이 전체적으로 줄어드는 양상을 보인다.

```
plt.figure(figsize=(10,5))
sns.scatterplot(x='Age', y='Spend_Index', data=mall_df, hue='Gender')
```

```
<matplotlib.axes._subplots.AxesSubplot at 0x7f0efcb0d710>
```

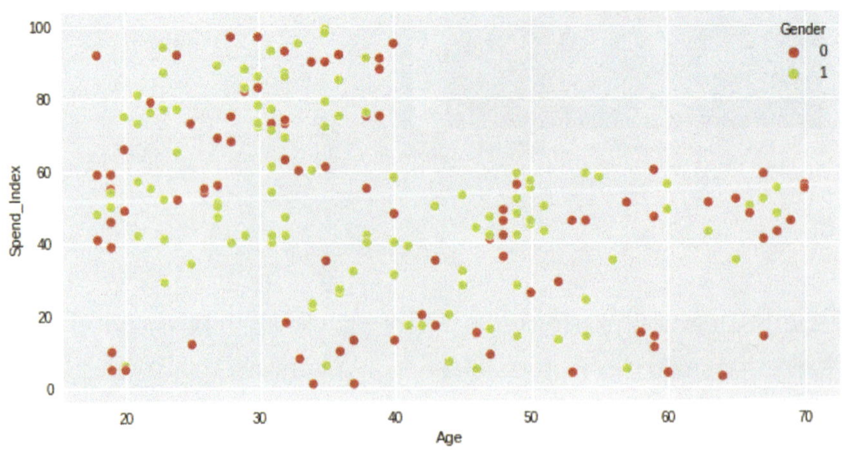

이번에는 소득수준과 소비지수를 중심으로 산포도를 그렸다. 또한 나이와 성별에 따라 다르게 표시되도록 하였다. 그림에서 보듯이 5개의 집단으로 나눌 수 있는 것으로 보여진다. 소득수준은 낮고 소비지수도 낮은 집단, 소득수준은 낮은데 소비지수는 높은 집단, 반대로 소득수준은 높은데 소비지수가 낮은 집단, 소득수준과 소비지수가 모두 높은 집단, 마지막으로 소득수준과 소비지수가 모두 중간수준인 집단이다. 높은 소비지수를 보이는 사람 중에 낮은 연령대가 대부분이고 높은 연령대는 소비지수가 대부분 낮고 넓은 분포의 소득수준을 보이고 있다. 5개의 집단에 성별이 고르게 분포되어 있어 성별은 중요한 역할을 하지 않는 것으로 보인다.

```
plt.figure(figsize=(10,5))
aaa=sns.scatterplot(x='Annual_Income', y='Spend_Index', data=mall_df, \
                    c =  mall_df['Age'], cmap='RdBu')
norm=plt.Normalize(mall_df['Age'].min(),mall_df['Age'].max())
sm=plt.cm.ScalarMappable(cmap="RdBu",norm=norm)
sm.set_array([])
#aaa.get_legend().remove()
aaa.figure.colorbar(sm)
```

```
<matplotlib.axes._subplots.AxesSubplot at 0x7f0efc95de90>
```

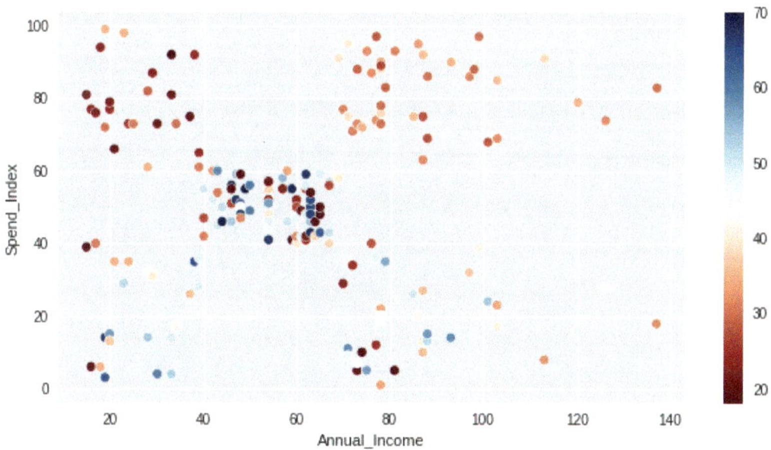


```
plt.figure(figsize=(10,5))
sns.scatterplot(x='Annual_Income', y='Spend_Index', data=mall_df, hue='Gender')
```

```
<matplotlib.axes._subplots.AxesSubplot at 0x7f0efc95de90>
```

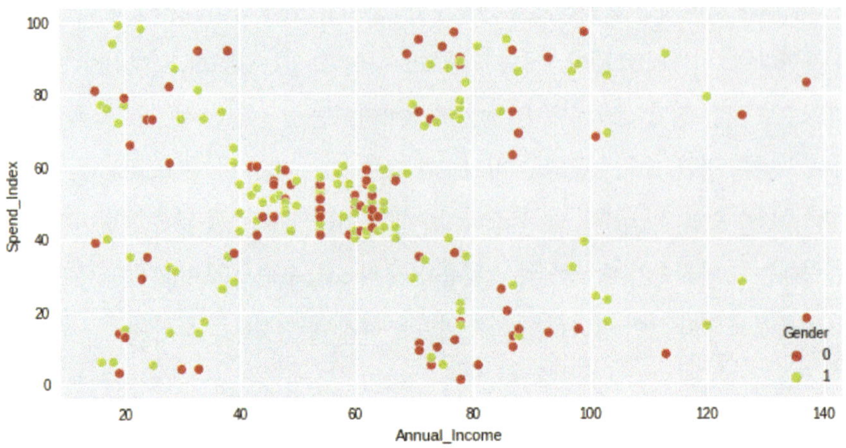

아래는 데이터를 3차원으로 표시하였다. *x*, *y*, *z*축은 각각 소득, 소비지수, 나이를 나타내고 포인트의 색깔은 성별을 구분한다.

```
fig = plt.figure(figsize=(10, 10))
ax = fig.add_subplot(111, projection='3d')

x = mall_df['Annual_Income']
y = mall_df['Spend_Index']
z = mall_df['Age']
ax.scatter(x, y, z, c =  mall_df['Gender'], s= 20, alpha=0.5, cmap='rainbow')
ax.set_xlabel('Annual_Income')
ax.set_ylabel('Spend_Index')
ax.set_zlabel('Age')
```

```
Text(0.5, 0, 'Age')
```

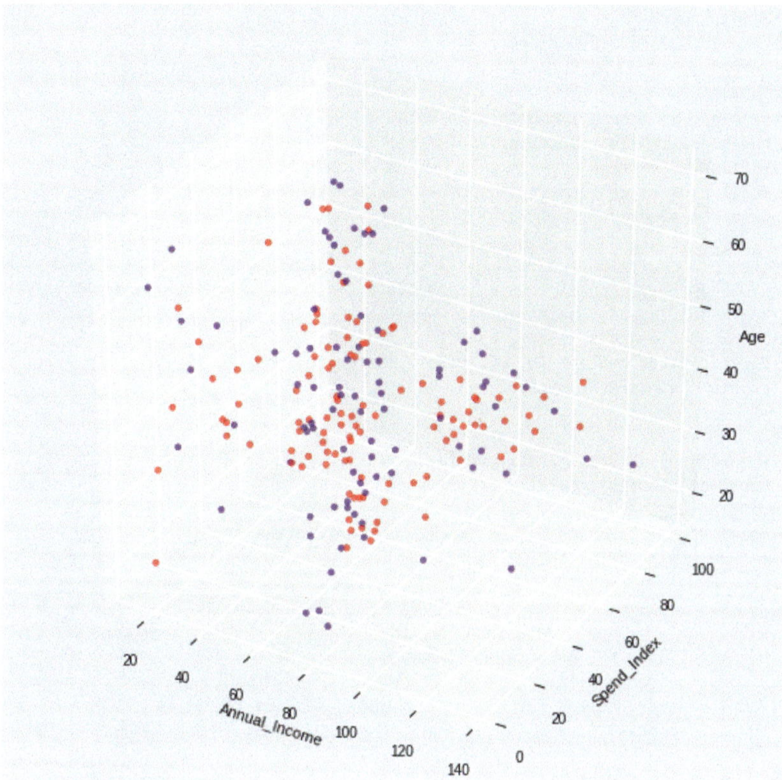

함수 정의

군집화 결과를 도식화하는 함수(plot_cluster())를 정의하여 사용하기로 한다. *x*축과 *y*축에 들어가는 특성변수 조합을 바꿔가면서 군집화의 결과를 시각적으로 확인할 수 있도록 한다.

```
def plot_cluster(data, model):
    plt.figure(figsize=(15, 12))
    plt.subplot(321)
    sns.scatterplot(x='Annual_Income', y='Spend_Index', data=data, \
                    hue=model.labels_,palette='coolwarm')
    if hasattr(model, 'cluster_centers_') :
        plt.scatter(model.cluster_centers_[:, 2], model.cluster_centers_[:, 3],\
                    c='red', alpha=0.5, s=150)

    plt.subplot(322)
    sns.scatterplot(x='Age', y='Spend_Index', data=data, \
                    hue=model.labels_, palette='coolwarm')
```

```
    if hasattr(model, 'cluster_centers_') :
        plt.scatter(model.cluster_centers_[:, 1], model.cluster_centers_[:, 3], \
                    c='red', alpha=0.5, s=150)

    plt.subplot(323)
    sns.scatterplot(x='Age', y='Annual_Income', data=data, \
                    hue=model.labels_, palette='coolwarm')
    if hasattr(model, 'cluster_centers_') :
        plt.scatter(model.cluster_centers_[:, 1], model.cluster_centers_[:, 2], \
                    c='red', alpha=0.5, s=150)

    plt.subplot(324)
    sns.scatterplot(x='Gender', y='Annual_Income', data=data, \
                    hue=model.labels_, palette='coolwarm')
    if hasattr(model, 'cluster_centers_') :
        plt.scatter(model.cluster_centers_[:, 0], model.cluster_centers_[:, 2], \
                    c='red', alpha=0.5, s=150)

    plt.subplot(325)
    sns.scatterplot(x='Gender', y='Spend_Index', data=data,\
                    hue=model.labels_, palette='coolwarm')
    if hasattr(model, 'cluster_centers_') :
        plt.scatter(model.cluster_centers_[:, 0], model.cluster_centers_[:, 3], \
                    c='red', alpha=0.5, s=150)

    plt.subplot(326)
    sns.scatterplot(x='Gender', y='Age', data=data, \
                    hue=model.labels_, palette='coolwarm')
    if hasattr(model, 'cluster_centers_') :
        plt.scatter(model.cluster_centers_[:, 0], model.cluster_centers_[:, 1], \
                    c='red', alpha=0.5, s=150)
```

각 특성변수들이 군집화 과정에 어느 정도의 영향을 미쳤는지를 확인하기 위하여, 군집화의 결과를 바탕으로 분류모형을 학습시키고 학습의 결과로 도출되는 feature_importance_ 속성값을 도식화한다. 본 예제에서는 분류에 경사부스팅 모형을 사용하였다.

```
def draw_feature_Importance(X_train, y_train):
    gbc_best = GradientBoostingClassifier(random_state=42) # **gbc_search.best_params_)
    gbc_best.fit(X_train, y_train)

    feature_importance = gbc_best.feature_importances_
    sorted_idx = np.argsort(feature_importance)
    pos = np.arange(sorted_idx.shape[0]) + 0.5
    fig = plt.figure(figsize=(6, 3))
    plt.subplot(1, 1, 1)
    plt.barh(pos, feature_importance[sorted_idx], align="center")
    plt.yticks(pos, np.array(X_train.columns)[sorted_idx])
    plt.title("Feature Importance")

    fig.tight_layout()
    plt.show()
    print(feature_importance[sorted_idx])
```

K-Means 군집화

K-Means는 *K*개의 초기 중심점(centroid)을 설정해놓고, 각 샘플데이터를 가까운 중심점으로 배정한다. 그런 다음, 각 클러스터의 중심점을 다시 계산하고 각 샘플데이터를 다시 가장 가까운 중심점으로 배정하는 과정을 반복한다.

파라미터 및 속성

K-Means 군집화에서 사용되는 파라미터는 다음과 같다.

- 'n_clusters' : *K*-Means 군집화에서 가장 중요한 파라미터인 군집의 개수를 나타낸다.
- 'init' : 초기 중심점을 정하는 방법으로 정의한다.
  - 'random' : 임의
  - 'manual' : 수동
  - 'kmeans++' : 기본 설정으로서 먼저 첫 번째 샘플데이터를 중심점1로 두고 이 점으로부터 가장 멀리 떨어져 있는 샘플데이터를 중심점2로 한다. 다시 이 두 중심점1,2로부터 가장 멀리 떨어져 있는 샘플데이터를 중심점3으로 설정한다. 이렇게 *K*번 반복하여 초기 중심점을 정하게 된다.
- 'n_init' : 초기 중심점 시도 횟수로서 기본값은 10이다. 10개의 무작위 중심위치 목록 중 가장 좋은 값을 선택한다.

군집화 학습이 끝난 *K*-Means객체는 다음과 같은 주요 속성을 가진다.

- 'labels_' : 각 데이터포인트가 속한 군집 중심점 레이블
- 'cluster_centers_' : 각 군집의 중심점 좌표
- 'n_iter_' : 수행된 실행 횟수
- 'inertia_' : 중심점과 해당 군집에 속한 샘플 간 거리의 합으로써 군집의 응집도를 나타내는 값이다. 이 값이 작을수록 군집화가 잘 되었다고 평가할 수 있다.

```
kmeans = KMeans(n_clusters=5)
kmeans.fit_predict(mall_df)
```

```
array([1, 3, 1, 3, 1, 3, 1, 3, 1, 3, 1, 3, 1, 3, 1, 3, 1, 3, 1, 3, 1, 3,
       1, 3, 1, 3, 1, 3, 1, 3, 1, 3, 1, 3, 1, 3, 1, 3, 1, 3, 1, 3, 1, 3,
       1, 3, 0, 0, 0, 0, 0, 0, 0, 0, 0, 0, 0, 0, 0, 0, 0, 0, 0, 0, 0, 0,
       0, 0, 0, 0, 0, 0, 0, 0, 0, 0, 0, 0, 0, 0, 0, 0, 0, 0, 0, 0, 0, 0,
       0, 0, 0, 0, 0, 0, 0, 0, 0, 0, 0, 0, 0, 0, 0, 0, 0, 0, 0, 0, 0, 0,
       0, 0, 0, 0, 0, 0, 0, 0, 0, 0, 0, 0, 0, 2, 4, 2, 0, 2, 4, 2, 4, 2,
       4, 2, 4, 2, 4, 2, 4, 2, 4, 2, 0, 2, 4, 2, 4, 2, 4, 2, 4, 2, 4, 2,
       4, 2, 4, 2, 4, 2, 4, 2, 4, 2, 4, 2, 4, 2, 4, 2, 4, 2, 4, 2, 4, 2,
       4, 2, 4, 2, 4, 2, 4, 2, 4, 2, 4, 2, 4, 2, 4, 2, 4, 2, 4, 2, 4, 2,
       4, 2], dtype=int32)
```

```
kmeans.get_params()
```

```
{'algorithm': 'auto',
 'copy_x': True,
 'init': 'k-means++',
 'max_iter': 300,
 'n_clusters': 5,
 'n_init': 10,
 'random_state': None,
 'tol': 0.0001,
 'verbose': 0}
```

결과 도식화

중심점의 개수를 5로 했을 때 *K*-Means 군집화의 결과를 나타낸다. 그림에서 큰 점들은 중심점을 나타내고 작은 점들은 샘플데이터를 나타내며, 동일한 색깔의 작은 점들은 동일한 군집에 속한다. 그림에서 보듯이 소득과 소비지수가 군집화에 절대적인 영향을 주고 있음을 알 수 있으며, 성별과 나이는 큰 영향을 주지 못하고 있음을 알 수 있다. 만약에 성별의 영향력이 높다면 그림처럼 중심점이 가운데 위치하지 않고 가장자리에 위치하고 있을 것이다.

```
plot_cluster(mall_df, kmeans)
```

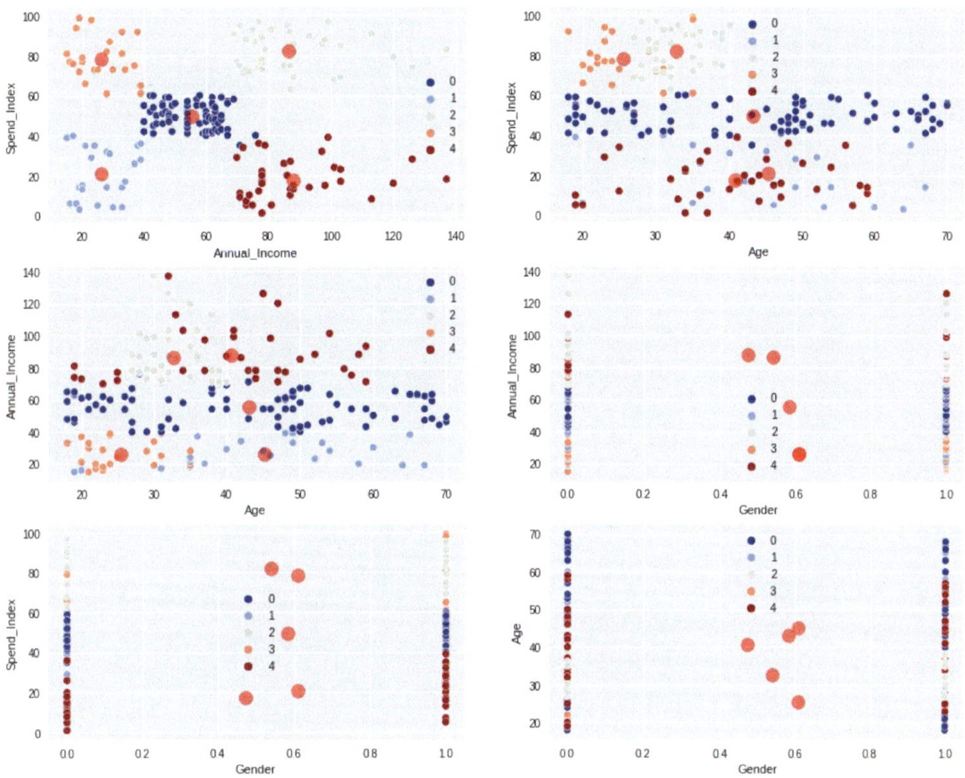

아래 그림은 군집화의 결과를 (소득, 소비지수, 나이)의 3차원 축으로 표현한 것이다. 같은 색깔의 샘플은 동일한 군집에 포함된다. 각 군집들이 모든 나이에 펴져 있는 것으로 보아 나이는 군집화에 크게 영향을 미치지 않는 것으로 판단된다.

```
fig = plt.figure(figsize=(10, 10))
ax = fig.add_subplot(111, projection='3d')

x = mall_df['Annual_Income']
y = mall_df['Spend_Index']
z = mall_df['Age']
ax.scatter(x, y, z, c = kmeans.labels_, s= 20, alpha=0.5, cmap='rainbow')
ax.set_xlabel('Annual_Income')
ax.set_ylabel('Spend_Index')
ax.set_zlabel('Age')
```

```
Text(0.5, 0, 'Age')
```

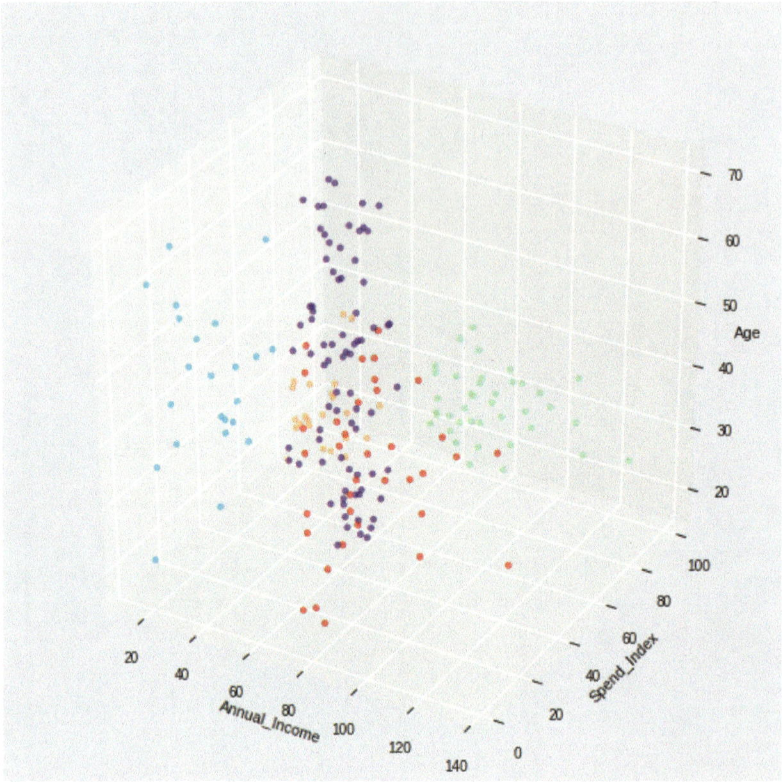

최적 군집수 찾기

최적의 군집수를 찾는 한 방법인 팔꿈치 방법은 클러스터 개수를 늘려가면서 이너셔(intertia)의 변화를 관찰하여 감소하는 속도가 꺾이는 지점을 최적 군집수로 설정하는 것이다. 즉, 이 지점 이후로는 클러스터 개수를 늘려도 클러스터에 밀집된 정도가 크게 개선되지 않으며, 군집수가 너무 커지게 되면 가까이 있는 샘플데이터인데도 다른 집단으로 분류하게 되어 군집의 의미가 퇴색되기 때문이다.

아래 예제에서는 군집의 수를 5 또는 6으로 설정하는 것이 가장 적절하다고 말할 수 있다.

```
def change_n_clusters(n_clusters, data):
    sum_of_squared_distance = []
    for n_cluster in n_clusters:
        kmeans = KMeans(n_clusters=n_cluster)
        kmeans.fit_predict(mall_df)
```

```
        sum_of_squared_distance.append(kmeans.inertia_)

    plt.figure(1 , figsize = (8, 5))
    plt.plot(n_clusters , sum_of_squared_distance , 'o')
    plt.plot(n_clusters , sum_of_squared_distance , '-' , alpha = 0.5)
    plt.xlabel('Number of Clusters')
    plt.ylabel('Inertia')

n_clusters = [2, 3, 4, 5, 6, 7, 8, 9, 10, 11, 12]

change_n_clusters(n_clusters, mall_df)
```

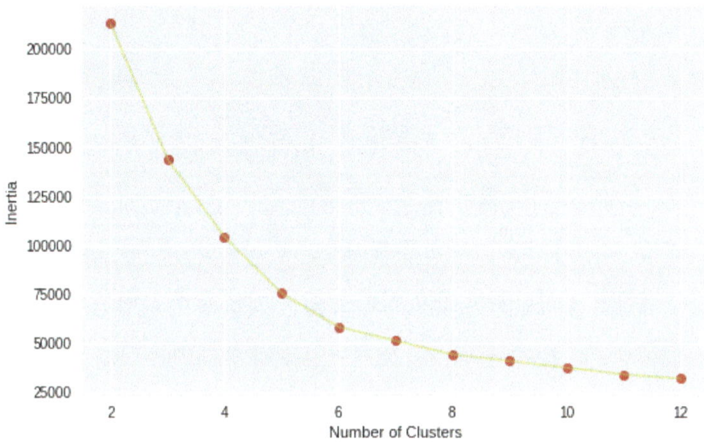

특성변수의 중요도 분석

각 특성변수가 군집화에 어느 정도의 영향을 미치는지를 분석하기 위하여 *K*-Means의 결과로 나온 클러스터 라벨을 각 데이터의 군집으로 주어진 것으로 하는 분류 문제로 정의하고 경사부스팅분류기로 학습하였다. 경사부스팅분류기 학습의 결과물로 특성변수들의 중요도를 얻을 수 있다. 스케일링되지 않은 데이터에서 각 특성변수들의 중요도를 그리면 다음 그림과 같다. 즉, 소득과 소비수준이 군집화에 절대적인 영향을 주었다는 것을 알 수 있다.

```
draw_feature_Importance(mall_df,kmeans.labels_)
```

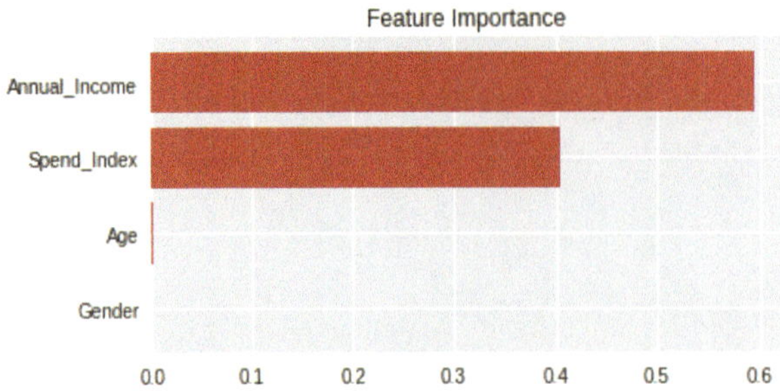


```
[1.51579097e-05 1.29568967e-03 4.04210095e-01 5.94479057e-01]
```

스케일링된 데이터

이번에는 데이터를 StandardScaler로 스케일링한 후에 클러스터의 개수가 5인 *K*-Means로 학습하였다. 첫 번째 그림을 보면 스케일링되지 않을 때와는 다르게 클러스터 결정에 소득수준과 소비지수가 크게 영향을 주지 않는다. 마지막 그림에서 클러스터 중심점의 성별좌표값이 중간값이 아니라 여성 또는 남성에 해당하는 극단적인 값을 가지고 있는 것을 보면 성별이 클러스터 결정에 절대적인 영향을 미치는 것으로 볼 수 있다. 즉, 스케일링을 하게 되면 소득수준이나 소비지수의 차이에 의한 거리차이보다 성별의 차이에 의한 거리차이가 훨씬 크게 작용하기 때문인 것으로 추측할 수 있다.

```
standard_scaler = StandardScaler()
mall_scaled_df = pd.DataFrame(standard_scaler.fit_transform(mall_df), columns=mall_df.columns)

kmeans_scaled = KMeans(n_clusters=5)
kmeans_scaled.fit_predict(mall_scaled_df)

plot_cluster(mall_scaled_df, kmeans_scaled)
```

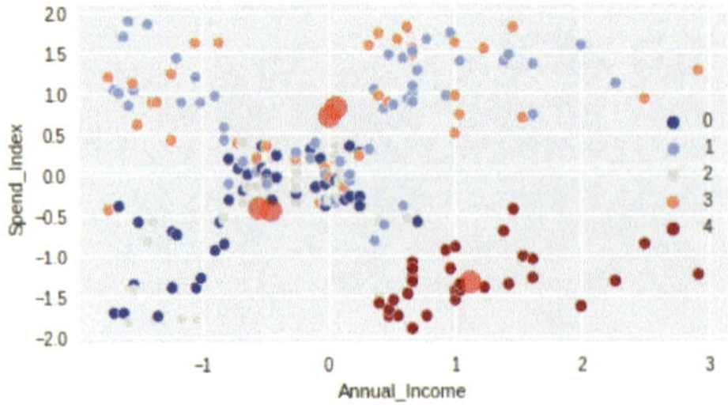

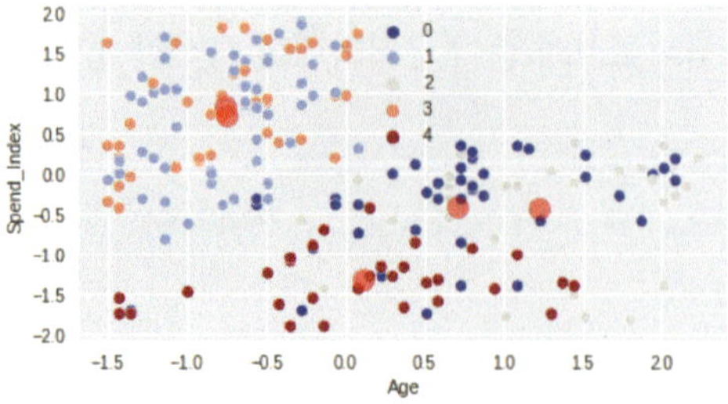

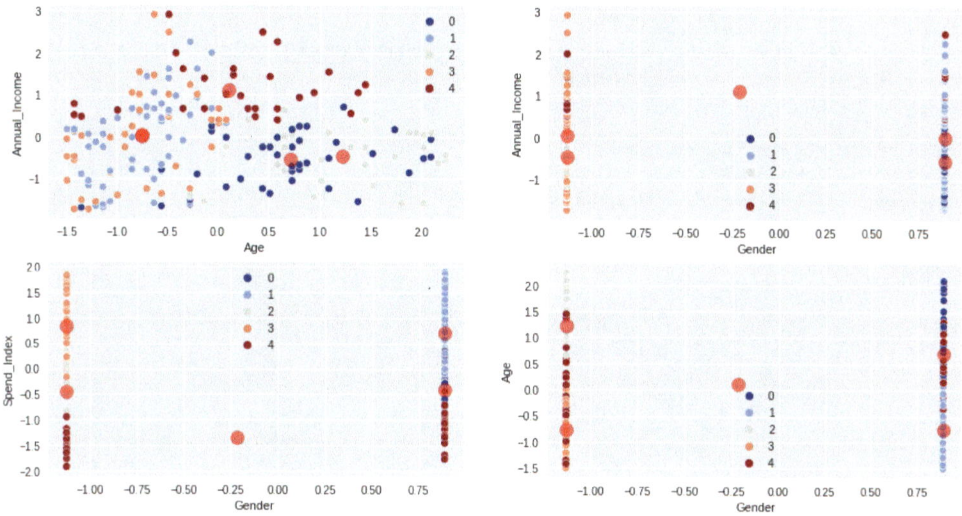

스케일링된 데이터를 중요도를 그리면 아래와 같다. 스케일링되지 않은 원데이터와 비교해서 정반대로 나이와 성별이 절대적인 영향을 미치는 것을 알 수 있다.

```
draw_feature_Importance(mall_scaled_df,kmeans_scaled.labels_)
```

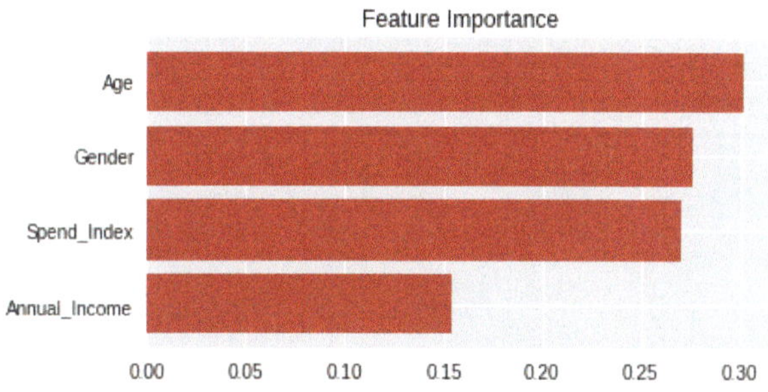


```
[0.15345497 0.26991041 0.27563128 0.30100334]
```

나이와 성별 변수의 영향력을 줄이기 위하여 두 특성변수의 값을 85% 정도로 줄여서 모형의 결과를 비교해 보았다. 이제는 소득과 소비수준이 대부분을 결정하지만 나이와 성별도 어느 정도 영향을 주는 것으로 볼 수 있다.

```
standard_scaler = StandardScaler()
mall_scaled_df = pd.DataFrame(standard_scaler.fit_transform(mall_df), columns=mall_df.columns)
mall_scaled_df['Gender'] = mall_scaled_df['Gender'] /1.2
mall_scaled_df['Age'] = mall_scaled_df['Age'] /1.2

kmeans_scaled_2 = KMeans(n_clusters=5)
kmeans_scaled_2.fit_predict(mall_scaled_df)
plot_cluster(mall_scaled_df, kmeans_scaled_2)
```

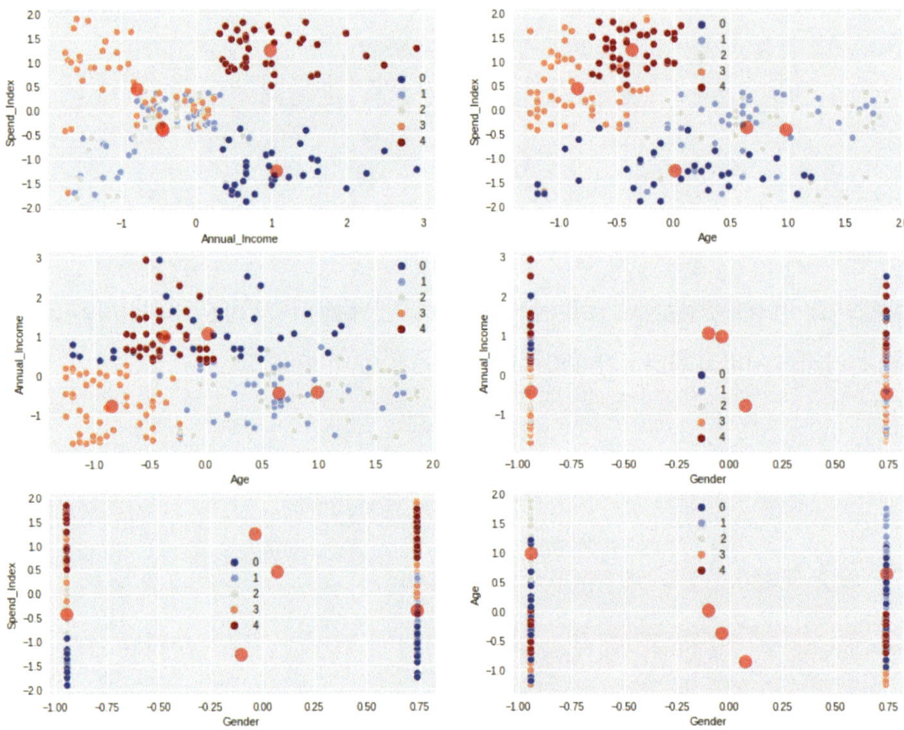


```
draw_feature_Importance(mall_scaled_df,kmeans_scaled_2.labels_)
```

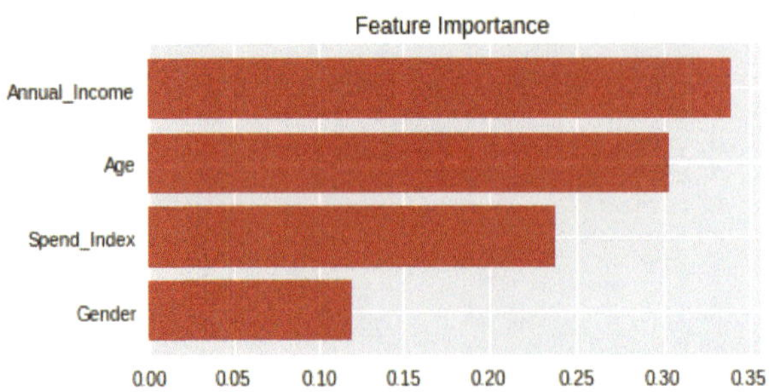


```
[0.11911456 0.23814402 0.30323598 0.33950543]
```

계층적 군집화(hierarchical clustering)

스케일링된 데이터를 사용하고 군집 간의 거리를 측정하는 방식으로 single, complete, average, centroid, ward를 순차적으로 적용하였다.

덴드로그램에 의한 최적군집수 찾기

```
linkage_list = ['single', 'complete', 'average', 'centroid', 'ward']
fig, axes = plt.subplots(nrows=len(linkage_list), ncols=1, figsize=(10, 25))
for i in range(len(linkage_list)):
    hierarchical_single = linkage(mall_scaled_df, method=linkage_list[i])
    dn = dendrogram(hierarchical_single, ax=axes[i])
    axes[i].title.set_text(linkage_list[i])
plt.show()
```

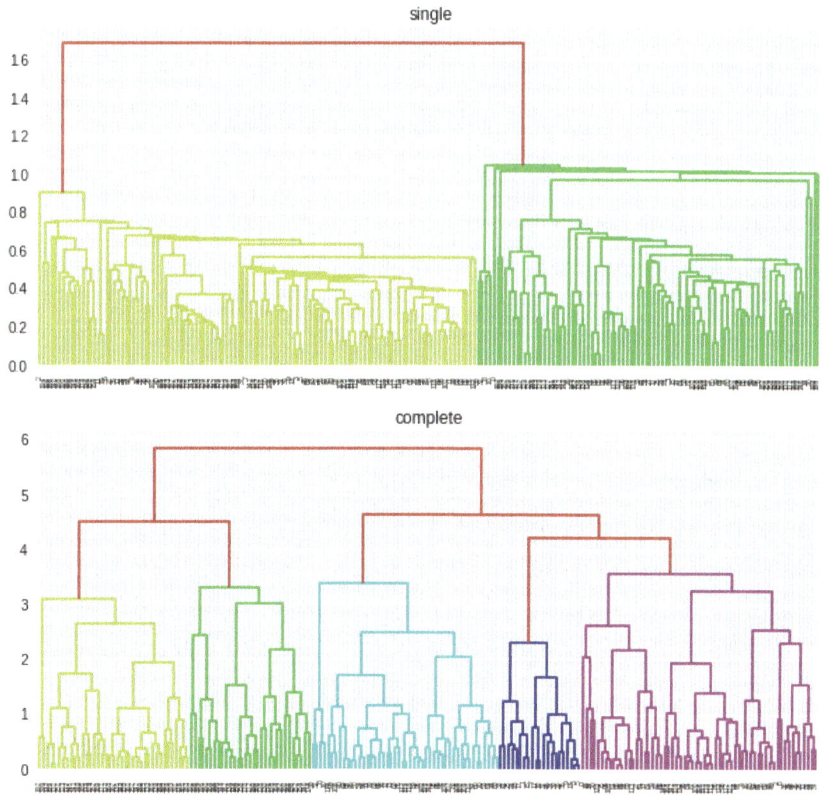

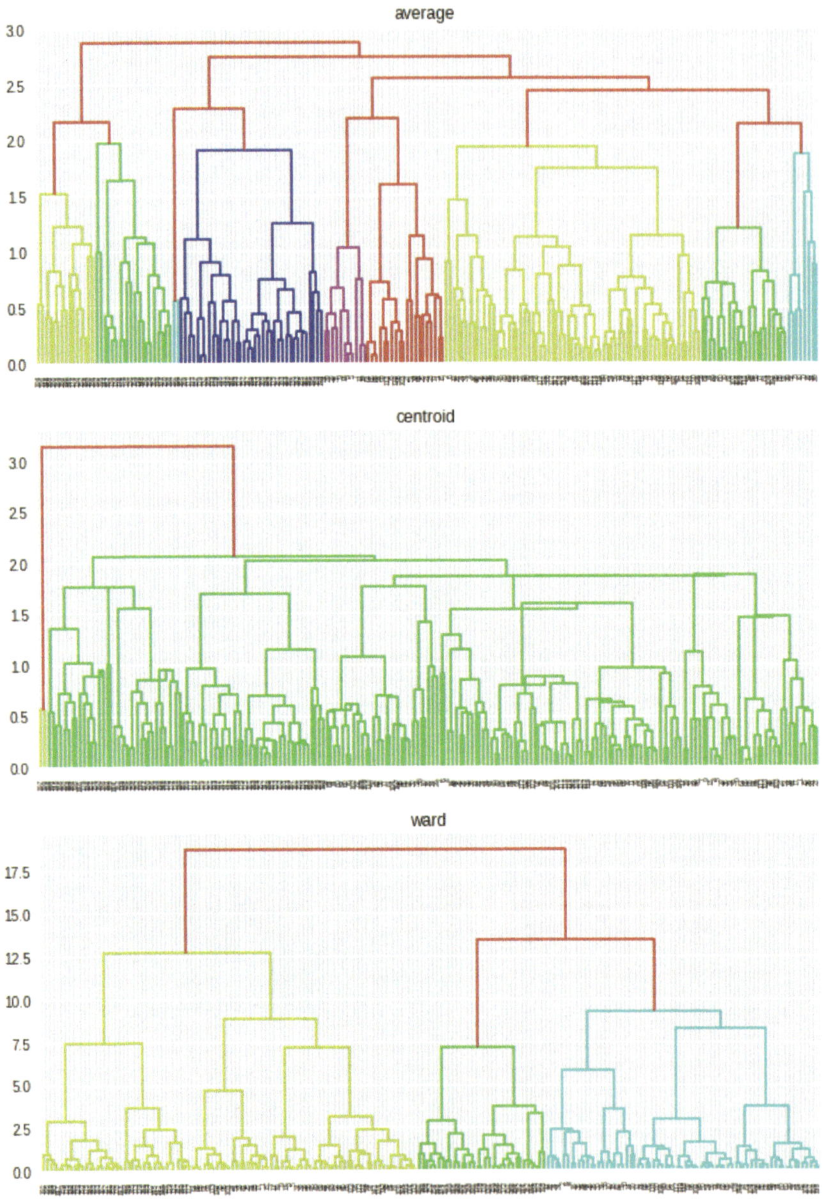

덴드로그램 결과 중 'complete'가 비교적 균일하게 군집화가 이루어진 것으로 보이며, 군집 간 거리를 4로 했을 때의 군집 개수인 5로 n_clusters를 설정하여 군집화하였다.

파라미터 및 속성

계층적 군집화를 사용하는 병합군집(agglomerative clustering)은 주어진 계층적 군집화를 수행하는 클래스로 설정된 군집 간 거리 산정방식에 따라 군집의 개수가 파라미터로 주어진 n_clusters가 될 때까지 순차적으로 병합을 해나간다.

계층적 군집화를 위한 병합군집 모형에는 다음과 같은 파라미터가 있다.

- 'n_clusters' : 가장 중요한 파라미터인 군집의 개수를 나타낸다.
- 'linkage' : 두 군집을 합치는 방식을 지정한다.
  - 'single' : 군집 내 샘플데이터 간의 최소 거리가 가장 짧은 두 군집을 합침
  - 'ward' : 분산을 가장 작게 증가시키는 두 클러스터를 합침(기본값)
  - 'average' : 군집 내 샘플데이터 간의 평균 거리가 가장 짧은 두 군집을 합침
  - 'complete' : 군집 내 샘플데이터 간의 최대 거리가 가장 짧은 두 군집을 합침
- 'affinity' : 군집 간의 거리를 계산하는 데 사용되는 척도(기본값 = 'euclidean')

군집화 학습이 끝난 AgglomerativeClustering 객체는 다음과 같은 주요 속성을 가진다.

- 'n_leaves_' : 리프노드의 개수를 의미한다.
- 'labels_' : 각 샘플데이터가 속한 군집의 인덱스를 나타낸다
- 'children_' : 학습과정에서 합쳐지는 두 노드의 인덱스를 나타낸다. 리프노드가 아닌 노드는 샘플의 개수보다 큰 인덱스가 주어진다.
- 'distances_' : children_ 속성에 있는 두 노드 간의 거리를 나타낸다.

```
agg_clustering = AgglomerativeClustering(n_clusters=5, linkage='complete',\
                                         compute_distances='True')
labels = agg_clustering.fit_predict(mall_scaled_df)
```

```
{'affinity': 'euclidean',
 'compute_distances': 'True',
 'compute_full_tree': 'auto',
 'connectivity': None,
 'distance_threshold': None,
```

```
 'linkage': 'complete',
 'memory': None,
 'n_clusters': 5}
```

```
agg_clustering.n_leaves_
```

```
200
```

```
agg_clustering.labels_[0:20]
```

```
array([0, 4, 0, 4, 0, 4, 0, 4, 2, 4, 2, 4, 0, 4, 0, 4, 0, 4, 0, 4])
```

```
agg_clustering.distances_[0:5]
```

```
array([0.05980557, 0.05980557, 0.08087475, 0.09800592, 0.11961115])
```

```
agg_clustering.children_[0:5]
```

```
array([[129, 131],
       [ 65,  68],
       [  3,   5],
       [114, 115],
       [ 48,  49]])
```

군집결과 도식화

군집결과에서 동일한 군집에 속한 샘플데이터들이 성별에 관계없이 퍼져 있는 것을 보면 성별이 미치는 영향은 매우 미미한 것으로 보인다. 또한, 동일한 군집에 속한 샘플데이터들이 나이 축에서 모여 있는 것을 보면 나이도 어느 정도 군집화에 영향을 미치는 것으로 보여진다.

```
plot_cluster(mall_scaled_df, agg_clustering)
```

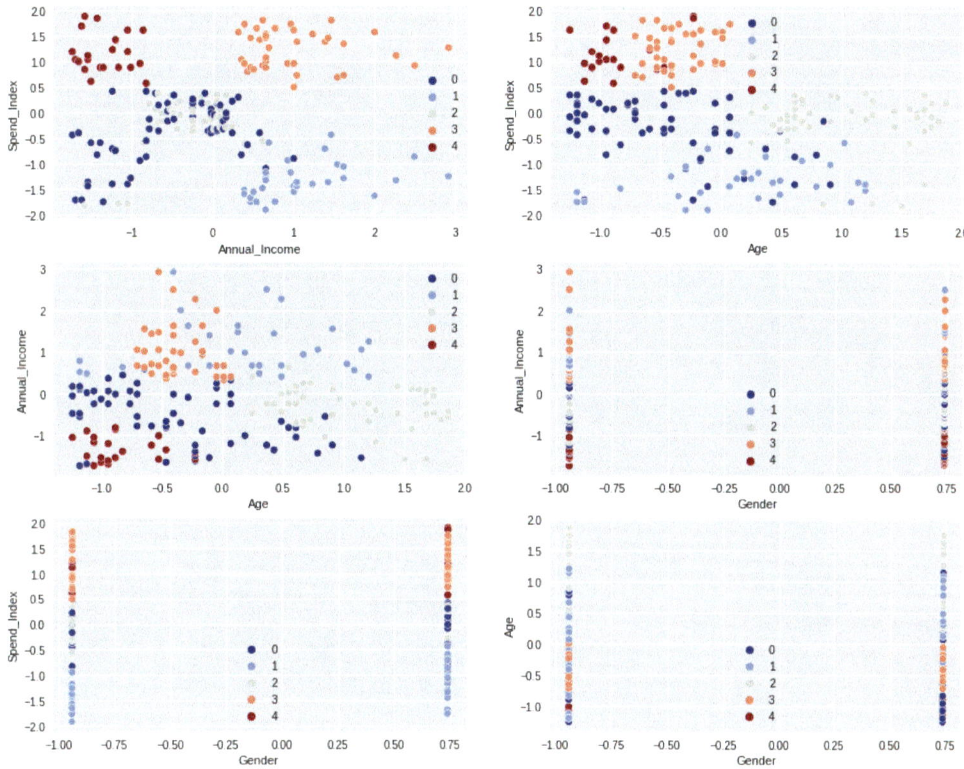

```
fig = plt.figure(figsize=(10, 10))
ax = fig.add_subplot(111, projection='3d')

x = mall_scaled_df['Annual_Income']
y = mall_scaled_df['Spend_Index']
z = mall_scaled_df['Age']
ax.scatter(x, y, z, c = agg_clustering.labels_, s= 20, alpha=0.5, cmap='rainbow')
ax.set_xlabel('Annual_Income')
ax.set_ylabel('Spend_Index')
ax.set_zlabel('Age')
```

```
Text(0.5, 0, 'Age')
```

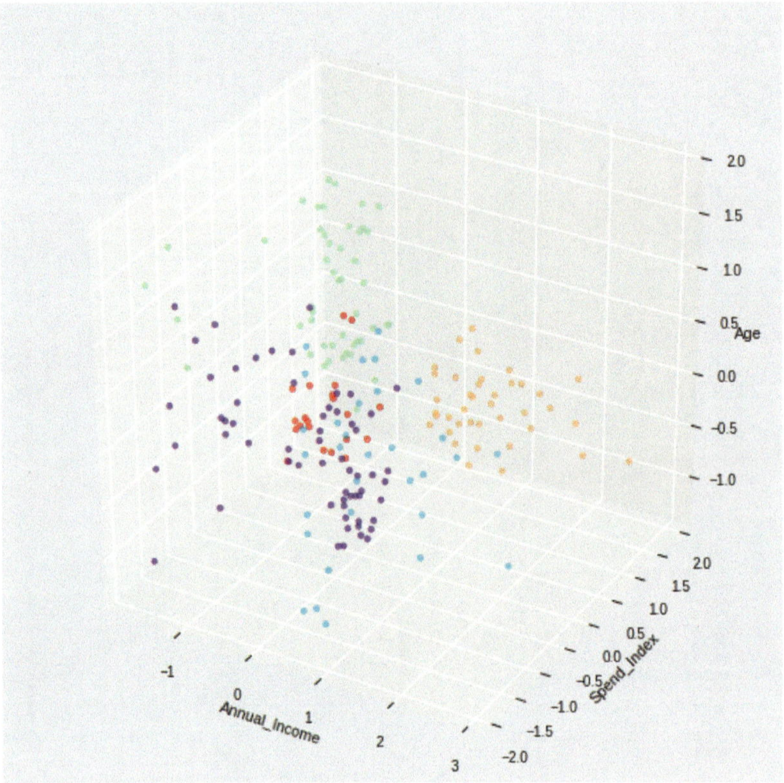

소비지수, 소득 및 나이 순으로 군집화에 영향을 주고 있는 것으로 분석되었다.

```
draw_feature_Importance(mall_scaled_df,agg_clustering.labels_)
```

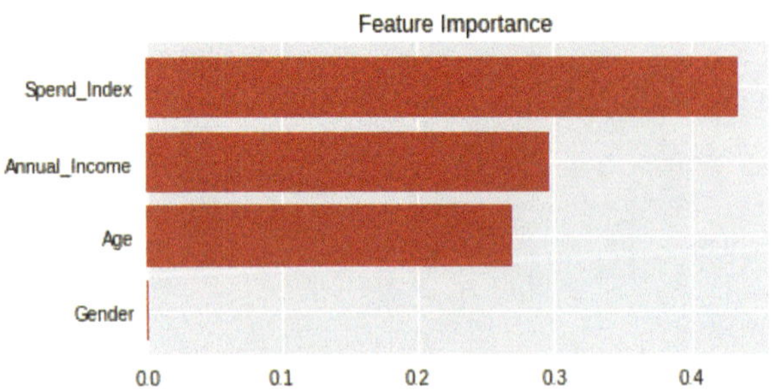


```
[3.81804657e-04 2.69040302e-01 2.96610052e-01 4.33967842e-01]
```

DBSCAN

파라미터 및 속성

DBSCAN의 주요 파라미터는 eps와 min_samples로써 본문에서는 각각 ϵ과 $minPts$로 나타낸다.

- 'eps' : 두 포인트가 서로 이웃이 되기 위한 최대한의 거리를 의미하고, eps보다 가까운 거리에 있는 핵심포인트(core points)는 동일한 군집으로 묶인다. 기본값은 0.5이다.
- 'min_samples' : 한 포인트의 이웃점의 개수가 min_samples 이상이 되어야 코어포인트가 된다.
- 'metric' : 샘플데이터 간 거리 계산에 사용되는 척도

군집화 학습이 끝난 DBSCAN 객체는 다음과 같은 주요 속성을 가진다.

- 'core_sample_indices_' : 코어포인트들의 인덱스를 저장한다.
- 'components_' : 코어포인트들의 데이터값
- 'labels_' : 각 샘플데이터들이 속한 군집의 번호를 나타내는데 −1은 노이즈포인트를 의미한다.

```
dbscan = DBSCAN(min_samples=3)
dbscan.fit_predict(mall_scaled_df)
```

```
array([-1,  2, -1,  0,  3,  0, -1, -1,  1,  0,  1, -1,  4,  0, -1,  2,  3,
        2, -1, -1, -1,  2,  4,  2,  4,  2,  3, -1,  3,  0,  1,  0,  1, -1,
        4,  0,  4, -1,  3,  0, -1, -1,  5,  0, -1,  0,  0,  0,  0,  0,  0,
       -1,  0,  5,  0,  5,  0,  5,  0,  5,  5,  6,  0,  0,  5,  6,  0,  0,
        6,  0,  5,  0,  0,  0,  5,  7,  0,  5,  0,  0,  5,  5,  5,  0,  0,
        5,  0,  0, -1,  0,  0,  7,  5,  0,  0,  7,  0,  0,  5,  7,  0,  0,
        5,  7,  5,  0,  0,  5,  5,  5,  5,  0,  0,  7,  0,  0,  0,  0,  0,
        0,  7,  0, -1,  8,  0,  9, -1,  8, -1, 10, 12, 10,  0,  9, 11,  9,
       13, 10, 11,  9, -1,  8,  0,  9, 11,  8, -1,  9, 14,  8, 12,  8, 13,
        9, 13,  9, 12,  9, 12,  9, -1,  9, 11,  9, -1,  9, 12,  9, 14, 15,
       12, 15, 12,  8, 13,  9, -1, 15, -1,  8, 14,  9, -1,  9, 14,  8, -1,
       -1, 14,  9, 14, -1, -1,  9, -1, -1, -1, -1, -1, -1])
```

```
dbscan.get_params()
```

```
{'algorithm': 'auto',
 'eps': 0.5,
 'leaf_size': 30,
 'metric': 'euclidean',
 'metric_params': None,
 'min_samples': 3,
 'n_jobs': None,
 'p': None}
```

최적 파라미터 찾기

eps와 min_samples 값은 아래 논문을 참조하여 설정하였다.

https://iopscience.iop.org/article/10.1088/1755-1315/31/1/012012/pdf

https://raghavan.usc.edu/papers/kneedle-simplex11.pdf

각 포인트마다 다른 포인트와의 거리를 계산해서 가장 가까운 거리에 있는 3개 포인트와 index를 집계하고, 아래 그림과 같이 두 번째 가까운 거리를 순서대로 정렬한다. 그래프가 갑자기 증가하는 지점을 knee 포인트라 하고 이 값을 eps 값으로 설정한다. 본 예제에서는 knee 포인트를 찾아 주는 패키지를 사용한다.

```
neigh = NearestNeighbors(n_neighbors=3)
neigh.fit(mall_scaled_df)
distances, indices = neigh.kneighbors(mall_scaled_df)
```

```
y = np.sort(distances[:, 2])
x = np.arange(len(y))
knee = KneeLocator(x, y, S=1, curve='convex', direction='increasing',\
                   interp_method='polynomial')
fig = plt.figure(figsize=(5, 5))
knee.plot_knee()
plt.xlabel("Points")
plt.ylabel("Distance")

print(y[knee.knee])
```

```
0.7184959225548964
<Figure size 360x360 with 0 Axes>
```

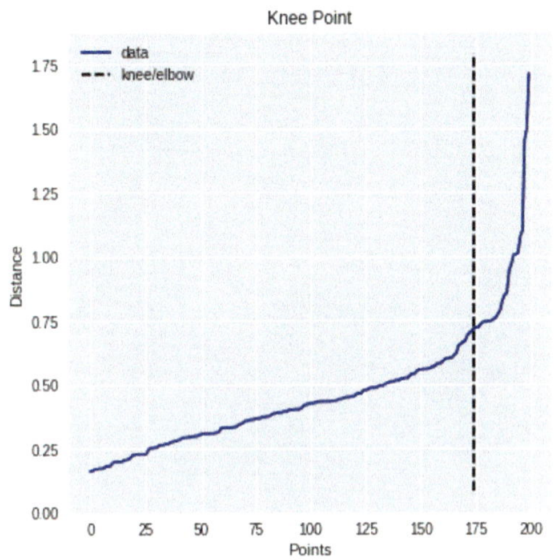

군집결과 도식화

위에서 찾은 eps와 min_samples값을 파라미터로 DBSCAN를 실행한다. 도식화한 결과를 보면 군집의 개수는 5개이다(−1로 표시된 포인트는 노이즈포인트).

```
eps= y[knee.knee]

dbscan = DBSCAN(eps=eps, min_samples=3)
dbscan.fit_predict(mall_scaled_df)

print(np.unique(dbscan.labels_))

plot_cluster(mall_scaled_df, dbscan)
```

```
[-1  0  1  2  3  4]
```

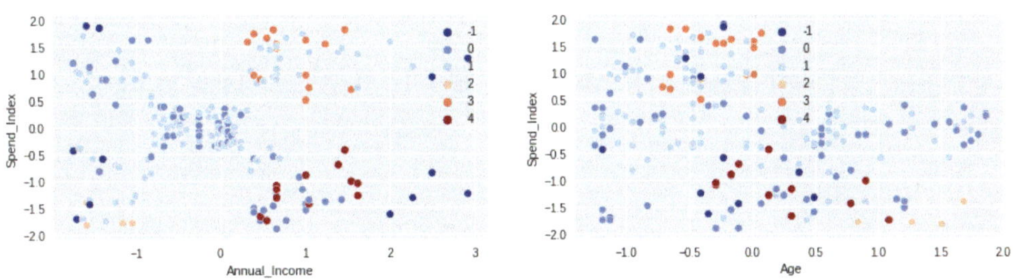

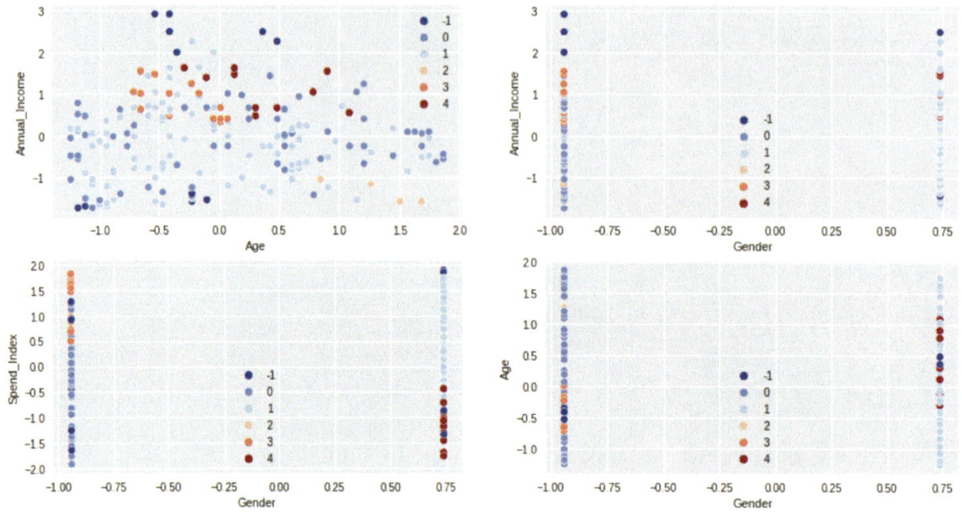

```
dbscan.core_sample_indices_[0:20]
```

```
array([ 1,  3,  5,  7,  8,  9, 10, 13, 15, 16, 17, 21, 22, 23, 24, 25, 26,
       27, 28, 29])
```

```
dbscan.labels_[0:20]
```

```
array([-1,  0, -1,  1,  1,  1,  1,  1,  2,  1,  2, -1,  1,  1, -1,  0,  1,
        0,  0, -1])
```

```
dbscan.components_[0:5]
```

```
array([[-0.94012679, -1.06752951, -1.73899919,  1.19570407],
       [ 0.73867105, -0.94791836, -1.70082976,  1.04041783],
       [ 0.73867105, -1.00772393, -1.66266033,  1.00159627],
       [ 0.73867105, -0.94791836, -1.62449091,  1.70038436],
       [-0.94012679,  1.5041102 , -1.58632148, -1.83237767]])
```

성별변수의 영향력이 높으며, 다음으로 소득과 소비지수의 순으로 영향을 미치는 것으로 보인다.

```
draw_feature_Importance(mall_scaled_df,dbscan.labels_)
```

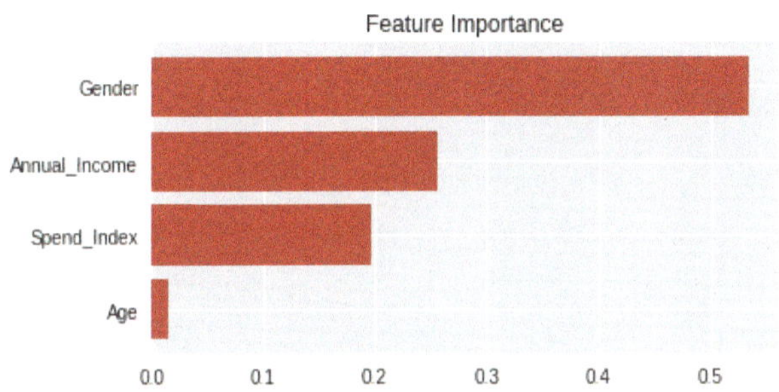


```
[0.01378966 0.197383   0.2554734  0.53335394]
```

4. 차원축소 예제 : 얼굴인식

얼굴 인식 문제에 차원축소 기법인 PCA를 적용하여 PCA의 사용법 및 효과를 확인한다. 얼굴 인식 문제는 40명의 인물에 대하여 총 400개의 얼굴사진이 있고 각 사진에는 숫자가 붙어 있다. 동일한 인물에 대해서는 같은 숫자가 붙어 있다. 모든 사진은 (64×64) 크기로 조정되어 4096픽셀로 구성된다. 사진 파일은 http://vis-www.cs.umass.edu/lfw/ 사이트에서 얻을 수 있다.

얼굴 인식 문제는 사진이 주어졌을 때 사진의 주인공을 알아맞히는 분류 문제로 4096픽셀의 사진을 그대로 사용하기에는 너무 용량이 크기 때문에 차원축소 기법을 적용하여 사진의 용량을 줄인 후에 분류기법을 적용한다.

먼저 인물사진 파일은 scikit-learn 패키지의 datasets 모듈에서도 제공하기 때문에 여기서는 이 모듈로부터 다운로드한다.

```
%matplotlib inline
from sklearn import datasets
from matplotlib import pyplot as plt
from sklearn import decomposition
import numpy as np
from sklearn import metrics
from sklearn import svm
from sklearn.metrics import confusion_matrix
from sklearn.metrics import ConfusionMatrixDisplay
```

데이터 다운로드 및 분할

```
faces = datasets.fetch_olivetti_faces()
faces.data.shape
```

```
downloading Olivetti faces from https://ndownloader.figshare.com/files/5976027 to /root/scikit_l
earn_data
```

```
(400, 4096)
```

대상으로 하는 인물의 처음 15개의 인물 이미지를 보면 다음 그림과 같다.

```
fig = plt.figure(figsize=(8, 6))
# plot several images
for i in range(15):
    ax = fig.add_subplot(3, 5, i + 1, xticks=[], yticks=[])
    ax.imshow(faces.images[i], cmap=plt.cm.bone)
```

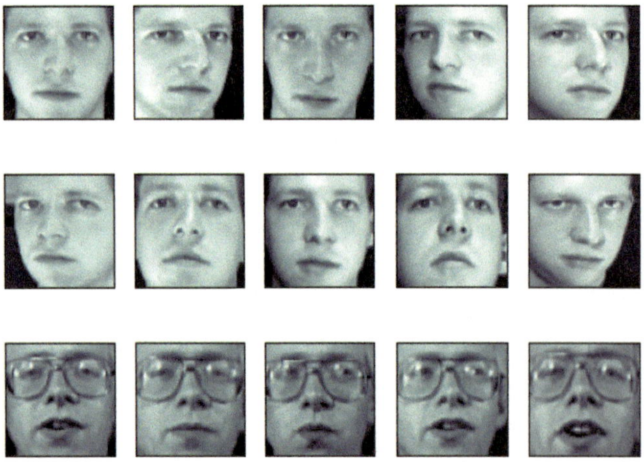

```
from sklearn.model_selection import train_test_split
X_train, X_test, y_train, y_test = train_test_split(faces.data,
        faces.target, random_state=0)

print(X_train.shape, X_test.shape)
```

```
(300, 4096) (100, 4096)
```

PCA 파라미터 및 속성

차원축소는 수학적으로 원데이터 벡터에 변환매트릭스를 곱하여 원정보의 핵심적인 내용은 유지하면서 데이터의 용량을 획기적으로 줄일 수 있는 기법이다.

가장 중요한 모수는 목표로 하는 차원의 수이다.

- 'n_components' : 차원축소 후의 차원으로써 본 예제에서는 4096픽셀을 150픽셀로 줄이기 때문에 이 모수 값은 150이 된다.

차원축소된 PCA 객체는 다음과 같은 속성을 가진다.

- 'singular_values_' : 원데이터에 대한 특이값(singular value, 본문에서의 s_j)을 나타낸다.
- 'components_' : 차원축소는 수학적으로 원데이터 벡터에 변환매트릭스를 곱하게 되는데 이 매트릭스는 .components_[]에 저장된다. 각 원소는 고유벡터(본문의 $u_1, \cdots, u_k$)에 해당된다.
- 'explained_variance_' : 공분산 행렬의 고유값(eigen value, 본문에서의 λ_j)을 나타낸다.
- 'explained_variance_ratio_' : 각 주성분 벡터의 분산보존비율을 나타내며, 고유값의 비율과 동일하다.
- 'means_' : 주성분 벡터들의 평균값을 저장한다.
- get_covariance() : 원데이터에 대한 공분산 행렬(본문의 Σ)을 계산한다.
- transform() : 실제적인 차원축소는 실행하여 PCA 점수(본문의 $z^{(i)} = (x^{(i)^T} u_1, \cdots, x^{(i)^T} u_k)$)를 출력하는 함수로서 차원축소된 데이터의 i번째 원소의 의미는 i번째 주성분에 대한 가중치를 의미한다.

```
pca = decomposition.PCA(n_components=150, whiten=True)
pca.fit(X_train)
```

```
PCA(n_components=150, whiten=True)
```

```
pca.get_params()
```

```
{'copy': True,
 'iterated_power': 'auto',
 'n_components': 150,
 'random_state': None,
 'svd_solver': 'auto',
 'tol': 0.0,
 'whiten': True}
```

```
pca.get_covariance()
```

```
array([[ 0.15955587,  0.16852796,  0.18854254, ..., -0.09992301,
        -0.09810136, -0.0920305 ],
       [ 0.16852796,  0.21299678,  0.22630021, ..., -0.12027485,
        -0.12039198, -0.11344017],
       [ 0.18854254,  0.2263002 ,  0.27617186, ..., -0.14520107,
        -0.14678186, -0.13863602],
       ...,
       [-0.09992301, -0.12027485, -0.14520107, ...,  0.15881816,
         0.13731755,  0.12955204],
       [-0.09810136, -0.12039197, -0.14678186, ...,  0.13731755,
         0.14764124,  0.12655866],
       [-0.0920305 , -0.11344018, -0.13863604, ...,  0.12955204,
         0.12655866,  0.13434976]], dtype=float32)
```

```
pca.singular_values_[0:20]
```

```
array([72.711464, 57.857964, 43.274403, 33.759174, 29.155735, 27.3697  ,
       24.577126, 22.020832, 21.577381, 19.683868, 19.28985 , 18.461447,
       17.320127, 16.550657, 15.850485, 15.281008, 14.905903, 14.156962,
       13.528244, 13.171292], dtype=float32)
```

즉, components_는 (150×4096) 크기의 매트릭스로 150개의 주성분을 나타낸다.

```
pca.components_
```

```
array([[-7.6761311e-03, -1.1104569e-02, -1.4407961e-02, ...,
         3.3914177e-03,  6.1086724e-03,  5.8623296e-03],
       [-2.8277529e-02, -3.2752670e-02, -3.7287891e-02, ...,
         2.7785340e-02,  2.5476268e-02,  2.3924172e-02],
       [ 4.2143431e-03,  1.2180834e-03, -4.0061772e-04, ...,
        -1.2500808e-02, -9.9031478e-03, -7.5579537e-03],
       ...,
       [ 1.2739853e-04,  1.6161468e-02,  2.7237834e-02, ...,
        -2.2442263e-02,  1.5692268e-02,  5.6130732e-03],
       [-1.8350361e-03, -8.4517207e-03,  7.2822411e-05, ...,
        -4.3363824e-02, -2.0322930e-02, -2.2010399e-02],
       [-8.1401486e-03, -5.5589981e-04, -2.6639668e-02, ...,
         1.1706352e-02, -7.6878346e-03, -2.1432335e-02]], dtype=float32)
```

```
print(pca.components_.shape)
```

```
(150, 4096)
```

아래 그림은 150개의 주성분을 그린 것으로 원래 인물데이터는 주성분 사진('eigenface'라 부름)들의 가중조합으로 만들어낸다. 그림에서도 알 수 있듯이 각 eigenface들은 밝기, 코, 눈, 안경 등 얼굴의 주요 특징들을 담고 있다.

```
fig = plt.figure(figsize=(16, 30))
for i in range(150):

    ax = fig.add_subplot(15, 10, i + 1, xticks=[], yticks=[])
    ax.imshow(pca.components_[i].reshape(faces.images[0].shape),
              cmap=plt.cm.bone)
```

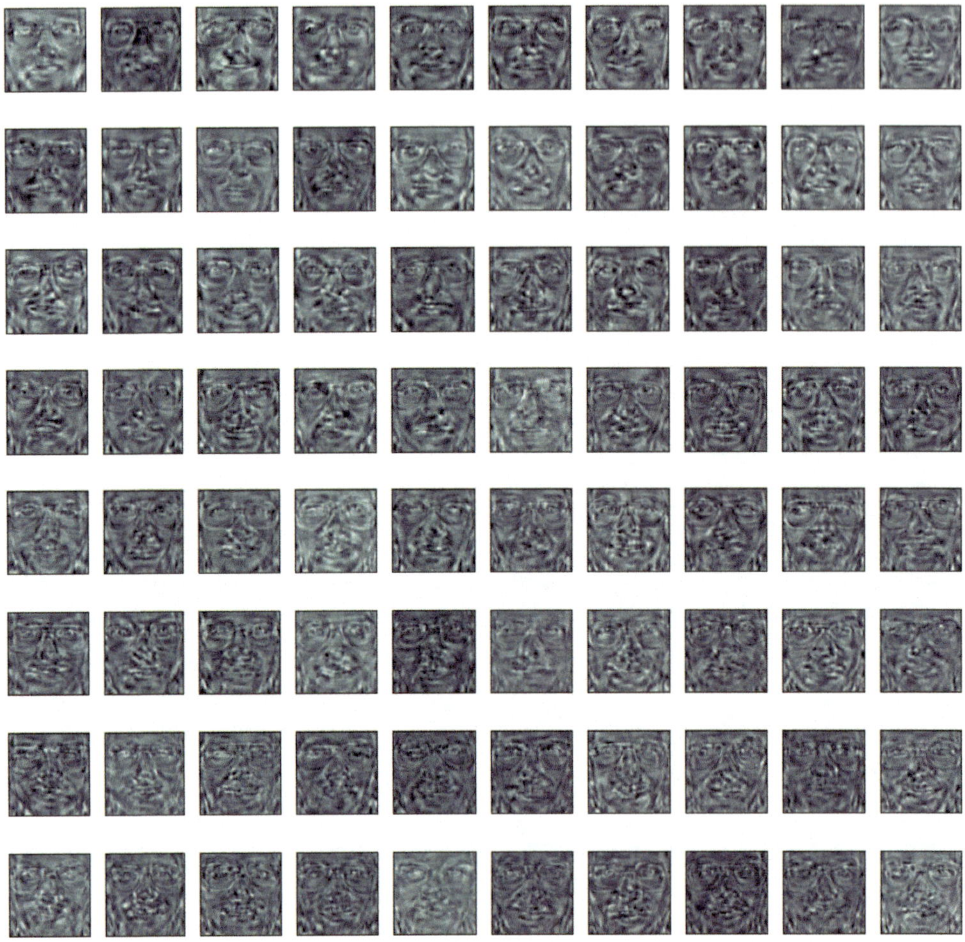

각 주성분벡터가 설명하는 비율을 나타내는 다음 그림에서 볼 수 있듯이 후반부로 갈수록 주성분의 중요도가 기하급수적으로 떨어지는 것을 알 수 있다.

```
plt.figure(figsize=(7,6))
plt.plot(pca.explained_variance_ratio_,'b', lw=1.0)
plt.show()
```

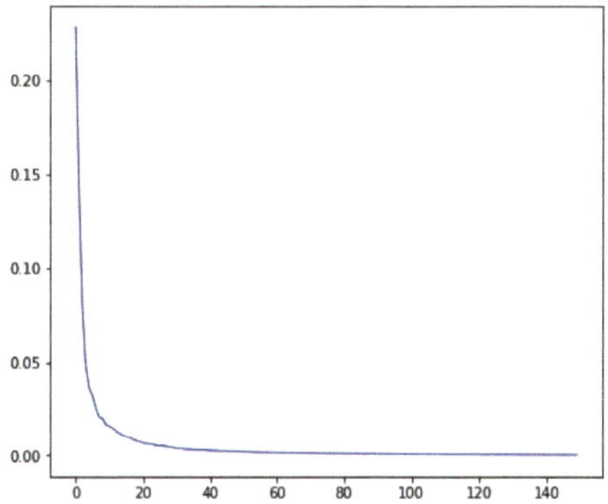

```
print('eigen_value :', pca.explained_variance_[0:20])
```

```
eigen_value : [17.68213    11.195799    6.2631235   3.811645    2.8429997   2.5053527
  2.0201843   1.6217961   1.557135    1.295835    1.244476    1.139883
  1.0033004   0.91613466  0.84026045  0.78096724  0.7430968   0.6702996
  0.61208487  0.5802105 ]
```

데이터들의 평균값을 .means_에 담아 저장하고 있는데 4096 차원에서의 데이터들의 중심점을 의미한다. 얼굴인식 예제에서는 '평균 얼굴(mean face)'을 나타낸다.

```
plt.imshow(pca.mean_.reshape(faces.images[0].shape),
           cmap=plt.cm.bone)
```

```
<matplotlib.image.AxesImage at 0x7faff3b7f690>
```

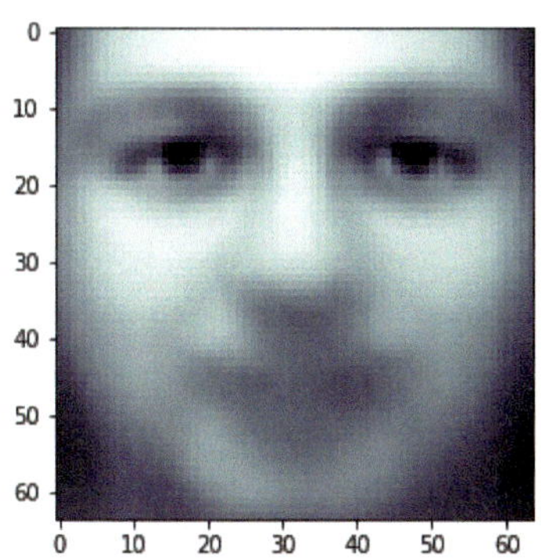

적절한 차원 수 선택하기

보존되는 분산의 비율이 95%가 되는 주성분 축, 차원을 선택하는 방법은 다음과 같다.

```
cumsum = np.cumsum(pca.explained_variance_ratio_)
d = np.argmax(cumsum >= 0.95) + 1
print('선택할 차원 수 :', d)
```

```
선택할 차원 수 : 107
```

실제적인 차원축소는 transform() 함수를 통하여 이루어진다. 차원축소된 데이터의 *i*번째 원소의 의미는 *i*번째 주성분에 대한 가중치를 의미한다. 즉, 원래 데이터(인물사진)를 주성분(eigenface)에 대한 가중합으로 나타내고 있다.

```
X_train_pca = pca.transform(X_train)
X_test_pca = pca.transform(X_test)

print(X_train_pca.shape)
print(X_test_pca.shape)
```

```
(300, 150)
(100, 150)
```

학습 및 테스트

이제 차원축소된 데이터에 대하여 분류 알고리즘을 적용한다.

SVM

```
clf = svm.SVC(C=5., gamma=0.001)
clf.fit(X_train_pca, y_train)
```

```
SVC(C=5.0, gamma=0.001)
```

테스트용 사진에 대하여 분류 알고리즘을 검증하기 위해서는 테스트용 데이터도 차원축소가 이루어져야 하고 분류결과는 .predict() 함수의 결과물로 반환된다. 아래 그림은 15개의 테스트용 인물사진에 대한 사진과 인물번호를 나타내어 파란색은 정확한 분류를, 빨간색은 오분류를 의미한다.

```
fig = plt.figure(figsize=(8, 6))
for i in range(15):

    ax = fig.add_subplot(3, 5, i + 1, xticks=[], yticks=[])
    ax.imshow(X_test[i].reshape(faces.images[0].shape),
              cmap=plt.cm.bone)
    y_pred = clf.predict(X_test_pca[i, np.newaxis])[0]
    color = ('blue' if y_pred == y_test[i] else 'red')
    ax.set_title(y_pred, fontsize='small', color=color)
```

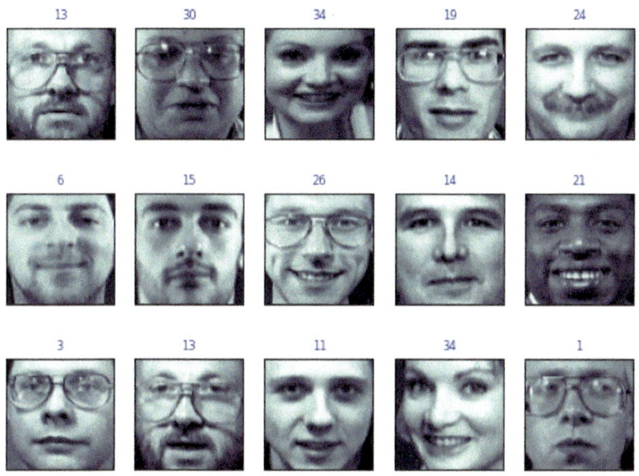

아래는 SVM 분류 알고리즘의 성능평가를 나타낸다. 테스트 이미지에 대하여 95%의 정확도를 보이고 있다.

```
y_pred = clf.predict(X_test_pca)

matches = (y_test == y_pred)
print('일치 :', matches.sum())
print('전체 :', len(matches))
print('비율 :', matches.sum() / float(len(matches)))
print('성능평가 리포트 :\n', metrics.classification_report(y_test, y_pred))
```

```
일치 : 95
전체 : 100
비율 : 0.95
성능평가 리포트 :
              precision    recall  f1-score   support

           0       1.00      0.67      0.80         6
           1       1.00      1.00      1.00         4
```

```
           2       0.50      1.00      0.67         2
           3       1.00      1.00      1.00         1
           4       0.50      1.00      0.67         1
           5       1.00      1.00      1.00         5
           6       1.00      1.00      1.00         4
           7       1.00      0.67      0.80         3
           9       1.00      1.00      1.00         1
          10       1.00      1.00      1.00         4
          11       1.00      1.00      1.00         1
          12       1.00      1.00      1.00         2
          13       1.00      1.00      1.00         3
          14       1.00      1.00      1.00         5
          15       0.75      1.00      0.86         3
          17       1.00      1.00      1.00         6
          19       1.00      1.00      1.00         4
          20       1.00      1.00      1.00         1
          21       1.00      1.00      1.00         1
          22       1.00      1.00      1.00         2
          23       1.00      1.00      1.00         1
          24       1.00      1.00      1.00         2
          25       1.00      0.50      0.67         2
          26       1.00      0.75      0.86         4
          27       1.00      1.00      1.00         1
          28       0.67      1.00      0.80         2
          29       1.00      1.00      1.00         3
          30       1.00      1.00      1.00         4
          31       1.00      1.00      1.00         3
          32       1.00      1.00      1.00         3
          33       1.00      1.00      1.00         2
          34       1.00      1.00      1.00         3
          35       1.00      1.00      1.00         1
          36       1.00      1.00      1.00         3
          37       1.00      1.00      1.00         3
          38       1.00      1.00      1.00         1
          39       1.00      1.00      1.00         3

    accuracy                           0.95       100
   macro avg       0.96      0.96      0.95       100
weighted avg       0.97      0.95      0.95       100
```

아래 그림은 혼잡행렬을 나타낸다.

```
cm = metrics.confusion_matrix(y_test, y_pred, labels=clf.classes_)
disp = ConfusionMatrixDisplay(confusion_matrix=cm,display_labels=clf.classes_)
fig, ax = plt.subplots(figsize=(10,10))
disp.plot(ax=ax)
```

```
<sklearn.metrics._plot.confusion_matrix.ConfusionMatrixDisplay at 0x7fafd291e750>
```

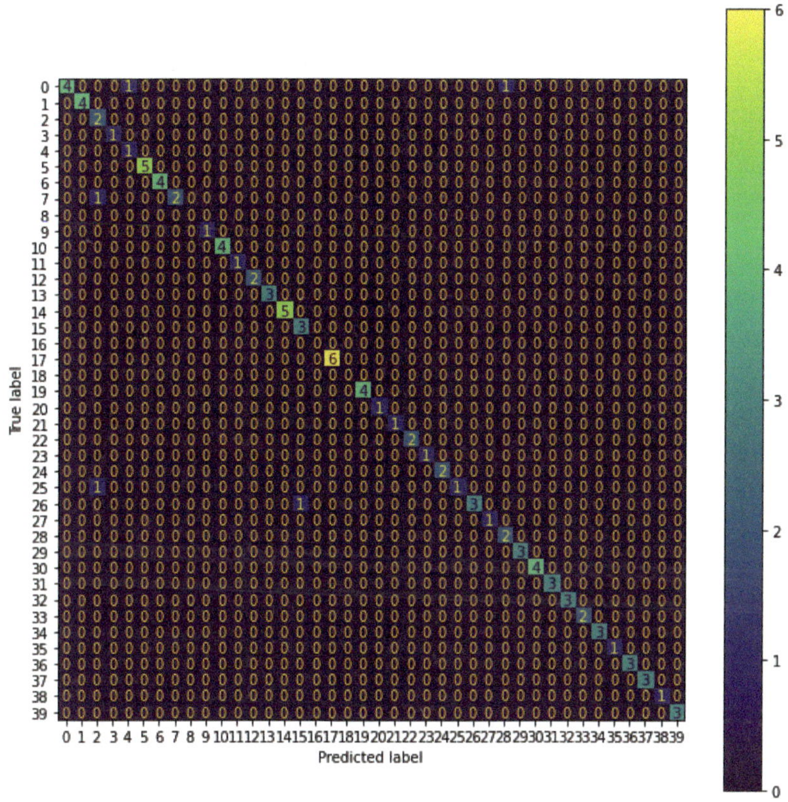

5. 군집화 실습 : 고객군집화

쇼핑몰에 오는 고객의 정보로 고객을 성별, 나이, 소득수준 및 소비지수 등의 특성변수를 바탕으로 여러 개의 군집으로 세분화하고자 한다.

```
!pip install kneed
```

```
Looking in indexes: https://pypi.org/simple, https://us-python.pkg.dev/colab-wheels/public/simpl
e/
Collecting kneed
  Downloading kneed-0.8.1-py2.py3-none-any.whl (10 kB)
Requirement already satisfied: numpy>=1.14.2 in /usr/local/lib/python3.7/dist-packages (from kne
ed) (1.21.6)
Requirement already satisfied: scipy>=1.0.0 in /usr/local/lib/python3.7/dist-packages (from knee
d) (1.7.3)
Installing collected packages: kneed
Successfully installed kneed-0.8.1
```

```
import numpy as np
import pandas as pd
import matplotlib.pyplot as plt
import seaborn as sns
from sklearn.cluster import KMeans
from mpl_toolkits.mplot3d import Axes3D
from sklearn.preprocessing import StandardScaler, MinMaxScaler
from sklearn.ensemble import GradientBoostingClassifier
from sklearn.model_selection import KFold, StratifiedKFold, train_test_split, GridSearchCV,\
    cross_val_score
from scipy.cluster.hierarchy import linkage, dendrogram
from sklearn.cluster import AgglomerativeClustering, DBSCAN
from sklearn.neighbors import NearestNeighbors
from kneed import KneeLocator

plt.style.use('seaborn')
sns.set_palette("hls")

import warnings
warnings.filterwarnings('ignore')
```

1. 다운로드

1.1 아래 링크로부터 csv 포맷으로 저장된 파일을 다운로드하고 head() 함수로 데이터의 구조를 프린트하시오.

```
url="https://drive.google.com/file/d/1zuhzm_u_OyyQtZBbBnoLU4r_t9K0NejP/view?
usp=sharing"
```

1.2 'ID' 특성변수는 삭제하고, info() 함수를 실행하여 특성변수의 속성정보를 출력하시오.

1.3 isnull().sum() 함수를 실행하여 결측치를 확인하고, corr() 함수를 실행하여 특성변수 간의 상관관계를 분석하시오.

2. 데이터 분석

2.1 나이변수를 구간변수로 변환하고 특성변수의 이름을 'Age_1'로 설정하시오.

2.2 나이에 따른 소득수준을 성별로 boxplot으로 그리시오. (x축은 'Age_1', y축은 'Income' 변수로 설정, hue 모수를 'Sex' 변수로 설정)

2.3 나이에 따른 소득수준을 교육수준별로 boxplot으로 그리시오. (x축은 'Age_1', y축은 'Income' 변수로 설정, hue 모수를 'Education' 변수로 설정)

2.4 나이에 따른 소득수준을 직업별로 boxplot으로 그리시오. (x축은 'Age_1', y축은 'Income' 변수로 설정, hue 모수를 'Occupation' 변수로 설정)

2.5 나이에 따른 소득수준을 주거형태별로 boxplot으로 그리시오. (x축은 'Age_1', y축은 'Income' 변수로 설정, hue 모수를 'Settlement size' 변수로 설정)

2.6 범주형 변수들의 빈도수를 성별로 구분하여 countplot으로 그리시오.

3. K-Means 군집화

3.1 군집의 개수를 5로 설정하여 K-means 군집화를 위한 객체를 생성하고 고객 데이터프레임 정보(mall_df)를 입력인수로 하여 fit_predict() 함수를 실행하시오.

3.2 각 군집의 중심점을 출력하시오.

3.3 strip_plot_cluster 함수를 이용하여 K-Means 군집화의 결과를 도식화하시오.

3.4 아래 함수를 실행하여 군집의 개수가 증가함에 따른 이너셔의 변화를 그림으로 출력하시오. 그리고 그림으로 최적군집의 개수를 찾으시오.

```
def change_n_clusters(n_clusters, data):
    sum_of_squared_distance = []
    for n_cluster in n_clusters:
        kmeans = KMeans(n_clusters=n_cluster)
        kmeans.fit_predict(mall_df)
        sum_of_squared_distance.append(kmeans.inertia_)

    plt.figure(1 , figsize = (8, 5))
    plt.plot(n_clusters , sum_of_squared_distance , 'o')
    plt.plot(n_clusters , sum_of_squared_distance , '-' , alpha = 0.5)
    plt.xlabel('Number of Clusters')
    plt.ylabel('Inertia')


n_clusters = [2, 3, 4, 5, 6, 7, 8, 9, 10, 11, 12]

change_n_clusters(n_clusters, mall_df)
```

3.5 draw_feature_Importance() 함수를 이용하여 각 특성변수들이 K-Means 군집화에 미치는 영향을 그림으로 나타내시오.

4. 스케일링된 데이터를 통한 K-Means 군집화

4.1 각 특성변수들을 StandardScaler()로 정규화하여 정규화된 데이터를 바탕으로 K-Means 군집화를 실행하시오. 군집화의 결과를 scatter_plot_cluster() 함수로 그리시오.

4.2 스케일링된 데이터를 통한 K-Means 군집화에서 특성변수의 중요도를 그리시오.

5. 계층적 군집화

5.1 스케일링된 데이터를 사용하고 군집 간의 거리를 측정하는 방식으로 single, complete, average, centroid, ward를 순차적으로 적용하고 덴드로그램으로 최적군집수를 찾으시오.

5.2 군집의 개수를 4로 설정하고, 군집 간의 거리를 측정하는 방식은 'ward'로 하여 병합군집(AgglomerativeClustering)을 실행하시오.

5.3 plot_cluster 함수를 이용하여 계층적 군집화의 결과를 도식화하시오.

5.4 draw_feature_Importance() 함수를 이용하여 각 특성변수들이 계층적 군집화에 미치는 영향을 그림으로 나타내시오.

6. DBSCAN

6.1 $minPTS$ 값을 50으로 할 때 ϵ의 값을 kneed 모듈을 사용하여 찾으시오.

6.2 위에서 찾은 값으로 ϵ를 설정하고 $minPTS$를 50으로 설정했을 때 DBSCAN 객체를 생성하고 fit_predict() 함수를 통하여 군집화 작업을 수행하시오. 몇 개의 군집으로 분류되는가?

6.3 plot_cluster 함수를 이용하여 DBSCAN 군집화의 결과를 도식화하시오.

6.4 draw_feature_Importance() 함수를 이용하여 각 특성변수들이 DBSCAN 군집화에 미치는 영향을 그림으로 나타내시오.

6.5 각 샘플들이 속한 군집의 인덱스를 출력하고, 코어포인트들의 인덱스와 데이터값을 출력하시오.

6. 차원축소 실습 : MNIST 손글씨 인식

```
%matplotlib inline

import tensorflow as tf
import numpy as np
import matplotlib.pyplot as plt
from keras.models import load_model
from tensorflow.keras.utils import plot_model
from sklearn import decomposition
from sklearn import svm
from sklearn.model_selection import train_test_split
from tensorflow.keras.datasets import mnist
from sklearn.metrics import confusion_matrix,classification_report
from sklearn.metrics import ConfusionMatrixDisplay
```

1. 데이터 다운로드 및 전처리

1.1 mnist 객체의 load_data() 함수를 이용하여 (28x28) 픽셀의 해상도로 저장된 손글씨 파일을 다운로드하고 학습용 데이터와 테스트용 데이터로 구분하시오. 또한 각 데이터들의 형상(shape)을 출력하시오.

1.2 학습용 데이터의 처음 9개 이미지를 (3x3) 격자에 그리시오.

1.3 학습용 및 테스트용 데이터에 속한 각 이미지의 픽셀값에 255로 나누어 0~1 사이 값으로 변환하시오.

2. PCA 적용

2.1 decoposition.PCA() 함수를 이용하여 150차원으로 차원축소하기 위한 객체를 생성하시오. 학습용 데이터를 입력으로 하여 생성된 객체의 fit() 함수를 실행하여 768차원의 이미지를 150차원으로 축소하시오.

2.2 PCA 객체의 get_covariance() 함수를 실행하여 원데이터의 공분산을 구하시오.

2.3 PCA 객체의 singular_values_ 속성을 통하여 원데이터에 대한 특이값(singular values)을 20개만 출력하시오.

2.4 150개의 주성분을 그리시오.

2.5 공분산 행렬의 고유값(eigen value, 본문에서의 λ_j)과 각 주성분 벡터의 분산보존비율을 20개만 출력하시오.

2.6 explained_variance_ratio_는 각 주성분 벡터가 설명하는 분산의 비율을 나타낸다. 이를 그림으로 출력하시오.

2.7 데이터들의 평균값을 .means_에 담아 저장하고 있는데 이를 그림으로 출력하시오.

2.8 누적된 분산의 비율이 90%가 되는 주성분 축, 차원을 계산하시오.

3. 차원축소된 데이터 활용(서포트벡터 머신)

3.1 768차원의 원데이터 대신에 150차원의 데이터를 사용하여 서포트벡터 머신에 적용하시오.

3.2 15개의 테스트용 손글씨 이미지와 서포트벡터 머신 모형의 의하여 인식된 숫자를 출력하시오. 인식된 숫자는 제대로 인식하면 파란색으로, 오분류는 빨간색으로 표시한다.

3.3 성능 리포트를 출력하시오.

3.4 오차행렬을 그리시오.

찾아보기

국 문

ㄱ

ㄴ

ㄷ

ㄹ

ㅁ

ㅂ

M

N

O

P

Q

R

S

T

U

V

W

저자약력

백천현

연세대학교 경영학과(경영학사)

한국과학기술원(KAIST) 경영과학과(경영과학 석사)

한국과학기술원(KAIST) 경영과학과(경영과학 박사)

SK 텔레콤 중앙연구원 선임연구원

미국 Georgia Institute of Technology 방문교수

미국 California State Univ. at Sacramento 방문교수

(현) 동의대학교 산업경영·빅데이터공학과 교수

정용주

연세대학교 경영학과(경영학사)

한국과학기술원(KAIST) 경영과학과(경영과학 석사)

한국과학기술원(KAIST) 산업경영학과(산업경영 박사)

KT(한솔 PCS) 연구소 연구원

미국 California State Univ. at Sacramento 방문교수

(현) 부산외국어대학교 국제마케팅학과 교수

김영진

한국과학기술원(KAIST) 경영과학과(경영과학 학사)

한국과학기술원(KAIST) 경영과학과(경영과학 석사)

미국 Clemson Univ. 산업공학 박사

공군사관학교 교수부 교관/전임강사

The University of Memphis 산업공학과 조교수

(현) 부경대학교 시스템경영공학부 교수

저자와의
협의하에
인지생략

머신러닝 입문 개념과 연습

2023년 04월 20일 초판 인쇄
2023년 04월 28일 초판 1 쇄 발행

저 자 : 백천현 · 정용주 · 김영진
발행인 : 정 광 식
발행처 : **비앤엠북스**
서울시 금천구 가산디지털1로 70 B1-103(호서대벤처타워)
등 록 2004. 12. 29. / 제313-2004-00298호
전 화 2627-5710~13, 팩스 2627-5720
홈페이지 www.대학교재.net
이 메 일 bnmbook@daum.net

정가 48,000원 ISBN 978-89-6821-185-0